VERLAG
ÖSTERREICH

Christian Bertel
Klaus Schwaighofer

# Österreichisches Strafrecht Besonderer Teil II

§§ 169 bis 321k StGB

15., vollständig überarbeitete Auflage

von Klaus Schwaighofer

begründet von Christian Bertel

2022

Lehrbuch

VERLAG
ÖSTERREICH

em. Univ.-Prof. Dr. Christian Bertel
Univ.-Prof. Dr. Klaus Schwaighofer
Institut für Strafrecht, Strafprozessrecht und Kriminologie
Leopold-Franzens-Universität, Innsbruck, Österreich


www.verlagoesterreich.at
Gedruckt in Ungarn

Satz: Grafik & Design Claudia Gruber-Feigelmüller, 3580 Horn, Österreich
Druck und Bindung: Prime Rate Kft., 1044 Budapest, Ungarn

Gedruckt auf säurefreiem, chlorfrei gebleichtem Papier

Bibliografische Information der Deutschen Nationalbibliothek
Die Deutsche Nationalbibliothek verzeichnet diese Publikation in der Deutschen Nationalbibliografie; detaillierte bibliografische Daten sind im Internet über http://dnb.d-nb.de abrufbar.

ISBN 978-3-7046-8563-6 14. Auflage Verlag Österreich
ISBN 978-3-7046-9031-9 15. Auflage Verlag Österreich

# Vorwort zur 15. Auflage

Liebe Leserinnen und Leser!

Dieses Buch behandelt die §§ 169 bis 321k StGB. Es wurde wieder auf den neuesten Stand gebracht und stellt die Rechtslage zum 1. Juli 2022 dar.

Es werden alle Paragraphen dieses Teils des StGB behandelt, aber in sehr unterschiedlicher Gewichtung: Delikte, die in der Praxis häufig vorkommen, zB einige gemeingefährliche Delikte, Sexualdelikte, Urkundendelikte, Delikte an unbaren Zahlungsmitteln, Widerstand gegen die Staatsgewalt, die Rechtspflege- und die Amtsdelikte, werden ausführlicher dargestellt, seltenere Delikte werden nur gestreift.

Seit der letzten Auflage hat es wieder einige Änderungen des StGB gegeben:

Das HiNBG (BGBl I 2020/148) hat den Verhetzungstatbestand (§ 283 StGB) geändert. Das StrEU-AG 2021 (BGBl I 2021/94) hat im Hinblick auf die Schaffung der Europäischen Staatsanwaltschaft zu einigen kleineren Änderungen bei den Rechtspflegedelikten (§§ 288, 293, 295 und 296 StGB) geführt. Durch das BG BGBl I 2021/148 wurde die Strafdrohung des § 256 StGB angehoben. Das TeBG (BGBl I 2021/159) brachte (überflüssigerweise) einen neuen Tatbestand (§ 247b StGB: „Religiös motivierte extremistische Verbindung"). Mit dem BG BGBl I 2021/201 wurden einige Tatbestände zum Schutz unbarer Zahlungsmittel geringfügig geändert, um eine EU-Richtlinie umzusetzen.

Die Darstellung orientiert sich an der Reihenfolge der Paragraphen des StGB. Der Gesetzestext ist nur bei jenen Delikten abgedruckt, die in der Praxis häufiger vorkommen und auch für Prüfungen von Relevanz sind. Eine aktuelle Gesetzesausgabe ist für Studierende ohnehin unabdingbar. Es wird jedoch bei allen Deliktstypen darauf hingewiesen, welche Fassung des Gesetzes den Erläuterungen zugrunde liegt. Fehlt ein Hinweis, handelt es sich um die Stammfassung des StGB aus dem Jahr 1975.

Schrifttum und Rechtsprechung sind bis Juni 2022 berücksichtigt. Die Schrifttumsverzeichnisse am Beginn der Abschnitte wurden auf grundlegende Werke und neuere Aufsätze zu aktuellen Themen reduziert. Der Text enthält – im Interesse der besseren Lesbarkeit – nur mehr wenige Literaturzitate. Über die herrschende Ansicht wird immer informiert. Wenn es eine einhellige Meinung gibt, ist entweder gar keine oder nur mehr eine einzige Fundstelle angeführt. Auf abweichende Meinungen wird jedoch idR hingewiesen, die Gründe dafür sind zumindest skizziert.

Einige ältere Entscheidungen wurden wieder durch neuere ersetzt. Die jüngeren Entscheidungen sind nur mehr nach der Aktenzahl zitiert, weil die meisten Benutzer, die Entscheidungen nachlesen wollen, das RIS verwenden. Zeitschriftenfundstellen sind nur angegeben, wenn die Entscheidung besprochen wurde.

Alle einschlägigen Entscheidungen zu erwähnen oder gar zu besprechen, ist in einem Lehrbuch weder möglich noch sinnvoll. Man kann auch nicht auf jedes Problem eingehen. Aber die wichtigen Probleme sind wenigstens durch ein Beispiel aus einer möglichst neuen Entscheidung erläutert. Beispiele machen die Darstellung anschaulich und lebensnah, sie helfen gerade dem Anfänger, allgemeine Aussagen zu verstehen, und helfen dem Praktiker, der zu einem Problem nach Präjudizien sucht. Auf diese Weise sollen eine möglichst vollständige Darstellung der Deliktstypen und eine verlässliche Information über die Praxis mit den im akademischen Unterricht unvermeidlichen Beschränkungen in Einklang gebracht und möglichst viele Leser angesprochen werden.

Frau Mag.a *Julia Kraft*, LL.M., Frau *Eva Machnitzke*, Herr Mag. *Pascal Wallnöfer* und Frau *Manuela Seidner* haben mich bei den Arbeiten an der Neuauflage tatkräftig unterstützt, wofür ich mich herzlich bedanke.

Innsbruck, im Juli 2022 *Klaus Schwaighofer*

# Inhaltsverzeichnis

## Strafbare Handlungen gegen die Sicherheit des Verkehrs mit Geld, Wertpapieren, Wertzeichen und unbaren Zahlungsmitteln



## Hochverrat und andere Angriffe gegen den Staat



## Angriffe auf oberste Staatsorgane



## Landesverrat

## Strafbare Handlungen gegen das Bundesheer



## Strafbare Handlungen bei Wahlen und Volksabstimmungen



## Strafbare Handlungen gegen die Staatsgewalt



## Strafbare Handlungen gegen den öffentlichen Frieden



## Strafbare Handlungen gegen die Rechtspflege

# Abkürzungsverzeichnis

Paragraphen ohne nähere Bezeichnung beziehen sich auf das StGB.

| | |
|---|---|
| aaO | am angegebenen Ort |
| ABl | Amtsblatt der Europäischen Gemeinschaften |
| ABGB | Allgemeines Bürgerliches Gesetzbuch |
| AbgEO | Abgabenexekutionsordnung BGBl 1949/104 idgF |
| abl | ablehnend |
| Abs | Absatz |
| abw | abweichend |
| aF | alte Fassung |
| AGES | Agentur für Gesundheit und Ernährungssicherheit |
| AHG | Amtshaftungsgesetz BGBl 1949/20 idgF |
| AIDS-G | AIDS-Gesetz 1993 BGBl 1993/728 (Wv) idgF |
| ALJ | Austrian Law Journal (www.austrian-law-journal.at) |
| aM | anderer Meinung |
| Anm | Anmerkung |
| AnwBl | Österreichisches Anwaltsblatt |
| arg | argumentum (argumento) |
| Art | Artikel |
| ÄrzteG | Ärztegesetz 1998 BGBl I 1998/169 idgF |
| AT | Allgemeiner Teil |
| Aufl | Auflage |
| AußerstreitG | Außerstreitgesetz BGBl I 2003/111 idgF |
| AVG | Allgemeines Verwaltungsverfahrensgesetz 1991 BGBl 1991/51 (Wv) idgF |
| AWG | Abfallwirtschaftsgesetz 2002 BGBl I 2002/102 idgF |
| bbl | Baurechtliche Blätter |
| Bd | Band |
| BDG | Beamten-Dienstrechtsgesetz 1979 BGBl 1979/333 idgF |
| *Berka/Binder/Kneihs* Grundrechte | *Berka/Binder/Kneihs*, Die Grundrechte 2. Auflage (2019) |
| *Bertel/Venier/Tipold* StPO | *Bertel/Venier/Tipold*, Strafprozessrecht 14. Aufl (2021) |
| Bezauer Tage | Referate der in Bezau veranstalteten Strafrechtsseminare, hrsg vom BMJ |
| BFA | Bundesamt für Fremdenwesen und Asyl |
| BGBl | Bundesgesetzblatt |

| | |
|---|---|
| *B/L/T* BT I | *Birklbauer/Lehmkuhl/Tipold*, Strafrecht Besonderer Teil I 5. Aufl (2020) |
| BlgNR | Beilagen zu den Stenografischen Protokollen des Nationalrats |
| BMJ | Bundesministerium für Justiz |
| BT | Besonderer Teil |
| BT I | *Bertel/Schwaighofer/Venier*, Österreichisches Strafrecht Besonderer Teil I 15. Aufl (2020) |
| B-VG | Bundes-Verfassungsgesetz 1920 idF von 1929 (BGBl 1930/1 Wv) |
| bzw | beziehungsweise |
| ca | circa |
| ders | derselbe |
| dgl | dergleichen |
| dh | das heißt |
| dies | dieselbe(n) |
| DSG | Datenschutzgesetz 2000 BGBl I 1999/165 idgF |
| E | Entscheidung |
| EBRV | Erläuternde Bemerkungen zur Regierungsvorlage |
| ECG | E-Commerce-Gesetz BGBl I 2001/152 idgF |
| ecolex | ecolex, Fachzeitschrift für Wirtschaftsrecht |
| EGMR | Europäischer Gerichtshof für Menschenrechte |
| EheG | Ehegesetz dRGBl 1938 I 1938/807 idgF |
| EKIS | Elektronisches Kriminalpolizeiliches Informationssystem |
| EMRK | Europäische Konvention zum Schutz der Menschenrechte und Grundfreiheiten BGBl 1958/210 |
| EO | Exekutionsordnung RGBl 1896/79 idgF |
| EO-Nov 1991 | Exekutionsordnungsnovelle 1991 BGBl 1991/628 |
| EPG | Eingetragene Partnerschaft-Gesetz BGBl I 2009/135 |
| EpidemieG | Epidemiegesetz 1950 BGBl 1950/186 idgF |
| ErgH | Ergänzungsheft |
| Erl | Erläuterungen |
| ErstG | Erstgericht |
| EU | Europäische Union |
| EuGH | Europäischer Gerichtshof |
| EuGRZ | Europäische Grundrechte Zeitschrift |
| Europol | Europäisches Polizeiamt |
| EUStA | Europäische Staatsanwaltschaft (s Art I Strafrechtliches EUAnpassungsgesetz 2021 BGBl I 2021/94) |
| EvBl | Evidenzblatt der Rechtsmittelentscheidungen (in der ÖJZ) |
| EvBl-LS | Evidenzblatt – Leitsätze |
| evt | eventuell |
| f | folgende |
| ff | fortfolgende |
| *F/M-K/O* | *Fabrizy/Michel-Kwapinski/Oshidari*, StGB und ausgewählte Nebengesetze, Kurzkommentar 14. Aufl (2022) |
| FinStrG | Finanzstrafgesetz BGBl 1958/129 idgF |
| FN | Fußnote |
| ForstG | Forstgesetz BGBl 1975/440 idgF |

| | |
|---|---|
| FPG | Fremdenpolizeigesetz 2005 (Art 3 Fremdenrechtspaket BGBl I 2005/100) idgF |
| FS | Festschrift |
| FSG | Führerscheingesetz BGBl I 1997/120 idgF |
| *F/Z* AT I | *Fuchs/Zerbes*, Österreichisches Strafrecht Allgemeiner Teil I 11. Aufl (2021) |
| *F/R* BT I | *Fuchs/Reindl-Krauskopf*, Strafrecht Besonderer Teil I 7. Aufl (2020) |
| GenProk | Generalprokuratur |
| GeschlKrG | Geschlechtskrankheitengesetz BGBl 1945/152 idgF |
| GmbH | Gesellschaft mit beschränkter Haftung |
| GP | Gesetzgebungsperiode |
| GS | Gedächtnisschrift |
| hA | herrschende Auffassung |
| HiNBG | Hass-im-Netz-Bekämpfungs-Gesetz – HiNBG BGBl I 2020/148 |
| *H/R* BT II | *Hinterhofer/Rosbaud*, Strafrecht Besonderer Teil II 6. Aufl (2016) |
| hL | herrschende Lehre |
| hM | herrschende Meinung |
| Hrsg, hrsg | Herausgeber, herausgegeben |
| hRsp | herrschende Rechtsprechung |
| IA | Initiativantrag |
| idF | in der Fassung |
| idgF | in der geltenden Fassung |
| idR | in der Regel |
| idS | in diesem Sinn |
| ieS | im engeren Sinn |
| insb | insbesondere |
| IO | Bundesgesetz über das Insolvenzverfahren (Insolvenzordnung – IO) RGBl 337/1914 idgF |
| IPRG | Bundesgesetz über das internationale Privatrecht BGBl 1978/304 idgF |
| iS | im Sinn |
| iSd | im Sinne des/der |
| iVm | in Verbindung mit |
| iwS | im weiteren Sinn |
| JA | Justizausschuss |
| JAB | Bericht des Justizausschusses |
| JABl | Amtsblatt der österreichischen Justizverwaltung |
| JAP | Juristische Ausbildung und Praxisvorbereitung |
| JBl | Juristische Blätter |
| JGG | Jugendgerichtsgesetz 1988 BGBl 1988/599 idgF |
| JGG-ÄndG 2015 | Jugendgerichtsgesetz-Änderungsgesetz 2015 BGBl I 2015/154 |
| JMG | Journal für Medizin- und Gesundheitsrecht |
| JSt | Journal für Strafrecht |
| juridikum | juridikum - Zeitschrift für Kritik – Recht – Gesellschaft |
| JUS | Jus Extra (Jahr/Nummer) |
| jusIT | Zeitschrift für IT-Recht |
| Kap | Kapitel |

| | |
|---|---|
| KFG | Kraftfahrgesetz 1967 BGBl 1967/267 idgF |
| KH | Plenarbeschlüsse und Entscheidungen des k.k. Obersten Gerichts- als Kassationshofes |
| *K/H/K* AT | *Kienapfel/Höpfel/Kert*, Grundriss des österreichischen Strafrechts Allgemeiner Teil 16. Aufl (2020) |
| KorrStrÄG 2009 | Korruptionsstrafrechtsänderungsgesetz 2009 BGBl I 2009/98 |
| KorrStrÄG 2012 | Korruptionsstrafrechtsänderungsgesetz 2012 BGBl I 2012/61 |
| krit | kritisch |
| KrMatG | Kriegsmaterialgesetz BGBl 1977/540 idgF |
| KrMatV | Kriegsmaterialverordnung BGBl 1977/624 idgF |
| *K/Schm* III | *Kienapfel/Schmoller*, Grundriss des österreichischen Strafrechts Besonderer Teil III (1999) |
| *K/Schm* StudB II | *Kienapfel/Schmoller*, Studienbuch Strafrecht Besonderer Teil II 2. Aufl (2017) |
| *K/Schm* StudB III | *Kienapfel/Schmoller*, Studienbuch Strafrecht Besonderer Teil III 2. Aufl (2009) |
| *K/Schr* I | *Kienapfel/Schroll*, Grundriss des Strafrechts Besonderer Teil I 5. Aufl (2003) |
| *K/Schr* StudB I | *Kienapfel/Schroll*, Studienbuch Strafrecht Besonderer Teil I 4. Aufl (2016) |
| LGSt | Landesgericht für Strafsachen |
| lit | litera (Buchstabe) |
| LJZ | Liechtensteinische Juristenzeitung |
| *L/St/Autor* | *Leukauf/Steininger/Autor*, Kommentar zum Strafgesetzbuch 4. Aufl (2017) |
| *Mayerhofer* | *Mayerhofer*, Das österreichische Strafrecht Erster Teil Strafgesetzbuch 6. Aufl (2009) |
| MedG | Mediengesetz BGBl 1981/314 idgF |
| MilStG | Militärstrafgesetz BGBl 1970/344 idgF |
| MR | Medien und Recht |
| mwN | mit weiteren Nachweisen |
| NAG | Bundesgesetz über die Niederlassung und den Aufenthalt in Österreich (Niederlassungs- und Aufenthaltsgesetz – NAG) BGBl I 2005/100 |
| Nov | Novelle |
| Nr | Nummer |
| NRsp | Neue Rechtsprechung des OGH (in der ÖJZ) |
| NRWO | Nationalrats-Wahlordnung 1992 BGBl 1992/471 idgF |
| nv | nicht veröffentlicht |
| NZ | Österreichische Notariats-Zeitung |
| ÖA | Der Österreichische Amtsvormund |
| öarr | Österreichisches Archiv für Recht & Religion |
| ÖBA | Österreichisches Bank-Archiv |
| ÖBB | Österreichische Bundesbahnen |
| OGH | Oberster Gerichtshof |
| ÖGZ | Österreichische Gemeindezeitung |
| ÖJT | Österreichischer Juristentag |
| ÖJZ | Österreichische Juristen-Zeitung |

| | |
|---|---|
| ÖJZ-LSK | ÖJZ-Leitsatzkartei |
| ÖJZ-MRK | MRK-Entscheidungen in der ÖJZ |
| OLG | Oberlandesgericht |
| OTPG | Organtransplantationsgesetz BGBl I 2012/108 |
| Ottenstein | Ottensteiner Fortbildungsseminar aus Strafrecht und Kriminologie (früher StPG) |
| ÖZK | Österreichische Zeitschrift für Kartellrecht |
| ÖZW | Österreichische Zeitschrift für Wirtschaftsrecht |
| PAD | Protokollierungssystem der Polizei (Protokollieren, Anzeigen, Daten) |
| ParkabgabeG | Parkabgabegesetz (Tiroler) LGBl 2006/9 idgF |
| PK-StGB | *Birklbauer/Hilf/Konopatsch/Messner/Schwaighofer/Seiler/Tipold,* StGB – Praxiskommentar (2017); zitiert: *Autor* PK-StGB § x Rz y |
| PornG | Pornographiegesetz BGBl 1950/97 idgF |
| PMG | Postmarktgesetz BGBl I 2009/123 idgF |
| RdA | Recht der Arbeit |
| RdM | Recht der Medizin |
| RdU | Recht der Umwelt |
| RdW | Österreichisches Recht der Wirtschaft |
| RL | Richtlinie |
| RLV | Richtlinien-Verordnung BGBl 1993/266 idgF |
| RS… | RIS-Justiz Rechtssatz Nummer |
| Rsp | Rechtsprechung |
| RStDG | Richter- und Staatsanwaltschaftsdienstgesetz BGBl 1961/305 idgF |
| RZ | Österreichische Richterzeitung |
| Rz | Randziffer |
| RZ-EÜ | Österreichische Richterzeitung, Entscheidungen in Übersicht |
| s | siehe |
| SbgK | Salzburger Kommentar zum Strafgesetzbuch, hrsg von *Triffterer/Rosbaud/Hinterhofer* |
| SchUG | Schulunterrichtsgesetz BGBl 1986/472 (Wv) idgF |
| SchwZStR | Schweizerische Zeitschrift für Strafrecht |
| SDÜ | Schengener Durchführungsübereinkommen BGBl III 1997/90 |
| SMG | Suchtmittelgesetz BGBl I 1997/112 idgF |
| sog | sogenannt(e) |
| SPG | Sicherheitspolizeigesetz BGBl 1991/566 idgF |
| SSt | Entscheidungen des österreichischen Obersten Gerichtshofes in Strafsachen und Disziplinarangelegenheiten |
| StA | Staatsanwalt(schaft) |
| Stb | Der Staatsbürger, Beilage der Salzburger Nachrichten |
| StG | Strafgesetz 1945 |
| StGB | Strafgesetzbuch 1975 BGBl 1974/60 idgF |
| StGG | Staatsgrundgesetz über die allgemeinen Rechte der Staatsbürger 1867 RGBl 1867/142 |
| StGNov 2017 | Strafgesetznovelle 2017 BGBl I 2017/117 |
| StPG | Strafrechtliche Probleme der Gegenwart |

| | |
|---|---|
| StPO | Strafprozessordnung 1975 idF des Strafprozessreformgesetzes BGBl I 2004/19 |
| StRÄG | Strafrechtsänderungsgesetz |
| StRÄG 2015 | Strafrechtsänderungsgesetz 2015 BGBl I 2015/112 |
| StrEU-AG | Strafrechtliches EU-Anpassungsgesetz 2021 BGBl I 2021/94 |
| stRsp | ständige Rechtsprechung |
| StVO | Straßenverkehrsordnung 1960 BGBl 1960/159 idgF |
| TeBG | Terror-Bekämpfungs-Gesetz BGBl I 2021/159 |
| TierversuchsG | Tierversuchsgesetz 1988 BGBl 1989/501 idgF |
| TKG | Telekommunikationsgesetz 2003 BGBl I 2003/70 |
| TSchG | Bundesgesetz über den Schutz der Tiere (Tierschutzgesetz) BGBl I 2004/118 |
| ua | unter anderem |
| uam | und andere(s) mehr |
| Übk | Übereinkommen |
| uE | unseres Erachtens |
| UG | Bundesgesetz über die Organisation der Universitäten und ihre Studien (Universitätsgesetz 2002 – UG) BGBl I 2002/120 idgF |
| UmweltförderungsG | Umweltförderungsgesetz 1993 BGBl 1993/185 idgF |
| uU | unter Umständen |
| UVG | Unterhaltsvorschussgesetz BGBl 1985/451 (Wv) idgF |
| V | Verordnung |
| VfGH | Verfassungsgerichtshof |
| vgl | vergleiche |
| Vorbem | Vorbemerkungen |
| VStG | Verwaltungsstrafgesetz 1991 BGBl 1991/52 (Wv) idgF |
| WaffenG | Waffengesetz 1996 BGBl I 1997/12 idgF |
| WaffGG | Waffengebrauchsgesetz 1969 BGBl 1969/149 idgF |
| wbl | Wirtschaftsrechtliche Blätter |
| WK[1] | Wiener Kommentar zum Strafgesetzbuch, 1. Aufl, hrsg von *Foregger* und *Nowakowski* |
| WK[2] | Wiener Kommentar zum Strafgesetzbuch, 2. Aufl, hrsg von *Höpfel* und *Ratz* |
| WRG | Wasserrechtsgesetz 1959 BGBl 1959/215 idgF |
| Wv | Wiederverlautbarung |
| Z | Ziffer |
| Zak | Zivilrecht aktuell (Zeitschrift) |
| ZAS | Zeitschrift für Arbeitsrecht und Sozialrecht |
| zB | zum Beispiel |
| zfhr | Zeitschrift für Hochschulrecht, Hochschulmanagement und Hochschulpolitik |
| ZfRV | Zeitschrift für Rechtsvergleichung |
| ZfV | Zeitschrift für Verwaltung |
| ZIGG | Bundesgesetz über die Zusammenarbeit mit den internationalen Gerichten BGBl 1996/263 |
| ZIStrGHG | Bundesgesetz über die Zusammenarbeit mit dem Internationalen Strafgerichtshof BGBl I 2002/135 |
| ziv | zivilrechtliche Entscheidung |

| | |
|---|---|
| ZnStR | Zum neuen Strafrecht, Referate bei der Österreichischen Richterwoche I (1973) und II (1974) |
| ZPO | Zivilprozessordnung RGBl 1895/113 idgF |
| ZStW | Zeitschrift für die gesamte Strafrechtswissenschaft |
| zust | zustimmend |
| ZustellG | Zustellgesetz BGBl 1982/200 idgF |
| ZUV | Zeitschrift der unabhängigen Verwaltungssenate |
| ZVR | Zeitschrift für Verkehrsrecht |
| ZWF | Zeitschrift für Wirtschafts- und Finanzstrafrecht |

# Gemeingefährliche strafbare Handlungen und strafbare Handlungen gegen die Umwelt

**Schrifttum zu §§ 169–179, 184–187:** *Aigner*, HIV-Infektion und Strafbarkeit nach §§ 178, 179 StGB, RdM 2000, 87; *Aigner/Hausreither*, Tatbestand Gemeingefährdung und HIV, RdM 2010/95, 115; *Aigner/Hausreither*, HIV-Übertragung – Votum des deutschen Nationalen AIDS-Beirats. Zur Frage der strafrechtlichen Bewertung einer HIV-Übertragung bei einvernehmlichem Sexualverkehr, RdM 2013/80, 142; *Aigner/Kletečka/Kletečka-Pulker/Memmer*, Handbuch Medizinrecht für die Praxis; *Auckenthaler/Hofer*, Lawine und Recht (2012); *Ayasch*, COVID-19 – eine Renaissance für §§ 178, 179 StGB? ZfG 2020, 53; *Bauer*, Die Ansteckungsgefahr mit COVID-19 und deren strafrechtliche Relevanz, ZWF 2020, 123; *Birklbauer/Hirtenlehner*, Die Entwicklung der Strafpraxis bei Brandkriminalität (2010); *Burda*, Die Qualifikation der besonderen Erniedrigung in § 201 Abs 2 Fall 4 StGB und § 206 Abs 3 Fall 4 StGB in echter Konkurrenz – Anmerkungen zu 14 Os 12/19z, JBl 2019, 672; *Cohen*, Die Strafbarkeit von Eltern und Ärzten im Zusammenhang mit Masernpartys, RdM 2019/62, 91; *Cohen*, Isolation, Quarantäne, Coronapartys – Anwendbarkeit der §§ 178f StGB bei Missachtung von COVID-19 Verkehrsbeschränkungen, JSt 2020, 204; *Cohen*, Die Strafbarkeit von Masernpartys (2020); *Flora*, Die Strafbarkeit HIV-infizierter Personen nach §§ 178, 179 StGB aufgrund von Sexualkontakten mit nicht-infizierten Sexualpartnern, RZ 1999, 65; *Flora*, Die strafrechtliche Regulierung von einvernehmlichen Sexualkontakten, juridikum 2014, 218; *Fucik/Hartl/Schlosser* (Hrsg), Handbuch des Verkehrsunfalls Teil 7 (2013); *Hajszan*, Keine Gefährdung ohne Gefährlichkeit: Zur Frage der Strafbarkeit nach §§ 178 f StGB ohne Infektion, ÖJZ 2022/29, 216; *Hinterhofer*, AIDS, HIV und Strafrecht, JRP 2002, 99; *Maleczky*, Die strafrechtlichen Änderungen ab dem 1.1.2012, JAP 2011/2012/22, 196; *Mitgutsch*, Schädigung von Tieren, Pflanzen und Lebensräumen im österreichischen Umweltstrafrecht, JSt 2022, 230; *Mitgutsch/Brandstetter*, Neues aus dem Besonderen Teil des StGB, in: *Mitgutsch/Wessely* (Hrsg), Strafrecht Besonderer Teil Jahrbuch 2012, 13; *Rathgeb/Rzeszut*, Strafrechtlich relevantes Verhalten von Sportlern mit Beziehung auf Seilbahnen oder den Skiraum, ZVR 2012/43, 98; *Reindl-Krauskopf/Salimi*, Umweltstrafrecht (2013); *Schallmoser-Schweiberer*, Corona-Sünder – „Geht's noch?!" oder schon strafbar? (Neu-)Betrachtung der §§ 178, 179 StGB (Gefährdung von Menschen durch übertragbare Krankheiten), ALJ 2021, 102; *Schick*, Die kriminologische und arztrechtliche Problematik unwissenschaftlicher Heilmethoden, in: Schneider-FS (1998), 255; *Schmoller*, „Herbeiführung", „Vergrößerung" und „Hinderung der Bekämpfung" einer Gemeingefahr, ÖJZ 1984, 387; *Schwaighofer*, Sonderstrafrecht für unbelehrbare Skifahrer? Die Presse 11.2.2019, 13; *Tipold*, Strafrechtsänderungsgesetz 2015 – der Ministerialentwurf, JSt 2015, 181; *Tipold*, Das Strafrechtsänderungsgesetz 2015, JSt 2015, 405; *Wallner*, Der Arztvorbehalt und seine Grenzen, RdM 2011/117, 145; *Wessely*, Neuerungen im Nebenstrafrecht, in: *Mitgutsch/Wessely* (Hrsg), Strafrecht Besonderer Teil Jahrbuch 2012, 27.

**Schrifttum zu den Umweltdelikten (§§ 180–183b):** *Bumberger/Hochholdinger/Niederhuber/Wolfslehner*, Abfallwirtschaftsgesetz 2002[4] (2016); *Cernusca*, Zur Unterscheidung von Tatbestands- und Verbotsirrtum bei Blankettstrafnormen, ÖJZ 2015/99, 737; *Eder-Rieder*, Einführung in das Wirtschaftsstrafrecht[3] (2014), 275; *Helm*, Dogmatische Probleme des Umweltstrafrechts, JBl 1991, 689; *Maleczky*, Das Strafrechtsänderungsgesetz 2006, JAP 2006/2007, 4; *Maleczky*, Die strafrechtlichen Änderungen ab dem 1.1.2012, JAP 2011/2012/22, 196; *Mitgutsch*, Auslegungsfragen im Zusammenhang mit dem internationalen „Mülltourismus" gem § 181b, c Abs 3 StGB, JSt 2018, 471; *Mitgutsch/Brandstetter*, Neues aus dem Besonderen Teil des StGB, in: *Mitgutsch/Wessely* (Hrsg), Jahrbuch Strafrecht Besonderer Teil 2012, 13; *Petznek*, Umweltstrafrecht (1989); *Pichlmayer*, Österreichisches Umweltstrafrecht. Anpassung und Ausbau durch europarechtliche Vorgaben (2014); *Raschauer/Wessely* (Hrsg), Handbuch Umweltrecht[2] (2010), *Reindl-Krauskopf/Salimi*, Umweltstrafrecht (2013); *Salimi*, Umweltstrafrecht, in: *Ennöckl/Niederhuber* (Hrsg), Umweltrecht – Jahrbuch 2016, 249; *Sautner*, Umweltstrafrecht – Eine Zwischenbilanz, RdU 2009/2, 4; *Schnedl*, Umweltrecht im Überblick[2] (2014); *Schnuderl*, Umweltstrafrecht und Zeitablauf – Gedanken zu Rechtsproblemen des strafrechtlichen Umweltschutzes, RZ 1986, 81; *Velten*, Grenzüberschreitende Gefährdungsdelikte, Ottenstein 2004, 173; *Wegscheider*, Österreichisches Umweltstrafrecht (1987).

# Brandstiftung und fahrlässige Herbeiführung einer Feuersbrunst (§§ 169, 170)

## Brandstiftung

**§ 169. (1) Wer an einer fremden Sache ohne Einwilligung des Eigentümers eine Feuersbrunst verursacht, ist mit Freiheitsstrafe von einem bis zu zehn Jahren zu bestrafen.**

**(2) Ebenso ist zu bestrafen, wer an einer eigenen Sache oder an der Sache eines anderen mit dessen Einwilligung eine Feuersbrunst verursacht und dadurch eine Gefahr für Leib oder Leben (§ 89) des anderen oder eines Dritten oder für das Eigentum eines Dritten in großem Ausmaß herbeiführt.**

**(3) Hat die Tat den Tod eines Menschen oder schwere Körperverletzungen (§ 84 Abs. 1) einer größeren Zahl von Menschen zur Folge oder sind durch die Tat viele Menschen in Not versetzt worden, so ist der Täter mit Freiheitsstrafe von fünf bis zu fünfzehn Jahren, hat sie aber den Tod einer größeren Zahl von Menschen nach sich gezogen, mit Freiheitsstrafe von zehn bis zu zwanzig Jahren zu bestrafen.**

*(idF BGBl I 2015/112)*

## Fahrlässige Herbeiführung einer Feuersbrunst

**§ 170. (1) Wer eine der im § 169 mit Strafe bedrohten Taten fahrlässig begeht, ist mit Freiheitsstrafe bis zu einem Jahr oder mit Geldstrafe bis zu 720 Tagessätzen zu bestrafen.**

**(2) Hat die Tat den Tod eines Menschen oder schwere Körperverletzungen (§ 84 Abs. 1) einer größeren Zahl von Menschen zur Folge oder sind durch die Tat viele Menschen in Not versetzt worden, so ist der Täter mit Freiheitsstrafe bis zu drei Jahren, hat sie aber den Tod einer größeren Zahl von Menschen nach sich gezogen, mit Freiheitsstrafe von sechs Monaten bis zu fünf Jahren zu bestrafen.**

*(idF BGBl I 2015/112)*

1 **A. Allgemeines.** § 169 ist ein Gemeingefährdungsdelikt. Es enthält zwei Tatbilder. Beiden gemeinsam ist, dass der Täter eine **Feuersbrunst herbeiführt**. Eine Feuersbrunst ist ein ausgedehntes Feuer, das mit gewöhnlichen Mitteln nicht beherrschbar, dh nur durch die Feuerwehr löschbar ist (RS0094944). Weiters muss eine abstrakte (Gemein)Gefahr gegeben sein, dass eine unbe-

stimmte, größere Zahl von Menschen (vgl 14 Os 32/19s) oder fremdes Eigentum in großem Ausmaß zu Schaden kommen könnte (13 Os 24/20h).

Abs 2 verlangt immer eine konkrete Gefahr (s Rz 3).

Das Anzünden eines großen Objekts wie zB eines Hauses, einer Kirche oder eines LKW (EvBl 1982/88, 12 Os 26/13k, 13 Os 126/12x) oder mehrerer PKW auf einem Parkplatz (11 Os 137/03) ist wegen der Ausbreitungsgefahr regelmäßig eine Feuersbrunst.

Ein Feuer, das sich auf ein kleines Objekt, wie zB einen PKW (11 Os 137/03), zwei Holzstöße (14 Os 59, 60/04), ein Wartehäuschen (12 Os 122/10y) oder eine alleinstehende Scheune beschränkt, ist keine Feuersbrunst (vgl aber 11 Os 103/09w), auch wenn der Einsatz der Feuerwehr notwendig ist. Wenn der Täter in einem Haus, in einem Schuppen unmittelbar neben dem Haus (14 Os 151/01), an einem Holzstoß an der Hauswand (15 Os 86/08y) oder an einer Tankstelle (15 Os 24/15s) ein Feuer legt und das Feuer nur geringe Ausdehnung erlangt, kann allerdings eine **versuchte Brandstiftung** vorliegen, sofern der Vorsatz des Täters auf eine Feuersbrunst gerichtet war (14 Os 34/21p, 12 Os 148/20m; s Rz 4). Andernfalls ist der Täter wegen Sachbeschädigung zu bestrafen (14 Os 55/20z).

**B. Die Brandstiftung an fremden Sachen (§ 169 Abs 1).** Der Täter führt die 2
Feuersbrunst an einer Sache herbei, die ihm nicht oder nicht allein gehört (SSt 48/38, 11 Os 19/08s); entscheidend sind die Eigentumsverhältnisse. Mit dem Entstehen der Feuersbrunst ist das Delikt vollendet. Wenn der Täter mit Einwilligung des Eigentümers handelt, kommt Abs 2 zur Anwendung.

**C. Die Brandstiftung an eigenen Sachen (§ 169 Abs 2).** Der Täter führt die 3
Feuersbrunst an einer Sache herbei, die ihm allein gehört (11 Os 10/21m), oder an einer fremden Sache mit **Zustimmung** des Eigentümers. Hier ist der Täter nur strafbar, wenn durch die Feuersbrunst überdies eine **konkrete Gefahr** (s dazu BT I § 89 Rz 2) für eine Person oder für fremde Sachen in großem Ausmaß herbeigeführt wird.

Ein gepachteter Gasthof ist eine fremde Sache (12 Os 43/09d). Die Brandstiftung an Gebäuden einer GmbH wird an einer fremden Sache (Abs 1) begangen, auch wenn der Geschäftsführer zustimmt (EvBl 2000/48); wenn der Alleingesellschafter zustimmt, handelt es sich um einen Fall des Abs 2 (vgl 13 Os 122/11g). Delikte zum Nachteil einer GmbH sind strafrechtlich wie Delikte zum Nachteil der Gesellschafter zu behandeln (vgl BT I § 166 Rz 4).

Ein Schaden in großem Ausmaß sollte erst ab 1 Mio € angenommen werden (s dazu §§ 176, 177 Rz 3); die Rsp orientiert sich an der zweiten Wertgrenze für Vermögensdelikte (300.000 €: 14 Os 14/17s, 13 Os 68/17z).

**D. Vorsätzliche und fahrlässige Begehung.** 4

Nach **§ 169 Abs 1 und 2** muss sich der **Vorsatz** des Täters auf die Herbeiführung eines (gemeingefährlichen) Brandes beziehen, der einer Feuersbrunst (Rz 1) entspricht (12 Os 19/18p).

Im Fall des Abs 1 muss der Täter den Vorsatz haben, dass die Feuersbrunst an einer fremden Sache ohne oder gegen den Willen des Eigentümers herbeigeführt wird; im Fall des Abs 2, dass durch die Feuersbrunst an der eigenen Sache jemand in konkrete Gefahr gerät oder dass an fremden Sachen die konkrete Gefahr eines Schadens von mehr als 1 Mio € entsteht.

5 Wenn der Täter die Tatbilder des § 169 Abs 1 oder 2 **fahrlässig** verwirklicht, ist **§ 170 Abs 1** anzuwenden.

Der Täter zündet auf einem Holzlagerplatz ein Feuer an und geht weg, ohne es vollständig gelöscht zu haben; so gerät Holz, das in der Nähe lagert, in Brand. Wenn das Feuer das Ausmaß einer Feuersbrunst erreicht, ist der Täter nach § 170 Abs 1 strafbar; wenn es vorher gelöscht wird, bleibt der Täter straffrei (14 Os 59/04, 60/04).

6 **E. Qualifikationen.** Täter nach § 169 Abs 1 und 2, § 170 Abs 1 fallen unter strengere Strafsätze, wenn sie durch die Tat jemanden **fahrlässig töten** (s zB 14 Os 86/11w), eine größere Zahl von Menschen am Körper **schwer verletzen, viele Menschen in Not versetzen** oder wenn sie durch die Tat fahrlässig eine größere Zahl von Menschen töten (§ 169 Abs 3, § 170 Abs 2).

Zur schweren Körperverletzung BT I § 84 Rz 2ff. Eine größere Zahl von Menschen sind wenigstens zehn. Überwiegend wird die Zahl 10 aber nur als Richtwert verstanden: So sind für manche Autoren (s etwa *H/R* BT II § 169 Rz 31) auch schon neun Personen eine größere Zahl. Viele Menschen sind wenigstens 30 Personen (*F/M-K/O* § 169 Rz 14).

Dass bei der Brandbekämpfung ein Feuerwehrmann ums Leben kommt, stellt die Qualifikation nach hA nicht her: Es fehlt der Risikozusammenhang (vgl BT I § 80 Rz 14; aM 14 Os 99/19v).

7 **F. Konkurrenzen.** Täter, die durch die Feuersbrunst jemanden fahrlässig töten oder verletzen, haften grundsätzlich nur nach § 169 oder § 170; die §§ 80, 81 und § 88 Abs 1, 3 und 4 zweiter Fall treten zurück. Bei grober Fahrlässigkeit treten §§ 81 und § 88 Abs 4 zweiter Fall in echte Konkurrenz zu § 170 Abs 1 (*H/R* BT II § 170 Rz 8).

Sachbeschädigungen nach §§ 125, 126 Abs 1 Z 7 und Abs 2 werden konsumiert: Ausgedehnte Schadensfeuer führen regelmäßig auch zu Schäden, die 300.000 € übersteigen.

## Vorsätzliche und fahrlässige Gefährdung durch Kernenergie, ionisierende Strahlen, Sprengmittel; Vorbereitungshandlungen dazu (§§ 171–175)

*(idF BGBl I 2015/112)*

### 1. Die konkreten Gefährdungen

1 Die Tatbilder der §§ 171–174 haben gemeinsam, dass der Täter wenigstens einen Menschen **konkret gefährdet** oder eine konkrete Gefahr für fremdes Ei-

gentum in großem Ausmaß herbeiführt. Ein anderer Mensch ist konkret gefährdet, wenn es nur durch großes Glück zu keiner Verletzung eines anderen gekommen ist (vgl BT I § 89 Rz 2). Fremdes Eigentum ist in großem Ausmaß gefährdet, wenn an fremden Sachen beinahe ein Schaden von mehr als 1 Mio € eintritt (s §§ 176, 177 Rz 3). Auf Grund des Verweises auf § 89 muss der Täter **grob fahrlässig** oder iSd § 81 Abs 2 handeln (vgl §§ 176, 177 Rz 4).

## 2. Die Ausführungshandlungen

In den Fällen der **§§ 171, 172** führt der Täter eine dieser Gefahren durch **Freisetzung von Kernenergie** oder ionisierender Strahlen, in den Fällen der **§§ 173, 174** dadurch herbei, dass er **Sprengstoff als Sprengmittel zur Explosion bringt** (s zB 11 Os 100/11g). Wer mit einer Pistole schießt, einen Böller oder eine Rakete zündet, bringt Sprengstoff nur als Schieß- (EBRV 30 BlgNR 13. GP, 320), als Knall- oder als Leuchtmittel zur Explosion (*Murschetz* $WK^2$ § 173 Rz 2; s auch 14 Os 32/17p). 2

## 3. Vorsätzliche und fahrlässige Begehung

In den Fällen der **§§ 171 und 173** führt der Täter die geforderte konkrete **Gefahr vorsätzlich** herbei, indem er **vorsätzlich** Kernenergie oder ionisierende Strahlen freisetzt oder vorsätzlich Sprengstoff als Sprengmittel zur Explosion bringt. In den Fällen der **§§ 172, 174** handelt der Täter in dieser oder doch jener Richtung bloß **fahrlässig**. 3

Die Täter deponieren um 17 Uhr in einem Museum mitten in der Stadt eine Zwei-Kilo-Bombe, die um 22 Uhr explodieren sollte, aber gleich explodiert. Am Gebäude entsteht hoher Sachschaden, der Museumskustos wird schwer verletzt. Die Täter haben das Verbrechen nach § 173 vollendet (EvBl 1981/140). Die Ausführungshandlung, das Ablegen der Bombe, steht mit der Explosion um 17 Uhr und deren Folgen im Risikozusammenhang. Die Explosion ist vorsätzlich herbeigeführt.

Nach § 174 haftet beispielsweise der Täter, der einen Koffer mit Sprengsätzen achtlos wegwirft, der bei der Bergung explodiert (13 Os 17/13v).

Die Täterin lässt ihre Pension sprengen, um einen Versicherungsbetrug vorzubereiten. Eine Freundin hilft ihr beim Ausräumen. Die Pension wird zerstört, andere Gebäude werden beschädigt und eine Person schwer verletzt. Da die Täterin nur die Sprengung vorsätzlich herbeigeführt hat, aber keinen Vorsatz auf die Gefährdung der umliegenden Gebäude oder einer anderen Person hatte, ist sie nur nach § 174 strafbar. Ebenso die Freundin: Jede Hilfe bei der Vorbereitung einer Sprengung ohne besondere Sicherheitsvorkehrungen ist ein objektiv sorgfaltswidriges und damit fahrlässiges Verhalten (SSt 52/34).

## 4. Qualifikationen, Konkurrenz

Die Täter nach §§ 171–174 fallen unter strengere Strafsätze, wenn sie durch die Tat fahrlässig Folgen nach § 169 Abs 3 bzw § 170 Abs 2 herbeiführen (§ 171 4

Abs 2, § 172 Abs 2, § 173 Abs 2, § 174 Abs 2; vgl §§ 169, 170 Rz 6). Zur Konkurrenz mit §§ 80, 81, 88 Abs 1, 4 zweiter Fall s §§ 169, 170 Rz 7.

### 5. Die Strafbarkeit von Vorbereitungshandlungen und tätige Reue

5 § **175 Abs 1** vertypt Vorbereitungshandlungen zu den Verbrechen nach §§ 171 und 173. Der Täter **fertigt an, erwirbt** oder **besitzt** Sprengstoff, Chemikalien zur Herstellung von Sprengstoff („Grundstoffe") oder Geräte, die dazu dienen, Sprengstoff zur Explosion zu bringen; oder er **überlässt** solche Sachen **jemand** anderem (s etwa 15 Os 77/15k).

Der Täter hat die **Absicht** (§ 5 Abs 2), dh es kommt ihm darauf an, sich oder anderen ein Verbrechen nach § 171 oder § 173 zu ermöglichen, oder er **weiß**, dass die Person, der er die Sachen überlässt, ein Verbrechen nach § 171 oder § 173 vorbereitet. Tatzeit, Tatort und Tatobjekt können noch ganz unbestimmt sein. Dem Sprengstoff sind Kernbrennstoffe und radioaktive Stoffe gleichgestellt.

Die **Strafbarkeit** des Täters nach § 175 **erlischt**, wenn er freiwillig, bevor die Behörde von seinem Verschulden erfahren hat (BT I § 167 Rz 13), dafür sorgt, dass der Kernbrennstoff oder der Sprengstoff zur Begehung des Verbrechens nach § 171 oder § 173 nicht mehr verwendet werden kann, zB indem er ihn der Behörde übergibt (§ **175 Abs 2**).

Als Vorbereitungsdelikt ist § 175 gegenüber den (versuchten) Verbrechen nach §§ 171 und 173 **subsidiär**.

## Vorsätzliche und fahrlässige Gemeingefährdung (§§ 176, 177)

### Vorsätzliche Gemeingefährdung

**§ 176. (1) Wer anders als durch eine der in den §§ 169, 171 und 173 mit Strafe bedrohten Handlungen eine Gefahr für Leib oder Leben (§ 89) einer größeren Zahl von Menschen oder für fremdes Eigentum in großem Ausmaß herbeiführt, ist mit Freiheitsstrafe von einem bis zu zehn Jahren zu bestrafen.**

**(2) Hat die Tat eine der im § 169 Abs. 3 genannten Folgen, so sind die dort angedrohten Strafen zu verhängen.**

*(idF BGBl 1974/60)*

### Fahrlässige Gemeingefährdung

**§ 177. (1) Wer anders als durch eine der in den §§ 170, 172 und 174 mit Strafe bedrohten Handlungen fahrlässig eine Gefahr für Leib oder Leben (§ 89) einer größeren Zahl von Menschen oder für fremdes Eigentum in großem Ausmaß herbeiführt, ist mit Freiheitsstrafe bis zu einem Jahr oder mit Geldstrafe bis zu 720 Tagessätzen zu bestrafen.**

**(2) Hat die Tat eine der im § 170 Abs. 2 genannten Folgen, so sind die dort angedrohten Strafen zu verhängen.**

*(idF BGBl I 2015/112)*

## 1. Die Gemeingefahr

Die §§ 176, 177 handeln von Tätern, die eine **konkrete Gefahr für Leib oder Leben einer größeren Zahl von Menschen oder für fremdes Eigentum in großem Ausmaß** herbeiführen. Die Gefahr kann auf jede erdenkliche Art und Weise herbeigeführt werden, zB auch durch einen Brand, der keine Feuersbrunst ist (13 Os 119/20d), durch eine „Wahnsinnsfahrt" mit einem PKW (12 Os 118/21a), durch die Explosion von Gas (12 Os 36/10a) oder von Knallkörpern (14 Os 32/17p) oder die Abgabe von Schüssen, die eine Massenpanik auslöst (12 Os 134/18z); s auch §§ 171–175 Rz 2. 1

Die unbestimmten Begriffe „größere Zahl" und „großes Ausmaß" müssen definiert werden. Die hM dagegen will nur „Richtwerte" geben, an die sich die Gerichte halten, die sie aber „gegebenenfalls" (bei besonders großer Gefahr; s etwa 11 Os 77/21i) auch über- oder unterschreiten können: Das ist abzulehnen (vgl § 184 Rz 3).

**A. Größere Zahl.** Eine Gemeingefahr liegt vor, wenn **wenigstens zehn Personen gleichzeitig** konkret gefährdet werden, dh wenn sie am selben Ort und zur selben Zeit beinahe verletzt worden wären (14 Os 129/19f uam; *Burgstaller* WK[2] § 81 Rz 28 uam). 2

Die Täter werfen von einer Brücke Pflastersteine auf die Autobahn unter ihnen, wo Autos mit ca 80 km/h in lockeren Kolonnen nebeneinander fahren (SSt 59/27); der Täter fährt mit massiv überhöhter Geschwindigkeit im Ortsgebiet gegen Einbahnen und bei Rotlicht, sodass sich viele Fußgänger nur durch Beiseitespringen in Sicherheit bringen können (14 Os 67/15g, 12 Os 118/21a); der Täter löst ein Schneebrett aus, von dem drei Personen tatsächlich und zehn weitere Personen beinahe verschüttet werden; der Täter rammt mit seinem LKW einen voll besetzten Triebwagenzug und bringt ihn zum Entgleisen (EvBl 1988/126). In all diesen Fällen hat der Täter eine Gemeingefahr herbeigeführt.

Die Fahrt eines Geisterfahrers auf der Autobahn führt zu einer Gemeingefahr, wenn ein Zusammenstoß mit wenigstens einem Fahrzeug unmittelbar bevorsteht und sich so viele weitere Personen in der Nähe (innerhalb des Anhaltewegs) befinden, dass insgesamt zehn Personen in eine Massenkarambolage verwickelt werden könnten: Der Geisterfahrer fährt 1 km mit 120 km/h auf einer dicht befahrenen, vierspurigen Einbahn, 30 Fahrzeuglenker müssen ihm ausweichen (ZVR 2003/99; vgl auch EvBl 2000/29).

Keine Gemeingefahr führt hingegen der Täter herbei, der auf der Autobahn wendet, 8,5 km auf dem Pannenstreifen zurückfährt und dabei einigen Fahrzeugen begegnet (vgl 12 Os 13/11w; vgl auch 14 Os 116/11g). Die bloße Begegnung mit einem auf freier Überholspur oder auf dem Pannenstreifen entgegenkommenden Geisterfahrer ist noch keine konkrete Gefahr, und eine Aufeinanderfolge mehrerer Einzelgefährdungen ist keine Gemeingefahr (14 Os 71/12s). Die Möglichkeit reflexartiger Fehlreaktionen besteht bei jeder gravierenden Verkehrsübertretung auf dicht befahrenen Straßen, aber solange es dazu nicht kommt, ist niemand in konkreter Gefahr.

3 **B. Großes Ausmaß.** Eine Gemeingefahr liegt vor, wenn ein Schaden an fremden Sachen droht, **der 1 Mio € übersteigt**: §§ 125, 126 lassen die fahrlässige Sachbeschädigung straffrei. Die Strafbarkeit der fahrlässigen Sachgefährdung in § 177 ist daher – auch im Hinblick auf die Wertgrenzenerhöhung im StRÄG 2015 (s auch § 159 Abs 4 Z 1 und 2) – nur verständlich, wenn der zu befürchtende Schaden die Wertgrenze des § 126 Abs 2 um ein Mehrfaches übersteigt. Die Rsp und manche Autoren knüpfen an die Wertgrenze von 300.000 € an, verlangen dafür aber eine größere Ausdehnung des Eigentums bzw Ausbreitungsgefahr (14 Os 140/14s, 14 Os 32/17p; *F/M-K/O* § 176 Rz 5 uam) oder eine abstrakte Gefahr für Menschen (*K/Schm* StudB III §§ 176–177 Rz 9).

Der Täter missachtet den Vorrang und bringt einen LKW-Zug ins Schleudern, so dass er um ein Haar umkippt: Der LKW-Zug und die Ladung sind uU mehr als 300.000 € wert. Vorfälle wie dieser sollten nicht nach § 177 strafbar sein. Nur wenn man das „große Ausmaß" des drohenden Schadens hoch ansetzt, kann man verstehen, dass das StGB die fahrlässige Sachbeschädigung straffrei lässt, in § 177 aber die fahrlässige Sachgefährdung für strafbar erklärt.

4 **C. Grobe Fahrlässigkeit.** Aus dem Verweis auf § 89 ergibt sich uE, dass die Gemeingefahr zumindest grob fahrlässig oder fahrlässig unter den Umständen des § 81 Abs 2 herbeigeführt werden muss (s BT I § 81 Rz 2ff, 9ff; *Murschetz* WK[2] § 176 Rz 2). Die meisten Autoren wollen allerdings „einfache" Fahrlässigkeit genügen lassen (*K/Schm* StudB III §§ 176–177 Rz 11 uam).

Der unachtsame Fußgänger, der den Fahrer eines vollbesetzten Autobusses zu einer Notbremsung veranlasst, ist uE gerichtlich nicht strafbar (vgl BT I § 89 Rz 3).

## 2. Vorsätzliche und fahrlässige Begehung

5 Wenn der Täter die Gemeingefahr **vorsätzlich** herbeiführt – er unternimmt zB eine Geisterfahrt zum Nervenkitzel (vgl 12 Os 9/12h) –, ist er nach § 176 Abs 1, wenn er sie **fahrlässig** herbeiführt (Rz 4), nach § 177 Abs 1 strafbar. Alle Fahrlässigkeitselemente müssen sorgfältig geprüft werden, auch wenn die Folgen noch so schlimm sind.

## 3. Qualifikationen, Konkurrenz

6 Der Täter fällt unter einen strengeren Strafsatz, wenn er durch die Tat fahrlässig eine der in § 169 Abs 3, § 170 Abs 2 beschriebenen Erfolge herbeiführt (**§ 176 Abs 2, § 177 Abs 2**).

7 Dass die Gemeingefahr zur schweren Verletzung einer Person oder einiger weniger Personen führt, wird durch die Anwendung der §§ 176 Abs 1 bzw § 177 Abs 1 mitabgegolten. Da der Täter nach § 177 grob fahrlässig oder gem § 81 Abs 2 handeln muss (s Rz 4), kommt die zusätzliche Anwendung von § 81

Abs 1 und 2 oder § 88 Abs 4 zweiter Fall nicht in Betracht. Zur Konkurrenz zu § 81 Abs 3 s BT I § 81 Rz 19.

> Der Täter fährt auf der Autobahn bei starkem Verkehr und dichtem Schneetreiben mit weit überhöhter Geschwindigkeit und verursacht eine Massenkarambolage, bei der zwei Personen getötet und einige schwer verletzt werden. § 177 Abs 1 ist anzuwenden, weil der Täter grob fahrlässig (hohe Geschwindigkeit, dichter Verkehr, schlechte Sicht) gehandelt und viele Menschen gleichzeitig gefährdet hat (Massenkarambolage); § 177 Abs 2, weil die Gemeingefahr sich im Tod wenigstens eines Menschen ausgewirkt hat; für die Anwendung auch der §§ 81 und 88 Abs 4 zweiter Fall bleibt kein Raum (s auch BT I § 81 Rz 19).

## Herstellung und Verbreitung von Massenvernichtungswaffen (§ 177a)

*(idF BGBl I 2018/70)*

§ 177a pönalisiert in Erfüllung internationaler Verpflichtungen vorbereitende Handlungen, um den Einsatz von Massenvernichtungswaffen – das sind **nukleare, radiologische, biologische oder chemische Kampfmittel** – zu verhindern. Sie müssen „bestimmt und geeignet" sein, viele Menschen zu töten oder zu schädigen, ausgedehnte Tier- oder Pflanzenbestände zu vernichten oder ausgedehnte Zerstörungen anzurichten. 1

Strafbar ist **die Herstellung, Verarbeitung und Entwicklung** von Massenvernichtungswaffen. Für die Strafbarkeit genügt es, dass der Täter mit dem nötigen Vorsatz einen Beitrag (§ 12) leistet, indem er ein an sich unschädliches Vorprodukt erzeugt oder liefert, aus dem dann andere das Kampfmittel mit der „bestimmten Eignung" herstellen (EBRV 33 BlgNR 20. GP, 51; s auch 12 Os 15/10p). 2

Strafbar ist auch **die Einfuhr, Ausfuhr oder Durchfuhr, das Erwerben, Besitzen, Überlassen oder Verschaffen** solcher Kampfmittel. 3

Der Täter muss zumindest bedingt **vorsätzlich** handeln. 4

> Viele chemische Produkte kann man zu Massenvernichtungswaffen oder auch zu unbedenklichen Stoffen weiterverarbeiten. Wer ein Produkt exportiert, obwohl er es ernsthaft für möglich hält und sich damit abfindet, es werde eines Tages von Dritten zu einer Massenvernichtungswaffe verarbeitet, ist wegen Beitrags zum (versuchten) Delikt nach § 177a Abs 1 Z 1 strafbar, sofern die Herstellung des Kampfmittels wenigstens in das Versuchsstadium getreten ist. Dass der Täter bei der Erzeugung und Ausfuhr alle geltenden Vorschriften eingehalten hat, ist unerheblich, § 177a ist nicht „verwaltungsakzessorisch" (EBRV 33 BlgNR 20. GP, 52).

**Abs 2** sieht drastische Strafdrohungen vor, wenn die Massenvernichtungsmittel wissentlich in ein Kriegsgebiet geliefert werden oder gar zum Einsatz gelangen sollen. 5

## Unerlaubter Umgang mit Kernmaterial und anderen gefährlichen Stoffen (§§ 177b–177e)

*(§ 177b idF BGBl I 2018/70, § 177c–§ 177e idF BGBl I 2015/112)*

1 Handlungen, die man § 177b oder § 177c unterstellen könnte, haben die österreichische Justiz noch nie beschäftigt. Dabei wird es wohl bleiben. Daher erscheint eine Besprechung dieser komplizierten Tatbilder nicht notwendig.

Die Einfügung der §§ 177d und 177e war zur Umsetzung der Richtlinie 2008/99/EG über den Schutz der Umwelt durch das Strafrecht (ABl L 328 vom 6.12.2008, 28) erforderlich.

## Vorsätzliche und fahrlässige Gefährdung von Menschen durch übertragbare Krankheiten (§§ 178, 179)

*(idF BGBl I 2015/112)*

1 **A. Potenzielles Gefährdungsdelikt.** Die §§ 178 und 179 sollen die Gesundheit der Bevölkerung schützen.

Der Täter nimmt eine **Handlung** vor, die **typischerweise geeignet** ist, **übertragbare Krankheiten unter Menschen zu verbreiten**, dh andere anzustecken, sodass die Gefahr der Weiterverbreitung besteht (*Cohen* JSt 2020, 205). Dass jemand wirklich angesteckt wird, ist nicht notwendig. Es kommt auch nicht darauf an, ob die Krankheit durch Kontakt von Person zu Person oder durch Ausstreuen von Viren oder Bazillen verbreitet wird (EBRV 30 BlgNR 13. GP, 322). Wer gar nicht infiziert ist oder (nur mehr) eine ganz geringe Viruslast hat, kann keine anderen Personen anstecken und ist daher straflos (13 Os 130/21y [13 Os 131/21w], OLG Graz 1 Bs 10/21m = JSt 2021/45, 421 mit Anm *Mitgutsch* = JBl 2021, 473 mit Anm *Schallmoser* = JSt 2022, 259 mit Anm *Hajszan;* OLG Linz 7 Bs 48/21i = JSt 2021/46, 424).

Nach § 178 macht sich zB strafbar, wer sein Kind bewusst mit einer maserninfizierten Person zusammenbringt („Masernparty“: *Cohen*, RdM 2019/62, 93); der Mitarbeiter einer Blutbank, der vorsätzlich AIDS-verseuchte Blutkonserven abgibt; eine COVID-19-positive Person, die trotz Wissen von der Ansteckung in nahen Kontakt mit einer anderen Person tritt; eine Prostituierte, die mit Kunden ungeschützten Geschlechtsverkehr durchführt, obwohl sie weiß, dass sie mit AIDS infiziert ist (OLG Linz RZ 1989/48 mit Anm von *Kienapfel*; s auch 14 Os 19/16z: Vergewaltigung durch einen Mann, der mit HIV infiziert ist). Die Einwilligung des Geschlechtspartners oder einer Person, die sich mit Covid anstecken lassen will, in die Gefährdung ändert daran nichts, weil § 178 nicht bloß die Gesundheit des Einzelnen schützt.

Mit der Anwendung des § 178 ist die Gefährdung, die fahrlässige Gesundheitsschädigung oder fahrlässige Tötung der betroffenen Person mitabgegolten (strittig). Eine (versuchte) vorsätzliche Körperverletzung wird mangels Vorsatzes kaum in Frage kommen: S auch Rz 3.

HIV-Infizierte, die beim Geschlechtsverkehr ein Kondom verwenden, sind nach § 178 nicht strafbar, weil die Ansteckungsgefahr auf ein minimales Maß reduziert wird (*Flora* SbgK § 178 Rz 17) bzw die Gefährdung bei Einhaltung der safer sex-Regeln sozialadäquat ist (*H/R* BT II § 178, 179 Rz 5). Sogar ein ungeschützter Geschlechtsverkehr ist nicht nach §§ 178 f strafbar, wenn sich die HIV-infizierte Person konsequent einer antiretroviralen Therapie unterzieht oder präventiv Medikamente wie PrEP einnimmt (*Aigner/Hausreither* RdM 2010/95, 115; vgl auch OLG Graz 8 Bs 37/20g = JSt 2020, 252 mit Anm *Baier/Soyer*). Entsprechendes gilt für eine COVID-19-positive Person, die trotz Quarantänebescheid einen Spaziergang in den angrenzenden Wald macht und anderen Personen weit aus dem Weg geht.

**B. Die anzeigepflichtigen Krankheiten.** Der Täter ist nur strafbar, wenn die Krankheit, die durch seine Handlung verbreitet werden kann, „ihrer Art nach" anzeige- oder meldepflichtig ist. 2

Anzeige- bzw meldepflichtig sind zahlreiche Krankheiten nach dem EpidemieG und auf Grund dessen erlassenen VO (zB MERS-CoV, 2019-nCoV, Masern, Hepatitis: 11 Os 53/18f uam), verschiedene Geschlechtskrankheiten, wenn die Gefahr der Ausbreitung besteht oder der Kranke sich nicht behandeln lassen will (vgl § 4 GeschlKrG); die Infektion mit HIV, wenn sie manifest wird und in das Vollbild AIDS übergeht (§ 2 Abs 1 AIDS-G). Damit ist die HIV-Infektion, auch wenn sie noch nicht manifest geworden ist, „ihrer Art nach" meldepflichtig und der Täter für einen Geschlechtsverkehr ohne Kondom idR (s Rz 1) strafbar (14 Os 19/16z).

**C. Vorsätzliche und fahrlässige Begehung.** Im Fall des § **178** erstreckt sich der **Vorsatz** des Täters darauf, dass er krank und dass seine Handlung geeignet ist, diese Krankheit unter Menschen zu verbreiten. Im Fall des § **179** ahnt der Täter von seiner Krankheit oder von dieser Eignung seiner Handlung nichts oder vertraut darauf, dass sie nicht vorliege. Die Anzeigepflichtigkeit der Krankheit muss dem Täter nicht bekannt sein: Sie muss nur tatsächlich – wenigstens unter gewissen Voraussetzungen (Rz 2) – anzeigepflichtig sein (objektive Bedingung der Strafbarkeit). 3

Eine mit HIV infizierte Person macht sich idR durch einen ungeschützten Geschlechtsverkehr strafbar: nach § 178, wenn sie ihre Infektion kennt; nach § 179, wenn sie sie kennen sollte, also Anlass hat, sich zu vergewissern, ob sie Virusträgerin ist (zB Prostituierte). Eine an COVID-19 erkrankte, zu häuslicher Quarantäne verpflichtete Person kann sich nach § 178 strafbar machen, wenn sie unter Missachtung ihrer Quarantäneverpflichtung einkaufen geht und dabei mit anderen Personen näher in Kontakt kommt.

**D. Konkurrenzfragen.** Mit einer Verurteilung nach § 178 wird auch die individuelle Gefährdung (§ 89), die fahrlässige Körperverletzung oder Tötung (§§ 88, 80) des anderen mitabgegolten. Die vorsätzlichen Verletzungsdelikte (dazu Rz 1) nach §§ 83ff stehen mit § 178 in echter Konkurrenz. 4

# Vorsätzliche und fahrlässige Beeinträchtigung der Umwelt (§§ 180, 181)

*(§ 180 idF BGBl I 2006/56; § 181 idF BGBl I 2015/112)*

## 1. Die Ausführungshandlung

1 Die §§ 180, 181 schützen die wichtigsten Umweltmedien. Der Täter führt zunächst einen schädlichen Erfolg herbei, indem er ein **Gewässer**, den **Boden** oder die **Luft** verunreinigt oder beeinträchtigt, dh ihre biologische Qualität vermindert. Das kann auch durch ein Unterlassen geschehen (s OLG Graz 10 Bs 425/10s: Nichtverhinderung des Eindringens von Verschmutzungen in eine Trinkwasserversorgungsanlage).

Gewässer ist auch das Grundwasser (15 Os 62/13a), nicht aber gefasstes Wasser. Man kann es beeinträchtigen, ohne es zu verschmutzen, etwa indem man Warmwasser einleitet oder ihm Sauerstoff entzieht. Eine Trocken- oder Sumpfwiese kann man beeinträchtigen, ohne sie zu verschmutzen, indem man sie düngt, aufschüttet, planiert, entwässert; für die landwirtschaftliche Nutzung mag sie dann besser geeignet sein, aber ihre bisherige biologische Qualität hat sie verloren.

## 2. Die Verwaltungsakzessorietät

2 Bei den Umweltdelikten muss die soziale Inadäquanz der Täterhandlung in einem **Verstoß gegen eine rechtliche Anordnung** zum Ausdruck kommen, die wenigstens unter anderem Verschmutzungen oder Beeinträchtigungen der Umwelt beschränken oder verhindern soll. Die Anordnung kann in einem Gesetz (zB § 31 WRG: RdU 2006/130), in einer Verordnung, in einem unmittelbar anwendbaren EU-Rechtsakt oder in einem Bescheid enthalten sein, mag er auch rechtswidrig sein (s *K/Schm* StudB III Vorbem §§ 180ff Rz 45 mwN; aM *Reindl-Krauskopf/Salimi* Umweltstrafrecht Rz 25, 64; differenzierend *Koller* WK[2] Vor §§ 180–183b Rz 13ff). Die Anordnung kann eine bestimmte Verhaltensweise oder die Herbeiführung bestimmter Erfolge, zB durch Festlegung von Emissionshöchstwerten, verbieten.

> Eine unsachgemäße Reparatur lässt Heizöl austreten und versickern. Der Täter kann nach § 181 bestraft werden, weil nach den einschlägigen Bestimmungen Anlagen zur Lagerung und Leitung von Heizöl so betrieben werden müssen, dass schädliche Einwirkungen auf die Umwelt vermieden werden. Der Lenker eines Tankwagens fährt zu schnell, der Tankwagen stürzt um, das ausfließende Benzin verseucht das Grundwasser. Der Täter kann nach § 181 bestraft werden, weil § 20 Abs 1 StVO unter anderem auch den Schutz der Umwelt bezweckt (OLG Innsbruck 6 Bs 440/99 RdU 2000/42, 154).

3 Niemand kann dafür bestraft werden, dass er zum Schutz der Umwelt nicht mehr tut als das Verwaltungsrecht von ihm verlangt. Eben das ist der Sinn der

Verwaltungsakzessorietät. Sie schafft Rechtssicherheit, hat aber den Nachteil, dass eventuelle **Lücken im Verwaltungsrecht** das Umweltstrafrecht unanwendbar machen.

Dem Täter wurde mit Bescheid erlaubt, seine Betriebsabwässer – ohne nähere Bestimmung – in einen Bach zu leiten. Die Verhältnisse ändern sich, andere Abwässer fallen an, der Täter leitet sie gleichfalls in den Bach und verschmutzt ihn stark. Der Täter hat dem Bescheid nicht zuwidergehandelt und kann deshalb nicht nach §§ 180–181e bestraft werden. Freilich sollte die Behörde niemandem die Einleitung von Abwässern ohne Beschränkung erlauben.

## 3. Die potenzielle Gefährlichkeit

Verunreinigungen und Beeinträchtigungen fallen unter § 180 Abs 1, wenn sie geeignet sind, eine der in Z 1–4 beschriebenen Gefahren herbeizuführen. Bei der Beurteilung, ob das der Fall ist, geht man von der tatsächlichen Art und Menge der ausgetretenen Schadstoffe am Ort und zur Zeit der Tat aus (**konstante Faktoren**) und zieht im Übrigen die Umstände heran, die im schlimmsten, nicht ganz unwahrscheinlichen Fall („worst-case") hätten eintreten können (**variable Faktoren**). 4

**A. Die Emissionen.** Wenn der Sachverständige Art und Menge der ausgetretenen Schadstoffe (Konstante) nicht exakt berechnen kann, muss der Richter von der wahrscheinlichsten Berechnung ausgehen (OLG Linz JBl 1990, 463) und nicht von einer höheren, weniger wahrscheinlichen, aber noch immer möglichen Schadstoffmenge (*Schwaighofer* ÖJZ 1994, 231; aM JBl 1992, 398 mit Anm von *Burgstaller* und andere Autoren). Die potenzielle Gefährlichkeit darf nicht fingiert werden. 5

**B. Der Emissionsbereich.** Dann kommt es darauf an, wie sich die Schadstoffe bei den gegebenen örtlichen Verhältnissen (Höhe des Schornsteins, Beckenlage usw) im Falle ungünstiger Wind- und Wetterverhältnisse hätten ausbreiten können. 6

**C. Die möglichen Folgen.** Die Handlung fällt unter § 180 Abs 1, wenn auf Grund der Emissionen im Emissionsbereich eine der Folgen der Z 1–4 **nicht eben unwahrscheinlich** ist: 7

**Z 1: Ein Mensch wird getötet oder schwer verletzt oder eine größere Zahl von Menschen wird an der Gesundheit geschädigt.** Über Gesundheitsschädigung, schwere Verletzung und größere Zahl von Menschen s im BT I und zu §§ 176, 177 Rz 2.

**Z 2: Der Tier- oder Pflanzenbestand wird in erheblichem Ausmaß beeinträchtigt.** Für das erhebliche Ausmaß kommt es auf die Einzigartigkeit des Bestandes, auf die Intensität der Einwirkung und auf die Möglichkeit und Dauer der Schadensbehebung an (EBRV 1326 BlgNR 22. GP, 11). 8

Ein Bauer lässt versehentlich Gülle in einen Fischbach fließen, so dass auf einer Strecke von mehreren Kilometern etwa 200 Forellen verenden (vgl OLG Wien RdU 1998/135 mit Anm *Wegscheider*). Der Täter planiert ein unter Naturschutz stehendes Feuchtgebiet von ca 2 ha (vgl OLG Graz RdU 1998/106 mit Anm *Wegscheider*): Beide Täter fallen unter diese Ziffer. Nicht aber ein Bauer, der versehentlich Kartoffelfruchtwasser in einen Karpfenteich von ca 50 x 50 m fließen lässt (vgl 13 Os 68/91): Zuchtkarpfen sind kein einzigartiger oder seltener Tierbestand; hier kommt allenfalls Z 3 oder 4 in Frage.

9 **Z 3: Der Zustand des Gewässers, des Bodens oder der Luft wird auf lange Zeit verschlechtert**. Maßgeblich ist die Zeit, die vergehen wird, bis die Verschmutzung oder Beeinträchtigung auf natürliche Weise auf ein unschädliches Maß abgebaut, verdünnt oder rückgebildet wird. Längere Zeit müssen wohl mehrere Jahre sein; die hA lässt eine kürzere Dauer genügen. Dass die Feuerwehr zB durch Ölsperren größere Verschmutzungen verhindern konnte, kommt dem Täter nicht zugute (variabler Faktor; Rz 4).

10 **Z 4:** Die **Kosten für die Beseitigung** der Verschmutzung oder Beeinträchtigung oder der **Schaden** an einer fremden Sache, einer denkmalgeschützten Sache oder an einem Naturdenkmal **übersteigen 50.000 €.**

## 4. Vorsätzliche oder fahrlässige Begehung

11 Der Täter ist nach § 180 Abs 1 strafbar, wenn er dieses Tatbild vorsätzlich verwirklicht. Der Vorsatz erstreckt sich auf die Verschmutzung oder Beeinträchtigung und auf ihre Eignung, Gefahren nach Abs 1 herbeizuführen. Wenn der Täter nur fahrlässig handelt, ist er nach § 181 Abs 1 strafbar. Zum Irrtum über Rechtsvorschriften s § 183a.

## 5. Qualifikation

12 Wenn die Verschmutzung oder Beeinträchtigung die nach Abs 1 Z 2–4 bloß möglichen **Folgen wirklich herbeiführt** oder wenn gar **Folgen nach § 169 Abs 3** eintreten, fällt der Täter unter die strengeren Strafsätze der § 180 Abs 2, § 181 Abs 2. Diese Folgen muss der Täter nur fahrlässig herbeiführen (§ 7 Abs 2). Aber § 180 Abs 2 ist auch anwendbar, wenn der Täter diese Folgen vorsätzlich herbeiführt, soweit § 180 Abs 2 nicht durch andere, strengere Strafsätze verdrängt wird.

Der Täter, der ein unter Naturschutz stehendes Feuchtbiotop aufschüttet und planiert, beeinträchtigt vorsätzlich den Tier- oder Pflanzenbestand in erheblichem Ausmaß. Er ist nach § 180 Abs 1 und 2 strafbar. § 182 wird durch § 180 Abs 2 weitgehend verdrängt (s §§ 182, 183 Rz 2).

Der Täter pumpt Heizöl um, schaltet aber die Förderpumpe nicht rechtzeitig ab; 500 l Heizöl versickern im Boden, 300 l fließen in einen See, der Beseitigungsaufwand beträgt 120.000 €: ein Fall des § 181 Abs 2 (vgl OLG Graz RdU 2006/130).

## 6. Abgrenzung und Konkurrenzen

Über die Abgrenzung zu den **anderen Umweltdelikten** s §§ 181b, 181c Rz 5, §§ 181d, 181e Rz 5, §§ 181f–181i Rz 1, §§ 182, 183 Rz 2. 13

**Beamte** sollten für **Umweltschäden**, die aus ihren Amtshandlungen entstehen, nicht nach §§ 180, 181, sondern ausschließlich nach § **302** oder gar nicht strafbar sein (s § 302 Rz 32). Nach hA haftet der Beamte, der wissentlich missbräuchlich eine Betriebsanlage bewilligt und dadurch eine Umweltbeeinträchtigung herbeiführt, wegen Amtsmissbrauchs (s etwa *Manhart* SbgK Vorbem §§ 180ff Rz 67f; für Strafbarkeit auch nach § 180 zB *H/R* BT II §§ 180, 181 Rz 15).

# Schwere Beeinträchtigung durch Lärm (§ 181a)

*(idF BGBl 1987/605)*

§ 181a soll Menschen vor intensiver Lärmerregung schützen. Das Tatbild ist denkbar unbestimmt: Der Täter muss das „körperliche Befinden" „vieler Menschen" „nachhaltig" und „schwer" beeinträchtigen. Diese Anhäufung unbestimmter Begriffe hat mit dazu beigetragen, dass § 181a in der Praxis totes Recht geblieben ist (*K/Schm* III §§ 181a–183 Rz 4). Er sollte gestrichen werden. 1

# Umweltgefährdendes Behandeln und Verbringen von Abfällen (§§ 181b, 181c)

*(idF BGBl I 2015/112)*

**A.** Der Täter nach § 181b bzw § 181c **Abs 1 sammelt, beseitigt oder bewirtschaftet Abfälle.** Dabei **verstößt er gegen eine Anordnung**, die wenigstens ua dem Schutz der Umwelt dient, insb gegen das AWG (**Verwaltungsakzessorietät**; s §§ 180, 181 Rz 2). Eine **Verschmutzung** des Bodens oder eines Gewässers ist **nicht** notwendig. 1

> Der Täter lagert zB verordnungswidrig Klärschlamm (13 Os 29/18s); beseitigt Altöl und Reste von Pflanzenschutzmitteln, indem er sie in freier Natur ablässt. Rohstoffe (zB Chemikalien), die zur späteren Verwendung gelagert werden, sind keine Abfälle.

**B.** Das vorschriftswidrige Verhalten nach Abs 1 könnte zu einer der **Gefahren** nach Abs 1 Z 1–4 führen. Vgl § 180 Abs 1 Z 1–4. 2

Wenn der Täter – wenn auch nur fahrlässig (§ 7 Abs 2) – bewirkt, dass es **tatsächlich zu den Folgen** nach Abs 1 Z 2–4 oder gar nach § 169 Abs 3 **kommt**, fällt er unter strengere Strafsätze (§§ 181b **Abs 2**, 181c **Abs 2**).

**C.** § **181b Abs 3 und** § **181c Abs 3** pönalisieren einen Sonderfall: die vorsätzliche bzw grob fahrlässige illegale grenzüberschreitende Verbringung einer 3

„nicht unerheblichen" Abfallmenge (13 Os 32/13z). Eine Gefahr ist hier nicht notwendig.

4 **D. Vorsätzliche oder fahrlässige Begehung.** § 181b ist ein Vorsatzdelikt. Wenn es dem Täter am Vorsatz (zB auf die möglichen Gefahren) fehlt, kommt § 181c zur Anwendung. Zum Irrtum über Rechtsvorschriften s § 183a.

5 **E. Konkurrenz. § 181b und § 181c** sind nach hA **gegenüber §§ 180, 181 subsidiär**: Sonst wäre der Bauer, der Jauche in einen Fischbach einleitet, strenger strafbar als der Unternehmer, der seine giftigen Abwässer in diesen Bach fließen lässt.

Wer Fässer mit giftigen Abfällen vergräbt mit dem Vorsatz, dass die Fässer durchrosten und das Grundwasser verschmutzt wird, hat § 180 Abs 1 vorerst versucht; mit dem Auslaufen der Fässer ist § 180 Abs 1 vollendet. So bleibt für § 181b und § 181c praktisch kaum ein Anwendungsbereich.

## Umweltgefährdendes Betreiben von Anlagen (§§ 181d, 181e)

*(idF BGBl I 2015/112)*

1 **A. Allgemeines, Ausführungshandlungen.** Die §§ 181d und 181e sind ebenfalls potenzielle Gefährdungsdelikte. Eine Umweltbeeinträchtigung ist auch hier nicht notwendig.

Der Täter **betreibt** – entgegen einer Rechtsvorschrift oder einem Bescheid (Verwaltungsakzessorietät) – eine **Anlage, in der eine gefährliche Tätigkeit durchgeführt wird**: eine Produktionsstätte, von der ständig Emissionen ausgehen. Die Beseitigung der Abfälle aus diesem Produktionsvorgang gehört nicht mehr zu der gefährlichen Tätigkeit, sondern ist nach den allgemeinen Regeln der §§ 180–181c zu behandeln; dasselbe muss für den Betrieb von Müllverbrennungsanlagen und Mülldeponien gelten.

Der Betrieb der Anlage muss so geschehen, dass daraus eine der in § 181d Abs 1 Z 1–4 angeführten Gefahren entstehen kann **(potenzielle Gefährlichkeit)**.

Wenn die Folgen nach Z 2–4 wirklich eintreten oder wenn es gar zu Folgen nach § 169 Abs 3 kommt, fällt der Täter nach § 181d Abs 2 bzw § 181e Abs 2 unter strengere Strafsätze.

2 **B. Vorsätzliche und fahrlässige Begehung.** Der Täter ist nach **§ 181d** strafbar, wenn sich sein Vorsatz auf die Vornahme der gefährlichen Tätigkeit in der Anlage und die möglichen Gefahren erstreckt. Zum Irrtum über Rechtsvorschriften s § 183a.

Der Täter ist nach **§ 181e** strafbar, wenn er hinsichtlich einer der eben aufgezählten Merkmale nicht vorsätzlich, sondern **grob fahrlässig** handelt (s dazu BT I § 81 Rz 2ff).

**C. Konkurrenz.** Die §§ 181d, 181e sind nach hA Vorfeldtatbestände, die gegenüber §§ 180f zurücktreten. 3

## Schädigung des Tier- oder Pflanzenbestandes und von Lebensräumen (§§ 181f–181i)

*(idF BGBl I 2015/112)*

Die §§ 181f–181i setzen die Richtlinie 2008/99/EG über den Schutz der Umwelt durch das Strafrecht um. § 181f und § 181g schützen bestimmte **wildlebende Tiere und Pflanzen.** § 181h und § 181i schützen **Lebensräume** von Tieren und Pflanzen in Schutzgebieten (zB einige Donauauen). Die Schädigung muss erheblich sein; strafbar ist **vorsätzliches und grob fahrlässiges** Verhalten. Die §§ 180, 181 gehen diesen Tatbeständen vor. 1

## Andere vorsätzliche oder fahrlässige Gefährdungen des Tier- oder Pflanzenbestandes (§§ 182, 183)

*(§ 182 idF BGBl I 2015/112)*

§ 182 enthält zwei Tatbilder:

**A. Das potenzielle Gefährdungsdelikt des § 182 Abs 1.** Der Täter begeht eine **Handlung**, die **geeignet** ist, **eine Tierseuche, Erreger anderer Tierkrankheiten, Erreger von Pflanzenkrankheiten oder Tier- und Pflanzenschädlinge zu verbreiten.** Krankheitserreger, die Seuchen und andere Krankheiten auslösen, sind Viren, Bakterien, Pilze. Schädlinge sind andere Kleinlebewesen, vor allem Insekten, zB der Kartoffelkäfer, oder Läuse. Zur Eignung, Gefahren herbeizuführen s §§ 180, 181 Rz 4. 1

Dass der Täter eine Vorschrift übertritt, ist hier nicht notwendig; es genügt, dass ein vorbildlicher Mensch in der Situation des Täters die Handlung, eben weil sie zur Ausbreitung der Krankheit oder des Schädlings führen könnte, nicht vorgenommen hätte (vgl BT I § 80 Rz 5).

**B. Das konkrete Gefährdungsdelikt des § 182 Abs 2.** Der Täter führt eine **wirkliche Gefahr**, also eine Situation herbei, die beinahe den **Tier- oder Pflanzenbestand in erheblichem Ausmaß beeinträchtigt hätte.** Zur Beeinträchtigung und zum erheblichen Ausmaß s §§ 180, 181 Rz 8. Der Täter muss gegen eine Verwaltungsvorschrift oder einen Bescheid verstoßen (§§ 180, 181 Rz 2). 2

> § 182 Abs 2 hat keinen nennenswerten Anwendungsbereich. IdR werden Tier- und Pflanzenbestände durch eine Verschmutzung oder Beeinträchtigung des Bodens, eines Gewässers oder der Luft zerstört. Solche Handlungen aber machen den Täter ohnehin nach § 180 oder § 181 strafbar; die dort normierten Strafsätze liegen über denen des § 182 Abs 2, daher bleiben nur wenige Fälle für § 182 Abs 2 übrig (s *Manhart* SbgK § 182 Rz 17).

Der Täter rodet zB in einem Naturschutzgebiet 1,25 ha Auwald (OLG Linz RdU 2000/25 mit Anm *Wegscheider*): Er ist nach § 182 Abs 2 strafbar. Er hat den Pflanzen- und vielleicht auch den Tierbestand in erheblichem Ausmaß beeinträchtigt, aber ohne den Boden oder ein Gewässer zu verschmutzen oder zu beeinträchtigen.

3 **C. Vorsätzliche und fahrlässige Begehung.** § 182 Abs 1 und 2 sind Vorsatzdelikte. Wenn der Täter die äußeren Elemente eines dieser Tatbilder fahrlässig verwirklicht, ist er nach § 183 strafbar.

## Irrtum über Rechtsvorschriften und behördliche Aufträge (§ 183a)

*(idF BGBl I 2015/112)*

1 **A. Vorsatz und Verwaltungsakzessorietät.** Die meisten Umweltdelikte (ausgenommen § 181f Abs 1 zweiter Fall und § 182 Abs 1) sind verwaltungsakzessorisch ausgestaltet (§§ 180, 181 Rz 2). Soweit es sich um **Vorsatzdelikte** handelt, müsste sich der Vorsatz des Täters nach allgemeinen Regeln auch auf die Übertretung der Vorschrift erstrecken. Damit Umweltsünder, die die von ihnen übertretenen Vorschriften gar nicht kennen (oder dies behaupten), auch wegen vorsätzlicher Begehung bestraft werden können, ordnet § 183a die Anwendung der sonst für den Rechtsirrtum (§ 9) geltenden Regeln an (vgl JAB 359 BlgNR 17. GP, 24).

Für die **fahrlässigen** Umweltdelikte gilt Entsprechendes (Abs 2), dh auch hinsichtlich des verwaltungsrechtswidrigen Verhaltens ist Fahrlässigkeit notwendig, aber auch ausreichend.

2 **B. Vorwerfbare und nicht vorwerfbare Irrtümer.** Ein Irrtum über das Bestehen und die Tragweite von Verwaltungsvorschriften **schließt die Strafbarkeit** des Täters wegen der vorsätzlichen Umweltdelikte nur **aus, wenn ihm der Irrtum nicht vorwerfbar** ist (vgl § 9). Bei der Beurteilung der Vorwerfbarkeit sind vor allem der Beruf des Täters und die Gefährlichkeit seiner Handlung von Bedeutung. Je ausgeprägter die Eignung der Handlung ist, beträchtliche Schäden herbeizuführen, desto sorgfältiger wird sich ein maßgerechter Mensch, der sie dennoch vornehmen will, nach der Verwaltungsrechtslage erkundigen.

## Tätige Reue (§ 183b)

*(idF BGBl 1987/605)*

1 Täter nach §§ 180, 181 und §§ 181b–183 werden durch § 183b **Abs 1** straffrei, wenn sie freiwillig und rechtzeitig die herbeigeführten Gefahren, Verunreinigungen und sonstigen Beeinträchtigungen **beseitigen**. Wenn ein Deliktstypus gar keine Verunreinigung von Umweltmedien verlangt (§§ 181b–181e), muss

lediglich das betreffende Handeln beendet werden (*H/R* BT II § 183b Rz 2 uam).

§ 183b **Abs 2** übernimmt die „Putativreueregelung“ des § 167 Abs 4 für die Umweltdelikte.

Der Täter beseitigt eine Verunreinigung des Bodens (§ 180 Abs 1), indem er sie neutralisiert oder indem er das verschmutzte Erdreich abträgt und vorschriftsmäßig entsorgt. Er beseitigt die potenzielle Gefährlichkeit einer rechtswidrigen Abfallbeseitigung (§ 181b Abs 1), indem er die in freier Natur ausgesetzten Fässer mit Altöl zurückholt. Er beseitigt die potenzielle Gefährlichkeit seiner Anlage (§ 181d Abs 1), indem er sie stilllegt oder so umbaut, dass sie den einschlägigen Vorschriften entspricht.

Die tätige Reue ist **freiwillig**, wenn die dafür notwendigen Maßnahmen dem Täter nicht etwa durch die Verwaltungsbehörde aufgetragen werden (13 Os 29/18s). Zur Rechtzeitigkeit s BT I § 167 Rz 13. Die tätige Reue ist ausgeschlossen, wenn die Tat schon zu einer Schädigung eines Menschen oder des Tier- oder Pflanzenbestandes geführt hat. 2

## Kurpfuscherei (§ 184)

**§ 184. Wer, ohne die zur Ausübung des ärztlichen Berufes erforderliche Ausbildung erhalten zu haben, eine Tätigkeit, die den Ärzten vorbehalten ist, in bezug auf eine größere Zahl von Menschen gewerbsmäßig ausübt, ist mit Freiheitsstrafe bis zu drei Monaten oder mit Geldstrafe bis zu 180 Tagessätzen zu bestrafen.**

*(idF BGBl 1974/60)*

**A. Der Täter.** Dem Täter **fehlt** die zur Ausübung des ärztlichen Berufes erforderliche **Ausbildung**. Wer an einer in- oder ausländischen Universität das Medizinstudium abgeschlossen hat, ist iSd § 184 ausgebildet und daher kein Kurpfuscher, auch wenn er zur selbständigen Berufsausübung (noch) nicht berechtigt ist. 1

**B. Die Ausführungshandlung.** Der Täter führt eine **Tätigkeit** aus, **die Ärzten vorbehalten ist**. Diese Tätigkeiten sind in § 2 Abs 2 ÄrzteG aufgezählt. Dazu gehören insb die Untersuchung auf das Vorliegen von körperlichen und psychischen Krankheiten oder Störungen, von Geistes- oder Gemütskrankheiten, die Krankheitsvorbeugung und die Verordnung von Heilmitteln, auch kosmetische Eingriffe. Ob die Untersuchungen oder Behandlungen für den Patienten konkret gefährlich sind, ob sie der „Schulmedizin“ oder einer „alternativen“ Methode folgen, spielt keine Rolle. Den Beruf des „Heilpraktikers“ gibt es in Österreich nicht (VwGH RdM 2000/14, 182). Jedoch sind bestimmten medizinischen Berufsgruppen (zB Krankenpflegern) einfachere ärztliche Tätigkeiten ausdrücklich erlaubt (näher *Manhart* SbgK § 184 Rz 12). 2

Eine den Ärzten vorbehaltene Tätigkeit liegt nach hM nur dann vor, wenn sie ein gewisses **Mindestmaß an Rationalität** aufweist und für ihre Durchführung medizinisches Grundwissen erforderlich ist (VwGH Ro 2017/11/0018); oder umgekehrt: Handlungen, für die keinerlei medizinisches Fachwissen erforderlich ist und die nicht einmal **abstrakt gefährlich** sind, sind nicht nach § 184 strafbar (vgl 4 Ob 252/15k ziv; *Murschetz* WK[2] § 184 Rz 3; aM jedoch der OGH in Strafsachen: s zB 11 Os 99, 100/83). Die Empfehlung, auf eine ärztliche Behandlung zu verzichten, ist freilich abstrakt gefährlich und führt zur Strafbarkeit auch bei irrationalen Handlungen.

Der Täter befeuchtet seine Hände mit Tee und legt sie Patienten auf; er führt am Patienten mit einem Messer rituelle Bewegungen durch (EvBl 1984/88); er legt ihm die Hände zur Energieübertragung auf (12 Os 109/97). Die Täter wurden zu Unrecht nach § 184 verurteilt (s VwGH Ro 2017/11/0018). Auch die bloße „Durchleuchtung" von Personen mit „Röntgenblick" ist wohl abstrakt ungefährlich. Die Empfehlung von Medikamenten auf Grund einer Augendiagnostik dagegen ist nach § 184 strafbar (11 Os 42/03), sofern der Täter die Patienten nicht etwa selbst auf den Wert einer ärztlichen Behandlung hinweist.

3 **C. Tatmodalitäten.**

**a)** Der Täter ist nur strafbar, wenn er tatsächlich **eine größere Zahl von Menschen** behandelt hat (objektive Bedingung der Strafbarkeit). Ein Versuch ist denkbar. Eine größere Zahl von Menschen sind mindestens zehn (s §§ 169, 170 Rz 6).

4 **b)** Der Täter führt die ärztliche Tätigkeit **gewerbsmäßig**, dh in der Absicht aus, sich durch die wiederkehrende Tätigkeit längere Zeit hindurch ein nicht bloß geringfügiges fortlaufendes Einkommen (mehr als 400 € monatlich) zu verschaffen (s BT I § 130 Rz 4ff). Die nicht gewerbsmäßig ausgeführte Kurpfuscherei ist gerichtlich nicht strafbar.

Der Kurpfuscher, der regelmäßig Zahnbehandlungen durchführt und von seinen Patienten Honorare in entsprechender Höhe verlangt, ist auch dann strafbar; wenn er einzelne Patienten, zB Angehörige, unentgeltlich behandelt (EvBl 1989/190). Gewöhnlich verlangen „Heilpraktiker" von ihren Patienten kein Honorar, nehmen aber, was ihnen Patienten freiwillig geben. Hier ist die Gewerbsmäßigkeit zweifelhaft; die hA bejaht sie (*F/M-K/O* § 184 Rz 4 uam).

5 **D. Konkurrenz.** Wenn der Kurpfuscher einen Patienten **an der Gesundheit schädigt**, indem er ihn unrichtig behandelt oder von einer richtigen Behandlung abhält, ist er **nach § 184 und § 88** strafbar.

# Luftpiraterie und vorsätzliche Gefährdung der Sicherheit der Luftfahrt (§§ 185, 186)

*(idF BGBl 1974/60)*

## 1. Luftpiraterie (§ 185)

**A. Gewalt oder gefährliche Drohung.** Der Täter wendet Gewalt oder gefährliche Drohung gegen eine Person an, die sich an Bord eines Flugzeugs befindet oder die vom Boden aus der Besatzung Anweisungen geben kann. Zur Gewalt BT I § 105 Rz 2ff, zur gefährlichen Drohung BT I § 105 Rz 9ff. 1

Der Täter, der mit der Tötung eines Passagiers droht, um den Piloten zu einer Kursänderung zu zwingen, verantwortet § 185. Die Drohung gegenüber der Besatzung, irgendwelche Hotels in Wien und in Deutschland zu sprengen, um sie zu bewegen, nicht in Wien zu landen, sondern nach Italien weiterzufliegen, ist keine gefährliche Drohung (BT I § 105 Rz 13; *Manhart* SbgK § 185 Rz 17), § 185 daher nicht anwendbar (aM EvBl 1981/63).

**B. Die Herrschaft über das Flugzeug.** Der Täter bringt das Flugzeug in seine Gewalt, unter seine Kontrolle oder übt die Herrschaft darüber aus, indem er durch die Gewalt oder durch die gefährliche Drohung Mitglieder der Besatzung zur Änderung des Kurses, zum Start, zur Landung, zur Duldung solcher Operationen oder indem er Mitglieder des Bodenpersonals nötigt, die Besatzung zu solchen Operationen anzuweisen. Wenn die genötigte Person den Forderungen des Täters nicht nachkommt, ist § 185 nur versucht (EvBl 1981/63). 2

Zwei Mitglieder der Besatzung eines polnischen Militärflugzeugs nötigen ein drittes Mitglied, die Entführung der Maschine nach Österreich zu dulden (SSt 54/16).

**C. Die besonderen Verhältnisse des Luftverkehrs.** Der Täter nützt die besonderen Verhältnisse des Luftverkehrs aus, dh er handelt während des Fluges (EvBl 1981/63). Der Flug beginnt mit dem Schließen der Außentüren und endet mit deren Wiederöffnung (Art 3 Z 1 des Übereinkommens zur Bekämpfung der widerrechtlichen Inbesitznahme von Luftfahrzeugen, BGBl 1974/249). Nötigungen vorher oder nachher sind nur nach §§ 105f strafbar. 3

## 2. Die Gefährdung der Luftfahrt als abstraktes Gefährdungsdelikt (§ 186 Abs 2 Z 1)

Der Täter zerstört ein Flugzeug im Einsatz oder beschädigt es so, dass es flugunfähig wird. Im Einsatz ist ein Flugzeug vom Beginn der Flugvorbereitungen bis zum Ablauf von 24 Stunden nach der Landung (Art 2 lit b des Übereinkommens zur Bekämpfung widerrechtlicher Handlungen gegen die Sicherheit der Zivilluftfahrt, BGBl 1974/248). Ob das Flugzeug in Gefahr gerät abzustürzen oder wenigstens in eine solche Gefahr geraten kann, ist unerheblich. 4

### 3. Die Gefährdung der Luftfahrt als potenzielles Gefährdungsdelikt (§ 186 Abs 1)

5 **A. Die Ausführungshandlung.** Das Delikt kann auf dreierlei Weise begangen werden (Z 1–3):

- Der Täter wendet gegen eine Person, die sich an Bord des Flugzeugs befindet (insb gegen den Piloten), Gewalt an oder droht ihr mit Gewalt.
- Der Täter beschädigt ein Flugzeug im Einsatz (s dazu Rz 4).
- Der Täter beschädigt, zerstört oder behindert Einrichtungen der Luftfahrt, also Anlagen eines Flugplatzes.

6 **B. Die Eignung, Gefahren herbeizuführen.** Der Täter nimmt eine oder mehrere dieser Verhaltensweisen auf eine Art und Weise vor, dass die Sicherheit eines Flugzeugs im Flug **gefährdet werden kann**: Das Flugzeug könnte unter ungünstigen Umständen abstürzen. Auch diese Eignung muss vom Vorsatz des Täters umfasst sein.

Der Täter stört zB Instrumente, die für die Steuerung des Flugzeugs nötig sind. Beschädigungen eines Flugzeugs in Teilen, die für die Sicherheit nicht wesentlich sind, Beschädigung von Anlagen eines Flugplatzes, die für die Flugsicherheit keine Rolle spielen, und die Behinderung von Einrichtungen in minimaler Weise oder zu Zeiten, da Flugzeuge weder starten noch landen, fallen nicht unter diesen Paragraphen (vgl BT I § 126 Rz 9).

### 4. Die Gefährdung der Luftfahrt als konkretes Gefährdungsdelikt (§ 186 Abs 2 Z 2)

7 Der Täter führt durch eine wissentlich unrichtige Mitteilung eine **wirkliche Gefahr** für ein Flugzeug im Flug herbei, dh das Flugzeug wäre beinahe abgestürzt.

Der Täter bewirkt durch einen falschen Bombenalarm eine gefährliche Notlandung. Die Gefahr bei der Landung muss vom Vorsatz des Täters mitumfasst sein.

### 5. Qualifikationen

8 Täter nach § 185 Abs 1, § 186 Abs 1 oder 2 fallen unter strengere Strafsätze, wenn die Tat zum Tod eines Menschen, zu schweren Körperverletzungen einer größeren Zahl von Menschen oder zum Tod einer größeren Zahl von Menschen führt (**§ 185 Abs 2, § 186 Abs 3**). S dazu §§ 169, 170 Rz 6.

## Hinderung der Bekämpfung einer Gemeingefahr

**§ 187. Wer eine Maßnahme, die zur Abwendung einer gegenwärtigen Gefahr für Leib oder Leben (§ 89) einer größeren Zahl von Menschen oder für fremdes Eigentum in großem Ausmaß notwendig ist, vereitelt oder erschwert, ist mit Freiheitsstrafe bis zu drei Jahren zu bestrafen.**

*(idF BGBl 1974/60)*

**A. Eine Gemeingefahr ist gegenwärtig,** wenn sofortige Hilfe notwendig ist, um von wenigstens zehn Menschen die Gefahr eines Unfalls oder von fremden Sachen einen Schaden von mehr als 1 Mio € abzuwenden (s §§ 176, 177 Rz 1ff). 1

**B. Der Täter verhindert oder behindert Rettungsmaßnahmen,** indem er sie verzögert oder ihre Effektivität mindert. Der Täter muss diesbezüglich **vorsätzlich** handeln. 2

Der Täter ist nach § 187 strafbar, wenn er der Feuerwehr die Zufahrt zum Brandplatz blockiert oder ihr sonst vorsätzlich ein Eingreifen erschwert. Schaulustige, welche die Arbeit der Feuerwehr behindern, ohne das zu erkennen, bleiben straffrei.

**C. Konkurrenz.** Wenn der Täter für die Herbeiführung der Gemeingefahr nach **§§ 169ff** verurteilt wird, konsumiert die Anwendung dieser Paragraphen den ebenfalls verwirklichten § 187. 3

Der Täter versperrt der Feuerwehr die Zufahrt zum Brandplatz, damit sich die zufällig entstandene Feuersbrunst weiter ausbreiten kann: Er ist nur nach § 169 strafbar: ein Fall einer „Vergrößerung einer Gemeingefahr".

# Strafbare Handlungen gegen den religiösen Frieden und die Ruhe der Toten

**Schrifttum:** *Berka*, Die Freiheit der Kunst (Art 17a StGG) und ihre Grenzen im System der Grundrechte, JBl 1983, 281; *Berka*, Was stört den „religiösen Frieden"? NLMR 2018, 497; *Bernat*, Sind sog. Schlittenversuche mit der Leiche nach österreichischem Recht zulässig? Rechtsmedizin 2005, 352; *Birklbauer/Stiebellehner*, Der besondere Schutz religiöser Sachen und Orte durch das Strafrecht – eine überkommene Regelung? öarr 2017, 13; *Bruckmüller*, Hirntod und Organentnahme aus medizin(straf)rechtlicher Sicht, in: *Körtner/Kopetzki/Müller* (Hrsg), Hirntod und Organtransplantation (2016), 49; *Durl*, Tests mit Leichen und das Recht, Stb 26.4.2005, 6; *Holoubek*, Die Freiheit der Kunst aus grundrechtsdogmatischer Sicht und die Rechtsprechung des VfGH zu Art 17a StGG, ZfV 1989, 1, 116; *Hummelbrunner*, Voraussetzungen für die Zulässigkeit von Obduktionen, RdM 2016/85, 134; *Kopetzki*, Die Verwendung menschlicher Körpersubstanzen zu Forschungszwecken, in: Burgstaller-FS (2004), 601; *Lendl*, Von Weblogs, Userforen und sonstigen Kommentaren im Netz – Strafrechtliche Grenzen und Haftung nach dem MedienG, in: *Berka* ua (Hrsg), BürgerInnen im Web (2016), 47; *Mayerhofer*, Die Freiheit der Kunst vor strafrechtlichen Eingriffen, ÖJZ 1984, 197; *Platzgummer*, Sind „Operationen an der Leiche" eine „Misshandlung" iSd § 190 StGB? Zugleich ein Beitrag zur Auslegung der §§ 115 Abs 1 und 83 Abs 2 StGB, JAP 1991/92, 197; *Platzgummer*, Die Herabwürdigung religiöser Lehren, Meinungsfreiheit und Freiheit der Kunst, JBl 1995, 137; *Schinkele*, Von der Religionsbeschimpfung zur Hassrede – einige Überlegungen, öarr 2017, 497; *Schmoll/Vasek*, Rechtlicher Schutz religiöser Empfindungen? JAP 2008/2009, 220; *Steiner*, Zu den rechtlichen Rahmenbedingungen der Forschung an Humansubstanzen, RdM 2002, 173; *Triffterer/Schmoller*, Die Freiheit der Kunst und die Grenzen des Strafrechts, ÖJZ 1993/66, 547, 573.

## Herabwürdigung religiöser Lehren (§ 188)

*(idF BGBl 1974/60)*

**A. Allgemeines, Tatobjekt.** § 188 und § 189 sollen zum friedlichen Nebeneinander verschiedener Konfessionen beitragen, indem massive Diffamierungen unter Strafe gestellt werden, die mit einer sachlichen Auseinandersetzung in Ausübung des Rechts auf freie Meinungsäußerung nichts mehr zu tun haben (vgl 15 Os 52/12d). 1

Die Tat wird an Personen oder Sachen begangen, die von einer inländischen Kirche oder Religionsgesellschaft verehrt werden, an Glaubenslehren einer solchen Kirche oder Religionsgesellschaft oder an ihren Bräuchen und Einrichtungen, sofern sie gesetzlich zulässig sind.

2 Eine (christliche) **Kirche** hat eine feste Organisation und viele Anhänger. Für die **Religionsgesellschaft** kommt es darauf nicht an; es genügt, dass mehrere Menschen sich im Inland regelmäßig zum Gottesdienst treffen. Ob die Kirche oder Religionsgesellschaft gesetzlich anerkannt ist, ist unerheblich.

3 Die Kirche oder Religionsgesellschaft **verehrt Personen und Sachen**, wenn sie diese anbetet, zu ihnen betet oder sie als Träger göttlicher Kräfte feiert.

**Glaubenslehren** einer Kirche oder Religionsgesellschaft sind immer geschützt, **Bräuche und Einrichtungen** nur, wenn sie gesetzlich zulässig sind, was bei gesetzlich nicht anerkannten Religionsgesellschaften nicht immer der Fall ist (*Sadoghi* WK[2] § 188 Rz 2).

Verehrte Personen sind zB Gott, Christus, Maria, Heilige, der Prophet Mohammed (15 Os 40/15v), Buddha (vgl 14 Os 77/15b) und der Dalai Lama (15 Os 82/16x); der Papst als Person gehört nicht dazu (*Mayer/Tipold* SbgK § 188 Rz 22). Verehrte Sachen sind Reliquien, geweihte Hostien, Gnadenbilder. Sachen, die bloß zum Gottesdienst bestimmt sind (§ 126 Abs 1 Z 1), genügen nicht.

Katholische Glaubenslehren sind die göttliche Vorsehung, die unbefleckte Empfängnis und Jungfrauenschaft Mariens, die göttliche Natur Christi, die Unfehlbarkeit des Papstes. Bräuche sind zB Prozessionen, das Rosenkranzgebet und die Speisevorschriften des Islam (14 Os 49/21v); Einrichtungen sind zB das Papsttum (vgl SSt 41/34) und Orden (*Sadoghi* WK[2] § 188 Rz 2).

4 **B. Ausführungshandlungen.** Der Täter **würdigt** diese Personen, Sachen, Lehren, Bräuche und Einrichtungen **herab oder verspottet sie**. Herabwürdigen bedeutet Diffamieren, Missachtung zeigen; verspotten heißt lächerlich machen (s BT I § 115 Rz 4).

Den Tatbestand des § 188 erfüllt, wer auf eine Reliquie spuckt; wer den Propheten Mohammed als „Kinderschänder" bezeichnet und behauptet, dieser habe den Koran in epileptischen Anfällen geschrieben (15 Os 52/12d), oder den Propheten Mohammed als Schwein darstellt (15 Os 40/15v). Eine sachliche, wenn auch scharf kritische Auseinandersetzung mit Glaubenslehren, Bräuchen und Einrichtungen, zB das Aufzeigen ihrer Widersprüchlichkeit oder ihrer sozialen Auswirkungen, ist nicht tatbildmäßig (15 Os 82/16x).

5 **C. Öffentlichkeit.** Der Täter handelt öffentlich, dh er zeigt seine Missachtung oder seinen Spott vor wenigstens zehn Zuhörern, Zusehern oder in einem Schriftstück oder Druckwerk, das wenigstens zehn Personen erreicht (vgl § 69; BT I § 115 Rz 9). Dass tatsächlich alle zehn Zuhörer oder Zuseher die Äußerung des Täters hören, ist nicht notwendig, aber sie muss für sie immerhin wahrnehmbar sein. Wer immer wieder religiös anstößige Witze in kleinem Kreis erzählt, handelt nicht öffentlich.

6 **D. Eignung zur Erregung von Ärgernis.** Die Handlung des Täters ist geeignet, Ärgernis zu erregen, wenn sie die Gefühle eines besonnenen, religiösen Menschen schwer verletzen kann. Aber das Ärgernis ist nicht berechtigt, wenn

die Menschen, vor welchen der Täter die Tat begeht, sich dem Ärgernis **freiwillig aussetzen** (*H/R* BT II § 188 Rz 7 uam; s auch § 218 Rz 3, 10).

Die Aufführung eines Films, von dem die Zuhörer – zB aufgrund eines Aushangs des Kinobesitzers – wissen, dass er gläubigen Christen nicht zu empfehlen ist, kann kein berechtigtes Ärgernis hervorrufen: Die Gläubigen, die den Film trotz Warnung ansehen, haben kein Recht, sich darüber zu ärgern (vgl ÖJZ-MRK 1995/13).

Ein Ausstellungsplakat zeigt eines der ausgestellten Kunstwerke, einen gekreuzigten Frosch. Gläubige können sich nicht über dieses Kunstwerk – sie brauchen es nicht anzusehen –, aber über das Plakat mit Recht ärgern.

**E. Innere Tatseite.** § 188 kann nur **vorsätzlich** begangen werden. 7

**F. Rechtfertigung.** Die **Kunstfreiheit** (Art 17a StGG) rechtfertigt die Herab- 8
würdigung religiöser Lehren nicht (s EGMR 25.10.2018 38.450/12, *E. S.* gegen Österreich): § 188 behindert nicht das künstlerische Schaffen, sondern höchstens dessen Vermarktung. Wenn ein Künstler Werke präsentieren will, die religiöse Gefühle verletzen können, sollte er in geeigneter Form darauf hinweisen müssen, das Werk sei Gläubigen nicht zu empfehlen (s Rz 6).

Die hM berücksichtigt die künstlerische Intention bei der Auslegung der Tatbestandsmerkmale in großzügiger Weise. Kunst und Religionsfreiheit seien von Fall zu Fall gegeneinander abzuwägen; dabei wird der Kunstfreiheit oft schon dann der Vorrang eingeräumt, wenn das Werk ein gewisses künstlerisches Niveau hat und/oder der Autor zum Nachdenken anregen wollte (*Triffterer/Schmoller* ÖJZ 1993, 576).

## Störung einer Religionsübung (§ 189)

*(idF BGBl 1974/60)*

§ 189 enthält zwei Tatbilder:

**A. Die Störung (§ 189 Abs 1).** Der Täter (ver)hindert oder stört vorsätzlich 1
den gesetzlich zulässigen Gottesdienst oder einzelne gottesdienstliche Handlungen (zB Taufe, kirchliche Trauung, Einsegnung Verstorbener) einer inländischen Kirche oder Religionsgesellschaft, indem er **Gewalt** anwendet oder mit Gewalt droht. Die Gewalt kann sich gegen Personen oder Sachen richten (vgl BT I § 109 Rz 4). Lärmerregung ist keine Gewalt.

**B. Der Unfug (§ 189 Abs 2).** Der Täter treibt vorsätzlich in einer Weise Unfug, 2
die geeignet ist, berechtigtes Ärgernis hervorzurufen: Es muss ein Verhalten sein, das die religiösen Gefühle auch besonnener Menschen schwer verletzt (s § 188 Rz 6): zB das Singen pornographischer Lieder, Drehen eines Pornofilms, Selbstbefriedigung in der Kirche (*Mayer/Tipold* SbgK § 189 Rz 55f). Dazwischenreden oder Essen genügt nicht.

Der Täter treibt den Unfug an einem Ort, welcher der Religionsübung einer 3
inländischen Kirche oder Religionsgesellschaft gewidmet ist; oder der Täter

treibt den Unfug während des öffentlichen Gottesdienstes oder einzelner öffentlicher gottesdienstlicher Handlungen oder, wo auch immer, an einer Sache, die unmittelbar zum Gottesdienst bestimmt ist (zB Hostienkelch). Religionsübung und Gottesdienst müssen gesetzlich zulässig sein.

## Störung der Totenruhe, Störung einer Bestattungsfeier (§§ 190, 191)

*(idF BGBl 1974/60)*

Die §§ 190, 191 enthalten drei Tatbilder:

### 1. Leichen- und Gräberschändung (§ 190 Abs 1)

1 **A. Gegenstand des Delikts** sind die Leiche eines Menschen, solange sie noch als menschliche Gestalt erkennbar ist (*Mayer/Tipold* SbgK § 190 Rz 20ff), Teile davon (zB Organe, Knochen, Goldzähne, Haut und Blut in nicht unerheblicher Menge) oder die Asche eines Toten; ferner Beisetzungs-, Aufbahrungs- und Totengedenkstätten. Embryos sind keine Leichen (*Sadoghi* WK² § 190 Rz 2).

2 **B. Ausführungshandlungen.** Das Delikt kann auf drei verschiedene Weisen begangen werden:

a) Der Täter **entzieht die Leiche, Leichenteile usw einem Verfügungsberechtigten** oder schafft sie – widerrechtlich – aus einer Beisetzungs- oder Aufbahrungsstätte weg. Die Entnahme einzelner Organe und von Geweben Verstorbener zwecks **Transplantation** oder Anwendung am Menschen, die nach **§ 5 OTPG** zulässig ist (dh es liegt kein Widerspruch vor), ist rechtmäßig (SSt 57/89). Der Heilzweck ist auch erfüllt, wenn die Leichenteile zur Heilmittelerzeugung verwendet werden (*Sadoghi* WK² § 190 Rz 9, 17; aM *Mayer/Tipold* SbgK § 190 Rz 109, *H/R* BT II § 190 Rz 16; 10 Os 104/86).

3 b) Der Täter **misshandelt eine Leiche**. Nach hM bedeutet das: Der Täter behandelt eine Leiche in einer Weise, die an einem lebenden Menschen nach § 83 oder § 115 tatbildlich wäre. Aber § 190 schützt die Pietät vor dem Toten, nicht die körperliche Unversehrtheit der Leiche. Nur wer eine Leiche **pietätlos**, dh mit Missachtung behandelt, misshandelt sie (*Platzgummer* JAP 1991/1992, 139f).

> An Leichen, die zur Obduktion bestimmt sind, werden an den Knochen Sensoren angeschraubt und sog Dummy-Tests durchgeführt; Ärzte in Ausbildung üben an Leichen das Intubieren: Das ist keine pietätlose oder verächtliche Behandlung der Leichen, § 190 Abs 1 ist nicht verwirklicht (*Bernat* Rechtsmedizin 2005, 356; aM *Mayer/Tipold* SbgK § 190 Rz 86).

Nach hA macht sich der Mörder, der die Leiche nach der Tat zerstückelt (vgl 15 Os 149/15y), ihr das Glied abschneidet (13 Os 132/08y, 14 Os 122/11i) oder zB durch Einbetonieren oder „Verscharren" beseitigt (11 Os 82/17v, 12 Os 130/15g), in **Konkurrenz** zum Tötungsdelikt auch nach § 190 strafbar.

c) Der Täter **verunehrt eine Leiche**, die Asche eines Toten, eine **Beisetzungs-, Aufbahrungs- oder Totengedenkstätte**. Die Totengedenkstätte muss sich, wie für § 126 Abs 1 Z 2, auf einem Friedhof oder in einem der Religionsübung dienenden Raum befinden (aM *F/M-K/O* § 190 Rz 2, *Mayer/Tipold* SbgK § 190 Rz 47). 4

Der Täter uriniert zB auf ein Grab. Wer ein Marterl mit Bierdosen behängt, ist weder nach § 125 (s BT I § 125 Rz 6) noch nach § 190 Abs 1 strafbar.

Mit der Beschädigung eines Grabes ist fast immer eine Verunehrung verbunden: Deshalb konsumiert die Verurteilung nach §§ 125, 126 Abs 1 Z 2 die Verunehrung (für echte Konkurrenz *H/R* BT II § 190 Rz 18).

## 2. Die Entfernung von Grabschmuck (§ 190 Abs 2)

Der Täter entfernt Schmuck von einer Beisetzungs-, Aufbahrungs- oder Totengedenkstätte. Der Zweck ist unerheblich; eine besondere Intention, dem Toten die gebührende Ehre abzusprechen, ist nicht erforderlich. 5

Schmuck sind Sachen, die auf das Grab gestellt oder gelegt werden, um den Toten zu ehren oder das Grab zu verschönern; zB Kränze, Kerzen, Blumen.

Der Täter nimmt von einem Grab einen Kranz, wirft ihn weg oder legt ihn auf das Grab eines Angehörigen.

Die Verurteilung nach § 190 Abs 2 **konsumiert** den Diebstahl oder die dauernde Sachentziehung, die der Täter durch die Entfernung des Schmucks notwendig auch begeht: § 190 Abs 2 wäre sonst überflüssig. Auch besteht der Grabschmuck idR aus Sachen von mäßigem Wert, er ist vom Berechtigten dazu bestimmt, auf dem Grab zu verderben, und die Gelegenheit zur Wegnahme ist günstig – Umstände, welche die Strafwürdigkeit mindern. Die hM nimmt echte Konkurrenz an (*F/M-K/O* § 190 Rz 1 uam). 6

Die Grabbepflanzung, ein mit dem Grab fest verbundenes Kreuz oder eine angekettete Laterne ist mehr als bloßer Schmuck: Wer solche Sachen mit Zueignungs- und Bereicherungsvorsatz wegnimmt, begeht einen Diebstahl nach § 127 oder auch § 129 Abs 1 Z 3.

Der Täter des § 190 Abs 1 und 2 muss **vorsätzlich** handeln. 7

## 3. Störung einer Bestattungsfeier (§ 191)

Der Täter stört eine Bestattungsfeier (Leichenzug, Begräbnis, Einäscherung) durch ein Verhalten, das geeignet ist, berechtigtes Ärgernis zu erregen. Das 8

Verhalten des Täters muss nach dem Empfinden eines besonnenen, religiösen Menschen die Pietät vor dem Toten grob verletzen. Das kann durch eine massive Erregung von Lärm, aber auch durch anderes grob störendes Verhalten, zB Anpöbeln der Trauergäste, geschehen. Der Täter muss **wissen**, dass er die Bestattungsfeier stört und dass sein Verhalten grob pietätlos ist.

# Strafbare Handlungen gegen Ehe und Familie

**Schrifttum:** *Deixler-Hübner* (Hrsg), Handbuch Familienrecht (2016); *Deixler-Hübner*, Scheidung, Ehe und Lebensgemeinschaft (2016); *Gröger*, Das Eingetragene Partnerschaft-Gesetz (EPG), ÖJZ 2010/23, 197; *Huber*, Wer Obsorge hat, ist kein Entführer, Presse Rechtspanorama 8.3.2010; *Kienapfel*, Die Verletzung der Unterhaltspflicht (§ 198 StGB), RZ 1976, 46; *Kucera*, Zur Frage der Strafbarkeit der Verletzung der gesetzlichen Unterhaltspflicht, RZ 1991, 238; *Mitgutsch*, Neues aus dem Besonderen Teil des StGB, in: *Mitgutsch/Wessely* (Hrsg), Strafrecht Besonderer Teil Jahrbuch 2014, 13; *Mitgutsch/Brandstetter*, Neues aus dem Besonderen Teil des StGB, in: *Mitgutsch/Wessely* (Hrsg), Jahrbuch Strafrecht Besonderer Teil 2011, 11; *Noll*, Unterhaltsvorschussgesetz und § 198 StGB, ÖA 1977, 7; *Pucandl*, Strafbare Verletzung von Unterhaltspflichten (1994); *Schick*, Der strafrechtliche Schutz des Kindeswohls, in: *Rauch-Kallat/Pichler* (Hrsg), Entwicklungen in den Rechten der Kinder im Hinblick auf das UN-Übereinkommen über die Rechte des Kindes (Schriften zur Rechtspolitik Bd 8, 1994), 479; *Sautner*, Straflose „Kindesentführung"? ÖJZ 2001, 175; *Schwaighofer*, Das Angehörigenverhältnis durch gemeinsame Elternschaft zu einem Kind – personenstandsrechtlich und/oder biologisch begründet? ÖJZ 2001, 661; *Schwaighofer/Hoinkes*, Familie und Strafrecht, in: *Harrer/Zitta* (Hrsg), Familie und Recht (1992), 121; *Wach*, Die Verletzung der Unterhaltspflicht (§ 198 StGB): Ein- oder Ausschluss ausländischer Rechtsgüter? ÖJZ 1990, 697.

## Mehrfache Ehe oder eingetragene Partnerschaft (§ 192)

*(idF BGBl I 2009/135)*

§ 192 pönalisiert die **Bigamie** und die **mehrfache eingetragene Partnerschaft.** 1
Strafbar macht sich, wer selbst gültig verheiratet ist oder eine eingetragene Partnerschaft führt und nun eine (neue) Ehe schließt oder eine (neue) eingetragene Partnerschaft begründet. Ebenso strafbar macht sich jene Person, die eine Ehe oder eingetragene Partnerschaft mit einer bereits gültig verheirateten oder verpartnerten Person schließt bzw begründet.

Für die Gültigkeit der Ehe bzw Partnerschaft ist allein das staatliche Recht maßgeblich (§ 15 EheG, § 6 EPG). Dass die Ehe oder Partnerschaft aufgehoben, aufgelöst oder für nichtig erklärt werden kann, ändert nichts an ihrem gültigen Zustandekommen.

**Ausführungshandlung** ist das Schließen der Ehe bzw Begründen der Partner- 2
schaft. Der Täter muss in diesem Zeitpunkt wenigstens den bedingten **Vorsatz** haben, dass seine Ehe oder Partnerschaft bzw die Ehe oder Partnerschaft des Partners (noch) besteht. Wird ihm das erst später klar, bleibt er straflos.

3 **Ehetäuschung** nach § 193 und **Partnerschaftstäuschung** nach § 193a können mit § 192 eintätig zusammentreffen.

## Ehetäuschung (§ 193)

*(idF BGBl I 2015/112)*

1 § 193 enthält zwei Tatbilder, die kaum praktische Bedeutung haben. Die Nötigung zu einer Ehe oder einer eingetragenen Partnerschaft wird von § 106a erfasst.

2 **A. Verschweigen eines Nichtigkeitsgrundes (§ 193 Abs 1).** Nach § 193 Abs 1 macht sich strafbar, wer seinem Partner bei Eingehung der Ehe eine jener **Tatsachen verschweigt**, die nach §§ 21–25 EheG die **Ehe nichtig** machen: zB die Geschäftsunfähigkeit oder eine Ehe mit einem Dritten. Verschweigen setzt voraus, dass der andere die betreffenden Tatsachen nicht kennt.

3 Der **Vorsatz** des Täters muss sich auf das Vorhandensein eines Ehenichtigkeitsgrundes beziehen.

Für die Strafbarkeit bedarf es der weiteren Voraussetzung, dass die Ehe gerade wegen der verschwiegenen Tatsachen auch wirklich für nichtig erklärt wird (**objektive Bedingung der Strafbarkeit**; § 193 Abs 3). § 193 Abs 1 ist ein **Privatanklagedelikt**.

4 **B. Verleitung zur Eheschließung durch Täuschung über einen Eheaufhebungsgrund (§ 193 Abs 2).** Der Täter muss den Partner durch **unwahre Behauptungen**, die einen der in §§ 35ff EheG aufgezählten Aufhebungsgründe betreffen, **zur Ehe verleiten**: Er beteuert zB trotz Verbüßung mehrerer Freiheitsstrafen, noch nie mit dem Gesetz in Konflikt gekommen zu sein; bei Kenntnis der Sachlage hätte der Partner von einer Eheschließung Abstand genommen (vgl § 38 Abs 1 EheG). Bloßes Verschweigen solcher Tatsachen genügt nicht. Die Vortäuschung günstiger Vermögensverhältnisse ist ebenfalls nicht tatbildlich (*Ramsauer* SbgK § 193 Rz 31).

§ 193 Abs 3 (s Rz 3) gilt auch für diesen Fall.

## Partnerschaftstäuschung (§ 193a)

*(idF BGBl I 2015/112)*

1 § 193a Abs 1 entspricht § 193 Abs 2 (s § 193 Rz 4): Der Täter **verleitet** einen anderen durch **Täuschung über Tatsachen**, die zu einer Auflösung der eingetragenen Partnerschaft führen könnten (§§ 14, 15 EPG), **zur Begründung einer eingetragenen Partnerschaft**: Der Täter verschweigt zB seine Geisteskrankheit oder seine HIV-Infektion; die Täuschung über Vermögensverhältnisse genügt nicht.

Auch nach § 193a Abs 2 hängt die Strafbarkeit davon ab, dass es tatsächlich wegen der Täuschung zur Auflösung der eingetragenen Partnerschaft kommt. Es handelt sich um ein Privatanklagedelikt (vgl § 193 Rz 3).

## Verbotene Adoptionsvermittlung (§ 194)

*(idF BGBl I 2013/116)*

**A. Allgemeines.** § 194 setzt mehrere internationale Übereinkommen zum Schutz von Kindern um und soll den **„Verkauf" von Kindern unterbinden.** 1

**B. Der Grundtatbestand nach § 194 Abs 1.** Der Täter (s dazu auch Rz 5) **bewirkt**, dass eine (zustimmungsberechtigte) Person gegen Gewährung eines **Vorteils** der **Adoption** eines minderjährigen (noch nicht 18 Jahre alten) Kindes **zustimmt (Z 1)**. Dass die Adoption die Lage des Kindes sogar verbessert, ändert an der Strafbarkeit nichts. 2

Als Tathandlung kommt **jede Vermittlungstätigkeit** in Betracht: Das sind Handlungen aller Art, die für die Erteilung der Zustimmung kausal sind. Dass der Täter selbst daraus einen (Vermögens)Vorteil zieht, ist nicht erforderlich; s aber die Qualifikation in Abs 2 (Rz 4).

**Z 2** erfasst eigens den Fall, dass die Zustimmung einer zustimmungsberechtigten (natürlichen) Person zur Adoption einer minderjährigen Person durch einen Vermittler **entgegen Art 4 des Haager Übereinkommens** (BGBl III 1999/145) herbeigeführt wird. Nach österreichischem Recht müssen die Eltern des Wahlkinds, der Ehegatte des Annehmenden und der Ehegatte des Wahlkinds der Adoption zustimmen (§ 195 ABGB; s aber auch §§ 1, 26 IPRG).

Das besondere Unrecht liegt darin, dass die Zustimmung zur Adoption quasi „abgekauft" wird: Der gewährte **Vorteil** wird idR finanzieller Natur sein, umfasst aber auch immaterielle Vorteile (EBRV 294 BlgNR 22. GP, 16; s § 304 Rz 9). Wer den Vorteil gewährt – der Täter selbst oder Dritte (üblicherweise die Adoptiveltern) –, ist unerheblich. Auch muss der Vorteil nicht der zustimmungsberechtigten Person selbst gewährt werden; er kann auch Dritten zugutekommen. Die zu adoptierende Person selbst ist freilich kein „Dritter". 3

**C. Qualifikation.** Wenn der Täter die **Absicht** hat, sich oder einem Dritten durch die Vermittlungstätigkeit einen **Vermögensvorteil** zu verschaffen, haftet er nach **Abs 2**. 4

**D. Straflosigkeit nach Abs 3.** § 194 will nur die Vermittler unter Strafe stellen. Die adoptierenden Personen und das Wahlkind selbst bleiben straffrei, auch wenn sie die Voraussetzungen einer Beitragstäterschaft in ihrer Person erfüllen. Die zustimmungsberechtigte Person (zB die Mutter des Adoptivkinds) scheidet als Täterin aus, weil sie ihre Zustimmung nicht bewirkt. 5

## Kindesentziehung (§ 195)

*(idF BGBl I 2015/112)*

1 **A. Geschütztes Rechtsgut, Täter und Tatobjekt.**

§ 195 schützt das **Recht** des Erziehungsberechtigten, den **Aufenthaltsort des Kindes zu bestimmen** (EBRV 33 BlgNR 20. GP, 60). **Täter** kann nur eine Person sein, die selbst überhaupt nicht erziehungsberechtigt ist (SSt 49/6).

Der Vater, dem das Erziehungsrecht gemeinsam mit der Mutter zusteht, kann den Tatbestand des § 195 nicht erfüllen (*Ramsauer* SbgK § 195 Rz 19; aM *K/Schm* III §§ 195–196 Rz 10). Auch die Mutter, gegen die ein Verfahren zur Aberkennung der Vormundschaft läuft und deren Kind durch vorläufige Anordnung in Pflege und Erziehung der Großmutter gegeben wurde, kann sich nach § 195 nicht strafbar machen (SSt 49/6). Hingegen haften die Eltern, denen das Sorgerecht entzogen und auf einen Amtsvormund übertragen wurde, nach § 195, wenn sie sich mit ihrem Kind ins Ausland absetzen.

2 **Tatobjekt** nach Abs 1 ist eine Person unter 16 Jahren, im Fall des Abs 2 eine unmündige Person (§ 74 Abs 1 Z 1).

Das noch nicht 16 Jahre alte Kind selbst bleibt in jedem Fall **straflos**, auch wenn es einen anderen zur Tat verleitet hat (§ 195 Abs 5).

3 **B. Ausführungshandlungen.**

**a) Entziehung.** Der Täter bewirkt durch ein **aktives Verhalten**, dass das Kind von seinen Erziehungsberechtigten gegen deren Willen **einige Zeit getrennt** ist, oder er **verleitet** das Kind dazu oder **hilft** ihm dabei, sich dem Erziehungsberechtigten zu entziehen (Bestimmungs- oder Beitragshandlung). Damit die Trennung strafrechtlich ins Gewicht fällt, muss sie wohl mindestens 24 Stunden dauern. Die hM differenziert nach dem Alter des Kindes (*K/Schm* III §§ 195–196 Rz 13 uam). Ein Wechsel des Wohnorts ist nicht notwendig (SSt 58/29).

Eltern, die sich um den Aufenthalt ihres Kindes nicht kümmern, kann ein Kind nicht entzogen werden (vgl SSt 52/25). Wurde das Kind dem Täter anvertraut oder ist es selbst von zu Hause ausgerissen, scheidet nach hA ein „Entziehen" aus (EvBl 1971/223; aM *K/Schm* III §§ 195–196 Rz 14; s aber Rz 4 und 5). Wer sich jedoch ein Kind durch Täuschung über seine wahren Absichten anvertrauen lässt, kann es sehr wohl entziehen.

4 **b) Verborgen halten und Hilfeleistung dazu.** Der Täter nimmt zB ein Kind, dessen Kontakt zum Erziehungsberechtigten bereits unterbrochen ist (das zB ausgerissen ist), einige Tage bei sich auf oder unterstützt es durch Geldmittel bei der Suche nach einem Unterschlupf. Wenn es aber selbst nicht rückkehrwillig ist, der Täter es also nur vor einem Straßenleben bewahrt, leistet er keinen kausalen Beitrag zur Aufrechterhaltung des rechtswidrigen Zustands (EvBl 1969/315; aM SSt 58/29). S auch Abs 4 (Rz 6).

**C. Innere Tatseite.** Der Täter muss den **Vorsatz** haben, dass die Person noch nicht 16 bzw 14 Jahre alt ist (Rz 2) und dass sein Handeln das Recht der Erziehungsberechtigten auf Bestimmung des Aufenthaltsorts des Kindes wesentlich beeinträchtigt. 5

**D. Strafausschließung nach § 195 Abs 4.** Der Täter bleibt straflos, wenn er **Grund zur Annahme** hatte, dass das **Wohl des Kindes ohne sein Handeln ernstlich gefährdet** wäre, **und** er ohne unnötigen Aufschub dessen (noch nicht bekannten) **Aufenthalt** dem Erziehungsberechtigten, dem Jugendwohlfahrtsträger oder einer Sicherheitsbehörde **bekannt gibt**. Ob das Kindeswohl auch objektiv gefährdet war, darauf kommt es nicht an. 6

Der Täter nimmt ein von zu Hause weggelaufenes Kind auf, das behauptet, misshandelt, sexuell missbraucht oder stark vernachlässigt worden zu sein: Der Täter bleibt straflos, weil subjektiv hinreichende Gründe für die Annahme einer Gefährdung des Kindeswohls vorliegen (EBRV 33 BlgNR 20. GP, 61f).

**E. Verfolgungsvoraussetzungen.** § 195 ist ein **Ermächtigungsdelikt (Abs 3).** Jeder Erziehungsberechtigte für sich allein kann die Ermächtigung erteilen (vgl 13 Os 140/05w). Im Fall der Entziehung eines mündigen Kindes (über 14 Jahre) ist zur Verfolgung zusätzlich die Ermächtigung des Jugendwohlfahrtsträgers erforderlich. Das soll Gewähr dafür bieten, dass nur Taten verfolgt werden, die dem Kindeswohl zuwiderlaufen. 7

**F. Konkurrenz.** § 195 wurde zum Schutz des Erziehungsrechts geschaffen. In § 101 ist dieser Rechtsgutaspekt nicht mehr enthalten; daher **konkurrieren § 101 und § 195 Abs 2**, wenn eine unmündige Person gegen ihren Willen und den des Erziehungsberechtigten entführt wird (EBRV 30 BlgNR 13. GP, 232; BT I § 101 Rz 1, 3). Die hL (*Schmoller* SbgK § 101 Rz 22 uam) ist anderer Meinung. 8

## Vereitelung behördlich angeordneter Erziehungshilfen (§ 196)

*(idF BGBl I 2017/117)*

**A. Täter** kann jedermann, auch der Erziehungsberechtigte sein; die minderjährige Person selbst ist in jedem Fall straflos (§ 196 Abs 3 iVm § 195 Abs 5). 1

**Tatobjekt** ist eine **minderjährige Person**, der **behördlich** eine **Erziehungshilfe** gewährt wurde. In Betracht kommen vor allem die gegen den Willen des Erziehungsberechtigten angeordneten bzw gewährten Erziehungshilfen (s zB § 42 TKJHG, §§ 181, 211 ABGB).

**B. Ausführungshandlung.** Strafbar macht sich nach § 196, wer die minderjährige Person einer solchen Erziehungshilfe **entzieht**, sie dazu **verleitet** oder ihr dabei **hilft**, sich ihr zu entziehen. Die behördliche Einflussmöglichkeit auf das 2

Kind muss für **längere Zeit** unterbunden werden; bloßes Behindern genügt nicht.

Nach § 196 strafbar macht sich der Vater, der seine in einem Heim untergebrachte 15-jährige Tochter eigenmächtig wegbringt (vgl JBl 1984, 618); die Mutter, die ihr durch Gerichtsbeschluss in Pflege und Erziehung der Großmutter gegebenes Kind vom Kindergarten abholen und ins Ausland bringen lässt (vgl SSt 49/6).

Die Eltern, die es unterlassen, der Behörde zu melden, dass ihr Kind aus einem Heim entwichen und wieder zu Hause ist, können nicht nach § 196 bestraft werden: Sie sind nicht Garanten für behördliche Erziehungshilfen (aM *Markel* WK² § 196 Rz 17).

3 **C.** Hinsichtlich der **inneren Tatseite** gilt das zu § 195 Rz 5 Gesagte entsprechend.

4 **D. Verfolgungsvoraussetzungen.** Auch § 196 ist ein **Ermächtigungsdelikt.** Für die Erteilung der Ermächtigung ist die Behörde zuständig, die über die Fortsetzung der Erziehungshilfe zu entscheiden hat (§ 196 Abs 2). Wenn sich die Strafverfolgung (zB eines Elternteils) zum Nachteil des Minderjährigen auswirken könnte, darf keine Ermächtigung erteilt werden.

## Verletzung der Unterhaltspflicht (§ 198)

*(idF BGBl I 2015/112)*

1 **A. Täter und Tatobjekt.** Täter nach § 198 kann nur sein, wer **nach dem Familienrecht unterhaltspflichtig** ist (**Sonderdelikt**): die Eltern, auch Wahleltern, gegenüber ihren Kindern (§§ 231 Abs 1–3, 177 Abs 2, 197, 198 ABGB), subsidiär die Großeltern (§ 232 ABGB) und umgekehrt (§ 234 ABGB), die Ehegatten (§ 94 ABGB) und eingetragenen Partner (§ 12 EPG) wechselseitig, auch nach der Scheidung bzw Auflösung der Partnerschaft (§§ 66ff EheG, §§ 20ff EPG). Näher *Markel* WK² § 198 Rz 5.

§ 198 schützt auch **ausländische** Unterhaltsansprüche (*Wach* ÖJZ 1990, 697). Unterhaltsansprüche aus dem Schadenersatzrecht sind nicht im Familienrecht begründet und werden daher von § 198 nicht erfasst (EBRV 30 BlgNR 13. GP, 336).

Das Strafgericht ist an die gesetzliche Vermutung der Ehelichkeit eines Kindes und an die rechtskräftige Feststellung der Vaterschaft zu einem außerehelichen Kind gebunden (SSt 32/75); erst durch eine Statusklage kann die Unterhaltspflicht wieder beseitigt werden (EvBl 1972/252). Solange die Vaterschaft zu einem außerehelichen Kind nicht festgestellt ist, ist der Vater nicht unterhaltspflichtig und kann sich auch nicht nach § 198 strafbar machen (*Pucandl* Unterhaltspflicht 15, 24, *Ramsauer* SbgK § 198 Rz 26 uam).

2 Die **Unterhaltspflicht** gegenüber Kindern **endet** mit dem Erreichen ihrer Selbsterhaltungsfähigkeit: wenn sie die zur Deckung ihres Lebensunterhalts notwendigen Mittel selbst erwerben können.

## B. Ausführungshandlung, Erfolg. 3

a) Nach § 198 macht sich strafbar, wer die **Unterhaltspflicht verletzt**, dh **Unterhalt gar nicht oder nur unzulänglich leistet** (Unterlassungsdelikt), obwohl er dazu, insb durch Aufnahme einer Erwerbstätigkeit, in der Lage wäre, ohne seinen eigenen Unterhalt zu gefährden (vgl etwa 14 Os 45/11s; „Anspannungsgrundsatz"). Die Höhe des zu leistenden Unterhalts hat das Strafgericht selbst ohne Bindung an den vom Zivilgericht festgesetzten Betrag festzustellen (SSt 32/54). Die gültige vertragliche Vereinbarung eines geringeren als des gesetzlichen Unterhalts ist strafrechtlich wirksam (EvBl 2001/134). § 198 ist ein Dauerdelikt (12 Os 64/15a uam).

Wem die Erfüllung seiner Unterhaltspflichten zB wegen Verlusts des Arbeitsplatzes, Haft oder Krankheit nicht möglich ist, handelt nicht tatbildmäßig (vgl 8 Ob 78/15a, EvBl 1979/211). Einem Haftentlassenen muss ein angemessener Zeitraum zur Arbeitsplatzsuche zugebilligt werden (11 Os 30/10m, 11 Os 105/06k). Studierende sind nicht verpflichtet, neben dem Studium einem Erwerb nachzugehen; sie müssen aber – unter Berücksichtigung der Arbeitsmarktlage – in den Ferien einer ihren Fähigkeiten entsprechenden Tätigkeit nachgehen, ohne dass dies zu einer Studienverlängerung führt (12 Os 95/06x). Die Mutter eines Kleinkinds braucht ihr Kind nicht in fremde Pflege zu geben, um eine Erwerbstätigkeit auszuüben (RZ 1961, 137).

b) Eine **„gröbliche"** (= grobe) **Verletzung** verlangt ein **auffallendes Missverhältnis** zwischen Unterhaltsanspruch und -leistung. Dabei kommt es vor allem auf Dauer und Höhe der nicht erbrachten Unterhaltsleistungen sowie die Leistungsfähigkeit des Verpflichteten an. Einmaliges Aussetzen mit der Zahlung ist nie eine gröbliche Verletzung. 4

Wer zB mehr als sechs Monate gar keinen Unterhalt (EvBl 1979/150) oder einen entsprechend längeren Zeitraum nur teilweise Unterhalt leistet, macht sich nach § 198 strafbar, es sei denn, die Leistungen würden den notwendigen Unterhalt des Verpflichteten selbst verkürzen (SSt 55/66).

c) Durch die Tat muss der **Unterhalt oder** die **Erziehung des Berechtigten** tatsächlich oder wenigstens fiktiv **gefährdet** werden: Dass an Stelle des Verpflichteten ein anderer einspringt, soll dem Säumigen nicht zugutekommen. 5

Eine **tatsächliche (konkrete) Gefährdung** ist anzunehmen, wenn sich die Lebenssituation des Berechtigten empfindlich zu verschlechtern droht: zB Räumung einer Wohnung, Verzicht auf eine Ausbildung. Auch Geld, das durch Exekution beim Verpflichteten eingebracht werden kann, verhindert die Gefährdung (12 Os 164/08x). Hat der Unterhaltsberechtigte eigene hinreichende Einkünfte, etwa aus Kapitalvermögen oder Vermietung, fehlt es an einer konkreten Gefährdung.

Eine **fiktive (abstrakte) Gefährdung** liegt vor, wenn die genannten Folgen durch Leistungen eines anderen, zB eines subsidiär Unterhaltspflichtigen oder nach dem UVG, abgewendet werden. Erbringt ein subsidiär Unterhaltspflichtiger die Leistungen aber erkennbar zur Entlastung des Täters von dessen Leistungspflicht, ist dieser nicht strafbar.

6 **C. Innere Tatseite.** Der Vorsatz des Täters muss sich auf das Bestehen der **Unterhaltspflicht**, die **gröbliche Verletzung** und die **Gefährdung** beziehen.

Wer zu Unrecht glaubt, nicht unterhaltspflichtig zu sein, oder wer glaubt, ohnehin keine Chancen auf einen Arbeitsplatz zu haben, und deshalb keinen Unterhalt leistet, handelt nicht vorsätzlich. Für den Vorsatz auf Gröblichkeit genügt es, dass der Täter in laienhafter Vorstellung erkennt, dass seine Unterhaltsleistungen viel zu gering sind, mag er dies auch nicht als gröbliche Verletzung ansehen.

7 **D. Qualifikationen (Abs 2).**

a) Für **Rückfallstäter** nach § 39 sieht § 198 Abs 2 eine Vervierfachung des Strafrahmens vor.

8 b) Der Täter fällt auch unter einen strengeren Strafsatz, wenn gerade die Verletzung der Unterhaltspflicht die **Verwahrlosung** oder eine beträchtliche **Schädigung** der Gesundheit oder der Entwicklung oder gar den Tod des Unterhaltsberechtigten zur Folge hat. Für den Eintritt des Erfolgs genügt Fahrlässigkeit (**Erfolgsqualifikation**; § 7 Abs 2).

**Verwahrlosung** ist beispielsweise anzunehmen, wenn ein Kind wiederholt strafbare Handlungen begeht, der Prostitution nachgeht oder ständig zerrissene und verschmutzte Kleider trägt. Dass es gelegentlich Alkohol konsumiert oder sich mitunter bis weit in die Nacht in Lokalen herumtreibt, genügt nicht. Eine **beträchtliche Schädigung der Gesundheit** liegt vor, wenn eine mehr als 14 Tage dauernde Gesundheitsschädigung eintritt (s BT I § 92 Rz 3); eine **beträchtliche Schädigung der Entwicklung**, wenn der Unterhaltsberechtigte bei weitem nicht die Reife ungefähr Gleichaltriger erreicht (*Markel* WK² § 198 Rz 77).

9 **E. Tätige Reue.** Nach **Abs 3** wird der Täter **straffrei**, wenn er **bis zum Schluss der Hauptverhandlung** die (von der Anklage umfassten) ausständigen Unterhaltsbeträge dem Unterhaltsberechtigten oder dem gesetzlichen Vertreter **bezahlt.** Diese großzügige Form der tätigen Reue gibt es nur für das Grunddelikt nach Abs 1.

10 F. Wenn es zu einer Verurteilung kommt, ist die **„richtige" Sanktion** nicht leicht zu finden: Durch unbedingte Strafen werden Unterhaltsleistungen des Täters oft erst recht verhindert.

## Vernachlässigung der Pflege, Erziehung oder Beaufsichtigung (§ 199)

*(idF BGBl 1974/60)*

1 **A. Täter und Tatobjekt.** Täter nach § 199 kann nur sein, wer kraft Gesetzes zur Pflege, Erziehung oder Beaufsichtigung einer minderjährigen Person (§ 74 Abs 1 Z 3) verpflichtet ist.

Das Delikt nach § 199 können Eltern, Wahleltern, der Vormund, der Leiter einer sozialpädagogischen Einrichtung, in dem ein Minderjähriger untergebracht ist, begehen, nicht aber ein Babysitter oder eine Kindergärtnerin (vgl dagegen BT I § 92 Rz 1).

**B. Ausführungshandlung, Erfolg, innere Tatseite.** Der Täter muss seine Pflicht (Rz 1) vorsätzlich **„gröblich"** (= grob, krass) **vernachlässigen** und dadurch wenigstens fahrlässig die körperliche oder soziale **Verwahrlosung** der minderjährigen Person bewirken. 2

Der Täter unterlässt beispielsweise jede positive Einflussnahme auf das Kind durch Verbote, fördert geradezu Alkohol- und Drogengenuss, toleriert das Anschauen von Pornofilmen (11 Os 90/01), kümmert sich nicht um ein Minimum an Hygiene oder enthält dem Kind die gebotene ärztliche Versorgung vor.

Eine körperliche Verwahrlosung liegt vor, wenn das Kind wiederholt längere Zeit in seinen Exkrementen liegt. Dass eine Mutter ihr Kleinkind gelegentlich einige Stunden allein in der Wohnung zurücklässt, bewirkt noch keine Verwahrlosung. Eine soziale Verwahrlosung wäre etwa das Abgleiten in die Prostitution oder in das Drogenmilieu. S weiter § 198 Rz 8.

**C. Konkurrenz.** Resultiert die Verwahrlosung aus einer gröblichen Verletzung der Unterhaltspflicht, wird § 199 von **§ 198 Abs 2** verdrängt. 3

Wenn die Tat zu einer beträchtlichen Schädigung der Gesundheit oder Entwicklung eines noch nicht 18 Jahre alten Kindes führt, ist der Täter ausschließlich nach **§ 92 Abs 2** zu bestrafen (vgl EBRV 30 BlgNR 13. GP, 338).

## Unterschiebung eines Kindes (§ 200)

*(idF BGBl I 2015/112)*

**A. Tatobjekt** ist ein **„Kind"** iSd Abstammung von einer anderen Person nach § 72, also unabhängig vom Alter. Soweit das Delikt aber überhaupt vorkommt, geht es regelmäßig um ein Neugeborenes oder einen Säugling. 1

**B. Ausführungshandlung** ist das **Unterschieben**, das ist die Herbeiführung eines äußeren Zustandes, der das Kind als das einer Person erscheinen lässt, die nicht dessen Mutter oder Vater ist („Personenstandsfälschung"; JAB 959 BlgNR 13. GP, 31; enger EBRV 30 BlgNR 13. GP, 339). Der Deliktstypus wird vielfach als verzichtbar angesehen. 2

Eine Säuglingsschwester gibt einen Säugling als Kind einer Frau aus, deren Kind bei der Geburt gestorben ist (JAB 959 BlgNR 13. GP, 31); sie vertauscht fahrlässig zwei Säuglinge und klärt den Irrtum, nachdem er ihr bewusst wird, nicht auf.

Die Mutter hingegen, die jemanden vorsätzlich fälschlich als Vater ihres Kindes bezeichnet, macht sich nicht nach § 200 strafbar: Sie führt keinen täuschenden äußeren physischen Zustand herbei (JAB 959 BlgNR 13. GP, 31; aM, wenn der Ehemann der Getäuschte ist, *H/R* BT II § 200 Rz 5). Soweit sie dadurch unrechtmäßig Unterhaltsleistungen erlangen will, ist jedoch an Betrug zu denken.

# Strafbare Handlungen gegen die sexuelle Integrität und Selbstbestimmung

**Schrifttum:** *Adensamer*, Ein Nein muss genügen – Zur Reform des StGB im Bereich der Sexualdelikte, juridikum 2015, 5; *Amon-Konrath/Prisching*, Sexuelle Belästigung – straf- und zivilrechtliche Aspekte, DRdA 2010, 80; *Apostol/Hofbauer*, Sexuelle Integrität. Rechtlicher Schutz und dessen Durchsetzung (2020); *Auer/Loimer*, Zur Strafbarkeit der Verbreitung von Kinderpornographie über das Internet, ÖJZ 1997, 613; *Benedikt,* Stealthing als Straftat gegen die sexuelle Selbstbestimmung? JSt 2021, 493; *Bergauer*, Das materielle Computerstrafrecht (2016); *Bertel*, Kriminalpolitik in Österreich – Betrachtungen zu §§ 207a, 83, 20a StGB, in: Strafrecht und Öffentlichkeit (Rehberg-FS, 1996), 53; *Birklbauer/Oberlaber*, Drohungen mit Verletzungen der Privatsphäre im straffreien Raum? Überlegungen zu OGH 23.1.2014 12 Os 90/13x, JSt 2014, 26; *Birklbauer/Oberlaber/Schmidthuber*, Die Strafrechtsreform 2015. Neuerungen und Diskussionsprozess im Überblick (2016); *Byma-Tschmelak*, Schutz der sexuellen Selbstbestimmung (2018); *Ecker/Wagner*, Zivilrecht und Strafrecht am Beispiel der Opfer sexueller Belästigung – neueste Entwicklungen, in: *Sautner/Jesionek* (Hrsg), Opferrechte in europäischer, rechtsvergleichender und österreichischer Perspektive (2017), 303; *Eckstein*, Sexismus im Jahr 2013, juridikum 2013, 134; *Eder-Rieder*, Juristische Aspekte des sexuellen Missbrauchs an Kindern in Österreich, in: *Amann/Wipplinger* (Hrsg), Sexueller Missbrauch – Ein Handbuch[3] (2005), 936; *Eisele*, Tatort Internet: Cyber-Grooming und der Europäische Rechtsrahmen, in: Heinz-FS (2012) 697; *Fegerl*, Das neue Sexualstrafrecht (1995); *Farthofer*, Mitwirkung an kriminellen Organisationen und beim Menschenhandel in Italien und Österreich (2011); *Flora*, Die strafrechtliche Regulierung von einvernehmlichen Sexualkontakten, juridikum 2014, 218; *Flora*, Entscheidungsanmerkung, iFamZ 2015, 119; *Grosse*, StRÄG 2015 – Neuerungen im Computerstrafrecht, JSt 2016, 332; *Germ*, Zur Strafbarkeit von Stealthing in Österreich, ÖJZ 2022/59, 511; *Hojas*, Opferschutz im Fokus oder am Rande der Justiz? – Herausforderungen und Verbesserungsvorschläge aus Sicht einer Opferschutzeinrichtung, juridikum 2014, 386; *Holzleithner*, Begriffsbestimmungen: Habermas, Unbestimmtheit und „beischlafähnliche Handlungen", juridikum 1996, 21; *Klein*, Freiheit und sexuelle Selbstbestimmung, RichterInnenwoche 2014 in Saalfelden, 51; *Kraml*, Sexualstrafrecht, JAP 2010/2011/8, 68; *Kraml*, Aufstieg und Fall des § 209 – Umkämpfte Deutungen strafrechtlichen Schutzes, juridikum 2017, 19; *List*, Der Schutz der Freiheit und sexuellen Selbstbestimmung durch das StGB, RichterInnenwoche 2014 in Saalfelden, 43; *Mahler*, „Grooming": Anbahnung von Sexualkontakten zu Unmündigen, JSt 2012, 22; *Maleczky*, Das neue „Sonderstrafrecht" für Sexualstraftäter, iFamZ 2009, 230; *Messner*, Anbahnung von Sexualkontakten zu Unmündigen. Der neue Grooming-Paragraf in § 208a StGB, JAP 2011/2012/12, 132; *Messner*, StRÄG 2015 – Neuerungen im Besonderen Teil des StGB, ÖJZ 2016/19, 116; *Messner/Seyfried*, Selfies – Sexting – Kinderpornographie? ÖJZ 2015/69, 500; *Mitgutsch/Brandstetter*, Neues aus dem Besonderen Teil des StGB, in: *Mitgutsch/Wessely* (Hrsg), Jahrbuch Strafrecht Besonderer Teil 2012, 13; *Oberlaber/Schmidthuber*, Die Verletzung der sexuellen Selbstbestimmung gemäß § 205a StGB, RZ 2015, 174; *Reindl-Krauskopf*, Computerstrafrecht im Überblick[2] (2009); *Sag-*

*meister*, Stealthing verletzt die sexuelle Selbstbestimmung, juridikum 2017, 296; *Salburg/Krenn*, Verstößt die österreichische Strafbestimmung zum grenzüberschreitenden Prostitutionshandel gegen die Grundfreiheiten des EU-Binnenmarktes? migraLex 2007, 88; *Schick*, Wertungsinkongruenzen im „partiell-neuen“ Sexualstrafrecht, RZ 1991, 109; *Schmoller*, Unzureichendes oder überzogenes Sexualstrafrecht? JRP 2001, 64 = StPG 28 (Ottenstein 2000), 15; *Schmoller*, Zum Straftatbestand der „sexuellen Belästigung“, in: Eser-FS (2005), 617; *Schmoller*, Die „in der Lehre geteilte“ Rechtsauffassung des OGH. Kurze Nachbemerkung zu OGH 29.08.2013, 13 Os 54/13k = JBl 2014, 125, JBl 2014, 135; *Schmoller/Holz-Dahrenstaadt* (Hrsg), Sexueller Missbrauch von Kindern (2000); *Schwaighofer*, Materielle und formelle Probleme des Sexualstrafrechts, ÖJZ 2003/30, 528 = StPG 31 (Ottenstein 2003), 141; *Schwaighofer*, Strafrechtliche Konsequenzen von Übergriffen durch Sportausbilder, in: *Büchele* ua (Hrsg), Rechtsfragen bei der Anleitung zur Sportausübung, SPRINT Bd 16 (Sportrechtstagung 23.3.2018), 2020, 111 ff; *Smutny*, Unfreiwilliges Outing der sexuellen Orientierung und die Ehre, juridikum 2014, 166; *Stekl*, Sexueller Kindesmissbrauch. Eine kriminologische Studie (2000); *Stiebellehner*, Zur Konkurrenz der sexuellen Missbrauchsdelikte der §§ 205 und 206 f StGB, JSt 2020, 217; *Stummer*, Zur Auslegung des Begriffes der geschlechtlichen Handlung und ihren Auswirkungen im Geschlechterverhältnis, RZ 2012, 74; *Tipold*, Vom „Schwachsinn“? JSt 2009, 118; *Tipold*, Das Strafrechtsänderungsgesetz 2015, JSt 2015, 405; *Tipold*, Strafgesetznovelle 2017, Fremdenrechtsänderungsgesetz 2017, JSt 2017, 181; *Wach*, Kritische Bemerkungen zur Neufassung des § 206 StGB (Schwerer sexueller Missbrauch von Unmündigen), RZ 2000, 56; *Zaubzer-Pesendorfer*, Schutz von Kindern vor Gewalt und sexuellen Übergriffen, iFamZ 2012, 16.

## Vergewaltigung

§ 201. **(1) Wer eine Person mit Gewalt, durch Entziehung der persönlichen Freiheit oder durch Drohung mit gegenwärtiger Gefahr für Leib oder Leben (§ 89) zur Vornahme oder Duldung des Beischlafes oder einer dem Beischlaf gleichzusetzenden geschlechtlichen Handlung nötigt, ist mit Freiheitsstrafe von zwei bis zu zehn Jahren zu bestrafen.**

**(2) Hat die Tat eine schwere Körperverletzung (§ 84 Abs. 1) oder eine Schwangerschaft der vergewaltigten Person zur Folge oder wird die vergewaltigte Person durch die Tat längere Zeit hindurch in einen qualvollen Zustand versetzt oder in besonderer Weise erniedrigt, so ist der Täter mit Freiheitsstrafe von fünf bis zu fünfzehn Jahren, hat die Tat aber den Tod der vergewaltigten Person zur Folge, mit Freiheitsstrafe von zehn bis zu zwanzig Jahren oder mit lebenslanger Freiheitsstrafe zu bestrafen.**

*(idF BGBl I 2019/105)*

Die §§ 201ff schützen die sexuelle Selbstbestimmungsfreiheit.

### 1. Ausführungshandlung, Täter und Opfer

1 Die Vergewaltigung ist ein Sonderfall der Nötigung: Der Täter nötigt sein Opfer zur Vornahme oder Duldung des **Beischlafs** oder einer dem **Beischlaf gleichzusetzenden geschlechtlichen Handlung**. Der Tatbestand ist **geschlechtsneutral** gefasst: Täter bzw Opfer können Personen beiderlei Geschlechts sein; das Alter des Opfers ist unerheblich. Zwischen Vergewaltigungen **in und außerhalb der Ehe** wird nicht unterschieden; sie sind immer reine Offizialdelikte.

**Beischlaf** ist der vaginale Geschlechtsverkehr, bei dem der Penis zumindest teilweise in die Vagina eindringt; ein Samenerguss ist nicht erforderlich. Dem **Beischlaf gleichzusetzende geschlechtliche Handlungen** sind jedenfalls der Oralverkehr, der Analverkehr (12 Os 61/21v) sowie nicht ganz flüchtige Penetrationen der Scheide durch das Einführen von Gegenständen (Vibrator: 14 Os 57/11f; Besenstiel: 12 Os 68/11h) oder Körperteilen, zB eines Fingers („Digitalpenetration“: 14 Os 51/21p) oder der Zunge (vgl 15 Os 109/13p). Dass die Tat dem erregten Geschlechtstrieb des Täters entspricht, ist nicht nötig (12 Os 5/09s, 13 Os 185/08t uam), aber sie muss sexualbezogen sein, was bei medizinischen Untersuchungen nicht der Fall ist. 2

Strittig ist, ob auch das Eindringen in Mund oder After mit anderen Mitteln als dem Penis („penisfremde“ Oral- und Analpenetration) unter § 201 zu subsumieren ist. Dies ist zu verneinen: Wenn weder beim Täter noch beim Opfer ein Geschlechtsteil involviert ist, kann man nach fast einhelliger Meinung der Lehre nicht von einer Beischlafgleichwertigkeit sprechen (für viele: *K/Schm* StudB III Vorbem §§ 201ff Rz 48f, *Hinterhofer* SbgK § 201 Rz 50. Zur Frage, ob eine geschlechtliche Handlung vorliegt, s § 202 Rz 2.

Der OGH ist anderer Ansicht und bejaht die Beischlafgleichwertigkeit, weil der Anus auf Grund der räumlichen und sensitiven Nähe zu den geschlechtsspezifischen Genitalien zur unmittelbaren Geschlechtssphäre gehöre (14 Os 86/20h, 14 Os 29/21b = JSt-Slg 2021/71, 614 mit abl Anm *Schwaighofer*, 13 Os 1/18y uam; s aber 15 Os 11/18h: Zwang zur analen Eigenpenetration = § 202). In der E 12 Os 11/12b wurde sogar das erzwungene Einführen eines Vibrators in den Mund als Vergewaltigung gewertet.

Generell stellt der OGH bei der Beurteilung der Beischlafgleichwertigkeit von Handlungen in einer Gesamtbetrachtung auf die Intensität der Inanspruchnahme, die Summe der Auswirkungen und Begleiterscheinungen und den sozialen Bedeutungsgehalt ab (12 Os 63/13a uam). IdR wird jedes, auch bloß einmaliges und kurzes Penetrieren als beischlafgleichwertig angesehen (11 Os 42/14g; anders noch zB 11 Os 175/97). Ohne Penetration (zB Handverkehr, Lecken an der Scheide) liegt jedenfalls keine Handlung iSd § 201 vor (vgl etwa 11 Os 171/13a).

Nach Ansicht des OGH kann das Opfer auch an sich selbst eine dem Beischlaf gleichzusetzende Handlung vornehmen, indem es sich selbst zB mit einem Finger penetriert (13 Os 54/13k; *Philipp* WK² § 201 Rz 27; aM die gesamte Lehre: s *Schmoller* JBl 2014, 135f mN; s auch § 206 Rz 6).

## 2. Tatmittel

Wegen Vergewaltigung nach § 201 Abs 1 macht sich strafbar, wer sein Opfer mit **Gewalt** (BT I § 105 Rz 2ff), **durch Entziehung der persönlichen Freiheit** oder durch **Drohung mit gegenwärtiger Gefahr für Leib oder Leben** (BT I § 142 Rz 5f) zu einer der oben genannten Handlungen nötigt. Ein Beischlaf ohne Anwendung dieser Mittel ist keine Vergewaltigung, auch wenn das Opfer nicht will und „nein“ sagt. S aber § 205a Rz 3 (Strafbarkeit nach § 205a). 3

Der Täter wendet **Gewalt** an, wenn er sein Opfer würgt (vgl EvBl 1984/57), schlägt (13 Os 185/08t), festhält (14 Os 71/20b), fesselt (vgl EvBl 1992/79), wenn er es durch Verabreichung von Rausch- oder anderen Mitteln gegen seinen Willen betäubt (11 Os 57/17t, RS0120379) oder zumindest eine tiefgreifende Bewusstseinsstörung herbeiführt, die eine freie Willensentfaltung unmöglich macht (12 Os 1/21w). Ob sich das Opfer gewehrt hat, spielt keine Rolle (12 Os 9/15p); aber die Gewaltanwendung muss kausal für die Duldung des Beischlafs gewesen sein (11 Os 13/17x). Wenn das Opfer durch ein verabreichtes Suchtmittel bloß „gefügiger" wird, liegt noch keine Gewalt vor (EvBl 2006/48).

Der Täter **bedroht** das Opfer **mit gegenwärtiger Gefahr für Leib oder Leben**, wenn er ihm durch Worte oder Gesten den Eindruck vermittelt, er werde es unverzüglich töten oder erheblich verletzen (s BT I § 142 Rz 5): Er hält seinem Opfer zB ein Messer vor (13 Os 47/17m), droht mit einem abgebrochenen Bierglas (14 Os 98/16t) oder hält ihm eine Waffe vor; ob die Waffe geladen oder ungeladen ist oder gar nur eine Attrappe, spielt keine Rolle (11 Os 125/11h; vgl aber BT I § 143 Rz 3).

Das Gericht stellt im Urteil fest, der Täter habe seinem Opfer angekündigt, „es werde etwas passieren", falls es nicht mit ihm schlafe. Damit wurde das für § 201 geforderte Tatmittel nicht festgestellt. Eine Drohung bloß mit Misshandlungen genügt nicht (14 Os 90/10g).

4 **Die Entziehung der persönlichen Freiheit** ist eigens als Tatmittel erwähnt, weil sie, soweit der Täter nicht körperlich auf das Opfer einwirkt, keine Gewalt (s BT I § 105 Rz 2f; aM EvBl 1990/119, 12 Os 98/09t) und im Allgemeinen auch keine Drohung mit gegenwärtiger Gefahr für Leib oder Leben ist (vgl § 202 Rz 3): s etwa 11 Os 124/18x. Um den anderen Tatmitteln gleichwertig zu sein, muss die Freiheitsentziehung den Tatbestand des § 99 erfüllen (s BT I § 99 Rz 2ff; 14 Os 48/10f). Freiheitsentziehungen zwecks Vergewaltigungen sind regelmäßig mit Gewalt kombiniert (s etwa 12 Os 44/21v, 14 Os 71/20b).

## 3. Versuch – Vollendung

5 Die Tat ist **versucht**, sobald der mit entsprechendem Tatvorsatz handelnde Täter eine dem Einsatz des tatbestandlichen Mittels unmittelbar vorangehende Handlung setzt (11 Os 29/16y). Mit der – wenn auch bloß teilweisen – Penetration ist die Vergewaltigung **vollendet** (*K/Schm* StudB III Vorbem §§ 201ff Rz 44, *H/R* BT II § 201 Rz 23f); erst damit kann man von einer Beischlafs- oder beischlafgleichwertigen Handlung sprechen. Nach Auffassung des OGH (11 Os 123/19a, 11 Os 126/14k uam; ebenso *F/M-K/O* § 201 Rz 8, *Philipp* WK² § 201 Rz 43) genügt bereits ein „Unternehmen" des Beischlafs, dh die bloße Berührung der Geschlechtsteile (vgl § 206 Rz 4), sogar über der Unterhose.

## 4. Innere Tatseite

6 Der Täter muss eines der Tatmittel mit dem **Vorsatz** einsetzen, den Beischlaf oder eine dem Beischlaf gleichzusetzende Handlung gegen den Willen des Opfers vorzunehmen (14 Os 87/16z; vgl § 205 Rz 8).

## 5. Qualifikationen

**Abs 2** enthält zwei Arten von Qualifikationen:

a) Die Vergewaltigung hat beim Opfer **schwere Folgen** (schwere Körperverletzung; Tod) oder eine **Schwangerschaft** nach sich gezogen. Hinsichtlich des Eintritts dieser Folgen genügt **Fahrlässigkeit** (§ 7 Abs 2). 7

Das Opfer springt aus Furcht vor weiteren Vergewaltigungen in Panik aus dem Fenster und verletzt sich schwer: Die Verletzungsfolgen sind dem Täter zuzurechnen (JBl 1996, 804).

Psychische Gesundheitsschädigungen (posttraumatische Belastungsstörungen, Depressionen, Schlafstörungen), mögen sie auch länger als 24 Tage dauern, sollten als typische Folgen von Vergewaltigungen nicht zur Anwendung des Abs 2 führen (aM die stRsp: 12 Os 44/21v uam; s BT I § 83 Rz 4f). Wenn mehrere Einzelhandlungen zu den schweren Folgen führen, darf dem Täter die Qualifikation jedenfalls nur einmal angelastet werden (RS0120828). Zur Schwangerschaftsqualifikation s die Bemerkungen zu § 206 Rz 8.

Der Täter, der sein Opfer im Zuge einer Vergewaltigung vorsätzlich tötet, haftet nach § 75 und § 201 Abs 1 (vgl EvBl 1984/57).

b) Das Opfer wurde durch die Vergewaltigung **längere Zeit hindurch in einen qualvollen Zustand versetzt** (s dazu näher BT I § 106 Rz 4, § 99 Rz 12) oder **in besonderer Weise erniedrigt**. Darauf muss sich der **Vorsatz** des Täters beziehen (12 Os 64/11w). 8

Eine 40 Minuten dauernde schmerzhafte Fesselung ist ein **längere Zeit dauernder qualvoller Zustand** (JUS St 1993/1260; vgl auch 11 Os 27/21m: stundenlange Gewaltanwendung und Drohung); ein lediglich einige Minuten dauernder Angriff ist keinesfalls eine „längere Zeit“ (11 Os 5/01). Die Betäubung mit Alkohol und Tabletten bewirkt keinen qualvollen Zustand beim Opfer (EvBl 1997/70).

**Besonders erniedrigt** wird das Opfer, wenn es zum bloßen Objekt sexueller Willkür herabgewürdigt wird (14 Os 67/16g); die mit einer Vergewaltigung (zB Oralverkehr) notwendig verbundene Demütigung muss noch erheblich überschritten werden (JAB 927 BlgNR 17. GP, 4): Der Täter ejakuliert in das Gesicht oder in den Mund des Opfers (11 Os 158/21a, 14 Os 15/21v uam) oder zwingt es im Zuge eines Oralverkehrs, After und Hoden des Täters zu lecken (12 Os 72/00; s auch 11 Os 75/21w). Dass der Täter die Vergewaltigung mit einer Videokamera aufzeichnet oder sein Opfer zwingt, vor der Tat minutenlang nackt am Boden zu sitzen, stellt hingegen keine besondere Erniedrigung dar (aM 13 Os 78/18x, 12 Os 5/12w): Die Erniedrigung muss sich aus dem unmittelbaren sexuellen Geschehen ergeben.

## 6. Beteiligung

Wenn mehrere Täter (gleichzeitig oder sukzessiv) gegen das Opfer Gewalt ausüben oder es bedrohen und es so zum Beischlaf mit **einem** der Täter nötigen, haften nach hA alle als unmittelbare (Mit-)Täter nach § 201: § 201 ist kein eigenhändiges Delikt (13 Os 65/16g uam). 9

### 7. Abgrenzung und Konkurrenz

10 Nötigt der Täter sein Opfer „bloß“ durch eine **gefährliche Drohung** (§ 74 Abs 1 Z 5) zum Beischlaf oder diesem gleichzusetzenden Handlungen, haftet er wegen geschlechtlicher Nötigung nach **§ 202** (s § 202 Rz 2f). Wenn der Täter zwar kein Nötigungsmittel iSd § 105 einsetzt, aber doch **gegen den Willen** einer Person derartige Handlungen vornimmt, kann **§ 205a** zur Anwendung kommen (näher § 205a Rz 1ff).

**Geschlechtliche Handlungen nach § 202**, die einer (versuchten) Vergewaltigung vorangehen oder sie begleiten, gehen in § 201 auf (*Philipp* WK[2] § 201 Rz 49, *K/Schm* StudB III §§ 201–202 Rz 49; 14 Os 81/21z). Ist das Opfer unmündig, ist echte Konkurrenz mit **§ 206** anzunehmen (11 Os 145/09x, 15 Os 9/11d; *F/M-K/O* § 201 Rz 11).

§ 201 steht zur **Nötigung nach § 105** im Verhältnis der Spezialität, soweit es um die Erzwingung der geschlechtlichen Handlung geht.

Die Tat begleitende oder vorbereitende leichte **Körperverletzungen, Freiheitsentziehungen und Nötigungen** (zB sich auszuziehen) werden von der Vergewaltigung konsumiert (s BT I § 99 Rz 14; 11 Os 160/08a; s auch 12 Os 11/15g). Hat die Tat eine schwere Körperverletzung zur Folge, greift die Qualifikation nach § 201 Abs 2 ein (s Rz 7).

Zur Abgrenzung von **§ 205** s § 205 Rz 8.

## Geschlechtliche Nötigung

**§ 202. (1) Wer außer den Fällen des § 201 eine Person mit Gewalt oder durch gefährliche Drohung zur Vornahme oder Duldung einer geschlechtlichen Handlung nötigt, ist mit Freiheitsstrafe von sechs Monaten bis zu fünf Jahren zu bestrafen.**

**(2) Hat die Tat eine schwere Körperverletzung (§ 84 Abs. 1) oder eine Schwangerschaft der genötigten Person zur Folge oder wird die genötigte Person durch die Tat längere Zeit hindurch in einen qualvollen Zustand versetzt oder in besonderer Weise erniedrigt, so ist der Täter mit Freiheitsstrafe von fünf bis zu fünfzehn Jahren, hat die Tat aber den Tod der genötigten Person zur Folge, mit Freiheitsstrafe von zehn bis zu zwanzig Jahren oder mit lebenslanger Freiheitsstrafe zu bestrafen.**

*(idF BGBl I 2013/116)*

### 1. Allgemeines, Täter und Opfer

1 § 202 erfasst jede sonstige, nicht unter § 201 fallende, mit Gewalt oder durch gefährliche Drohung **erzwungene Vornahme oder Duldung einer geschlechtlichen Handlung**. Täter und Opfer können wiederum beiderlei Geschlechts und auch verheiratet sein.

### 2. Ausführungshandlung

2 Eine **„geschlechtliche Handlung“** ist nach hA eine objektiv erkennbare, nach Intensität und Dauer erhebliche sexualbezogene (auf Geschlechtsorgane ausgerichtete) Handlung. Ein sexuelles Motiv ist nicht nötig (s § 201 Rz 2).

In erster Linie werden **intensive Berührungen eines primären oder sekundären Geschlechtsteils** erfasst (JBl 1990, 807). Wenn das Opfer **bekleidet** ist, genügt eine bloße Berührung nicht, sondern ist ein **Betasten** notwendig (s 12 Os 74/16y: intensives Berühren). Die von § 201 erfassten Handlungen (s § 201 Rz 2) sind ebenfalls geschlechtliche Handlungen; der Täter macht sich nur nach § 202 strafbar, wenn er derartige Handlungen „bloß" durch gefährliche Drohung erzwingt (vgl § 201 Rz 3f, 10; s etwa 14 Os 75/20s, 11 Os 40/19w uam).

Der Täter umklammert das Opfer und greift ihm auf die nackte oder bekleidete Brust (12 Os 42/21z, 11 Os 11/13x) oder betastet dessen Scheide über der Hose (14 Os 1/05m); er saugt an der Brust einer Frau (13 Os 55/20t), reibt – wenn auch bekleidet – seinen Penis am Körper des Opfers (12 Os 94/21x, 15 Os 172/18k; s auch 12 Os 32/18z), manipuliert am Penis des Opfers (12 Os 51/21y) oder veranlasst das Opfer, den Penis des Täters zu berühren (12 Os 111/15p, 13 Os 121/11k).

Die „penisfremde Analpenetration", also zB das Einführen eines Gegenstands oder eines Fingers in den After, ist kein Fall des § 201 (s § 201 Rz 2), aber wegen der engen Verbindung zur Geschlechtlichkeit unter § 202 zu subsumieren (*Stummer* RZ 2012, 80); im Übrigen ist eine derartige Handlung kaum ohne intensivere Berührungen des Geschlechtsteils möglich und fällt dann auch aus diesem Grund unter § 202.

Eine flüchtige Berührung der weiblichen Brust oder des Geschlechtsteils über der Unterhose (SSt 61/87) oder die Betastung des „Schamhaarbereichs" des Opfers (aM 15 Os 194/98) ist noch keine geschlechtliche Handlung (s auch § 207 Rz 2). Im zweiten Fall kommt allerdings Versuch in Betracht, wenn eine Betastung des Geschlechtsteils vom Täter geplant war und nur durch Abwehrhandlungen des Opfers unterblieben ist (15 Os 161/00; vgl auch 14 Os 8/22s). Schläge auf das Gesäß, das Betasten des Gesäßes (13 Os 62/09f) oder der Oberschenkel und das Ablecken des Bauches (15 Os 140/09s) sind ebenso wenig geschlechtliche Handlungen wie (Zungen)Küsse (12 Os 11/15g), Umarmungen oder bloße Zudringlichkeiten (JAB 927 BlgNR 17. GP, 4). Zum Po-Grapschen und dgl s aber § 218 Abs 1a.

Nötigung zum „Telefonsex" fällt mangels einer körperlichen Berührung nicht unter § 202 (EvBl 1993/40). Wohl aber kann eine geschlechtliche Nötigung dadurch begangen werden, dass das Opfer durch Drohung zur Selbstbefriedigung gezwungen wird: Die körperliche Berührung muss nicht notwendig durch den Täter selbst erfolgen (*Philipp* WK² § 202 Rz 12).

**Tatmittel** des § 202 sind **Gewalt oder gefährliche Drohung** (s dazu BT I § 105 Rz 2ff, 9ff). Ein bloßes Abtasten „gegen den Widerstand des Opfers" ist keine Gewalt (11 Os 91/09f). Dass der Täter eine (nicht unter § 201 fallende) geschlechtliche Handlung durch Drohung mit gegenwärtiger Gefahr für Leib oder Leben erzwingt, bewirkt keine Änderung der Strafdrohung. 3

Der Täter, der einer Frau beim Vorbeigehen überraschend auf die Brust greift oder seinen Körper ohne Zuhilfenahme der Hände gegen das Opfer drückt (15 Os 161/00), wendet keine Gewalt an. Zur „sexuellen Belästigung" s § 218 Rz 2ff.

Der Ehemann, der seiner Frau ankündigt, er werde sie so lange nicht aus dem Zimmer lassen, bis sie in einen Geschlechtsverkehr einwillige, verantwortet eine (versuchte) Vergewaltigung, wenn im Zeitpunkt dieser Drohung bereits eine Freiheitsentziehung begonnen hat (s § 201 Rz 4). Andernfalls ist § 202 anzuwenden.

Der Dienstgeber, der einer Angestellten mit der Entlassung oder der Anzeige wegen Gelddiebstahls droht, und der Beamte, der einer Frau mit der Entzug der Mindestsicherung droht, wenn sie sich ihm nicht hingebe, machen sich nach § 202 strafbar (EBRV 30 BlgNR 13. GP, 356; 15 Os 92/15s, 14 Os 75/20s). Auch der Ehegatte, der seine Frau durch die Ankündigung, das Wirtschaftsgeld massiv zu kürzen, zum Geschlechtsverkehr zwingt, erfüllt das Tatbild des § 202. Ob das wirklich ein Fall ist, der vor das Schöffengericht (s § 31 Abs 3 Z 4 StPO) gehört?

Die Drohung mit der Veröffentlichung von Nacktfotos oder der Bekanntmachung einer homosexuellen Veranlagung ist eine Drohung mit einer Verletzung des höchstpersönlichen Lebensbereichs (§ 74 Abs 1 Z 5; s BT I § 105 Rz 9, § 111 Rz 7; s auch 15 Os 25/22y, 11 Os 40/19w).

## 3. Versuch – Vollendung; Vorsatz

4 Bereits mit dem Einsatz von Gewalt oder gefährlicher Drohung zum Zweck der Willensbeugung in Bezug auf eine geschlechtliche Handlung ist die geschlechtliche Nötigung **versucht** (EvBl 2005/81). Mit Beginn der abgenötigten geschlechtlichen Handlung ist § 202 **vollendet**.

Der Täter muss im Zeitpunkt des Einsatzes des Tatmittels den **Vorsatz** auf eine dem § 202 entsprechende Handlung haben (vgl § 201 Rz 6).

## 4. Qualifikationen

5 Die Qualifikationen nach § 202 Abs 2 entsprechen jenen des § 201 Abs 2 (s § 201 Rz 7f).

## 5. Abgrenzung und Konkurrenz

6 Zum Verhältnis des § 202 zur Vergewaltigung sowie zu §§ 83, 99 und 105 s § 201 Rz 10.

Echte Konkurrenz der geschlechtlichen Nötigung ist mit **§ 206** (§ 206 Rz 10), **§ 207** (§ 207 Rz 7) und **§ 211 Abs 1** (§ 211 Rz 6) möglich, nicht aber mit § 207b oder § 212, weil der Täter bei Einsatz von Gewalt oder gefährlicher Drohung sein Ziel gerade nicht auf Grund der Ausnützung der Unreife, der Zwangslage oder des Autoritätsverhältnisses erreicht (s § 207b Rz 8; aM die Rsp: zB 15 Os 94/15k).

Wer einen anderen durch **Täuschung** zum Beischlaf oder zu geschlechtlichen Handlungen verleitet, kann weder nach § 202 noch nach § 205a (s § 205a Rz 3) noch nach § 108 bestraft werden (BT I § 108 Rz 3).

# Sexueller Missbrauch einer wehrlosen oder psychisch beeinträchtigten Person

§ 205. (1) Wer eine wehrlose Person oder eine Person, die wegen einer Geisteskrankheit, wegen einer geistigen Behinderung, wegen einer tiefgreifenden Bewusstseinsstörung oder wegen einer anderen schweren, einem dieser Zustände gleichwertigen seelischen Störung unfähig ist, die Bedeutung des Vorgangs einzusehen oder nach dieser Einsicht zu handeln, unter Ausnützung dieses Zustands dadurch missbraucht, dass er mit ihr den Beischlaf oder eine dem Beischlaf gleichzusetzende Handlung vornimmt oder sie zur Vornahme oder Duldung des Beischlafes oder einer dem Beischlaf gleichzusetzenden geschlechtlichen Handlung mit einer anderen Person oder, um sich oder einen Dritten geschlechtlich zu erregen oder zu befriedigen, dazu verleitet, eine dem Beischlaf gleichzusetzende geschlechtliche Handlung an sich selbst vorzunehmen, ist mit Freiheitsstrafe von einem bis zu zehn Jahren zu bestrafen.

(2) Wer außer dem Fall des Abs. 1 eine wehrlose oder psychisch beeinträchtigte Person (Abs. 1) unter Ausnützung dieses Zustands dadurch missbraucht, dass er an ihr eine geschlechtliche Handlung vornimmt oder von ihr an sich vornehmen lässt oder sie zu einer geschlechtlichen Handlung mit einer anderen Person oder, um sich oder einen Dritten geschlechtlich zu erregen oder zu befriedigen, dazu verleitet, eine geschlechtliche Handlung an sich selbst vorzunehmen, ist mit Freiheitsstrafe von sechs Monaten bis zu fünf Jahren zu bestrafen.

(3) Hat die Tat eine schwere Körperverletzung (§ 84 Abs. 1) oder eine Schwangerschaft der missbrauchten Person zur Folge oder wird die missbrauchte Person durch die Tat längere Zeit hindurch in einen qualvollen Zustand versetzt oder in besonderer Weise erniedrigt, so ist der Täter mit Freiheitsstrafe von fünf bis zu fünfzehn Jahren, hat die Tat aber den Tod der missbrauchten Person zur Folge, mit Freiheitsstrafe von zehn bis zu zwanzig Jahren oder mit lebenslanger Freiheitsstrafe zu bestrafen.

*(idF BGBl I 2013/116)*

## 1. Allgemeines

§ 205 schützt **wehrlose Personen sowie Personen,** die durch eine **schwere psychische Beeinträchtigung** nicht in der Lage sind, ihre sexuelle Selbstbestimmungsfreiheit auszuüben, **vor sexuellem Missbrauch**. Der Anwendung besonderer Tatmittel (s hingegen § 201 und § 202) bedarf es nicht. § 205 ist geschlechtsneutral gefasst (s Rz 2) und kann auch zwischen Ehegatten begangen werden. 1

## 2. Der Missbrauch

**A. Täter und Opfer. Täter** nach § 205 Abs 1 kann **jedermann** sein. 2

Das **Opfer** ist nach hA eine **mündige** (vgl EvBl 2001/122) Person jeglichen Geschlechts, die sich im Zeitpunkt der Tat in einem besonderen Zustand befindet:

**a)** Sie ist **wehrlos,** dh nicht in der Lage, einen einigermaßen aussichtsreichen Widerstand zu leisten (EBRV 294 BlgNR 22. GP, 19; JBl 2006, 192); die Ausschaltung der Willenstätigkeit iS einer Zurechnungsunfähigkeit ist nicht nötig (RS0133581).

**Wehrlos** ist zB eine bewusstlose, durch erheblichen Alkohol- oder Suchtmittelkonsum massiv beeinträchtigte (13 Os 78/21a, 14 Os 118/21s, 13 Os 114/21w uam), gefesselte (13 Os 23/19k), auf einem Gynäkologiestuhl festgeschnallte (EvBl 2000/64; s auch Rz 8), gelähmte, völlig erschöpfte, durch einen Sprung von einer hohen Mauer in Selbstmordabsicht bewegungsunfähige (11 Os 6/92) oder auch eine hochbetagte, körperlich stark beeinträchtigte (12 Os 30/20h, 15 Os 161/18t) Person. Nach hM kann auch eine schlafende oder gerade erwachende Person Opfer eines Missbrauchs nach § 205 sein (RS0102727, 12 Os 31/22h, 12 Os 86/21w uam). In der E 15 Os 115/08p wurde die Wehrlosigkeit des Opfers sogar nach Konsum einer einzigen Haschischzigarette angenommen. Bloße körperliche Unterlegenheit oder Angst begründet keine Wehrlosigkeit; in diesen Fällen kann § 205a greifen (s § 205a Rz 5).

3 **b)** Sie ist wegen einer **Geisteskrankheit** (zB Schizophrenie), einer höhergradigen **geistigen Behinderung** (zB Idiotie: SSt 48/55; schwere Intelligenzminderung: 14 Os 35/15a), einer **tiefgreifenden Bewusstseinsstörung** (zB volle Berauschung: EvBl 1994/124) oder einer anderen **gleichwertigen seelischen Störung** (s § 11) **unfähig, die „Bedeutung des Vorgangs" einzusehen oder danach zu handeln.** In den E 12 Os 93/16t und 14 Os 100/20t lässt der OGH in bedenklicher Weise schon eine mittelgradige Intelligenzminderung genügen.

Geisteskranke und geistig Behinderte verspüren nicht selten ein intensives Verlangen nach Beischlaf und anderen sexuellen Handlungen. Wenn sie zeitlich und örtlich einigermaßen orientiert sind, wissen sie auch, was bei einer sexuellen Handlung geschieht. Dann sind sie keine schutzbedürftigen Opfer und daher auch nicht Tatobjekt des § 205 (*Philipp* WK[2] § 205 Rz 8; SSt 46/10). Im Übrigen kann man in solchen Fällen auch nicht von einem „Missbrauch unter Ausnützung dieses Zustands" sprechen (EBRV 294 BlgNR 22. GP, 19; vgl unten Rz 5).

4 **B. Ausführungshandlungen nach Abs 1** sind die in **§ 206** besonders hervorgehobenen Missbrauchshandlungen:

- Vornahme des **Beischlafs oder einer dem Beischlaf gleichzusetzenden geschlechtlichen Handlung mit dem Opfer** (s § 201 Rz 2, § 206 Rz 3) oder
- **Verleitung** des Opfers zu einer derartigen **geschlechtlichen Handlung mit einer anderen Person** (s § 206 Rz 5) oder
- **Verleitung** des Opfers zu einer derartigen **geschlechtlichen Handlung an sich selbst** in der Absicht, sich oder einen Dritten geschlechtlich zu erregen oder zu befriedigen (s § 206 Rz 6).

**Ausführungshandlungen nach Abs 2** sind **andere geschlechtliche (Missbrauchs)Handlungen** (vgl §§ 202 und 207).

Beispiele für Handlungen nach § 205 Abs 2: Der Täter rasiert einer voll berauschten Frau die Schamhaare ab und berührt dabei intensiv ihren Geschlechtsteil (EvBl 1994/124; vgl auch 14 Os 143/20s). Die Täter bemalen Penis und Hodensack eines voll alkoholisierten Burschen mit Filzstift (12 Os 5/09s). Ein Gynäkologe massiert eine Frau, die am Gynäkologiestuhl festgeschnallt ist, an der Scheide (EvBl 2000/64).

5 Der Missbrauch muss **unter Ausnützung des besonderen Zustands des Opfers** geschehen.

Der Täter muss sich in einer gegen die Interessen des Opfers gerichteten Weise dessen besonderen Zustand bewusst zunutze machen. Die Einwilligung des Opfers vor Eintritt der Wehrlosigkeit sowie die aktuelle Einwilligung der bloß körperlich wehrlosen Person schließen daher einen Missbrauch aus.

Sexuelle Handlungen mit Zustimmung des geisteskranken oder geistig behinderten Opfers oder gar auf dessen eindeutige Initiative (vgl 12 Os 47/16b) widersprechen nicht den Interessen des Opfers und werden daher von § 205 ebenfalls nicht erfasst (EBRV 294 BlgNR 22. GP, 19; s auch oben Rz 3).

6 **C. Innere Tatseite.** Der **Vorsatz** des Täters muss sich **auf die Wehrlosigkeit bzw Beeinträchtigung** des Opfers (12 Os 47/16b, 13 Os 152/11v) und den geforderten Missbrauch beziehen. Hält der Täter sein Opfer irrtümlich für fähig, die Bedeutung des Vorgangs einzusehen und nach dieser Einsicht zu handeln – zB weil die geisteskranke Frau den Geschlechtsverkehr wünscht –, kann er mangels Vorsatzes nicht nach § 205 bestraft werden (vgl EvBl 1975/217).

Bei der Verleitung des Opfers zu einer geschlechtlichen Handlung an sich selbst (Rz 4) muss der Täter überdies die Absicht auf geschlechtliche Erregung haben (13 Os 118/10t).

## 3. Qualifikation nach Abs 3

7 Abs 3 sieht – übereinstimmend mit § 201 und § 202 – höhere Strafdrohungen vor, wenn die Tat entweder schwere Folgen (**schwere Körperverletzung, Schwangerschaft, Tod** des Opfers) nach sich gezogen hat (Erfolgsqualifikationen) oder wenn das Opfer durch die Tat **längere Zeit hindurch in einen qualvollen Zustand versetzt** oder **in besonderer Weise erniedrigt** wurde (Deliktsqualifikationen). S dazu näher § 201 Rz 7f.

## 4. Abgrenzung und Konkurrenz

8 a) **Verhältnis zu §§ 201 und 202.** § 205 erfasst nur Täter, die die Wehrlosigkeit des Opfers (Rz 2) nicht selbst oder jedenfalls ohne den Vorsatz herbeigeführt haben, diesen Zustand später zu geschlechtlichen Handlungen auszunützen (differenzierend 13 Os 102/05g).

Der Täter, der sein Opfer bereits mit dem Vorsatz betäubt oder fesselt, es zu missbrauchen, ist nach **§ 201** oder **§ 202** zu bestrafen (15 Os 98/11t uam). Wer zuerst das wehrlose (tief schlafende) Opfer missbraucht und es nach dem Erwachen mit Gewalt zum Beischlaf zwingt, verantwortet § 205 und § 201 in echter Konkurrenz (12 Os 156/18k, 11 Os 114/14w).

9 b) Die Unmündigkeit ist eine besondere Art der Wehrlosigkeit; daher wird § 205 nach praktischer einhelliger Meinung von **§§ 206 und 207** verdrängt

(*Philipp* WK² § 205 Rz 6, 27 uam; aM der OGH RS0132891, 12 Os 148/21p). Zum Verhältnis zu § 207b s § 207b Rz 3, 8.

10 c) **Leichte Körperverletzungen** des Opfers nach § 83 werden von § 205 **konsumiert** (SSt 46/66, EvBl 1998/100); schwere Verletzungen führen zur Anwendung des Abs 3.

## Verletzung der sexuellen Selbstbestimmung

**§ 205a. (1) Wer mit einer Person gegen deren Willen, unter Ausnützung einer Zwangslage oder nach vorangegangener Einschüchterung den Beischlaf oder eine dem Beischlaf gleichzusetzende geschlechtliche Handlung vornimmt, ist, wenn die Tat nicht nach einer anderen Bestimmung mit strengerer Strafe bedroht ist, mit Freiheitsstrafe bis zu zwei Jahren zu bestrafen.**

**(2) Ebenso ist zu bestrafen, wer eine Person auf die im Abs. 1 beschriebene Weise zur Vornahme oder Duldung des Beischlafes oder einer dem Beischlaf gleichzusetzenden geschlechtlichen Handlung mit einer anderen Person oder, um sich oder einen Dritten geschlechtlich zu erregen oder zu befriedigen, dazu veranlasst, eine dem Beischlaf gleichzusetzende geschlechtliche Handlung unfreiwillig an sich selbst vorzunehmen.**

*(idF BGBl I 2015/112)*

1 **A. Allgemeines.** § 205a wurde durch das StRÄG 2015 neu eingefügt, um eine Lücke im Schutz der sexuellen Selbstbestimmung zu schließen: Es geht insb um Fälle, in denen eine Frau den **Beischlaf erkennbar ablehnt**, sich aber auch aufgrund einer besonderen Situation nicht dagegen wehrt, sodass der Täter **kein Nötigungsmittel** anwenden muss („Ein Nein muss ein Nein bleiben").

2 **B.** Die **Tathandlungen entsprechen dem § 205 Abs 1** (s § 205 Rz 4). Strafbar sind nur die dort beschriebenen intensiven sexuellen Handlungen: der Beischlaf und die diesem gleichzusetzenden Handlungen (§ 201 Rz 1f); andere geschlechtliche Handlungen, zB das Betasten von Geschlechtsteilen gegen den Willen des Opfers, fallen unter § 218.

**Entscheidendes** Strafbarkeitskriterium ist das **Handeln gegen den Willen, unter Ausnützung einer Zwangslage oder nach vorangegangener Einschüchterung.**

3 a) Der **entgegenstehende Wille** kann ausdrücklich erklärt werden oder auch konkludent, indem das Opfer zB den Täter wegdrückt (12 Os 74/21f, 13 Os 141/21s) oder zu weinen beginnt. Aber die **Ablehnung** muss, sofern nicht eine Zwangslage ausgenützt wird oder das Opfer vorher eingeschüchtert wurde (unten Rz 4f), auch für einen Durchschnittsbetrachter **objektiv erkennbar** sein.

Eine bloß innere Ablehnung des Opfers kann den Täter nicht strafbar machen (EBRV 689 BlgNR 25. GP, 34). Ein Nein kann durch Überreden auch zu einem Ja werden. Straflos bleibt nach § 205a auch, wer das (volljährige) Opfer durch Täuschung (zB über die finanzielle Lage oder Heiratsabsichten) zu einem willentlichen Geschlechtsverkehr verleitet: Motivirrtümer bedeuten kein „Nein" zum Beischlaf (*Tipold* JSt 2015, 185 FN 32, *Benedikt* JSt 2021, 495ff; aM *Oberlaber/Schmidthuber* RZ 2015, 178, *Sagmeister* juridikum 2017, 298).

Wenn das Opfer wehrlos ist oder sich in einem psychisch stark beeinträchtigten Zustand befindet, kann die Tat – auch ohne erkennbare Ablehnung durch das Opfer – nach § 205 strafbar sein (s § 205 Rz 2 sowie unten Rz 7).

**b)** Zur **Ausnützung einer Zwangslage** s § 207b Rz 4. Zu denken ist insb an eine schwere wirtschaftliche Notlage (s etwa 13 Os 73/21s); bloße wirtschaftliche Abhängigkeit vom Partner kann nicht genügen. Die Zwangslage muss ausgenützt werden, dh dem Täter muss klar sein, dass das Opfer wegen seiner Notsituation in die geschlechtliche Handlung einwilligt (EBRV 689 BlgNR 25. GP, 36). **4**

**c)** Zur **Einschüchterung** s § 216 Rz 3 (s auch BT I § 104a Rz 4): Das Opfer befindet sich in einem solchen Angstzustand, dass es nicht mehr frei entscheiden kann: oft nach Gewaltanwendung oder Drohungen, die für die geschlechtliche Handlung nicht mehr kausal sind (14 Os 151/21v, 14 Os 103/21k). Ein enges zeitliches Naheverhältnis zwischen Einschüchterung und Tat ist nicht nötig, die Einschüchterung muss aber im Tatzeitpunkt noch gegeben sein. Sie kann auch von einem Dritten verursacht sein. **5**

**C. Innere Tatseite.** Der **Vorsatz** des Täters muss sich vor allem auf das Handeln **gegen den Willen** des Opfers bzw auf die **Ausnützung einer Zwangslage oder die vorangegangene Einschüchterung** beziehen. Ein Irrtum kommt dem Täter zugute. **6**

> Beim „Freezing" (Steif- oder Schlappwerden) lässt das Opfer den sexuellen Übergriff teilnahmslos über sich ergehen (s *Hinterhofer* SbgK § 205 Rz 23; EBRV 689 BlgNR 25. GP, 35f). Für den Täter ist in einem solchen Fall der entgegenstehende Wille des Opfers uU nicht erkennbar.

**D. Abgrenzungs- und Konkurrenzfragen.** **7**

**a)** § 205a ist grundsätzlich subsidiär zu **§§ 201, 202.** § 205a kommt zur Anwendung, wenn der Täter beim Beischlaf bzw diesem gleichzusetzenden Handlungen den Willen des Opfers ignoriert hat, ohne ein Nötigungsmittel einzusetzen. Wenn sich das Opfer während der Tat wehrt und der Täter Gewalt oder Drohungen einsetzt, um fortzufahren, macht er sich nach § 201 oder § 202 strafbar (EBRV 689 BlgNR 25. GP, 34); § 205a wird dann verdrängt.

**b)** Geschlechtliche Handlungen gegen den Willen des Opfers, die nicht dem Beischlaf gleichzusetzen sind (zB Betastung eines Geschlechtsteils), fallen unter **§ 218** (s § 218 Rz 2).

**c)** **§ 205** schützt Opfer in einer ganz besonderen Lage und hat gegenüber § 205a Vorrang. S auch § 207b Rz 8.

# Schwerer sexueller Mißbrauch von Unmündigen

§ 206. (1) Wer mit einer unmündigen Person den Beischlaf oder eine dem Beischlaf gleichzusetzende geschlechtliche Handlung unternimmt, ist mit Freiheitsstrafe von einem bis zu zehn Jahren zu bestrafen.

(2) Ebenso ist zu bestrafen, wer eine unmündige Person zur Vornahme oder Duldung des Beischlafes oder einer dem Beischlaf gleichzusetzenden geschlechtlichen Handlung mit einer anderen Person oder, um sich oder einen Dritten geschlechtlich zu erregen oder zu befriedigen, dazu verleitet, eine dem Beischlaf gleichzusetzende geschlechtliche Handlung an sich selbst vorzunehmen.

(3) Hat die Tat eine schwere Körperverletzung (§ 84 Abs. 1) oder eine Schwangerschaft der unmündigen Person zur Folge oder wird die unmündige Person durch die Tat längere Zeit hindurch in einen qualvollen Zustand versetzt oder in besonderer Weise erniedrigt, so ist der Täter mit Freiheitsstrafe von fünf bis zu fünfzehn Jahren, hat sie aber den Tod der unmündigen Person zur Folge, mit Freiheitsstrafe von zehn bis zu zwanzig Jahren oder mit lebenslanger Freiheitsstrafe zu bestrafen.

(4) Übersteigt das Alter des Täters das Alter der unmündigen Person nicht um mehr als drei Jahre, wird die unmündige Person durch die Tat weder längere Zeit hindurch in einen qualvollen Zustand versetzt noch in besonderer Weise erniedrigt und hat die Tat weder eine schwere Körperverletzung (§ 84 Abs. 1) noch den Tod der unmündigen Person zur Folge, so ist der Täter nach Abs. 1 und 2 nicht zu bestrafen, es sei denn, die unmündige Person hätte das 13. Lebensjahr noch nicht vollendet.

*(idF BGBl I 2013/116)*

1 Die §§ 206 und 207 entsprechen den §§ 201 und 202. Besonders zu beachten ist hier die Verlängerung der Verjährungsfrist gem § 58 Abs 3 Z 3 (Beginn erst mit Vollendung des 28. Lebensjahres des Opfers!).

## 1. Täter und Opfer

2 Das **Opfer** ist ein **unmündiges Kind** (§ 74 Abs 1 Z 1), mag es auch schon geschlechtsreif sein oder noch so klein, dass ihm die Bedeutung der Handlung des Täters gar nicht bewusst wird. **Täter** kann jedermann sein. Ein geringer Altersunterschied zwischen Täter und Opfer kann jedoch zur Straflosigkeit führen (s Rz 9).

## 2. Ausführungshandlungen

3 **A. Abs 1.** Der Täter unternimmt mit dem Kind den **Beischlaf oder eine dem Beischlaf gleichzusetzende geschlechtliche Handlung** (dazu näher § 201 Rz 2). Das **Einverständnis** der unmündigen Person ist rechtlich **unbeachtlich**. Die Anwendung besonderer Tatmittel (Gewalt, Drohung) ist für § 206 gerade nicht erforderlich; ihr Einsatz führt zur zusätzlichen Anwendung der §§ 201 bzw 202 (Rz 10; § 201 Rz 10). Auch eine „sexuelle Tendenz" des Täters ist nicht gefordert; es genügt der objektive Sexualbezug (EvBl 2005/90).

Nach § 206 Abs 1 strafbar macht sich zB der Täter, der seinen Penis, einen Finger (11 Os 28/22k), seine Zunge oder einen Gegenstand in die Scheide eines unmündigen Mädchens einführt (zB 13 Os 61/19y), oder es veranlasst, an ihm einen Oralverkehr vorzunehmen (zB 15 Os 94/19s); der den Penis eines unmündigen Knaben in seinen Mund nimmt (vgl JBl 1996, 268; zu weit 12 Os 63/13a). Ob der Täter in das Opfer eindringt („aktive Penetration") oder das Opfer veranlasst, ihn zu penetrieren („passive Penetration"), macht keinen Unterschied.

Das Einführen eines Fingers, eines Fieberthermometers oder eines anderen Gegenstands in den After einer unmündigen Person fällt nicht unter § 206 (s § 201 Rz 2, § 202 Rz 2; aM die Rsp: 14 Os 29/21b = JSt-Slg 2021/71, 614 mit Anm *Schwaighofer* uam). Auch das Reiben des Penis des Täters am Penis eines 4-jährigen Buben (vgl 12 Os 30/07i) und das Stimulieren der Vagina mit der Zunge (12 Os 4/10w) sind keine dem Beischlaf gleichzusetzenden Handlungen, weil es am Penetrationselement fehlt (11 Os 171/13a; *H/R* BT II § 206 Rz 6).

§ 206 Abs 1 verlangt – im Gegensatz zu § 201 (§ 201 Rz 5) – bloß ein **„Unternehmen"** des Beischlafs oder der gleichzusetzenden Handlung: Es genügt, dass die geplante Handlung „unmittelbar versucht" worden ist, dh der Täter hat bereits zur Penetration angesetzt (12 Os 41/17x); dazu muss der Penis des Täters wohl schon erigiert sein (aM 11 Os 4/17y). Solange noch kein Körperkontakt stattgefunden hat, ist das Unternehmen nach § 206 Abs 1 nur versucht (14 Os 98/17v). 4

**B. Abs 2 erster Fall** erfasst die **Verleitung** der unmündigen Person zur Vornahme oder Duldung des Beischlafs oder einer gleichzusetzenden Handlung **mit einer dritten Person** und vertypt damit einen besonderen Fall der Beitragstäterschaft zu Abs 1: Der Täter veranlasst das Opfer (durch Verführung, Aufforderung, aber auch Gewalt oder Drohung), eine entsprechende Handlung an einem Dritten vorzunehmen oder von einem Dritten an sich vornehmen zu lassen. 5

Der Täter verspricht dem Kind eine Belohnung, wenn es sich zu einem Oralverkehr mit einem anderen Mann bereit erklärt. Kommt es dazu, dann hat der Täter zur strafbaren Handlung nach § 206 Abs 1 beigetragen und könnte auch danach bestraft werden (keine Bestimmung, da der Täter auf das Opfer und nicht auf den unmittelbaren Täter eingewirkt hat). Wenn die Einwirkung auf das Kind jedoch erfolglos bleibt, benötigt man § 206 Abs 2 erster Fall, um den Täter bestrafen zu können; denn der versuchte Tatbeitrag ist straflos (§ 15 Abs 2).

**C. Abs 2 zweiter Fall** pönalisiert die **Verleitung** der unmündigen Person zur Vornahme einer dem Beischlaf gleichzusetzenden Handlung **an sich selbst**. Die Anwesenheit des Täters ist hier nicht erforderlich (15 Os 78/21s, 11 Os 134/13k: Aufforderung per Telefon oder Skype). 6

Es ist sehr zweifelhaft, ob man eine dem Beischlaf gleichzusetzende Handlung an sich selbst vornehmen kann, weil dazu typischerweise zwei Personen gehören. Wenn überhaupt, kann man nur das intensive Einführen eines Gegenstands in die eigene Scheide darunter subsumieren (*K/Schm* StudB III Vorbem §§ 201ff Rz 50). Das Einführen eines Fingers kann jedenfalls nicht genügen (aM OGH RS0129059, 15 Os 78/21s uam; *Philipp* WK² § 201 Rz 27).

## 3. Innere Tatseite

7 Der (zumindest bedingte) Vorsatz des Täters muss auf die **Unmündigkeit** des Opfers und die **Vornahme oder Duldung des Beischlafs oder einer gleichzusetzenden Handlung** gerichtet sein. Im zweiten Fall des § 206 Abs 2 muss der Täter zusätzlich die **Absicht** haben, sich oder einen Dritten geschlechtlich zu erregen oder zu befriedigen (11 Os 53/04).

> Die körperliche und sexuelle Entwicklung setzt zunehmend früher ein, weshalb es immer leichter zu einer falschen Einschätzung des Alters kommen kann. Ein Irrtum über das Alter des Opfers (Tatbildirrtum) kommt dem Täter zugute.
>
> A verleitet eine 13-jährige Bekannte zum Geschlechtsverkehr mit seinem Freund B. A kennt ihr Alter, B hält sie für 15: A ist nach § 206 Abs 2 erster Fall zu bestrafen, B bleibt wegen seines Tatbildirrtums (§ 5) straflos, außer es läge ein Fall des § 207b vor.

## 4. Qualifikationen

8 Der Täter fällt nach **§ 206 Abs 3** unter einen strengeren Strafsatz, wenn die Tat schwere Folgen nach sich gezogen hat oder unter erschwerenden Umständen begangen worden ist (s § 201 Abs 2, § 205 Abs 3). Die dortigen Ausführungen gelten entsprechend.

> Die Schwangerschaftsqualifikation ist problematisch: Ob es bei einem ungeschützten Geschlechtsverkehr zu einer Schwangerschaft kommt oder nicht, ist Zufall. Wenn es trotz Verwendung eines Kondoms zur Schwangerschaft kommt, scheidet die Qualifikation mangels Fahrlässigkeit aus. Das Filmen eines Geschlechtsverkehrs stellt noch keine besondere Erniedrigung des Opfers dar (aM 12 Os 148/21p).

## 5. Die Alterstoleranzklausel des § 206 Abs 4

9 Sexuelle Handlungen zwischen Heranwachsenden sind überwiegend Ausfluss geschlechtlicher Neugierde und der Unsicherheit des erwachenden Triebes. Es gibt auch frühe Liebe, und nicht selten geht die Initiative zu sexuellen Handlungen vom unmündigen „Opfer" aus. Deshalb soll bei bloß geringem Altersunterschied zwischen den Beteiligten die Strafbarkeit des Täters entfallen.

Gem § 206 Abs 4 bleibt der Täter straflos, wenn das Opfer im Tatzeitpunkt bereits das **13. Lebensjahr vollendet** hat und der **Täter höchstens drei Jahre älter** ist als das Opfer. Weiters wird verlangt, dass das Opfer durch die Tat weder längere Zeit hindurch in einen qualvollen Zustand versetzt noch in besonderer Weise erniedrigt wurde und die Tat keine schwere Körperverletzung oder gar den Tod des Opfers zur Folge hat. Eine Schwangerschaft ändert an der Straflosigkeit nichts. Auch die Penetration mit einem Gegenstand schließt die Anwendung des § 206 Abs 4 nicht aus.

Es handelt sich um einen **persönlichen Strafausschließungsgrund**, der nur auf jene Täter Anwendung findet, bei denen die geforderten (Alters-)Voraussetzungen in ihrer eigenen Person objektiv vorliegen (12 Os 41/17x). Irrtümer darüber sind unbeachtlich (12 Os 110/10h).

Der 15-Jährige, der mit einer 13-Jährigen „schläft", bleibt straflos. Straflos bleibt der 15-Jährige auch, wenn er beispielsweise einen 18-jährigen Freund verleitet, mit der 13-Jährigen geschlechtlich zu verkehren. Der 18-Jährige haftet hingegen nach § 206 Abs 1.

## 6. Abgrenzung und Konkurrenz

a) Nötigt der Täter das unmündige Opfer mit Gewalt oder durch Drohung zum Beischlaf oder zu einer ihm gleichzusetzenden Handlung, haftet er nach § 206 und – je nach eingesetztem Tatmittel – **§ 201** bzw **§ 202** (§ 201 Rz 10, § 202 Rz 2, 6). Zur Konkurrenz mit § 101 s BT I § 101 Rz 3, § 100 Rz 4; zur Konkurrenz mit § 92 s 14 Os 72/05b; zur Konkurrenz mit § 205 s § 205 Rz 9. **10**

Wenn es sich beim Opfer um das eigene Kind oder um eine unmündige Person handelt, zu dem ein Autoritätsverhältnis besteht, kann § 206 mit der Blutschande nach **§ 211** oder dem Delikt nach **§ 212** konkurrieren (12 Os 128/10f; *F/M-K/O* § 206 Rz 12).

Der Täter versucht, mit seinem Glied in die Scheide seiner 8-jährigen Enkelin einzudringen, was ihm jedoch nicht gelingt. Er hat das Verbrechen nach § 206 Abs 1 vollendet (Rz 4) und die Blutschande nach § 211 Abs 1 versucht (12 Os 128/10f).

b) Die Tat begleitende andere geschlechtliche Handlungen, die nicht dem Beischlaf gleichzusetzen sind (**§ 207**), sowie das Delikt nach **§ 208** werden durch die Verurteilung nach § 206 mitabgegolten (14 Os 22/15i uam). Im Hinblick auf die Qualifikation gem Abs 3 werden leichte Körperverletzungen nach **§ 83** konsumiert. Bei Straflosigkeit nach Abs 4 ist die mit der Tat verbundene Körperverletzung als solche strafbar (JAB 1359 BlgNR 20. GP, 2). **11**

# Sexueller Mißbrauch von Unmündigen

**§ 207. (1) Wer außer dem Fall des § 206 eine geschlechtliche Handlung an einer unmündigen Person vornimmt oder von einer unmündigen Person an sich vornehmen läßt, ist mit Freiheitsstrafe von sechs Monaten bis zu fünf Jahren zu bestrafen.**

**(2) Ebenso ist zu bestrafen, wer eine unmündige Person zu einer geschlechtlichen Handlung (Abs. 1) mit einer anderen Person oder, um sich oder einen Dritten geschlechtlich zu erregen oder zu befriedigen, dazu verleitet, eine geschlechtliche Handlung an sich selbst vorzunehmen.**

**(3) Hat die Tat eine schwere Körperverletzung (§ 84 Abs. 1) zur Folge oder wird die unmündige Person durch die Tat längere Zeit hindurch in einen qualvollen Zustand versetzt oder in besonderer Weise erniedrigt, so ist der Täter mit Freiheitsstrafe von fünf bis zu fünfzehn Jahren, hat sie aber den Tod der unmündigen Person zur Folge, mit Freiheitsstrafe von zehn bis zu zwanzig Jahren oder mit lebenslanger Freiheitsstrafe zu bestrafen.**

**(4) Übersteigt das Alter des Täters das Alter der unmündigen Person nicht um mehr als vier Jahre, wird die unmündige Person durch die Tat weder längere Zeit hindurch in einen**

**qualvollen Zustand versetzt noch in besonderer Weise erniedrigt und ist keine der Folgen des Abs. 3 eingetreten, so ist der Täter nach Abs. 1 und 2 nicht zu bestrafen, es sei denn, die unmündige Person hätte das zwölfte Lebensjahr noch nicht vollendet.**

*(idF BGBl I 2013/116)*

1 **A. Täter und Opfer.** Die Ausführungen über Täter und Opfer zu § 206 gelten gleichermaßen für § 207.

2 **B. Ausführungshandlungen.**

**a)** Im Fall des **Abs 1** nimmt der Täter eine (nicht unter § 206 fallende) **geschlechtliche Handlung an einer unmündigen Person** vor oder **lässt** eine solche Handlung auf sein Verlangen hin (reine Passivität genügt nicht; aM hingegen 11 Os 39/18x) **von einer unmündigen Person an sich vornehmen.** Die sexuelle Handlung muss einen erheblichen sozialen Störwert aufweisen. Bei Abs 1 (anders bei Abs 2) ist körperlicher Kontakt zwischen Täter und Opfer unbedingt erforderlich.

Der Täter streichelt oder betastet – unter oder über der Kleidung – den Geschlechtsteil (11 Os 58/19t, 15 Os 63/17d) oder die bereits entwickelte oder sich entwickelnde Brust des Opfers (11 Os 112/21m uam); er fordert es auf, sein Glied anzugreifen (15 Os 138/20p uam) oder ihn mit der Hand zu befriedigen (12 Os 88/09x); er reibt seinen Penis am Körper des Opfers (15 Os 77/20t, 14 Os 14/19v uam). Nach der E 14 Os 44/14y sind schon bloße Berührungen im Bereich zwischen Anus und Scheide geschlechtliche Handlungen. Der OGH sieht auch im Küssen oder Betasten der (noch nicht entwickelten) Brust eines 10-jährigen Mädchens eine geschlechtliche Handlung, sofern es insgesamt eine solche Reife hat, dass es die Handlung als grob störend und sexuell motiviert empfindet (RS0116565). Ganz flüchtige Berührungen eines Geschlechtsteils des Opfers von geringer Intensität sind auch nach Ansicht des OGH nicht tatbildlich (14 Os 94/19h).

Das Betasten des Gesäßes (11 Os 45/10t) und der Oberschenkel (13 Os 62/09f), Massieren am Rücken und am Bauch (12 Os 105/97), Küsse (14 Os 147/18a), Schläge auf das Gesäß (EvBl 1977/48) und das bloße Entkleiden des Opfers (12 Os 125/78) sind nicht tatbildlich, weil die Handlungen keine spezifischen Geschlechtsteile betreffen (§ 202 Rz 2; s aber § 218 Rz 7). Die Aufforderung, die Beine auseinanderzuspreizen und sexualbezogene Positionen einzunehmen, fällt wegen des fehlenden Körperkontakts („an") nicht unter § 207 (*K/Schm* StudB III §§ 206–207 Rz 17; aM EvBl 1999/8).

Bei sexuellen Handlungen **zwischen Jugendlichen und Unmündigen** ist ein großzügiger Maßstab anzulegen (vgl auch § 207 Abs 4).

3 **b) § 207 Abs 2** entspricht § 206 Abs 2, doch verleitet der Täter das Opfer hier zu „sonstigen" geschlechtlichen Handlungen (s § 206 Rz 5f).

Der wichtigste Fall ist die Verleitung zur Selbstbefriedigung (zB 11 Os 53/21g). Der Täter, der seine 9-jährige Stieftochter auffordert, ihre Schamlippen auseinander zu ziehen, um Nahaufnahmen von ihrem Geschlechtsteil anzufertigen, verleitet sie noch nicht zu einer geschlechtlichen Handlung an sich selbst (ebenso *Philipp* WK[2] § 207 Rz 12; aM EvBl 1982/41, 1999/8). Wer ein unmündiges Mädchen „nur" deshalb zur Selbstbefriedigung auffordert, um einen Kinderpornofilm zu drehen, hat nicht die geforderte Absicht (Rz 4), sich oder einen Dritten geschlechtlich zu erregen, sondern will damit Geld verdienen (aM *K/Schm* StudB III §§ 206–207 Rz 37, *H/R* BT II § 207 Rz 8a). § 207 Abs 2 ist so zu interpretieren, dass die sexuelle Erregung unmittelbar durch die geschlechtliche Handlung der unmündigen Person herbeigeführt werden soll. Der Täter haftet aber nach § 207a.

**C. Innere Tatseite.** Der Täter muss im ersten Fall des Abs 1 den Vorsatz auf Vornahme einer geschlechtlichen Handlung an einer unmündigen Person haben. Der bloße Vorsatz sich geschlechtlich zu erregen genügt nicht (13 Os 26/15w). Zur inneren Tatseite für Abs 2 s Rz 5 und die Ausführungen zu § 206, die entsprechend gelten (§ 206 Rz 7). 4

**D. Qualifikationen (Abs 3).** Sie entsprechen denen des § 206 Abs 3, ausgenommen die Schwangerschaftsqualifikation, weil eine Schwangerschaft nur bei einem Beischlaf eintreten kann. S § 206 Rz 8. 5

**E. Die Alterstoleranzklausel nach § 207 Abs 4.** Abs 4 enthält einen gegenüber § 206 Abs 4 großzügigeren Strafausschließungsgrund, weil die geschlechtlichen Handlungen harmloser sind: Das Opfer muss das **12. Lebensjahr vollendet** haben, der **Altersunterschied** zwischen Täter und Opfer darf **maximal vier Jahre** betragen. Die übrigen Negativvoraussetzungen entsprechen § 206 Abs 4 (s § 206 Rz 9). 6

**F. Abgrenzung und Konkurrenz.** Nötigt der Täter sein unmündiges Opfer mit Gewalt oder durch Drohungen zu geschlechtlichen Handlungen, konkurrieren die Delikte nach § 207 und **§ 202** (s zB 12 Os 111/15p; § 201 Rz 10, § 202 Rz 6). Auch mit **§ 212** kann § 207 eintätig zusammentreffen (EvBl 1997/185). S weiter § 206 Rz 10f, § 208 Rz 7. 7

## Pornographische Darstellungen Minderjähriger (§ 207a)

*(idF BGBl I 2017/117)*

### 1. Allgemeines

§ 207a soll die **ungestörte sexuelle Entwicklung** Minderjähriger **schützen**: Sie dürfen nicht als Darsteller pornographischen Materials missbraucht werden. Zu diesem Zweck wird auch den Konsumenten der Kampf angesagt, indem sogar das bloße Ansehen kinderpornographischer Bilder pönalisiert wird (Rz 11). Der Deliktstypus geht außerdem über den **Darstellerschutz** hinaus, weil auch künstlich hergestellte Abbildungen erfasst werden. 1

Komplizierte Tatbestandsmerkmale machen § 207a leider zT schwer verständlich.

## 2. Tatobjekt

2 Tatgegenstand ist eine **„pornographische Darstellung einer minderjährigen Person"**. Was darunter im Detail zu verstehen ist, wird in den Z 1–4 des Abs 4 präzisiert. Allen Fällen gemeinsam ist das Kriterium der **Wirklichkeitsnähe**, dh die Qualität der Wiedergabe muss so gut sein, dass der Betrachter den Eindruck hat, er sei Augenzeuge gewesen (EBRV 294 BlgNR 22. GP, 21).

**Darstellungen** sind Fotos, Dias, Filme (natürlich auch auf modernen Datenträgern) und Computerspiele. Schriften und Tonaufnahmen werden nicht erfasst. Zeichnungen oder Zeichentrickfilme fallen nicht unter § 207a, weil sie nicht den Eindruck eines dahinterstehenden realen Geschehens vermitteln.

In den Fällen des Abs 4 Z 1–3 muss es sich um Darstellungen in Form von **wirklichkeitsnahen Abbildungen** handeln: also die Wiedergabe einer realen Handlung oder eines realen Geschehens an existierenden Menschen. Abs 4 Z 4 erfasst **virtuelle Bilder**.

3 **A. Realpornographie an und von Unmündigen (Abs 4 Z 1).** Dieser Fall erfasst ausschließlich reale Handlungen an bzw von **erwiesenermaßen unmündigen** Personen, und zwar geschlechtliche Handlungen an einer solchen Person, einer unmündigen Person an sich selbst, an einer anderen Person oder mit einem Tier. Zu den geschlechtlichen Handlungen s § 206 Rz 3, § 207 Rz 2.

Ein Video zeigt zB zwei unmündige Buben beim gegenseitigen Onanieren (11 Os 63/00), ein Foto zeigt ein Mädchen, das seine Scheide über der Badehose betastet (vgl 12 Os 35/11f). Das Zur-Schau-Stellen des Genitalbereichs ist keine geschlechtliche Handlung an sich selbst (11 Os 136/00); derartige Abbildungen können aber unter Abs 4 Z 3 lit b fallen (Rz 6).

4 **B. Anscheinspornographie an und von Unmündigen (Abs 4 Z 2).** Darunter versteht man wirklichkeitsnahe Abbildungen eines **Geschehens** mit einer unmündigen Person, dessen Betrachtung den **Eindruck** vermittelt, als handle es sich um eine **geschlechtliche Handlung** iSd Z 1. Die Unmündigkeit der beteiligten abgebildeten Person muss feststehen; hinsichtlich des Geschehens kommt es darauf an, ob ein objektiver Beobachter den Eindruck gewinnt, dass es sich um reale Szenen handelt, mag es auch nachweisbar und dem Täter selbst bekannt sein, dass es in Wahrheit zu keinen geschlechtlichen Handlungen gekommen ist (EBRV 294 BlgNR 22. GP, 21).

Die Feststellung der Unmündigkeit kann durch Dokumente, Zeugenaussagen, aber auch auf Grund eigener Anschauung des Gerichts in Verbindung mit der allgemeinen Lebenserfahrung erfolgen. Zweifel an der Unterschreitung der Altersgrenze müssen zum Freispruch führen (EBRV 294 BlgNR 22. GP, 22).

5 **C. Real- und Anscheinspornographie an und von mündigen Minderjährigen (Abs 4 Z 3 lit a).** Dieser Fall fasst die in Abs 4 Z 1 und Z 2 beschriebenen Tatobjekte zusammen, bezieht sich aber auf Darstellungen mit bereits mündi-

gen Minderjährigen (14- bis 17-Jährigen). Das oben zu B. Ausgeführte gilt entsprechend. Zur Straflosigkeit s unten Rz 15.

**D. Abbildungen der Genitalien oder der Schamgegend Minderjähriger (Abs 4 Z 3 lit b).** Tatgegenstand sind reißerisch verzerrte, auf sich selbst reduzierte Abbildungen, die der sexuellen Erregung des Betrachters dienen: zB Fotos erigierter Penisse (12 Os 65/21g), bildschirmfüllende Vergrößerungen des Genitalbereichs von Kleinkindern (14 Os 29/17x), nicht aber Bilder von nackten Kleinkindern, die am Strand spielen (12 Os 99/16z). 6

Die Genitalien einer 17-jährigen Person kann man von denen einer 18-jährigen Person in Großaufnahme kaum unterscheiden. Den notwendigen Vorsatz auf die Minderjährigkeit der Person (Rz 13) wird man nur in eindeutigen Fällen oder dann annehmen können, wenn die ganze Person erkennbar ist. Zur Straflosigkeit nach Abs 5 s Rz 15.

**E. Virtuelle Pornographie (Abs 4 Z 4).** Dieser Fall erfasst Darstellungen, die vollkommen **künstlich** (am Computer) oder durch Manipulation von realen Bildern hergestellt wurden. Das Ergebnis muss wie in den anderen Fällen einen realistischen Eindruck einer Abbildung nach Abs 4 Z 1–3 vermitteln. Die Manipulation muss durch Bearbeitung des Bildes, nicht durch Manipulation (spezielles Schminken) der Darsteller erfolgt sein. In Verbindung mit der Strafbarkeit des bloßen Besitzes (Abs 3) und Ansehens (Abs 3a) reicht der Tatbestand zu weit. Zum schmalen Bereich der Straflosigkeit s unten Rz 15. 7

## 3. Tathandlungen

**A. Nach Abs 1** macht sich strafbar, wer solche Darstellungen **herstellt** (Z 1) oder Handlungen setzt, durch die die pornographische Darstellung **in den Besitz einer anderen Person gelangt bzw gelangen soll** oder durch die sie **von ihrem Inhalt Kenntnis erlangen** kann (Z 2). 8

Hersteller ist sowohl der Fotograf (s etwa 15 Os 171/10a) oder Kameramann als auch derjenige, der Abzüge oder Kopien, zB durch Einscannen, anfertigt. Die Strafausschließungsgründe des Abs 5 (Rz 15f) sorgen dafür, dass mündige Minderjährige, die selbst Fotos von (erlaubten!) gemeinsamen Sexualkontakten machen und sie vielleicht auch noch verschicken, nicht selbst zu Tätern werden.

Nach der Z 2 macht sich zB strafbar, wer verbotene Darstellungen auf einer Internetseite zum Aufrufen und/oder Herunterladen bereitstellt (JBl 2000, 534, 11 Os 22/08g), ein einschlägiges Foto einem Freund zeigt oder ihm ein solches Bild per E-Mail schickt.

**B. Abs 2** sieht strengere Strafsätze vor, wenn der Täter eine solche Darstellung **zum Zweck der Verbreitung herstellt, einführt, befördert oder ausführt** oder eine Tat nach Abs 1 **gewerbsmäßig** begeht (§ 70; s BT I § 130 Rz 4ff). 9

„Verbreiten" setzt eine gewisse Breitenwirkung (Streuwirkung) voraus und verlangt daher ein (geplantes) Zugänglichmachen an mehrere Personen

(*Schwaighofer* PK-StGB § 207a Rz 10; s auch §§ 178, 179 Rz 1). Nach hA genügt schon das Überlassen an eine einzige Person (*Philipp* WK² § 207a Rz 19, *Hinterhofer* SbgK § 207a Rz 53; OLG Ibk 6 Bs 309/14p); wenigstens greift in einigen Fällen der Strafausschließungsgrund gem Abs 6 Z 1 (Rz 15).

Noch höhere Strafsätze kommen zur Anwendung, wenn ein Täter die Tat (nach Abs 2) als Mitglied einer **kriminellen Vereinigung** (s § 278 Rz 1ff) oder so begeht, dass sie einen **besonders schweren Nachteil** (s BT I § 99 Rz 13) für die minderjährige Person zur Folge hat.

Die **Herstellung** pornographischer Darstellungen ist überdies **qualifiziert**, wenn dabei **schwere Gewalt** angewendet (s BT I § 106 Rz 7f) oder das **Leben** der dargestellten Person vorsätzlich oder grob fahrlässig **konkret gefährdet** wird. Zu den Voraussetzungen auf der inneren Tatseite s Rz 13.

10 **C. Abs 3** pönalisiert das **Sich-Verschaffen** und den **bloßen Besitz** pornographischer Darstellungen. Der Strafsatz hängt davon ab, ob unmündige oder schon mündige minderjährige Personen dargestellt werden. Die Strafwürdigkeit des bloßen Besitzes (und umso mehr des Betrachtens nach Abs 3a) ist allerdings zweifelhaft: Menschen vor pädophilen Phantasien zu bewahren, ist nicht Aufgabe des Strafrechts. Die Strafbestimmung ist auch wenig geeignet, die Produktion von Kinderpornos einzudämmen, und zudem kaum überwachbar.

**Sich-Verschaffen** verlangt eigenes Zutun des Täters (zB Herunterladen aus dem Internet: 14 Os 8/12a; Aufforderung an das Opfer, ein einschlägiges Foto zu schicken: 15 Os 78/21s); **Besitz** ist jeder Gewahrsam an einer inkriminierten Darstellung, der mit einem faktischen Herrschaftsverhältnis verbunden ist (zB 11 Os 152/11d: Fotosammlung im Dachboden). Wer eine pornographische Darstellung (zB am Computer) bloß betrachtet, besitzt sie noch nicht, auch wenn das Bild automatisch im Cache abgespeichert wird (15 Os 83/21a; idR kommt freilich Abs 3a zur Anwendung). Sobald der Täter sie aber auf einem Datenträger (auch Smartphone) abspeichert (JBl 2000, 534), ist er nach Abs 3 strafbar. Wer – womöglich ungewollt – in den Besitz einer solchen Darstellung gelangt ist, muss sie auf der Stelle vernichten oder wegwerfen, um der Bestrafung zu entgehen. Zum Vorsatz s Rz 13.

11 **D.** Nach **Abs 3a** macht sich auch strafbar, wer **im Internet wissentlich auf eine pornographische Darstellung Minderjähriger zugreift**. Dafür genügt das bewusste Öffnen einer Internetseite, auf der sich einschlägige Abbildungen (nicht bloß Angebote oder ein Link) befinden, ohne dass ein Bild abgespeichert wird. Speichert der Täter Bilder dieser Seite auch ab, kommt (nur) Abs 3 zur Anwendung; Abs 3a wird als typische Vorbereitungshandlung verdrängt.

12 **E.** Anbieter von Internetdiensten (**Provider**) bzw deren Organe können Beitragstäter durch Unterlassen sein, wenn sie als Garanten (§§ 13ff ECG) trotz Kenntnis von den kinderpornographischen Inhalten die Informationen nicht entfernen bzw den Zugang nicht sperren.

## 4. Innere Tatseite

Der **Vorsatz** des Täters muss sich auf alle Tatbildmerkmale, insb auf die **Unmündigkeit bzw Minderjährigkeit** der dargestellten Person, erstrecken. Vor allem bei Abbildungen der Genitalien und Schamgegend kann der Nachweis schwierig sein (Rz 6). **Besitz** erfordert auf der inneren Tatseite einen auf Aufrechterhaltung des Gewahrsams gerichteten **Herrschaftswillen** (RS0096666). Der Internetzugriff auf einschlägiges Material (**Abs 3a**) muss **wissentlich** erfolgen. 13

Auch die **qualifizierenden Umstände des Abs 2** müssen vom Vorsatz des Täters umfasst sein – allerdings mit zwei Ausnahmen: Die besonders schweren Nachteile sind eine Folge der Tat iSd § 7 Abs 2, für die einfache Fahrlässigkeit genügt. Hinsichtlich der Lebensgefährdung bei der Herstellung genügt grobe Fahrlässigkeit.

## 5. Rechtfertigung

Sicherheitsorgane, die nach Kinderpornos im Internet fahnden und solche Abbildungen sicherstellen, Wissenschafter, die zum Zweck der Forschung, und Journalisten, die zwecks seriöser Berichterstattung über sexuellen Kindesmissbrauch einschlägiges Material in ihrem Gewahrsam haben, handeln nach hA **nicht rechtswidrig** (JAB 1848 BlgNR 18. GP, 3). 14

## 6. Strafausschließungsgründe nach Abs 5 und Abs 6

**A.** Die Strafausschließungsgründe gem Abs 5 und 6 sollen dafür sorgen, dass Jugendliche, die Bilder von (eigenen) sexuellen Handlungen verschicken („Sexting"), nicht kriminalisiert werden. 15

**Nach Abs 5 Z 1** sind die **Herstellung** und auch das **Überlassen** usw (alle Fälle des Abs 1) sowie der Besitz (Abs 3) einer pornographischen Darstellung einer **mündigen minderjährigen Person mit deren freier Einwilligung** zum **Eigengebrauch** (auch des Empfängers: 15 Os 83/21a, 12 Os 99/16z) straflos.

Durch **Abs 6 Z 1** wird klargestellt, dass sich eine mündige minderjährige Person nicht strafbar macht, wenn sie eine pornographische Darstellung von sich selbst herstellt, um diese einem anderen zugänglich zu machen (s dazu Rz 9). Die Weitergabe kann auch an eine größere Zahl von Personen erfolgen (EBRV 1621 BlgNR 25. GP, 4) aber nur „zu deren eigenem Gebrauch".

**Abs 6 Z 2** sorgt dafür, dass eine (strafmündig gewordene Person) straflos bleibt, wenn sie eine pornographische Darstellung einer unmündigen Person von sich selbst besitzt. Die Weitergabe führt jedoch zur Strafbarkeit.

**B.** Die **Herstellung und der Besitz** einer **virtuellen** pornographischen Darstellung einer **mündigen** minderjährigen Person (Abs 4 Z 4) ist nach Abs 5 Z 2 straflos, wenn sie nur dem **Eigengebrauch** dient und **keine Verbreitungsgefahr** gegeben ist. 16

Damit die Tat straflos ist, darf bei der Herstellung überhaupt kein reales pornographisches Material verwendet worden sein und die virtuellen Bilder dürfen keine unmündigen Personen darstellen.

### 7. Konkurrenz

17 Zum Verhältnis von **Abs 3 und Abs 3a** s Rz 10f.

Wenn es bei der Herstellung von kinderpornographischem Material zu Missbrauchshandlungen kommt, ist der Täter sowohl nach § **206,** § **207** oder § **207b** als auch nach § 207a zu bestrafen (11 Os 53/07i).

Die Herstellung einer kinderpornographischen Darstellung konsumiert ihren nachfolgenden Besitz (15 Os 103/13f; *L/St/Tipold* Update 2018 § 207a Rz 14: aM die neuere Rsp des OGH: 11 Os 60/19m, 13 Os 139/17s).

Als Sonderfall von Pornographie verdrängt § 207a die Tatbestände nach §§ 1 und 2 PornG.

## Sexueller Missbrauch von Jugendlichen (§ 207b)

*(idF BGBl I 2015/112)*

1 **A. Allgemeines.** Der **Missbrauchstatbestand** nach § 207b soll Fälle erfassen, in denen die Opfer ihr sexuelles Selbstbestimmungsrecht nicht oder nur erschwert ausüben können. Der dadurch erzeugte „Schutz" für Jugendliche bis 16 bzw sogar 18 Jahre (Abs 2 und 3) erscheint allerdings **überzogen**. Die Unbestimmtheit einiger Begriffe ist **verfassungsrechtlich bedenklich**.

2 **B. Täter und Opfer; Ausführungshandlungen.** § 207b enthält drei selbständige „Missbrauchsfälle". Allen gemeinsam ist, dass **jedermann Täter** sein kann. Besondere Tatmittel werden nicht verlangt. Es werden gleichermaßen **heterosexuelle und homosexuelle geschlechtliche Handlungen** (s dazu § 202 Rz 2) erfasst – die „Opfer" können sowohl männliche als auch weibliche Jugendliche oder auch Unmündige sein (13 Os 130/07b). Auf das Alter des Täters bzw einen besonderen Altersunterschied kommt es ebenfalls nicht oder nur beschränkt (Abs 1) an. Das Schutzalter beträgt im Fall des Abs 1 16 Jahre, in den Fällen des Abs 2 und 3 sogar 18 Jahre.

3 **a) Geschlechtliche Handlungen mit Personen unter 16 Jahren unter Ausnützung mangelnder Reife und altersbedingter Überlegenheit (Abs 1).**

Das Opfer ist eine Person **unter 16 Jahren**, die aus bestimmten Gründen noch **nicht reif genug** ist, die Bedeutung geschlechtlicher Handlungen einzusehen oder nach dieser Einsicht zu handeln. Der Täter **nützt** diese **mangelnde Reife und** seine **altersbedingte Überlegenheit aus** und nimmt an dieser Person eine geschlechtliche Handlung vor, lässt von dieser Person eine solche Handlung an sich vornehmen oder verleitet eine solche Person dazu, eine geschlechtliche Handlung an einer dritten Person vorzunehmen oder vornehmen zu lassen. Zur geschlechtlichen Handlung und den Begehungsweisen s insb § 206 Rz 3ff und § 207 Rz 2f.

Strafbar macht sich zB der 50-jährige Lustmolch, der mit einem in der Reife zurückgebliebenen 14-jährigen Mädchen oder Buben sexuelle Handlungen vornimmt. Im Allgemeinen sind geistig gesunde (sonst greift § 205) Jugendliche freilich reif genug, die „Bedeutung geschlechtlicher Handlungen" einzusehen. Mit der „verzögerten Reife" (§ 4 Abs 2 Z 1 JGG) hat die sexuelle Reife des § 207b nichts zu tun.

Von einem **Ausnützen der altersbedingten Überlegenheit** sollte man nur bei einem Altersunterschied von mindestens 10 Jahren sprechen (*Hinterhofer* SbgK § 207b Rz 21). In einer Beziehung, die auf gegenseitiger Zuneigung beruht und auf Dauer angelegt ist, nützt keiner den anderen aus, mag der Altersunterschied auch größer sein.

**b) Geschlechtliche Handlungen mit Personen unter 18 Jahren unter Ausnützung einer Zwangslage (Abs 2).** 4

Das Opfer ist eine Person **unter 18 Jahren**, die sich in einer Zwangslage befindet. Der Täter **nützt** diese **Zwangslage** zu einer geschlechtlichen Handlung (s oben Rz 3) **aus**. Wenn es zu einem Beischlaf kommt, erfüllt der Täter auch § 205a, der aber gegenüber § 207b Abs 2 zurücktritt.

**Zwangslage** ist nicht nur eine schwere wirtschaftliche Bedrängnis („Armut": 15 Os 79/09w); der Gesetzgeber hat insb an unterstandslose, drogensüchtige oder von zu Hause ausgerissene Jugendliche gedacht, die sich auf Grund der widrigen Umstände zur geschlechtlichen Handlung genötigt fühlen (JBl 2007, 64). Ein **Ausnützen** der Zwangslage liegt vor, wenn der Täter die Drucksituation bewusst einkalkuliert. Bei einer „echten" Liebesbeziehung liegt natürlich kein Ausnützen iSd Abs 2 vor.

**c) Entgeltliche geschlechtliche Handlungen mit Jugendlichen (Abs 3).** 5

Durch Abs 3 sollen Jugendliche vor jeder Art von bezahltem Sex (vgl 12 Os 126/05d), insb vor Prostitution und der Arbeit in Swinger-Clubs und dgl geschützt werden. Der Täter **verleitet** sie unmittelbar **durch ein Entgelt**, eine **geschlechtliche Handlung** an ihm oder einem Dritten vorzunehmen oder von ihm (dem Täter) oder einem Dritten an sich vornehmen zu lassen. Entgelt ist nach § 74 Abs 1 Z 6 jede einer Bewertung in Geld zugängliche Gegenleistung, also jede Art von Vermögensvorteil (s 15 Os 79/09w).

Der Täter zahlt einem 16-Jährigen 150 € für einen Oralverkehr (12 Os 65/21g); er bietet einem 16-jährigen Mädchen 100 € für die Duldung diverser geschlechtlicher Handlungen (14 Os 24/19i: Versuch wegen Ablehnung des Angebots). Strafbar macht sich auch, wer mit einer jugendlichen Prostituierten, die sich selbst angeboten hat, gegen Bezahlung geschlechtlich verkehrt (15 Os 40/07g).

Die **Bestimmung geht** aber entschieden **zu weit**: Durch die Worte „unmittelbar durch Entgelt verleitet" ist zwar der Nachweis notwendig, dass das Entgelt für die geschlechtliche Handlung kausal war und nicht allgemein aus gegenseitiger Zuneigung heraus gewährt wurde (15 Os 40/07g). Aber schon eine Einladung zum Essen oder ins Kino ist ein Entgelt und könnte zur Anwendung des § 207b Abs 3 führen, wenn es für die geschlechtliche Handlung in Aussicht gestellt wurde (*Hinterhofer* SbgK § 207b Rz 33; s auch 14 Os 147/18a: 5 € für Sex). Der Tatbestand verlangt nicht einmal einen Altersunterschied! Der Gesetzgeber sollte die Absätze 2 und 3 kombinieren und den Tatbestand auf die entgeltliche Vornahme einer geschlechtlichen Handlung unter Ausnützung einer Zwangslage beschränken.

6 **C. Innere Tatseite.** Der **Vorsatz** des Täters muss sich auf alle Tatbestandselemente beziehen: insb auf das geforderte **Alter** unter 16 bzw unter 18 Jahren und in den Fällen des Abs 1 und Abs 2 auf die **Umstände**, die die **mangelnde Reife** bzw **Zwangslage** begründen, auf das **Ausnützen** derselben sowie der altersbedingten Überlegenheit. Bedingter Vorsatz genügt (leider). Der Nachweis – womöglich Jahre nach der Tat – dürfte dennoch schwierig sein.

Ein **Irrtum** des Täters über das Alter, über das Bestehen einer Zwangslage bzw über die Reife des Opfers kommt dem Täter zugute. Wer glaubt, die jugendliche Person lasse sich bloß aus Liebe auf das sexuelle Verhältnis ein, handelt nicht vorsätzlich.

7 **D. Abgrenzungs- und Konkurrenzfragen.**

**a)** Die in Abs 1–3 genannten Voraussetzungen können in verschiedenen Konstellationen zusammentreffen.

Wenn ein altersmäßig überlegener Täter eine unreife 15-Jährige mit Geld verführt, haftet er nur nach **Abs 3** und nicht auch nach **Abs 1** (*Philipp* WK² § 207b Rz 23). Wer eine wirtschaftliche Zwangslage zu geschlechtlichen Handlungen mit einer noch nicht 18-jährigen Person gegen Entgelt ausnützt, haftet nur nach **Abs 2**. Der Entgeltlichkeit (Abs 3) kommt kein zusätzlicher Unrechtsgehalt zu. Auch Abs 1 wird von Abs 2 verdrängt, weil der Unrechtsgehalt der Ausnützung einer altersbedingten Überlegenheit neben der Ausnützung einer Zwangslage nicht ins Gewicht fällt (aM *Hinterhofer* SbgK § 207b Rz 47).

8 **b)** Wenn der Täter sein Opfer mit Gewalt oder Drohung zu geschlechtlichen Handlungen nötigt, haftet er nur nach **§§ 201 und 202**: In diesem Fall nützt er gerade nicht eine Zwangslage oder mangelnde Reife aus. Geschlechtliche Handlungen mit **Unmündigen** sind (nur) nach **§§ 206 oder 207** (13 Os 130/07b), der Missbrauch von geisteskranken Jugendlichen ist nur nach **§ 205** zu ahnden. Zur Konkurrenz mit § 205a s Rz 4.

9 **c)** Setzt der Täter gegenüber einer jugendlichen Person ein Autoritätsverhältnis ein, ist er nur nach **§ 212** zu bestrafen (*Eder-Rieder* Juristische Aspekte 957; für echte Konkurrenz *Philipp* WK² § 207b Rz 24, *Hinterhofer* SbgK § 207b Rz 48). Einer allfälligen Zwangslage oder Unreife kommt keine darüber hinausgehende Bedeutung zu. Die entgeltliche Vornahme von geschlechtlichen Handlungen (Abs 3) und die Ausnützung eines Autoritätsverhältnisses schließen einander wohl aus.

10 **d)** Echte Konkurrenz ist mit den **Prostitutionsdelikten** (insb mit §§ 214, 215 und 216) denkbar.

# Sittliche Gefährdung von Personen unter sechzehn Jahren (§ 208)

*(idF BGBl I 2015/112)*

**A. Täter und Opfer.** Täter nach § **208 Abs 1 erster Fall, Abs 2 und Abs 3** kann jedermann sein; das Opfer ist eine **unmündige Person**. Bei Abs 1 erster Fall und Abs 2 ist die Alterstoleranzklausel gem Abs 4 zu beachten. 1

Im Fall des § **208 Abs 1 zweiter Fall** ist das Opfer eine **Person unter 16 Jahren, die der Erziehung, Ausbildung oder Aufsicht** des Täters untersteht. Bei diesem Fall handelt es sich somit um ein Sonderdelikt.

Diese Beziehung zwischen Opfer und Täter besteht bei Kindern gegenüber ihren Eltern, bei Schülern gegenüber Lehrern, bei Zöglingen gegenüber Erziehern, bei Mündeln gegenüber ihren Vormündern, bei Gefangenen gegenüber Wachebeamten, usw. Das Schutzalter von 16 Jahren erscheint zu hoch.

**B. Der Tatbestand nach § 208 Abs 1.** Strafbar macht sich, wer **vor** einer geschützten Person **Handlungen** vornimmt, die **geeignet** sind, ihre **sittliche, seelische oder gesundheitliche Entwicklung zu gefährden**. Das sind sexuelle oder zumindest grob anstößige Handlungen des Täters **in Gegenwart des Opfers**, die von ihm visuell wahrgenommen werden können. Anders als bei § 207 ist das Opfer an den sexuellen Handlungen gerade nicht beteiligt (EBRV 30 BlgNR 13. GP, 351). Allgemeine Brutalitäten fallen nicht darunter. 2

Wer ein 13-jähriges Mädchen anruft und orgastisch ins Telefon stöhnt, handelt nicht **vor** einer geschützten Person (EvBl 1998/141; s aber § 208 Abs 2). Wer ein Kind auffordert, mit einem Vibrator sexualbezogene Bewegungen durchzuführen, setzt selbst keine (sexuelle, grob anstößige) Handlung vor dem Kind und handelt somit ebenfalls nicht tatbildlich (13 Os 8/05h).

Die Handlung muss **typischerweise geeignet** sein, eine geschützte Person **zu gefährden**. Der tatsächliche Eintritt der Gefährdung ist nicht notwendig (13 Os 21/12f; potenzielles Gefährdungsdelikt); der Täter ist aber **nicht zu bestrafen**, wenn nach den Umständen des Falles eine **Gefährdung** der geschützten Person **auszuschließen** ist (s § 208 letzter Satz). 3

Nach § 208 Abs 1 macht sich strafbar, wer vor einem Kind onaniert (12 Os 35/18s uam) oder zumindest an seinem nackten Penis einige Zeit manipuliert (14 Os 42/15f; s auch § 218 Rz 10), ihm harte pornographische Zeitschriften oder Pornofilme zeigt (13 Os 81/21t, 15 Os 116/21d, 15 Os 61/18m uam). Jedoch fehlt es an der Gefährdungseignung, wenn dies vor einem in geschlechtlicher Hinsicht völlig verwahrlosten Kind, das der Prostitution nachgeht (10 Os 83/76), oder vor einem Kleinkind geschieht, das sexuelle Handlungen nicht als solche erkennen kann (nach *H/R* BT II § 208 Rz 7 nur bis zu 2 Jahren).

Das bloße Entkleiden, Nackt-Herumlaufen oder Vorzeigen von Sexheften, die an jeder Trafik erhältlich sind, gegenüber knapp 14-Jährigen fällt nicht unter § 208. Die bloße Aufforderung an einen 12-jährigen Buben, obszöne Worte nachzusprechen, ist ebenfalls nicht tatbildlich (aM 14 Os 26/92). S auch die Alterstoleranzklausel in Abs 2 (Rz 6).

4 Der (zumindest bedingte) **Vorsatz** des Täters muss sich darauf beziehen, dass der vorgenommenen Handlung eine entsprechende Gefährdungseignung innewohnt und das Opfer das 14. bzw 16. Lebensjahr noch nicht vollendet hat. Darüber hinaus muss es dem Täter darauf **ankommen**, gerade durch die Vornahme der Handlung vor der unmündigen oder noch nicht 16-jährigen Person sich oder einen Dritten geschlechtlich zu erregen oder zu befriedigen (arg „dadurch"; SSt 55/53).

Eltern, die aus Platzmangel in Gegenwart ihrer unmündigen Kinder sexuell miteinander verkehren (EBRV 30 BlgNR 13. GP, 351), und der Täter, der hinter einem Gebüsch onaniert und dabei von einem Mädchen beobachtet wird (vgl SSt 55/53), machen sich mangels entsprechender Absicht nicht nach § 208 strafbar.

5 **C. Die Tatbestände nach § 208 Abs 2 und 3.** Danach macht sich strafbar, wer bewirkt, dass eine unmündige Person eine **geschlechtliche Handlung** (Abs 2) bzw eine **strafbare Handlung nach den §§ 201–207 oder 207b wahrnimmt** (Abs 3). Geschlechtliche Handlung (**Abs 2**) ist jede Handlung iSd § 202, aber ohne strafrechtliche Relevanz (insb zwischen mündigen Personen). **Abs 3** kommt vor allem zur Anwendung, wenn Gewalt oder Drohung im Spiel ist oder eine erkennbar unmündige Person beteiligt ist. Abs 2 soll **Abs 1 ergänzen** („außer dem Fall des Abs 1") und greift daher nur, soweit der Täter nicht selbst eine geschlechtliche Handlung vor dem Kind vornimmt.

**Bewirken der Wahrnehmung** bedeutet, dass der Täter aktiv dafür sorgt, dass eine unmündige Person ein geschlechtliches **Live-Geschehen optisch oder akustisch mitverfolgen** kann. Das bloße Vorführen von Filmen oder Vorzeigen von Bildern, zB die Übermittlung eines Videos per WhatsApp, fällt nicht unter Abs 2 oder 3 (15 Os 81/20f; *Philipp* WK² § 208 Rz 9).

Abs 2 wird zB verwirklicht, wenn der (physisch nicht anwesende) Täter durch technische Hilfsmittel (Webcam; snapchat) bewirkt, dass das Opfer vom Täter selbst vorgenommene geschlechtliche Handlungen (zB Onanieren) „live" wahrnehmen kann (vgl 12 Os 71/18k; s oben Rz 2); wenn der Täter ein Kind in einen Raum führt, von wo aus es „live" geschlechtliche Handlungen anderer wahrnehmen kann.

Wie bei Abs 1 muss der Täter in der **Absicht** handeln, durch die Ermöglichung der Wahrnehmung sich oder einen Dritten geschlechtlich zu erregen oder zu befriedigen.

6 **D. Straflosigkeit.** **§ 208 Abs 2** enthält eine dem § 207 Abs 4 nachgebildete **Alterstoleranzklausel**. Sie gilt jedoch nur für den **ersten Fall des Abs 1**, also bei Vornahme einer verpönten Handlung vor einer unmündigen Person, sowie für Abs 2 (Bewirken der Wahrnehmung einer geschlechtlichen Handlung). Das Opfer muss das 12. Lebensjahr vollendet haben und der Altersunterschied

zwischen Täter und Opfer darf maximal vier Jahre betragen. Vgl auch § 207 Rz 6.

**E. Abgrenzungs- und Konkurrenzfragen.** 7

**Abs 2** ist gegenüber **Abs 1 subsidiär** (Rz 5) und kommt daher nicht zur Anwendung, wenn der Täter vor dem Opfer geschlechtliche Handlungen vornimmt, die es somit auch wahrnehmen kann.

Nimmt der Täter geschlechtliche Handlungen in der Öffentlichkeit vor, kann § 208 mit **§ 218** Abs 2 echt konkurrieren (s § 218 Rz 12). Die Belästigung einer unmündigen Person (§ 218 Abs 1 Z 2) tritt hinter § 208 Abs 1 zurück (14 Os 42/15f).

Wenn es auch zu geschlechtlichen Handlungen mit einem unmündigen Opfer kommt, wird § 208 von **§ 206** bzw **§ 207** verdrängt. **§ 2 PornG** ist gegenüber § 208 subsidiär (§ 2 Abs 2 PornG).

## Anbahnung von Sexualkontakten zu Unmündigen (§ 208a)

*(idF BGBl I 2015/112)*

1 **A. Allgemeines.** § 208a stellt das sog „**Grooming**“ unter Strafe und setzt damit internationale Rechtsakte zum Schutz von Kindern vor sexuellem Missbrauch um: § 208a pönalisiert Handlungen, durch die Täter das Vertrauen unmündiger Personen gewinnen wollen, um so künftige Sexualdelikte an ihnen **vorzubereiten**.

**B. Der Tatbestand nach Abs 1.** 2

Die **Tathandlung** besteht aus **zwei Akten.** Der Täter **schlägt** einer **unmündigen Person** ein **Treffen vor** oder vereinbart ein solches mit ihr (erster Akt) **und** setzt eine **konkrete Vorbereitungshandlung** zur Durchführung dieses Treffens (zweiter Akt).

Der Vorschlag oder die Vereinbarung des Treffens erfolgt entweder per **Telefon, SMS, Mail** oder **Chat** im Internet (**Abs 1 Z 1**; s etwa 15 Os 81/20f) oder auf **andere Weise**, zB durch Brief oder persönliches Ansprechen (**Abs 1 Z 2**); (nur) im Fall der Z 2 verlangt das Gesetz überdies noch eine **Täuschung** der unmündigen Person über die Absichten.

> Die Täter geben sich bei der Kontaktanbahnung gern als Jugendliche aus. Dass es tatsächlich zu einem Treffen gekommen ist, ist nicht notwendig. Es genügt schon der Kauf einer Fahrkarte zum Treffpunkt oder die Reservierung eines Tisches in einem Lokal.

Der **Vorsatz** des Täters muss auf die Herstellung eines **Kontakts** mit einer **unmündigen Person** gerichtet sein. Entscheidend ist überdies die **Absicht**, an ihr ein **Sexualdelikt** nach §§ 201–207a Abs 1 Z 1 (geschlechtliche Handlung, 3 aber auch zB Anfertigung einer Großaufnahme ihres Geschlechtsteils) zu begehen.

Die geforderte Absicht wird sich idR nur nachweisen lassen, wenn sie aus der Kommunikation, zB dem Chatprotokoll, hervorgeht (*Messner* JAP 2011/2012, 135). Ein 15-Jähriger, der den Beischlaf mit einer 13-Jährigen anstrebt, hat keine Absicht auf eine strafbare Handlung (s die Alterstoleranzklausel des § 206 Abs 4; § 206 Rz 9).

4 **C. Der Tatbestand nach Abs 1a.**

Die **Tathandlung** nach **Abs 1a** erschöpft sich in der **Herstellung eines Kontakts** zu einer unmündigen Person im Wege einer Telekommunikation oder unter Verwendung eines Computersystems (s Rz 2). Ein weiterer Akt wie bei Abs 1 (konkrete Vorbereitungshandlung) ist nicht verlangt.

Der **Vorsatz** des Täters muss wiederum auf die Herstellung eines **Kontakts** mit einer **unmündigen Person** gerichtet sein. Außerdem muss der Täter bei der Herstellung des Kontakts die **Absicht** haben, eine **strafbare Handlung nach § 207a Abs 3 oder 3a in Bezug auf eine pornographische Darstellung (§ 207a Abs 4) dieser Person** zu begehen.

Das Ziel des Täters ist es, in den Besitz einer pornographischen Darstellung genau dieser unmündigen Person zu gelangen oder eine solche im Internet betrachten zu können: Sie soll zB Bilder ihrer Genitalien machen und ihm diese auf irgendeine Weise schicken oder die Bilder auf ihre Homepage stellen, damit der Täter über das Internet darauf zugreifen kann.

5 **D. Tätige Reue (Abs 2).** Der Täter, der freiwillig und rechtzeitig (s BT I § 167 Rz 13) sein **Vorhaben aufgibt** und der Behörde sein **Verschulden offenbart,** wird straffrei.

Das „Vorhaben", das aufgegeben werden muss, ist das Sexualdelikt, nicht das Treffen. Dass sich der Täter auch noch als potenzieller Sexualstraftäter bei der Polizei „outen" muss, ist eine übertriebene, realitätsfremde Voraussetzung (überzeugend *Messner* JAP 2011/2012, 134, *Mahler* JSt 2012, 26).

6 **E. Konkurrenz.** Sobald es zumindest zum Versuch des beabsichtigten Sexualdelikts gekommen ist, tritt § 208a als Vorbereitungsdelikt kraft **Subsidiarität** zurück.

## Blutschande (§ 211)

*(idF BGBl I 2015/112)*

1 **A. Allgemeines; Tatbeteiligte.** § 211 soll nach hA die „Reinheit der Familie" schützen und die Gesundheit der Nachkommenschaft gewährleisten.

Die beiden an der Tat Beteiligten müssen entweder **in gerader Linie** miteinander **blutsverwandt** (Abs 1 und 2: leibliche Eltern zu ihren Kindern, Großeltern zu ihren Enkeln) oder **Geschwister** (Abs 3) sein (zB 12 Os 128/16i: Beischlaf mit der unmündigen Tochter). Ob ein Kind ehelicher oder unehelicher Abstammung, ob es sich um voll- oder halbbürtige Geschwister handelt, macht keinen Unterschied (EBRV 30 BlgNR 13. GP, 353; 11 Os 152/14h). Es handelt sich um ein eigenhändiges Delikt.

Die Blutsverwandtschaft ist von Amts wegen zu prüfen; die zivilrechtliche Abstammungsvermutung genügt nicht (EvBl 1993/61).

**B. Tathandlung** ist die **Vollziehung des (vaginalen) Beischlafs**; zum Samenerguss braucht es nicht gekommen zu sein. Beischlafähnliche (s § 201 Rz 2, § 206 Rz 3) und sonstige geschlechtliche Handlungen werden von § 211 nicht erfasst. **2**

**C. Qualifikation und Privilegierung.** **3**

**a)** Die Blutschande zwischen Verwandten in gerader Linie ist nach Abs 2 qualifiziert, wenn ein **Aszendent einen** (wenn auch schon erwachsenen) **Deszendenten** zum Beischlaf **verführt**.

Der Vater überredet seine – der Tat ablehnend gegenüber stehende – Tochter zum Beischlaf (EvBl 1977/165). Bei Anwendung von Gewalt oder gefährlicher Drohung kann von einem Verführen nicht gesprochen werden: Der Täter haftet „nur" nach § 211 **Abs 1** und § 201 bzw § 202 (SSt 58/85). Das zur Blutschande gezwungene, noch nicht 19-jährige Opfer bleibt freilich dennoch straffrei (Größenschluss aus § 211 Abs 4); wenn das Opfer älter als 19 Jahre ist, kann § 10 zur Anwendung kommen (*Philipp* WK$^2$ § 211 Rz 4; für rechtfertigenden Notstand: *K/Schm* III § 211 Rz 15).

**b)** Der **Beischlaf zwischen Geschwistern** fällt unter einen niedrigeren Strafsatz (§ 211 **Abs 3**). **4**

**D. Straffreiheit nach § 211 Abs 4.** Grundsätzlich machen sich beide am Beischlaf Beteiligten nach § 211 strafbar; Personen aber, die zur Tatzeit **noch nicht 19 Jahre alt** sind **und zur Tat verführt** werden (Rz 3), betrachtet das Gesetz als Opfer und stellt sie straffrei. **5**

**E. Konkurrenzen.** Blutschande mit Unmündigen ist nach § **206** und § 211 strafbar (12 Os 128/10f uam). Bei Vergewaltigung der eigenen (mündigen) Tochter verantwortet der Täter § 201 und § 211 Abs 1 in echter Konkurrenz (13 Os 147/17t). Idealkonkurrenz kommt auch zwischen § 211 Abs 1 (nicht aber Abs 2) und § **212 Abs 1** in Betracht (11 Os 173/08p uam). **6**

## Missbrauch eines Autoritätsverhältnisses (§ 212)

*(idF BGBl I 2017/117)*

1 **§ 212 pönalisiert den sexuellen Missbrauch** von Personen, die zum Täter in einem **Abhängigkeitsverhältnis** stehen. Die Opfer werden zu den sexuellen Handlungen zwar nicht gezwungen, sie erfolgen aber idR auch nicht wirklich freiwillig, sondern unter dem Druck des Autoritätsverhältnisses.

### 1. Täter und Opfer

2 **A. Abs 1 Z 1** schützt **minderjährige** (§ 74 Abs 1 Z 3) **Personen** vor sexuellen Übergriffen durch ihre **Verwandten in aufsteigender Linie** sowie minderjährige Wahlkinder, Stiefkinder und Mündel vor sexuellen Übergriffen durch ihre Wahl- bzw Stiefeltern bzw Vormünder. Der Gesetzgeber vermutet in diesen Fällen unwiderleglich, dass das Abhängigkeitsverhältnis ausgenützt wird (EBRV 294 BlgNR 22. GP, 24; 15 Os 94/15k uam).

Der Täter greift zB seiner unmündigen Stieftochter mehrmals auf die nackten Brüste (EvBl 2007/85). Das Kind der Lebensgefährtin ist von Abs 1 Z 1 nicht erfasst (11 Os 24/16p).

3 **B. Abs 1 Z 2** schützt **andere minderjährige Personen** vor sexuellen Übergriffen von Personen, deren **Erziehung, Ausbildung oder Aufsicht** sie unterstehen. In diesen Fällen muss die Tat unter Ausnützung des Abhängigkeitsverhältnisses begangen werden (Rz 6).

Als Täter kommen etwa Lehrer (14 Os 113/18a, 13 Os 87/21z) und Erzieher, der Lehrherr (11 Os 104/10v) oder andere dienstrechtliche Vorgesetzte (12 Os 77/18t), der Lebensgefährte der Kindesmutter (11 Os 54/21g) oder Personen in Betracht, denen zumindest vorübergehend die Aufsicht über das minderjährige Kind übertragen worden ist (11 Os 45/21h, 11 Os 52/20m: zB der Nachhilfelehrer eines Kindes (12 Os 58/20a); der Sporttrainer (14 Os 120/21k); Schilehrer (14 Os 5/19w); der Leiter eines Ferienlagers; Personen, die ein fremdes Kind auf eine Urlaubsreise mitnehmen (11 Os 91/11h). Zur Ausnützung der Autoritätsstellung s Rz 6.

4 **C. Abs 2** schützt **volljährige Personen.** Als **Täter** kommen in Betracht:
- **Angehörige** eines gesetzlich geregelten **Gesundheitsberufes** (s BT I § 88 Rz 8) und **Seelsorger**, die Personen berufsmäßig betreuen (Z 1),
- **Beschäftigte einer Erziehungsanstalt** (Z 2) und
- **Beamte** (Z 3)

gegenüber von ihnen **betreuten** oder unter ihrer amtlichen **Obhut** stehenden Personen. Auch in diesen Fällen muss die Tat unter Ausnützung der Stellung gegenüber der Person begangen werden (Rz 6).

Nach Abs 2 Z 1 strafbar machen kann sich beispielsweise ein Arzt oder ein Physiotherapeut (14 Os 29/21b, 11 Os 143/19t, 144/19i) hinsichtlich einer Patientin oder eine Person, die eine andere seelsorgerisch betreut. Unter Abs 2 Z 2 fallen etwa

Erzieher in einem Internat. Nach Abs 2 Z 3 können sich insb Polizisten und Justizwachebeamte strafbar machen. Der Polizist, der mit einem in Schubhaft angehaltenen minderjährigen Mädchen den Beischlaf vollzieht, haftet nach § 212 Abs 1 Z 2 und Abs 2 Z 3 in echter Konkurrenz (vgl NRsp 1992/215).

## 2. Ausführungshandlungen

**Tathandlung nach Abs 1 und Abs 2** ist der **sexuelle Missbrauch** der geschützten Person, indem der Täter mit ihr eine geschlechtliche Handlung vornimmt, an sich eine geschlechtliche Handlung vornehmen lässt oder sie zu einer geschlechtlichen Handlung an sich selbst verleitet, um sich oder einen Dritten geschlechtlich zu erregen oder zu befriedigen (vgl § 205 Rz 4, § 206 Rz 6, § 207 Rz 2f). 5

**Tathandlung nach Abs 3** ist eine **sexuelle Belästigung nach § 218 Abs 1a** (s § 218 Rz 7) unter den Umständen des Abs 1 oder 2. Es handelt sich eigentlich um eine Qualifikation des § 218 Abs 1a; daher verdrängt § 212 Abs 3 den § 218 Abs 1a.

Der Täter vollzieht mit einer geschützten Person den Beischlaf, lässt sich von ihr den Penis massieren (Abs 1); er veranlasst sie zur Selbstbefriedigung (Abs 2); er begrapscht sein 17-jähriges Lehrmädchen am Po (Abs 3). Die Masturbation *vor* einem Kind oder das Vorführen eines Pornofilms ist mangels sexuellen Kontakts zwischen Täter und Opfer nicht tatbildlich (13 Os 62/14p ua; s aber § 208).

In den in Abs 1 Z 1 aufgezählten Fällen vermutet das Gesetz den Missbrauch eines Autoritätsverhältnisses (s Rz 2); bei allen anderen Tätern verlangt das Gesetz, dass sie **ihre besondere Stellung gegenüber dem Opfer ausnützen**, dh ihre Autorität als Druckmittel einsetzen, um das gewünschte Verhalten zu erreichen, so dass sich das Opfer nur schwer den Wünschen des Täters entziehen kann. 6

Das bloße Bestehen eines Aufsichtsverhältnisses (12 Os 58/20a) oder das Ausnützen einer Gelegenheit (12 Os 86/21w, 15 Os 78/20i) genügt nicht.

Im Allgemeinen fehlt es an einem Ausnützen, wenn die Initiative zur geschlechtlichen Handlung von einem bereits mündigen Opfer ausgegangen ist (*K/Schm* III §§ 212–213 Rz 14 uam). Auch beim Missbrauch eines Säuglings oder eines schlafenden Kindes wird kein Autoritätsverhältnis ausgenützt (14 Os 59/16g, 12 Os 35/20v).

## 3. Innere Tatseite

Der **Vorsatz** des Täters muss sich in den Fällen des Abs 1 insb auf die Minderjährigkeit und in Abs 1 Z 2 sowie Abs 2 und 3 auf das Bestehen und Ausnützen des Schutzverhältnisses beziehen. Der letzte Fall des Abs 1 Z 2 verlangt Absicht auf geschlechtliche Erregung (11 Os 53/04). 7

### 4. Abgrenzung und Konkurrenz

8 § 212 Abs 1 Z 2 ist gegenüber Z 1 subsidiär (11 Os 96/14y).

§ 212 kann mit § **206** (§ 206 Rz 10), § **207** (§ 207 Rz 7) und § **211 Abs 1** (§ 211 Rz 6) eintätig zusammentreffen.

Die Verurteilung nach § **201,** § **202** oder § **205** schließt die Anwendung des § 212 aus, weil in diesen Fällen gerade nicht das Autoritätsverhältnis ausgenützt wird (*K/Schm* III §§ 212–213 Rz 37; s § 202 Rz 6). Die hA ist anderer Meinung (14 Os 12/19z uam; *Philipp* WK² § 201 Rz 50, § 212 Rz 15 ua).

§ 212 Abs 3 verdrängt als lex specialis die sexuelle Belästigung nach § **218 Abs 1a** (s auch Rz 5, § 218 Rz 9).

## Kuppelei (§ 213)

*(idF BGBl I 2004/15)*

1 **A. Täter und Opfer.** Zwischen Täter und Opfer besteht ein **Autoritätsverhältnis** wie bei § 212 (s § 212 Rz 2ff).

2 **B. Ausführungshandlungen.** Der Täter missbraucht sein Opfer nicht selbst (vgl § 212 Rz 5), sondern verleitet es zu einer geschlechtlichen Handlung mit einer anderen Person oder führt die persönliche Annäherung dieser beiden Personen zur Vornahme einer geschlechtlichen Handlung herbei. Das Delikt ist in beiden Fällen erst vollendet, wenn es zu einer geschlechtlichen Handlung gekommen ist.

> **Verleiten** bedeutet eine Einwirkung auf den Willen iS einer Bestimmung (§ 12 zweiter Fall), so dass sich das Opfer zu geschlechtlichen Handlungen mit dem Dritten bereit erklärt: Der Täter „befiehlt" seiner minderjährigen Tochter, einen Geschlechtsverkehr mit einem anderen Mann zu vollziehen (15 Os 48/18z); er überredet das Opfer zB mit dem Hinweis, damit Geld verdienen zu können (12 Os 63/10x).
>
> Die **persönliche Annäherung führt herbei**, wer ein Treffen des Opfers mit einem bestimmten Sexualpartner organisiert, indem er es zB veranlasst, einen bestimmten Ort aufzusuchen. Die Intention des Täters ist es, dass es zu einer geschlechtlichen Handlung zwischen den beiden kommt, aber insofern erfolgt keine Einwirkung auf den Willen (EBRV 30 BlgNR 13. GP, 359; JBl 1987, 330). Vermittlerdienste untergeordneter Art werden nicht erfasst; das bloße Überlassen eines Absteigquartiers (EvBl 1977/198), das Überbringen eines Liebesbriefes oder bloße Werbung für ein Geheimbordell (EBRV 30 BlgNR 13. GP, 359; JBl 1987, 330) ist nicht tatbildlich. Durch bloßes Unterlassen kann die Tat nach hA nicht begangen werden (*Philipp* WK² § 213 Rz 12 ua).

3 **Geschlechtliche Handlung iSd § 213** ist jede von §§ 201 oder 202 umfasste Handlung (s § 202 Rz 2), insb der Beischlaf. Darauf muss sich der Vorsatz des Täters beziehen.

§ 213 ist einschränkend auszulegen: Die Förderung sexueller Handlungen des gerade noch nicht volljährigen Kindes mit einer anderen Person, mit der es bereits intensiv liiert ist, darf nicht darunter subsumiert werden (ebenso *Philipp* WK² § 213 Rz 8).

**C. Beitragstäterschaft.** Die andere Person, der das Opfer zur geschlechtlichen Handlung zugeführt wird, haftet bei Kenntnis des Autoritätsverhältnisses nach hA als Beitragstäter nach §§ 12, 213 (s auch § 214 Rz 3). 4

**D. Qualifikation.** Handelt der Täter mit **Bereicherungsabsicht**, ist die Tat nach **§ 213 Abs 2** qualifiziert. Der Vermögensvorteil muss kein Entgelt iSd § 74 Abs 1 Z 6 sein, er kann zB auch in überhöhten Mieteinnahmen liegen (*Mayerhofer* § 213 Anm 4). 5

## Entgeltliche Vermittlung von Sexualkontakten mit Minderjährigen (§ 214)

*(idF BGBl I 2009/40)*

**A. Allgemeines.** § 214 stellt bei minderjährigen Personen schon das einmalige Zuführen zu geschlechtlichen Handlungen unter Strafe. Der Deliktstypus will Ansätzen für „Karrieren" als Prostituierte vorbeugen. 1

**B. Täter und Opfer.** Täter nach § 214 kann **jedermann** sein. **Geschützt** sind nach **Abs 1 Unmündige**, nach **Abs 2 Minderjährige beiderlei Geschlechts**, die gerade nicht (mehr) in einem Abhängigkeitsverhältnis stehen. 2

Die Eltern, die ihr großjähriges Kind einem Geschlechtspartner zuführen, machen sich weder nach § 213 noch nach § 214 strafbar – auch nicht bei Entgeltlichkeit.

Der Dritte, der **Sexualpartner**, dem die Person zugeführt wird, ist ebenso wenig nach § 214 zu bestrafen wie das Opfer selbst (vgl hingegen § 213 Rz 4): Das Schwergewicht des Unrechts liegt bei § 214 in der Bereicherungsabsicht des Täters, die außerhalb der Sphäre des Dritten liegt (*H/R* BT II § 214 Rz 6; aM *Philipp* WK² § 214 Rz 4). Dem Sexualpartner kommt es ja auf die geschlechtliche Handlung, nicht auf die Bereicherung des Zuführenden an. Der Sexualpartner kann sich aber nach anderen Sexualdelikten strafbar machen, insb nach §§ 206f, wenn es sich um ein unmündiges Kind handelt. 3

**C. Ausführungshandlung, innere Tatseite.** Der Täter **führt die persönliche Annäherung** einer unmündigen (Abs 1) bzw minderjährigen (Abs 2) Person mit einer anderen Person **zur Vornahme einer geschlechtlichen Handlung** (s § 213 Rz 3) **herbei**. Dies muss in der **Absicht** geschehen, sich oder einem Dritten einen Vermögensvorteil zu verschaffen (vgl § 213 Rz 5). Das Delikt ist erst vollendet, wenn es zu einer geschlechtlichen Handlung gekommen ist (vgl § 213 Rz 2; EBRV 294 BlgNR 22. GP, 25). 4

5 **D. Abgrenzung und Konkurrenz.**

**a)** Wenn zwischen Täter und (minderjährigem) Opfer ein Autoritätsverhältnis besteht, kommt (nur) der speziellere Tatbestand des **§ 213 Abs 2** zur Anwendung.

6 **b)** Die „Herbeiführung der Annäherung" einer unmündigen Person wird idR zugleich einen Tatbeitrag zu einem sexuellen Missbrauch Unmündiger nach **§§ 12, 206f** darstellen. Trotz des angestrebten Vermögensvorteils tritt diesfalls § 214 zurück (*K/Schm* III §§ 214–217 Rz 17; aM JAB 379 BlgNR 22. GP, 3 und die hL).

> Der Täter vermittelt ein Treffen zwischen einem 13-jährigen Straßenmädchen und einem interessierten Kunden in einem Bordell, doch der Kunde kommt nicht. Der allfällige Beitrag zum Missbrauch Unmündiger ist nur versucht und daher straflos; der Täter haftet nach §§ 15, 214 Abs 1.

## Zuführen zur Prostitution (§ 215)

*(idF BGBl I 2004/15)*

1 **A. Allgemeines. § 215** pönalisiert die **Förderung der Prostitution**. Wenn die Prostitution auch an sich nicht strafbar ist, so handelt es sich doch um eine gesellschaftlich missbilligte Lebensweise, aus der ein Ausstieg nur schwer möglich ist, die oft mit finanzieller Ausbeutung einhergeht und die vor allem mit fortschreitendem Alter große soziale Probleme mit sich bringt (vgl EvBl 1979/245).

2 **B. Täter und Opfer. Täter** kann **jedermann** sein; **Opfer** können Personen **beiderlei Geschlechts sein**. Wer aber schon als Prostituierte(r) tätig ist, kann der Prostitution nicht mehr zugeführt werden und scheidet daher als taugliches Deliktsobjekt des § 215 aus (EvBl 1987/71; s aber § 215a Rz 2, § 217 Rz 2). Das Opfer selbst bleibt immer straflos.

3 **C. Ausführungshandlung, innere Tatseite.** Der Täter **führt** sein Opfer – vorsätzlich – **der Prostitution zu**: Darunter versteht man die Vornahme oder Duldung geschlechtlicher Handlungen am eigenen Körper gegen Entgelt in der Absicht, sich oder einem Dritten durch die wiederkehrende Vornahme oder Duldung eine fortlaufende Einnahme zu verschaffen (§ 74 Abs 1 Z 9). Telefonsex, die Arbeit in Stripteaselokalen und in Peep-Shows fallen mangels Körperkontakt nicht unter Prostitution (s aber § 215a). Ob es sich um erlaubte oder verbotene Prostitution handelt, ist unerheblich. Das Einverständnis des Opfers ist nach hA irrelevant (*List* SbgK § 215 Rz 22).

> Mit Rücksicht auf den Schutzzweck des § 215 (Rz 1) ist zu verlangen, dass durch die wiederkehrende Ausübung der Prostitution eine fortlaufende Einnahmequelle eröffnet werden soll, die den Lebensunterhalt **überwiegend deckt**. Nach hA (NRsp 1988/220; *K/Schm* III §§ 214–217 Rz 21 uam) reicht schon ein Zuschuss aus.

Ein **Zuführen** liegt nur vor, wenn der Täter auf eine **Änderung der gesamten Lebensführung** seines Opfers hinwirkt (EBRV 30 BlgNR 13. GP, 361f; EvBl 1984/8 uam). Bloßes Überreden und Auffordern zur Prostitution genügt noch nicht; der Täter muss darüber hinaus aktiv werden, zB dem Opfer regelmäßig Kunden schicken, es in ein Bordell integrieren, ihm ein geeignetes Zimmer überlassen (EvBl 1979/245) oder es auf geeignete Standplätze bringen (vgl EvBl 1987/71).

**D. Konkurrenz.** Das Verbrechen nach § **217** verdrängt als lex specialis das Delikt nach § 215 (vgl EvBl 1987/71). Wer sein Opfer nach gelungener Zuführung ausbeutet usw, verantwortet § 215 und Zuhälterei nach § **216** in echter Konkurrenz (EvBl 1979/245). Idealkonkurrenz ist auch mit § **206** (iVm § 12) sowie mit § **213** oder § **214** möglich. 4

## Förderung der Prostitution und pornographischer Darbietungen Minderjähriger (§ 215a)

*(idF BGBl I 2015/112)*

**A. Allgemeines; Tatobjekt.** § 215a schützt **Minderjährige vor sexueller Ausbeutung.** 1

**B. Tathandlungen, innere Tatseite.** 2

**a)** Der Täter **wirbt** eine minderjährige Person – sie kann auch schon Prostituierte sein – **zur Prostitution oder zur Mitwirkung an einer pornographischen Darbietung an,** er **bietet** sie einem anderen **an** oder **vermittelt** sie einem anderen zu einem solchen Zweck **(§ 215a Abs 1 erster Fall).**

Zum Begriff der Prostitution s § 215 Rz 3. „Pornographische Darbietung" iSd Abs 3 ist eine Live-Vorführung vor Zuschauern, bei der die Darsteller geschlechtliche Handlungen vornehmen oder ihre Genitalien oder Schamgegend zur Schau stellen: zB Striptease-Vorführungen, Auftritte in Peep-Shows und dgl. Die bloße Vorführung einer nackten Person ist nicht tatbildlich (*List* SbgK § 215a Rz 19).

**Anwerben** ist die vertragliche Verpflichtung einer Person; auch der Bordellbetreiber, der einem Konkurrenten eine gerade noch nicht 18-jährige Prostituierte abwirbt, indem er ihr bessere Bedingungen bietet, macht sich strafbar. Beim **Anbieten** erklärt der Täter einseitig (mündlich oder auch in Inseraten), dass eine geschützte Person zur Prostitution oder zu einer pornographischen Darbietung bereit ist. **Vermittlung** ist das Organisieren einer Zusammenkunft mit dem Zweck, dass die minderjährige Person zur Prostitution oder zu einer pornographischen Darbietung angeworben wird (EBRV 294 BlgNR 22. GP, 26).

**b)** Nach § **215a Abs 1 zweiter Fall** macht sich strafbar, wer eine minderjährige Person, die bereits der Prostitution nachgeht oder an einer pornographischen Darstellung mitwirkt, **ausnützt.** Der Täter muss **mit Bereicherungsabsicht** handeln, braucht aber – anders als bei § 216 – keinen Vorsatz auf Erzielung einer fortlaufenden Einnahme zu haben. 3

Die Ausnützung, die ein deutliches Missverhältnis zwischen Leistung und Gegenleistung verlangt (s § 216 Rz 1), muss sich aus der Prostitution bzw der Mitwirkung an pornographischen Darbietungen ergeben.

4 c) **§ 215a Abs 2a** pönalisiert das **wissentliche Betrachten einer pornographischen Darbietung,** an der eine minderjährige Person mitwirkt. Wenn das Opfer unmündig ist, kommt eine höhere Strafdrohung zur Anwendung.

Der Täter besucht eine Peep-Show mit einer minderjährigen Darstellerin oder sieht sich auf seinem Computer eine Live-Übertragung per Webcam an. Wer die Aufzeichnung eines solchen Geschehens im Internet oder ein Video betrachtet, macht sich hingegen nach § 207a Abs 3a (§ 207a Rz 11) strafbar (*H/R* BT II § 215a Rz 6).

5 **C. Qualifikationen.** Die Taten nach Abs 1 sind qualifiziert, wenn sie gegen eine **unmündige** Person, im Rahmen einer **kriminellen Vereinigung,** unter Anwendung **schwerer Gewalt** oder so begangen werden, dass das **Leben** der Person vorsätzlich oder grob fahrlässig **gefährdet** wird oder die Tat einen **besonders schweren Nachteil** für die Person zur Folge hat (**Abs 2**; s dazu BT I § 99 Rz 13, § 104a Rz 6, § 106 Rz 7f; vgl auch § 207a Rz 9).

Die Tat nach **Abs 2a** wird strenger bestraft, wenn das Opfer **unmündig** ist.

6 **D. Abgrenzung und Konkurrenz.**

**a)** Wenn der Täter beide Varianten des Abs 1 verwirklicht (Anwerben und anschließendes Ausnützen), verantwortet er nur den ersten Fall des § 215a Abs 1 (*List* SbgK § 215a Rz 51, *H/R* BT II § 215a Rz 12; umgekehrt *Philipp* WK² § 215a Rz 14).

**b)** Die Zuhälterei nach **§ 216 Abs 1** tritt gegenüber dem Sonderfall des § 215a Abs 1 (Ausnützen) zurück, weil im Ausnützen des sich prostituierenden Opfers typischerweise die Erzielung einer fortlaufenden Einnahme enthalten ist (aM *List* SbgK § 215a Rz 48, *Philipp* WK² § 215a Rz 14, *H/R* BT II § 215a Rz 12). Bei Vorliegen der Voraussetzungen des § 216 Abs 2 ist allerdings echte Konkurrenz anzunehmen.

## Zuhälterei (§ 216)

*(idF BGBl I 2013/116)*

### 1. Der Grundtatbestand nach Abs 1

1 § 216 Abs 1 pönalisiert das **Ausnützen** einer Person, die (bereits) der **Prostitution nachgeht** (zur Prostitution s § 215 Rz 3). Deliktsobjekt können Personen jeden Alters und beiderlei Geschlechts sein. Ob die Prostitution geheim oder unter behördlicher Kontrolle ausgeübt wird, ist unerheblich (*Philipp* WK² § 216 Rz 5).

Der Täter **nützt** die Prostituierte **aus**, wenn er für das abgenommene oder abgelieferte Geld keine oder bloß unverhältnismäßig geringe Gegenleistungen erbringt (13 Os 104/19x, 12 Os 24/07g): Er vermietet zB ein Zimmer zu einem weit überhöhten Preis an die Prostituierte. Nach Meinung des OGH (RZ 1990/105) macht sich auch der Lebensgefährte strafbar, der – ohne selbst einer geregelten Arbeit nachzugehen – seinen Lebensunterhalt aus dem Einkommen der Prostituierten bestreitet und als Gegenleistung bloß einkaufen geht, kocht und aufräumt: Das ist verfehlt, weil Prostituierten das Zusammenleben mit einem Lebensgefährten, der die Rolle des Hausmanns übernimmt, dadurch praktisch verboten wird (ebenso *H/R* BT II § 216 Rz 4, *K/Schm* III §§ 214–217 Rz 30).

Der Täter muss mit dem **Vorsatz** handeln, sich oder einer anderen Person eine **fortlaufende Einnahme zu verschaffen.** Diese Einnahme kann für den Zuhälter auch bloß ein Nebeneinkommen sein (JAB 326 BlgNR 16. GP, 2), muss aber regelmäßig fließen. 2

## 2. Qualifikationen nach Abs 2 und 3

a) Die Zuhälterei ist qualifiziert, wenn der Täter die Prostituierte **ausbeutet,** sie **einschüchtert,** ihr **die Bedingungen der Prostitutionsausübung vorschreibt** („dirigierende Zuhälterei") oder **mehrere Personen** (laut JAB 326 BlgNR 16. GP, 2 wenigstens zwei) zugleich **ausnützt (Abs 2).** 3

**Ausbeutung** ist ein **rücksichtsloses Ausnützen,** das sich „gegen vitale Interessen der Prostituierten richtet" (12 Os 24/07g): Der Täter nimmt ihr zB die gesamten oder den überwiegenden Teil der Einnahmen ab und kommt nur für die Befriedigung ihrer nötigsten Bedürfnisse auf (12 Os 119/20x, 12 Os 120/20v, EvBl 1987/71; *K/Schm* III §§ 214–217 Rz 40). Die wirtschaftliche Lage der Prostituierten muss spürbar verschlechtert werden; dass sie in existenzielle Bedrängnis gerät, ist nicht erforderlich (EvBl 1984/93, 1977/261).

Der Täter **schüchtert** sein Opfer **ein,** wenn er das Opfer in Angst versetzt: IdR wird er Gewalt oder gefährliche Drohungen anwenden, aber nach hA genügen auch Handlungen, die das Niveau der Nötigungsmittel gerade noch nicht erreichen (*F/M-K/O* § 216 Rz 5 uam; 13 Os 11/86).

b) **Abs 3** erfasst die **organisierte Zuhälterei.** Zum Begriff der **kriminellen Vereinigung** s bei § 278. 4

## 3. Der Sonderfall des Abs 4

Wegen Zuhälterei nach Abs 4 ist zu bestrafen, wer eine Prostituierte, die ihre **Tätigkeit aufgeben** will, durch **Einschüchterung** (Rz 3) **davon abhält.** 5

## 4. Abgrenzung und Konkurrenz

a) Der Sonderfall des **§ 215a Abs 1** geht dem Grundtatbestand nach § 216 Abs 1 vor (§ 215a Rz 6). 6

**b)** Einfache **Nötigungen** und damit verbundene **leichte Körperverletzungen** nach § 83 (BT I § 105 Rz 32) im Zuge der **Einschüchterung**, um das Opfer zur (weiteren) Ausübung der Prostitution zu bewegen, sind typisch und werden daher von § 216 Abs 2 und 4 **konsumiert**. HL (*K/Schm* III §§ 214–217 Rz 41 uam) und Rsp (EvBl 2004/112) sind anderer Meinung. Qualifizierte Nötigungen nach § 106 sind dem Täter gesondert zuzurechnen.

§ 216 wird auch vom Menschenhandel nach § 104a hinsichtlich derselben Person verdrängt (s BT I § 104a Rz 7; *Hochmayr* JBl 2015, 404; aM 15 Os 85/16p).

**c)** Mit der **Erpressung** nach § 144 kann § 216 echt konkurrieren. Erfüllt der Täter den Tatbestand des § **217**, ist er nicht auch noch wegen Zuhälterei zu bestrafen (s § 217 Rz 8).

## Grenzüberschreitender Prostitutionshandel (§ 217)

*(idF BGBl I 2004/15)*

1 **A. Allgemeines.** § 217 erfasst – in Durchführung einiger internationaler Übereinkommen – einen besonders verwerflichen Fall der Förderung der Prostitution (vgl § 215): Der Täter führt das Opfer der Prostitution **in einem** für dieses **fremden Land** zu (Rz 3), wodurch die Gefahr, in dauernde Abhängigkeit zu geraten, besonders groß ist. Innerhalb der EU besteht diese Gefahr freilich nur in geringem Maß, schon gar nicht, wenn eine Österreicherin zB für ein 3 km entferntes Bordell jenseits der deutschen Grenze angeworben wird (vgl *Salburg/Krenn* migraLex 2007, 88ff; aM 15 Os 32/07f).

2 **Opfer** können Personen beiderlei Geschlechts sein, auch Unmündige oder die Ehefrau des Täters (SSt 53/47). Selbst Personen, die **bereits der Prostitution nachgehen**, sind geschützt (JBl 1998, 328 mit Anm *Presslauer*; vgl hingegen § 215 Rz 2).

3 **B. Ausführungshandlungen.**

**a) Beim Prostitutionshandel nach Abs 1 führt** der Täter das Opfer der Prostitution in einem anderen Staat **zu** als in dem, dessen Staatsangehörigkeit es besitzt oder in dem es seinen gewöhnlichen Aufenthalt hat, oder **wirbt** es dazu **an**. Wesentlich ist, dass der Wechsel in den anderen fremden Staat vom Täter veranlasst wurde (JBl 1998, 328 mit Anm *Presslauer*). Was die **Fremdheit des Staates** für das Opfer betrifft, so ist die missverständliche Formulierung einschränkend iS von „weder – noch" auszulegen, weil in den anderen Fällen die Gefahren, die aus der Fremdheit des Staates für das Opfer resultieren (Rz 1), nicht bestehen: Wer die Staatsangehörigkeit des Zielstaates besitzt oder dort seinen gewöhnlichen Aufenthalt hat, ist demnach nicht geschützt (*H/R* BT II § 217 Rz 4; aM *Philipp* WK² § 217 Rz 13, *List* SbgK § 217 Rz 22).

Wer also in seinem Bordell dominikanische Frauen aufnimmt, die unter dem Druck der Armut in ihrem Land nach Österreich gekommen sind und hier zur Verbesserung der finanziellen Situation schon vorher eine Zeit lang die Prostitution ausgeübt haben, macht sich nach § 217 nicht strafbar (14 Os 136/95). Auch wenn sie kaum soziale Kontakte in Österreich und Kinder in der Heimat zurückgelassen haben, haben sie in Österreich ihren gewöhnlichen Aufenthalt.

**Zuführen** iSd § 217 verlangt eine intensive Einflussnahme auf das Opfer zur Ausrichtung seiner gesamten Lebensführung als Prostituierte (s etwa 15 Os 53/10y; § 215 Rz 3). Die bloße Aufnahme in einen Bordellbetrieb, die Gewährung von Unterkunft und die Zuweisung von Räumlichkeiten zur Ausübung der Prostitution genügen nicht (hRsp: EvBl 1998/44) – schon gar nicht dann, wenn sich die ausländische Prostituierte selbst wegen einer Arbeit im Ausland an den Täter gewandt hat (12 Os 19/09z). Beim **Anwerben** wirkt der Täter intensiv auf den Willen des Opfers ein, überredet es (12 Os 76/11k uam).

Vom Zweck der Bestimmung sollte das Delikt auf schwer wiegende Fälle beschränkt werden, die das Opfer zumindest in die **Gefahr einer Abhängigkeit** bringen, so dass die Rückkehr in die Heimat sehr erschwert oder verunmöglicht wird (so zB 15 Os 54/96, JBl 1997, 608; vgl *Philipp* WK² § 217 Rz 16, *List* SbgK § 217 Rz 17; aM allerdings EvBl 1998/44, 14 Os 164/07k). Für eine solche einschränkende Interpretation spricht auch die Definition der Kriminalitätsform „Menschenhandel“ im Anhang zum Europol-Übk (BGBl III 1999/81).

Mit der Aufnahme der Prostitution im fremden Land ist das Delikt nach § 217 Abs 1 **vollendet** (SSt 52/45). Spätere Handlungen (zB Kassieren von Eintrittsgeldern für einen Club) können daher keine Beitragstäterschaft mehr begründen (EvBl 1998/9). 4

Handelt der Täter **gewerbsmäßig**, fällt er unter einen strengeren Strafsatz (Abs 1 letzter Satz). Die Absicht, aus *einer* Tat eine fortlaufende Einnahme zu erzielen (600 € monatlich von *einer* Prostituierten), genügt nicht (12 Os 48/10s).

**b) Der Prostitutionshandel nach Abs 2** ist ein **Vorfeldtatbestand** zur Verhinderung späterer Prostitution: Der Täter **täuscht** das Opfer oder wendet **Gewalt** oder **gefährliche Drohung** an und verleitet bzw nötigt es dadurch, sich selbst in den fremden Staat zu begeben, oder er befördert es selbst unter Anwendung der genannten Tatmittel dorthin. Die dortige Ausübung der Prostitution durch das Opfer ist nur ein Merkmal der inneren Tatseite. 5

Der Täter muss das Opfer darüber täuschen, dass es in dem anderen Land die Prostitution ausüben soll: Er behauptet zB, das Opfer könne als Kellnerin, Tänzerin oder Reinigungskraft arbeiten (14 Os 93/11z). Ist das Opfer aber grundsätzlich mit der Ausübung der Prostitution einverstanden und wird bloß über die Art der Ausübung getäuscht, scheidet Abs 2 aus (*Philipp* WK² § 217 Rz 22).

**Beförderung** ist nach allgemeinem Sprachgebrauch nur die tatsächliche begleitete Verbringung des Opfers in den anderen Staat. Der Kauf einer Fahrkarte ist keine Beförderung (so aber *K/Schm* III §§ 214–217 Rz 62, *Philipp* WK² § 217 Rz 25, *List* SbgK § 217 Rz 37).

6 Das Delikt nach Abs 2 ist schon mit Überschreiten der Grenze **vollendet** (SSt 52/45).

7 **C. Innere Tatseite.** Der **Vorsatz** des Täters muss sich insb auf die Ausübung der Prostitution und die Fremdheit des Staates (Rz 3) beziehen.

8 **D. Abgrenzungs- und Konkurrenzfragen.** § 217 ist gegenüber **§ 215** lex specialis (s § 215 Rz 4). Die Zuhälterei nach **§ 216** Abs 1 wird von § 217 konsumiert (EvBl 1987/71; *F/M-K/O* § 216 Rz 8; vgl aber 15 Os 85/16p). Mit den Delikten nach **§§ 213, 214 und 215a** ist im Hinblick auf die Minderjährigkeit der Opfer echte Konkurrenz anzunehmen.

**Nötigungen** und damit verbundene **leichte Körperverletzungen**, um das Opfer zum Landeswechsel zu bewegen, gehen in § 217 Abs 2 auf (vgl 11 Os 39/08g). Spätere derartige Taten stehen zu § 217 Abs 2 in echter Konkurrenz (14 Os 93/11z).

Mit einer Verurteilung nach § 217 ist auch die **Schlepperei nach § 114 FPG** abgegolten: Die Rechtswidrigkeit der Einreise ist zwar kein Tatbestandsmerkmal des § 217, aber doch typischerweise gegeben und von der hohen Strafdrohung des § 217 miterfasst (aM *K/Schm* III §§ 214–217 Rz 70, *Philipp* WK[2] § 217 Rz 34).

## Sexuelle Belästigung und öffentliche geschlechtliche Handlungen

**§ 218. (1) Wer eine Person durch eine geschlechtliche Handlung**

**1. an ihr oder**

**2. vor ihr unter Umständen, unter denen dies geeignet ist, berechtigtes Ärgernis zu erregen,**

**belästigt, ist, wenn die Tat nicht nach einer anderen Bestimmung mit strengerer Strafe bedroht ist, mit Freiheitsstrafe bis zu sechs Monaten oder mit Geldstrafe bis zu 360 Tagessätzen zu bestrafen.**

**(1a) Nach Abs. 1 ist auch zu bestrafen, wer eine andere Person durch eine intensive Berührung einer der Geschlechtssphäre zuzuordnenden Körperstelle in ihrer Würde verletzt.**

**(2) Ebenso ist zu bestrafen, wer öffentlich und unter Umständen, unter denen sein Verhalten geeignet ist, durch unmittelbare Wahrnehmung berechtigtes Ärgernis zu erregen, eine geschlechtliche Handlung vornimmt.**

**(2a) Wer wissentlich an einer Zusammenkunft mehrerer Menschen teilnimmt, die darauf abzielt, dass eine sexuelle Belästigung nach Abs. 1 Z 1 oder Abs. 1a begangen werde, ist, wenn es zu einer solchen Tat gekommen ist, mit Freiheitsstrafe bis zu einem Jahr oder mit Geldstrafe bis zu 720 Tagessätzen zu bestrafen.**

**(2b) Wer eine sexuelle Belästigung nach Abs. 1 Z 1 oder Abs. 1a mit mindestens einer weiteren Person in verabredeter Verbindung begeht, ist mit Freiheitsstrafe bis zu zwei Jahren zu bestrafen.**

**(3) Im Falle der Abs. 1 und 1a ist der Täter nur mit Ermächtigung der verletzten Person zu verfolgen.**

*(idF BGBl I 2017/117)*

## 1. Die sexuelle Belästigung nach Abs 1

**A. Allgemeines.** Abs 1 stellt geschlechtliche Handlungen an und vor anderen (volljährigen) Personen **ohne Anwendung besonderer Tatmittel** (vgl §§ 201 und 202) unter Strafe. 1

**B. Tathandlungen.** Der Täter **belästigt** eine Person **durch eine geschlechtliche Handlung an ihr (Abs 1 Z 1)** oder **vor ihr** unter Umständen, unter denen dies geeignet ist, berechtigtes **Ärgernis** zu erregen **(Abs 1 Z 2).** 2

Der Begriff der **geschlechtlichen Handlung (an einer Person)** ist derselbe wie in § 202 und § 207 und verlangt eine intensive sexualbezogene Berührung von Körperpartien, die zur unmittelbaren Geschlechtssphäre gehören (s insb § 202 Rz 2, § 207 Rz 2): Der Täter greift dem Opfer zB auf die Brust (15 Os 51/15m, 13 Os 121/11k) oder in den Schritt (15 Os 21/17b). Bloßes Drücken des Penis gegen das Gesäß einer Frau ist bei voll bekleideten Personen noch nicht als geschlechtliche Handlung zu werten (11 Os 132/20a; *Philipp* WK² § 202 Rz 13; aM 15 Os 120/20s). S aber Abs 1a (Rz 7).

Flüchtige Berührungen der weiblichen Brust oder des Geschlechtsteils über der Unterhose (SSt 61/87) und überraschende Küsse sind keine geschlechtlichen Handlungen und deshalb nicht nach § 218 Abs 1 strafbar. Das sog „Po-Grapschen" fällt unter Abs 1a (Rz 7).

Geschlechtliche Handlungen **vor einer Person** sind sichtbare intensive Manipulationen am eigenen Geschlechtsteil, insb das Onanieren (12 Os 16/17w, 12 Os 101/17w), aber natürlich auch der Geschlechtsverkehr und andere intensive sexuelle Handlungen mit einer anderen Person in Gegenwart des Opfers, sodass dieses die Handlungen **unmittelbar visuell wahrnehmen** kann. Die Entkleidung und Entblößung des Geschlechtsteils (Nacktbaden, Nacktflitzen, die öffentliche Verrichtung der Notdurft) ist nicht tatbildlich. Auch das Vorzeigen oder Verbreiten unzüchtiger Bilder und Texte sowie obszöne mündliche Äußerungen fallen nicht unter § 218 (EBRV 294 BlgNR 22. GP, 28).

Eine **Belästigung** liegt von vornherein nur vor, wenn die Handlung **unerwünscht** ist (JAB 379 BlgNR 22. GP, 3). Aber das genügt nicht: Sie muss bei der damit konfrontierten Person zu einer **„negativen Gefühlsempfindung** von einigem Gewicht" führen (EBRV 294 BlgNR 22. GP, 28): dh Ekel, Schrecken oder Ärger auslösen. Verwunderung ist zu wenig. 3

Im Fall der **Z 2** muss die Handlung überdies generell **geeignet** sein, **berechtigtes Ärgernis zu erregen.** Es kommt also nicht auf die Empfindlichkeit des Opfers, sondern darauf an, ob auch ein Durchschnittsmensch starken Anstoß nehmen könnte (vgl 15 Os 11/11y; s dazu auch Rz 10).

**C.** Der **Vorsatz** des Täters muss sich vor allem auf die Belästigung, also auf etwas Unerwünschtes beziehen. Im Fall der Z 2 muss er sich auch auf die Eignung zur Ärgerniserregung beziehen. 4

Bei ersten körperlichen Annäherungsversuchen beim Tanz in der Diskothek wird der Täter idR annehmen (können), sie werden auch der Partnerin gefallen. Wenn sich der Täter aber trotz erkennbarer Ablehnung nicht abhalten lässt und seinem Opfer wieder auf die Brust greift, kann er sich strafbar machen.

5 **D.** Der Täter nach Abs 1 ist nur mit **Ermächtigung** der belästigten Person zu verfolgen **(§ 218 Abs 3)**.

6 **E. Konkurrenzfragen.**

**a)** Bei öffentlichen sexuellen Handlungen wird Abs 1 Z 2 von **Abs 2** verdrängt; die Tat ist dann ein Offizialdelikt (Rz 12).

**b)** Abs 1 ist gegenüber anderen mit strengerer Strafe bedrohten Delikten **subsidiär**. In Betracht kommen insb die §§ 201f, 206f, 208, 212 (11 Os 96/14y) und 107a.

## 2. Die sexuelle Belästigung nach Abs 1a

7 **A. Tathandlungen; innere Tatseite.** Abs 1a pönalisiert auch **intensive Berührungen einer der Geschlechtssphäre zuzuordnenden Körperstelle**, die die betroffene Person in ihrer **Würde verletzen**.

Auf all das muss sich auch der **Vorsatz** des Täters beziehen.

Damit soll in erster Linie das „Po-Grapschen" erfasst werden (s etwa 11 Os 142/16s, 15 Os 72/18d, 12 Os 89/19h). Leichte Berührungen sind nicht erfasst: „Grapschen" verlangt schon dem Wortsinn nach einen festen Zugriff; ein leichter Klaps auf das Gesäß ist noch keine intensive Berührung (*Messner* ÖJZ 2016/19, 120, *Philipp* WK² § 218 Rz 19/8). Ein etwa 30 Sekunden langes „Tätscheln" am Gesäß oder das Pressen des bekleideten Penis gegen das bekleidete Gesäß des Opfers ist hingegen tatbildlich (11 Os 44/19h, 11 Os 132/20a).

Nach den Erläuterungen (EBRV 689 BlgNR 25. GP, 39) sind auch die Oberschenkel „jedenfalls" der Geschlechtssphäre zuzuordnen (s auch 15 Os 18/18p: Betasten der Oberschenkelinnenseite bis zur Hüfte[?]). Das geht in dieser Allgemeinheit aber wohl zu weit: Tatbildlich sind nur Betastungen des Oberschenkels deutlich oberhalb des Knies (s auch *Philipp* WK² § 218 Rz 19/7: obere Hälfte) und der Bauchregion unter dem Nabel. Eine feste Umarmung mit Griff auf die Schulter oder den Rücken und ein überraschender (Zungen)Kuss sind keinesfalls tatbildlich.

Die **Würde** des Opfers wird nach den Materialien insb dann verletzt, wenn das Verhalten ein einschüchterndes, erniedrigendes oder beleidigendes Umfeld schafft (EBRV 689 BlgNR 25. GP, 39), oder besser: wenn es zum Objekt degradiert wird. Das ist bei intensiveren Berührungen unter Partnern, aber auch bei Spiel und Sport idR nicht der Fall. Der Griff auf den Oberschenkel im Zuge eines Annäherungsversuches erfüllt diese Voraussetzung ebenfalls nicht. Am Vorsatz auf Verletzung der Würde wird es jedenfalls fehlen.

8 **B.** Auch Abs 1a ist ein **Ermächtigungsdelikt (§ 218 Abs 3)**.

9 **C. Konkurrenz Abs 1–Abs 1a.** Wenn der Täter im Zuge seiner Handlungen sowohl Körperstellen fest berührt, die zur unmittelbaren Geschlechtssphäre

gehören (Abs 1), als auch solche, die nur der Geschlechtssphäre zuzuordnen sind (Abs 1a), haftet er nur nach Abs 1.

**§ 212 Abs 3** enthält einen Spezialfall der sexuellen Belästigung, der § 218 Abs 1a verdrängt (s auch § 212 Rz 5, 8).

## 3. Öffentliche geschlechtliche Handlungen nach Abs 2

**A. Tathandlung** ist die **öffentliche Vornahme einer geschlechtlichen Handlung** (s Rz 2), also an einem Ort, wo sie unmittelbar von einem größeren Personenkreis (ab 10 Personen) wahrgenommen werden kann (§ 69; s BT I § 115 Rz 9): zB auf einer belebten Straße (EvBl 1977/262), im Park, im Gasthaus. Darüber hinaus verlangt § 218 Abs 2 die Vornahme der Handlung unter Umständen, unter denen sie **geeignet** ist, **durch unmittelbare Wahrnehmung berechtigtes Ärgernis zu erregen** (s § 188 Rz 6). 10

Dass einige Personen durch einen Bericht über geschlechtliche Handlungen in der Öffentlichkeit tiefgreifend in ihrem Schamgefühl verletzt werden, genügt mangels unmittelbarer Wahrnehmbarkeit nicht.

Wer im Strandbad die Brust seiner Freundin streichelt, kann dadurch kein berechtigtes Ärgernis bei anderen Badegästen erregen. Aufführungen in Nachtlokalen, Clubs und dgl fallen nicht unter § 218, weil sie sich an Zuschauer wenden, die daran gerade keinen Anstoß nehmen (sollen), und darauf können alle Beteiligten vertrauen. Wer derartige Clubs besucht, um sich über die Darbietungen zu empören, ist nach einhelliger Meinung nicht geschützt (*K/Schm* StudB III § 218 Rz 17, 31 uam).

**B.** Der **Vorsatz** des Täters muss sich vor allem auf die besonderen Tatumstände (Eignung zur Ärgerniserregung, Öffentlichkeit) beziehen. Im Allgemeinen wollen Paare bei sexuellen Aktivitäten, auch wenn sie in der freien Natur stattfinden, nicht beobachtet werden. Dann fehlt ihnen der geforderte Vorsatz. 11

**C. Konkurrenzfragen.** 12

**a)** Bei öffentlicher Begehung nach Abs 2 werden die regelmäßig vorliegenden individuellen Belästigungen nach **Abs 1 Z 2** konsumiert.

**b)** Echte Konkurrenz kommt hauptsächlich mit **§ 208** in Betracht, wenn Unmündige die geschlechtliche Handlung wahrnehmen können und sich der Vorsatz des Täters auch darauf erstreckt (§ 208 Rz 7).

## 4. Qualifikationen gem Abs 2a und 2b

Mit der **StGNov 2017** wurde § 218 um zwei Qualifikationen erweitert, weil es Fälle gab, in denen Frauen von ganzen Gruppen junger Männer sexuell belästigt wurden. Beide Qualifikationen sind reine Offizialdelikte. 13

a) Die Qualifikation nach **Abs 2a** lehnt sich an § 274 an und verlangt die **wissentliche Teilnahme an einer Zusammenkunft mehrerer Menschen**, die auf eine sexuelle Belästigung nach Abs 1 Z 1 oder Abs 1a abzielt (s dazu § 274 Rz 1ff). Mehrere Menschen sind mindestens drei, nach der Rsp vermutlich schon zwei. Insgesamt müssen jedenfalls mindestens drei Personen auf Täterseite teilnehmen. Objektive Bedingung der Strafbarkeit ist, dass es **tatsächlich zu einer solchen Tat gekommen** ist; der Täter muss daran aber nicht selbst beteiligt sein.

b) Die Qualifikation gem **Abs 2b** entspricht § 84 Abs 5 Z 2 und bedroht den Täter mit höherer Strafe, der eine sexuelle Belästigung gem Abs 1 oder Abs 1a **mit mindestens einer weiteren Person in verabredeter Verbindung** begeht (s dazu BT I § 84 Rz 16).

Die Qualifikationen nach Abs 2a und Abs 2b sind recht ähnlich und werden nicht selten zusammentreffen.

## Ankündigung zur Herbeiführung unzüchtigen Verkehrs (§ 219)

*(idF BGBl 1974/60)*

1 § 219 pönalisiert **öffentliche** (vgl § 218 Rz 10) **Ankündigungen**, die **„unzüchtigen Verkehr“** (= geschlechtliche Handlungen) herbeiführen sollen. Der **Inhalt** der Ankündigung muss **geeignet** sein, **berechtigtes Ärgernis zu erregen**, dh er muss dieses Ziel in drastischer, abstoßender Weise erkennen lassen (EvBl 1976/60). Der Text bzw die Darstellung der Ankündigung selbst braucht nicht „unzüchtig“ zu sein (EvBl 1984/31). Auch ist nicht notwendig, dass es tatsächlich zu geschlechtlichen Handlungen kommt.

> Der Täter macht sich nach § 219 strafbar, wenn er zB in einer Zeitungsannonce, auf einem Plakat oder Flugzetteln einen Partner für Gruppensex, Sodomie, sadistische oder masochistische Handlungen anzuwerben versucht (vgl EvBl 1973/227; *F/M-K/O* § 219 Rz 2) und dabei **obszöne, schockierende Ausdrücke** verwendet. Die Anzeige „Junger Mann, 35/178/75, immer einsatzbereit und vielseitig, Freund von Triolen, sucht kernigen Partner“ (EvBl 1976/60) und die Annonce „Für Spezialwünsche, Sodomie, Porno, Drinks mit einem langbeinigen Mädchen“ sind nicht so schockierend (SSt 53/72) und fallen daher nicht unter § 219.

2 § 219 ist überflüssig und sollte beseitigt werden.

## Tätigkeitsverbot (§ 220b)

*(idF BGBl I 2019/105)*

1 **A. Allgemeines.** Das Tätigkeitsverbot ist eine **vorbeugende Maßnahme**. Personen, die wegen bestimmter **Delikte gegen eine minderjährige oder wehrlose Person** verurteilt wurden, sollen in Hinkunft von Tätigkeiten, die ihnen der-

artige Delikte weiterhin ermöglichen würden, ferngehalten werden. Der Verstoß gegen das Tätigkeitsverbot ist nach Abs 4 ein **eigener Deliktstypus**.

**B. Voraussetzungen eines Tätigkeitsverbots** (§ **220b Abs 1–3**): 2
- Der Täter wird wegen eines mit mehr als einjähriger Freiheitsstrafe bedrohten **Vorsatzdelikts gegen Leib und Leben** oder die **Freiheit** oder wegen eines **Sexualdelikts gegen eine minderjährige Person** (Abs 1) oder zum Nachteil einer wegen Gebrechlichkeit, Krankheit oder einer geistigen Behinderung **wehrlosen Person** (Abs 2; s § 92) verurteilt;
- er hat im Tatzeitpunkt eine **Tätigkeit ausgeübt** oder dies beabsichtigt (zB noch in Ausbildung), die die Betreuung, Ausbildung oder sonst intensive Kontakte mit minderjährigen bzw wehrlosen Personen beinhaltet; und
- es besteht die Gefahr (dh ein hohes Maß an Wahrscheinlichkeit: 11 Os 50/16m), dass der Täter unter Ausnützung seiner Tätigkeit eine weitere derartige strafbare Handlung mit nicht bloß leichten Folgen begehen werde (**Gefährlichkeitsprognose**).

> Von § 220b erfasst sind insb Lehrer, Lehrherrn, Sporttrainer, Kindergartenpädagogen, Erzieher (11 Os 50/16m), Animateure, Kinderärzte, Betreuer und Pflegepersonen. Ob es sich um erwerbsmäßige oder sonstige (ehrenamtliche) Tätigkeiten handelt, ist unerheblich. Die Tätigkeit muss nicht zur Tat ausgenützt, sie muss nur ausgeübt worden sein (*List* SbgK § 220b Rz 13 uam).

Bei Vorliegen dieser Voraussetzungen hat das Gericht dem Täter derartige **Tätigkeiten auf unbestimmte Zeit zu untersagen**. 3

Das Tätigkeitsverbot beginnt mit Rechtskraft der Entscheidung. Es ist **aufzuheben**, wenn die Voraussetzungen weggefallen sind. Zumindest alle fünf Jahre ist von Amts wegen zu überprüfen, ob die Gefahr noch besteht (**Abs 3**).

**C. Verstoß gegen das Tätigkeitsverbot (§ 220b Abs 4).** Wer gegen ein ihm auferlegtes Tätigkeitsverbot verstößt, macht sich strafbar. 4

**Tathandlung** ist die Vornahme einer Tätigkeit, die ihm untersagt wurde: also eine reine Ungehorsamstat (*Tipold* JSt 2009, 121). Mit der Aufnahme der Tätigkeit ist das Delikt bereits vollendet. Der Täter muss den zumindest bedingten **Vorsatz** haben, dass er einem Tätigkeitsverbot zuwiderhandelt. Unter diesen Voraussetzungen können auch Dritte zum Delikt nach § 220b Abs 4 beitragen, etwa ein Arbeitgeber, der eine Person trotz eines ihr auferlegten Tätigkeitsverbotes anstellt (*Maleczky* iFamZ 2009, 231, *Philipp* WK[2] § 220b Rz 14).

Neuerliche Straftaten unter Missachtung eines Tätigkeitsverbots (zB § 212 Abs 1 Z 2) stehen in echter **Konkurrenz** zu § 220b Abs 4 (JAB 106 BlgNR 24. GP, 25).

# Tierquälerei (§ 222)

*(idF BGBl I 2015/112)*

**Schrifttum:** *Birklbauer*, Die Genehmigung von Tiertransporten ins Ausland als Tierquälerei – Umfang und Grenzen einer möglichen Strafbarkeit, in: *Feik/Hintermayr/Persy* (Hrsg), Tierschutz in Recht und Praxis 2019, A-47; *Budischowsky*, Das „Schächten" nach islamischem Ritus als strafbare Tierquälerei? ZfV 1997, 454; *Gulz*, Tierschutzrecht, in: *Norer* (Hrsg), Handbuch des Agrarrechts (2005), 205; *Hintermayr*, Österreichisches Tierschutzrecht, in: *Wagner* (Hrsg), Umwelt- und Anlagenrecht (2016), 427; *Kmetic*, Wissenschaft und Strafrecht, zfhr 2005, 97; *Lewisch*, Schächten als strafbare Tierquälerei? JBl 1998, 137; *Schwaighofer*, Tierquälerei im Strafrecht, in: *Harrer/Graf* (Hrsg), Tierschutz und Recht (1994), 147; *Neumeyer*, Tierrecht (2020); *Staffler*, Kulturell motivierte Straftaten im Spiegel der Rechtsprechung – eine Bestandaufnahme, ÖJZ 2016/133, 959; *Wonisch*, Tierquälerei (2008).

**A. Tatobjekt.** § 222 schützt das **Tier**, gleichgültig ob wildlebend oder Haustier, gleichgültig in wessen Eigentum es steht, gleichgültig ob nützlich oder schädlich (EBRV 39 BlgNR 12. GP, 19). Da nur Wirbeltiere zu bewussten Gefühls- und Schmerzempfindungen fähig sind, sollten von § 222 generell **nur Wirbeltiere** geschützt werden (vgl Abs 3). 1

Wer mutwillig einen Käfer zertritt oder einer Spinne zwei Beine ausreißt, macht sich nicht nach § 222 strafbar. Nur Säugetiere, Vögel, Kriechtiere und Fische sind geschützt.

**B. Ausführungshandlungen.** § 222 enthält mehrere Begehungsformen. Die Z 2 und Z 3 des Abs 1 vertypen Sonderfälle der Zufügung von Qualen iSd Z 1 und sind insofern überflüssig. Abs 3 hat mit Quälen nichts zu tun und gehört deshalb eigentlich nicht in das StGB (s Rz 7). 2

**a) Rohe Misshandlung (Abs 1 Z 1 erster Fall).** Eine rohe Misshandlung ist eine **intensive, mit starken Schmerzen verbundene** (aM *H/R* BT II § 222 Rz 4) **Einwirkung auf den Körper** des Tieres, die einer **gefühllosen Gesinnung** des Täters entspringt (EBRV 39 BlgNR 12. GP, 19). Zu einer Verletzung muss die Misshandlung nicht führen (RZ 1985/67). 3

Der Täter versetzt einem jungen Schäferhund, den er vorher durch Kitzeln am Geschlechtsteil gereizt hat und der ihn daraufhin anspringt, mehrere Fußtritte in die Rippen, so dass er aufheult (SSt 46/21); er wirft ein Tier aus großer Höhe aus dem Fenster; er schießt mit dem Luftdruckgewehr zum Spaß auf Tiere (vgl JBl 1978, 657).

4 **b) Zufügen unnötiger Qualen (Abs 1 Z 1 zweiter Fall).** Qualen sind **erhebliche Schmerzen, Hungergefühle** oder **Angstzustände**, die eine **gewisse Zeit** andauern. Die Quälerei ist nur dann **unnötig**, wenn sie die Grenzen des Vertretbaren überschreitet und nicht als Mittel eingesetzt wird, um einen vernünftigen und berechtigten Zweck (zumutbare Arbeitsleistung, Abrichtung) zu erreichen (EBRV 39 BlgNR 12. GP, 19). Auch durch Unterlassungen können einem Tier Qualen zugefügt werden.

Nach Abs 1 Z 1 zweiter Fall macht sich strafbar, wer ein verbotenes **Tellereisen** auslegt, in dem sich ein Hund verfängt und das ihm erst nach längerer Zeit abgenommen werden kann (SSt 45/20; s aber Rz 8); wer **Gift** in eine Rindertränke schüttet, so dass mehrere Rinder qualvoll verenden (SSt 57/53); wer Tiere in ungeeigneten oder zu kleinen Käfigen **zusammenpfercht** oder grundlegendste hygienische Anforderungen außer Acht lässt (vgl 12 Os 144/15s); wer es als Tierhalter unterlässt, Tiere in ausreichendem Maß zu füttern und zu tränken, oder sein Tier stundenlang in einem Pkw in praller Sonne zurücklässt.

Unter § 222 Abs 1 können auch **Tierversuche** fallen, doch sollen dabei Qualen (durch fachgerechte Betäubung) gerade vermieden werden. Zur Rechtfertigung nach dem TierversuchsG s Rz 10.

Die kunstgerechte **Schächtung** nach den religiösen Vorschriften der Mohammedaner und Juden, bei der das Tier ohne Betäubung durch Ausbluten-Lassen getötet wird, ist nach hM keine „unnötige" Quälerei (12 Os 168, 169/96) und im Hinblick auf die verfassungsgesetzlich gewährleistete Glaubensfreiheit gerechtfertigt (VfGH JBl 1999, 453 mit Anm *Potz*). Bei Einhaltung der im TSchG genannten Voraussetzungen ist die Schächtung jedenfalls rechtmäßig (*H/R* BT II § 222 Rz 18). S auch Rz 7.

5 **c) Weitere Fälle von Quälereien (Abs 1 Z 2 und 3).** Der Täter **setzt** ein Tier **aus**, obwohl es nicht fähig ist, in der Freiheit zu leben, oder **hetzt ein Tier auf ein anderes** mit dem **Vorsatz**, dass ein Tier dabei **Qualen** erleide.

Der Täter entledigt sich einer aus tropischen Gegenden stammenden Schlange, indem er sie bei uns im Wald aussetzt. Er hetzt im Rahmen eines Hahnen- oder Hundekampfes sein Tier auf ein anderes, um Wetteinsätze zu gewinnen. Bei den bekannten Widderkämpfen im Zillertal erleiden die Tiere keine Qualen bzw fehlt es jedenfalls am diesbezüglichen Vorsatz.

6 **d) Quälereien bei der Tierbeförderung (Abs 2).** Der Täter – er muss im ersten Fall **Garant** iSd § 2 sein – setzt im Zusammenhang mit der **Beförderung mehrerer Tiere** diese **längere Zeit** hindurch einem **qualvollen Zustand** aus.

Zum qualvollen Zustand s BT I § 106 Rz 4, § 99 Rz 12. Mehrere Tiere sind **zumindest drei** (EBRV 1166 BlgNR 21. GP, 33; strittig).

Der Täter unterlässt beim Transport die gebotene Fütterung oder Tränke der Tiere oder pfercht sie auf engstem Raum zusammen.

7 **e) Mutwilliges Töten (Abs 3).** Gerichtlich strafbar ist auch das (nicht quälerische) Töten eines Wirbeltieres, sofern es **„mutwillig"**, dh aus reiner Bosheit

oder Lust am Töten, geschieht. Die Tötung unter Zufügung von Qualen fällt ohnehin unter Abs 1 Z 1–3.

Straffrei ist danach jedenfalls die schmerzlose Tötung von Tieren, um Nahrungsmittel oder Pelze zu gewinnen, in Ausübung der Jagd, zu wissenschaftlichen Zwecken, aus religiösen Gründen oder zur Verhinderung von Leiden (Einschläfern). Auch die Tötung eines geschützten Wolfes oder Luchses, um zu verhindern, dass er andere Tiere reißt (OLG Linz 9 Bs 416/15p; *Philipp* WK² § 222 Rz 80), die Einschläferung junger Katzen oder Hasen, weil nicht ausreichend Platz vorhanden ist (aM *Hinterhofer* SbgK § 222 Rz 74), die Tötung von Tauben, die durch ihren gesundheitsgefährlichen Kot den Balkon verschmutzen, oder das Aufstellen von Fallen, um Mäuse und Maulwürfe in Haus und Garten zu töten, ist nicht mutwillig.

**C. Innere Tatseite.** In den Fällen des **Abs 1** muss der Täter **vorsätzlich** handeln, für **Abs 2** genügt **Fahrlässigkeit**. 8

Wenn einem Tier bei einem Tierversuch Qualen zugefügt werden, weil die Betäubung nicht richtig gelungen ist, oder wenn jemand ein Tier durch eine Falle sofort töten will, es jedoch – entgegen den Vorstellungen des Täters – erst nach Stunden verendet, kommt § 222 Abs 1 mangels Vorsatzes nicht zur Anwendung.

Ein **Irrtum** des Täters über die Rohheit bzw Unnötigkeit der Quälerei (Rz 3f) 9
oder die Mutwilligkeit der Tötung (Rz 7) betrifft das Unrecht der Tat und ist daher nach § 9 zu beurteilen (*K/Schm* III § 222 Rz 19; aM *Philipp* WK² § 222 Rz 89: Tatbildirrtum).

**D. Rechtfertigung.** Als Rechtfertigungsgründe kommen zahlreiche Bestim- 10
mungen in Betracht: zB im TierversuchsG, im TSchG samt Verordnungen sowie in anderen Gesetzen und Verordnungen, die die Tötung oder den Transport von Tieren oder bestimmte Eingriffe erlauben (zB Schädlingsbekämpfung, Jagd- und Fischereigesetze, Tiertransportgesetze).

**E. Konkurrenzfragen.** 11

**a)** Wer ein Tier mutwillig *und* auf qualvolle Weise tötet, ist nach **Abs 1 Z 1 und Abs 3** zu bestrafen.

**b)** Das vorsätzliche Quälen mehrerer Tiere im Zusammenhang mit deren Beförderung ist nur nach **Abs 2** zu ahnden (Spezialität gegenüber **Abs 1 Z 1**).

**c)** § 222 kann mit **Sachbeschädigung** und **§§ 137ff** echt konkurrieren.

**d)** Die **Verwaltungsübertretungen nach dem TSchG** (zB „grundloses" Töten von Tieren nach § 38 Abs 1 Z 2 iVm § 6 TSchG) sind gegenüber § 222 ausdrücklich **subsidiär**.

# Strafbare Handlungen gegen die Zuverlässigkeit von Urkunden und Beweiszeichen

**Schrifttum:** *Birklbauer*, Kontrolle von Kassenärzten durch „Scheinpatienten" (Mystery Shopping), RdM 2016/137, 266; *Forstner*, Kriminalstrafrechtliche Relevanz der Verwendung falscher akademischer Grade und Diplome, in: *Hauser* (Hrsg), Jahrbuch Hochschulrecht 2016, 234; *Hoffer*, Der Kilometerzähler: Messgerät – Beweismittel – Daten – oder doch „gar nichts"? JBl 2011, 542; *Höpfel*, Die „Bankomat"-Karte: Wertträger? Schlüssel? Urkunde? ÖJZ 1983, 234; *Hinterhofer*, Beschädigen einer Urkunde als Mittel zur Verfälschung – Zum Verhältnis von Urkundenfälschung und Urkundenunterdrückung, ÖJZ 1997, 422; *Kienapfel*, Urkunden im Strafrecht (1967); *Kienapfel*, Urkunden und andere Gewährschaftsträger (1979); *Lesigang*, Strafrechtliche Anmerkungen zur ärztlichen „Lugurkunde", ecolex 2010, 116; *Luef-Kölbl/Koller*, OGH: Zum Begriff der „falschen Daten" iSd § 147 Abs 1 Z 1 StGB, jusIT 2015, 179; *Neuhofer*, Strafrechtliche Aspekte der Fälschung von Antigen-Schnelltestergebnissen, JSt 2021, 231; *Neuhofer*, Strafrechtliche Aspekte einer Abgabe von fremden positiven Gurgelproben, JSt 2022, 101; *Sautner*, Neue Straftatbestände zum Schutz unbarer Zahlungsmittel, RZ 2004, 26; *Schmoller*, Urkunden als „falsches Beweismittel"? JBl 1993, 223; *Schwab*, Fahrzeugpapiere und § 224 StGB, RZ 2000, 201; *Schwaighofer*, Die Strafbarkeit des Unterschreibens für andere, JBl 1994, 223; *Schwaighofer*, Der Kärntner Unterschriftenskandal – eine strafrechtliche Nachlese, ÖJZ 2000, 294; *Schwaighofer*, Kopien, EDV-Ausdrucke, Faxe – Urkunden iSd Strafrechts? ÖJZ 2021/4, 19; *Schwaighofer*, Schwindeleien bei Prüfungen – gerichtlich strafbar? JSt 2021, 364; *Steininger H.*, Die öffentliche Urkunde im Strafrecht, ÖJZ 1984, 169; *Thiele*, Der strafrechtliche Wertpapierbegriff – Betrachtungen de lege lata und de lege ferenda, ÖJZ 1998, 212; *Wach*, Die Autobahnvignette – ein neues Wertzeichen, ÖJZ 1999, 414; *Wanek*, Zur Strafbarkeit der sogenannten Lugurkunde (2007).

## Urkundenfälschung

§ 223. (1) **Wer eine falsche Urkunde mit dem Vorsatz herstellt oder eine echte Urkunde mit dem Vorsatz verfälscht, daß sie im Rechtsverkehr zum Beweis eines Rechtes, eines Rechtsverhältnisses oder einer Tatsache gebraucht werde, ist mit Freiheitsstrafe bis zu einem Jahr oder mit Geldstrafe bis zu 720 Tagessätzen zu bestrafen.**

**(2) Ebenso ist zu bestrafen, wer eine falsche oder verfälschte Urkunde im Rechtsverkehr zum Beweis eines Rechtes, eines Rechtsverhältnisses oder einer Tatsache gebraucht.**

*(idF BGBl I 2015/112)*

### 1. Die Urkunde als Tatobjekt des § 223

Die Urkunde ist **in § 74 Abs 1 Z 7 definiert**. Ihre wesentlichen drei Merkmale sind: Vorliegen einer **schriftlichen Gedankenerklärung, Rechtserheblichkeit** sowie **Erkennbarkeit des Ausstellers** (JBl 1993, 736 uam). 1

Fälschungshandlungen in Bezug auf Urkunden, die zugleich **unbare Zahlungsmittel** sind (Kredit- und Bankomatkarten, Schecks und Wechsel: s § 241a Rz 3), werden exklusiv von §§ 241a–241d erfasst.

2 **A. Schriftliche Gedankenerklärung („Perpetuierungsfunktion").**

**a)** Eine Urkunde setzt einen **geistigen Inhalt** auf der Urkunde selbst voraus. Typische Beispiele sind Bestätigungen, Rechnungen, (Geburts)Urkunden, Bescheide (zB über die Verleihung eines akademischen Grades), schriftliche Verträge (12 Os 26/16i), Meldezettel (s etwa 15 Os 62/10x), auch Kontoauszüge einer Bank (15 Os 135/13m). Mangels einer „Aussage" scheiden bloße Zeichen, Marken, unausgefüllte Formulare (SSt 56/34), Blankette (zB Blanko-Zulassungsscheine: 14 Os 61/11v, Blanko-Begutachtungsplaketten: 12 Os 5/17b) und Drucksorten aus dem Urkundenbegriff aus.

**Keine Urkunden** sind ein Blankowechsel (s Rz 11), Geldmarken (zB Spieljetons), Benutzermarken (zB Parkhausmarken), Wertzeichen. Zu den amtlichen Wertzeichen s § 238 Rz 1f.

Das Weingütesiegel, Firmenzeichen, Preisetiketten, Plaketten mit Motor- oder Fahrgestellnummern und dgl sind bloß **private Beweiszeichen** und keine Urkunden (SSt 53/71). Das gleiche gilt für sog Erkennungsmarken wie Hundemarken oder militärische Erkennungsmarken, weil sich der durch die Nummer lesbar zu machende „Gedankeninhalt" in der Zuordenbarkeit zu einer bestimmten Person oder Sache erschöpft (aM RZ 1982/46 mit zust Anm von *Kienapfel*).

Auch **Kfz-Kennzeichen und Begutachtungsplaketten** fehlt es an sich am notwendigen Gedankeninhalt bzw an der Erkennbarkeit des Ausstellers (Rz 7; s auch § 225 Rz 2). Sie wären daher keine Urkunden, wenn der Gesetzgeber sie nicht zu öffentlichen Urkunden erklärt hätte (s § 224 Rz 2f).

3 Der Gedankeninhalt kann auch nur bruchstückhaft oder stichwortartig wiedergegeben sein; dann spricht man von **verkürzten Urkunden**.

Amtsvermerke (zB „Sendung hinterlegt am ..."), Quittungsvermerke auf Rechnungen (SSt 53/3 uam), Beglaubigungsvermerke (JAB 959 BlgNR 13. GP, 32), Eintragungen in Pässen, Eingangsstempel, Kassabons (SSt 58/62), „Parkpickerln" der Stadt Wien (17 Os 5/15m, 17 Os 49/14f) sind selbständige (verkürzte) Urkunden.

Urkunden sind weiters **Sparbücher** (12 Os 93/21z), Kundenkarten der Banken (EvBl 2006/79; s aber 12 Os 42/06b), Fahrkarten (ZVR 1991/147) und Eintrittskarten (zur Diebstahlsfähigkeit s BT I § 127 Rz 6), Tankkarten (11 Os 106/15w), Parkscheine aus Kurzparkzonenautomaten, Gepäck- und Reparaturscheine (vgl *Kienapfel/Schroll* WK² § 223 Rz 95): Sie berechtigen den Inhaber, bestimmte Leistungen in Anspruch zu nehmen, oder legitimieren ihn als Berechtigten. Autobahnvignetten sind amtliche Wertzeichen (s § 238 Rz 1) und bis zur Entwertung auch Wertträger (17 Os 49/14f).

4 Zu den Urkunden zählen auch alle Arten von **Ausweisen**, die Legitimationsfunktion erfüllen oder die Mitgliedschaft zu einem Verein usw nachweisen. Voraussetzung für die Urkundeneigenschaft ist jedoch, dass sie diese **Funktion**

auch noch **erfüllen** können (vgl Rz 6): Mit dem Tod des Ausweisinhabers verlieren persönliche Ausweispapiere ihre Legitimationsfunktion.

Urkunden sind zB der Pass, der Personalausweis (14 Os 30/11k), der Führerschein (EvBl 1990/120), der Schülerausweis (JBl 1994, 423; s auch § 224 Rz 1), der Behindertenausweis (15 Os 77/11d), die E-Card (11 Os 45/17b uam), die ÖBB-Vorteilskarte (15 Os 12/17d), die ÖAMTC-Mitgliedskarte (ZVR 1990/39), die IKEA family-card (15 Os 148/14z), so lange sie gültig sind. Kredit- und Bankomatkarten sind unbare Zahlungsmittel (s § 241a Rz 3).

b) Die notwendige **Schriftform** setzt voraus, dass die **Zeichen für das menschliche Auge lesbar** sind (EvBl 1985/146). Es muss sich daher um Buchstaben oder Zahlen handeln; Sprache und Schriftart (zB Stenographie), die Unterlage, auf der sich die Schrift befindet, und das verwendete Schreibgerät sind gleichgültig, sofern nur einige Dauerhaftigkeit gewährleistet ist. 5

Gedankeninhalte, die nur als Dateien auf CD, DVD oder einem Datenträger gespeichert sind, sind keine Urkunden (14 Os 102/20m: per E-Mail übermittelter Screenshot; RL0000218: elektronisch übermittelter Bescheid als PDF-Datei). Die Lücken in Bezug auf elektronische Urkunden schließt § 225a.

Fahrtenschreiberdiagramme eines LKW sind bloß technische Aufzeichnungen; sie sind keine Urkunden (RZ 1987/12), wohl aber Beweismittel (s §§ 293, 294 Rz 1, 8).

**B. Rechtserheblichkeit der Erklärung („Beweisfunktion“).** 6

Nach § 74 Abs 1 Z 7 muss die Schrift **errichtet** worden sein, **um ein Recht oder ein Rechtsverhältnis zu begründen, abzuändern oder aufzuheben oder eine Tatsache von rechtlicher Bedeutung zu beweisen (Absichtsurkunde)**. Bloße Zufallsurkunden wie private Briefe, Tagebuchaufzeichnungen oder Merkzettel sind demnach keine Urkunden (EvBl 1982/72, 1984/144), können aber als Beweismittel Bedeutung erlangen (vgl §§ 293, 294 Rz 1).

Rechtserheblich sind Empfangsbestätigungen eines behördlichen Schriftstücks (EvBl 2006/15); ein Einladungsschreiben zur Erlangung eines Einreisevisums (11 Os 119/11a); ein Brief an eine Behörde, in dem jemand einer Straftat bezichtigt wird (JBl 1985, 118; s aber Rz 8); ein Schreiben an eine Zeitung, in dem um Einschaltung einer Annonce ersucht wird; nicht aber ein Brief, mit dem eine Behörde bloß zu einer Beweisaufnahme veranlasst werden soll (JBl 1986, 326 mit abl Anm von *Kienapfel*).

Die E-Card dient dem Nachweis der Versicherung und ist daher eine Urkunde (JSt 2007/1; s weiter § 231 Rz 2). Die Versicherungskarten der Kfz-Haftpflichtversicherungsunternehmen (EvBl 1982/191; anders die eigens ausgestellte „grüne Versicherungskarte“) sind keine Urkunden, weil sie nicht den Bestand eines Versicherungsverhältnisses beweisen sollen, sondern bloß als Information und Gedächtnisstütze dienen (s auch EvBl 2005/115).

**C. Erkennbarkeit des Ausstellers („Garantiefunktion“).** 7

a) **Bestimmbarer Aussteller.** Eine Urkunde muss sich **auf einen Urheber zurückführen** lassen. Entscheidend ist nicht, wer die Urkunde körperlich hergestellt hat, sondern wer der „**geistige**" Urheber ist (s dazu Rz 14 zum Unterschreiben für andere). Der Aussteller kann sowohl eine natürliche Person als auch eine juristische Person (zB ein Unternehmen) oder eine Behörde sein.

8 Für eine Urkunde ist wesentlich, dass die **Autorität eines bestimmten Ausstellers in Anspruch genommen** wird.

**Keine Urkunden** sind daher **anonyme Schreiben**, Anzeigen oder Flugblätter sowie Schreiben mit unleserlichen Unterschriften (JBl 1985, 118), sofern der (angebliche) Aussteller nicht auf andere Weise (zB Briefkopf) erkennbar ist („offene Anonymität"). Bei Blanko-Formularen (Rz 2) fehlt ebenfalls die Garantiefunktion.

Auch wer zwar leserlich, aber mit irgendeinem **erfundenen Namen unterschreibt** (zB auf dem Gästeblatt im Hotel), um seine Identität zu verschleiern, stellt keine (falsche) Urkunde her („versteckte Anonymität"; s auch Rz 10). Die hA ist anderer Meinung und lässt schon den Anschein eines Ausstellers genügen (11 Os 85/10z; *Kienapfel/Schroll* WK² § 223 Rz 56 uam; s auch § 297 Rz 5).

**Unbeglaubigte Fotokopien, Computerausdrucke und Abschriften** sind, sofern sie nicht den Anschein eines Originals erwecken (s Rz 10), **keine Urkunden**, weil sie keine Gewähr für die Echtheit bieten (*Bugelnig* SbgK § 223 Rz 46; im Ergebnis ebenso 11 Os 59/14g); Kopien sind aber idR Beweismittel: s §§ 293, 294 Rz 1. **Durchschriften** sind hingegen selbständige Urkunden, weil sie eine Art zweite Ausfertigung des Originals sind (*Kienapfel/Schroll* WK² § 223 Rz 19). Auch das **Fax** einer Originalurkunde ist als Urkunde zu werten, weil es das Original ersetzt und auch im behördlichen Verkehr als gültige Erklärung angesehen wird (*Schwaighofer* ÖJZ 2021/4, 22f).

9 **b) Gemeinsame Urkunde.** Eine Urkunde kann auch **mehrere Aussteller** haben, dann wird sie zu einer gemeinsamen Urkunde: zB ein Vertrag, ein Unfallbericht, den beide Fahrzeuglenker unterschreiben (ZVR 1988/75), oder ein Vernehmungsprotokoll, das der Vernehmungsbeamte und die vernommene Person unterfertigen (EvBl 1990/5). Verändert einer von ihnen den Inhalt, verfälscht er eine Urkunde (vgl Rz 13f; s auch § 224 Rz 1).

## 2. Die Ausführungshandlungen des § 223; innere Tatseite

§ 223 enthält **drei Begehungsweisen:**

10 **A. Herstellen einer falschen Urkunde (Abs 1 erster Fall).**

a) Eine **falsche (unechte) Urkunde** stellt her, wer eine Urkunde erzeugt, die in Wahrheit **nicht von dem Aussteller stammt, von dem sie zu stammen scheint**: Der Täter täuscht über die Person des Ausstellers, meist durch Nachmachen der Unterschrift (zB 15 Os 28/16f); zur unrichtigen Urkunde s Rz 12.

Der Täter stellt sich unter Verwendung eines fremden Firmenbriefpapiers selbst eine Bestätigung aus; er setzt unbefugt eine Stampiglie unter ein Schriftstück (12 Os 116/11t); er produziert durch (mehrmaliges) Kopieren ein Zeugnis, das den Anschein eines Originals erweckt (SSt 52/60; vgl Rz 8); er unterschreibt einen Bestellschein mit dem Namen eines anderen (SSt 58/62; s aber Rz 14, 17).

Wer nach einem Verkehrsunfall ein Schuldanerkenntnis mit einem Phantasienamen unterschreibt, stellt keine Urkunde her (s Rz 8; aM EvBl 1984/67, *K/Schm* StudB III Vorbem §§ 223ff Rz 53). Wer aber einen fremden Briefkopf verwendet, verantwortet § 223 selbst dann, wenn er gar keine Unterschrift oder eine unleserliche Unterschrift daruntersetzt: Er erweckt den Anschein, die Urkunde stamme von der im Briefkopf genannten Person (JBl 1982, 609).

Eine falsche Urkunde stellt auch her, wer ein Blankett mit Erklärungen versieht, die vom Willen des Ausstellers nicht gedeckt sind **(Blankettfälschung)**: Die Urkunde entsteht nämlich erst durch das Ausfüllen (Rz 2; EvBl 1999/43). 11

Der Täter füllt blanko unterschriebene Sammelüberweisungsaufträge auftragswidrig aus (SSt 61/144); er füllt Gutachtensformulare über Kfz-Überprüfungen nach § 57a KFG, die bereits die Stampiglie einer konzessionierten Werkstätte tragen, selbst aus. Im letztgenannten Fall haftet der Täter auch dann nach §§ 223, 224, wenn er keine Unterschrift oder Paraphe daruntersetzt, weil die Individualisierung des scheinbaren Ausstellers auch bloß durch die Stampiglie möglich ist (ZVR 1990/40; s Rz 8).

**b)** Die Herstellung einer **unrichtigen Urkunde** (unwahre Urkunde, Lugurkunde, schriftliche Lüge) ist **keine Urkundenfälschung**, sofern die Erklärung vom echten Aussteller stammt. 12

Wer eine unwahre eidesstattliche Erklärung abgibt (EvBl 1988/29), eine inhaltlich unrichtige Bestätigung oder eine Rechnung mit unrichtigem Datum ausstellt (JBl 1994, 56, RZ 1997/35), erfüllt nicht den Tatbestand des § 223. Zu denken ist aber an Beweismittelfälschung (s §§ 293, 294 Rz 1f) und (schweren) Betrug (s BT I § 147 Rz 4).

### B. Verfälschen einer Urkunde (Abs 1 zweiter Fall). 13

Beim Verfälschen **verändert** der Täter unbefugt den **gedanklichen Inhalt einer** schon **existierenden echten Urkunde**. Der Täter muss einerseits den Anschein erwecken, der geänderte Inhalt stamme vom Aussteller (Rz 14f), andererseits muss er eine andere Person durch die inhaltliche Änderung täuschen wollen. Rein formale Änderungen wie zB das Ausbessern von Rechtschreibfehlern oder Einfügen von Satzzeichen sowie unwesentliche inhaltliche Änderungen, insb Richtigstellungen, fallen nach hA nicht unter § 223 (*F/M-K/O* § 223 Rz 4 uam; aM SSt 50/6, EvBl 1980/132).

Der Täter verändert das Testament eines Verstorbenen (vgl 17 Os 15/15g); er verändert den Kontostand auf einem Kontoauszug (13 Os 104/17v); er streicht in einem unterschriebenen Protokoll Zahlen durch und ersetzt sie durch andere (EvBl 1990/5) oder ergänzt einen Absatz (14 Os 40/19t); er verändert auf einem Lieferschein das Lieferdatum (SSt 54/70); er verändert auf einer Parkkarte die Jahreszahl (EvBl 1995/177); er verändert in einem Ausweis das Geburtsdatum (15 Os 122/09v) oder tauscht das Foto gegen das einer anderen Person aus (JBl 1994, 423).

**Kein Verfälschen** liegt vor, wenn das neue Lichtbild die gleiche Person darstellt und aus der gleichen Passbildserie stammt wie das alte (JBl 1983, 267) oder wenn die Person des Passinhabers eindeutig erkennbar bleibt (aM SSt 53/79); wenn der Täter in seinem Pass bloß die falsche Schreibweise seines Namens berichtigt (*F/M-K/O* § 223 Rz 4). Wer ein selbst verfasstes Schriftstück nachträglich abändert, verfälscht es nicht, stellt aber evt ein falsches Beweismittel her (13 Os 101/10t).

14 **Zu A. und B.**

a) **Tatbestandsausschließendes Einverständnis.** Für beide Fälle des Abs 1 ist eine Täuschung in Bezug auf den Aussteller wesentlich: Daran fehlt es, wenn der Täter vom Aussteller der Urkunde zur Abänderung ermächtigt wurde, wenn er mit dem Namen eines anderen unterschreibt und von diesem (ausdrücklich oder konkludent) ermächtigt wurde (17 Os 25/13z, JBl 1993, 539 mit Anm *Schwaighofer*; *Bugelnig* SbgK § 223 Rz 103), aber auch wenn die Erklärung objektiv dem Willen des anderen entspricht (aM EvBl 1999/172; *Kienapfel/Schroll* WK[2] § 223 Rz 183). Eine Ermächtigung des anderen zur „Verschriftlichung" der Erklärung ist nicht notwendig (aM 14 Os 58/15h).

Ein LKW-Fahrer füllt wegen einer bevorstehenden Verkehrskontrolle mit Einverständnis seines Chefs einen Urlaubsschein so aus, dass die Fahrzeiten gesetzeskonform erscheinen, und setzt die Unterschrift seines Chefs darunter. Die Ehegattin bestätigt die Entgegennahme einer Sendung mit der Unterschrift des Gatten; die Arzthelferin unterzeichnet ein Rezept mit der Paraphe des Arztes (15 Os 113/13a); die Kanzleileiterin eines Gerichts setzt unter gerichtliche Erledigungen mit Ermächtigung des Richters dessen Paraphe (17 Os 25/13z); jemand schreibt für eine andere Person in deren Auftrag eine Prüfungsarbeit (*Schwaighofer* JSt 2021, 365f): Sie alle machen sich nicht nach § 223 strafbar.

15 b) **Absolute Täuschungsuntauglichkeit.** Wenn die **Fälschung so primitiv** ist, dass es geradezu ausgeschlossen erscheint, dass die Urkunde selbst bzw der neue Inhalt vom (scheinbaren) Aussteller stammt, liegt keine Urkundenfälschung vor (EvBl 1982/148 uam).

Der Täter produziert ein Kfz-Kennzeichen aus Pappkarton (12 Os 61/12f) oder klebt ein Foto auf einen Plastikausweis: Er ist nicht nach § 223 zu bestrafen. Dass eine Urkunde zahlreiche orthographische und stilistische Fehler enthält, die man dem (scheinbaren) Aussteller nicht zutrauen würde, macht sie noch nicht absolut täuschungsuntauglich (JBl 1982, 609).

16 c) **Vollendung.** § 223 Abs 1 ist mit Herstellung der falschen Urkunde bzw Verfälschung der Urkunde vollendet.

17 d) **Innere Tatseite.** Der tatbestandsmäßige **Vorsatz** muss sich auf das Fälschen bzw Verfälschen einer Urkunde beziehen, dh insb **auf eine Täuschung über den Aussteller** (s Rz 14).

Wer auf einem Initiativantrag an eine Gemeinde die Unterschrift anderer Personen nachmacht in der Annahme, mit Einverständnis der Vertretenen zu handeln – er weiß, dass sie das Anliegen unterstützen –, hat nicht den Vorsatz, über den Aussteller zu täuschen, und kann daher nicht nach § 223 bestraft werden (JBl 1993, 539 mit Anm *Schwaighofer*). Der Paketzusteller hingegen, der ein Paket einfach vor die Tür stellt und auf der Zustellkarte mit dem Namen des Empfängers unterschreibt, wird sich kaum erfolgreich darauf berufen können, an ein Einverständnis geglaubt zu haben (EvBl 1994/125).

Der Täter muss überdies mit dem **erweiterten Vorsatz** handeln, **dass die Urkunde im Rechtsverkehr** zum Beweis eines Rechts, eines Rechtsverhältnisses oder einer Tatsache **gebraucht werde**: Er muss den Vorsatz haben, dass die Urkunde einer anderen Person zugänglich wird und diese zu einem bestimmten Verhalten im Rechtsverkehr veranlasst wird (12 Os 129/15k, 17 Os 53/14v = JBl 2016, 270 mit Anm *Muzak*). Wer die Urkunde in dieser Weise verwenden soll, ist gleichgültig. Unerheblich ist auch, dass die (verfälschte) Urkunde nicht genau zu dem Zweck verwendet werden soll, für den sie ursprünglich bestimmt ist (SSt 52/10). 18

Der Täter fälscht Fahrzeugpapiere (ZVR 1977/181) oder Fahrkarten (vgl ZVR 1991/147), um sie bei allfälligen Kontrollen vorzuweisen; er verfälscht das Geburtsdatum in seinem Schülerausweis, um ihn in einem Geschäft oder Kontrolleuren im Kino vorzuweisen (vgl EvBl 1960/124); er verfälscht eine Promotionsurkunde, um sie einer Grundbuchseingabe beizulegen (EvBl 2008/54). S auch 11 Os 119/11a.

**Keine** „mit Rücksicht auf die Urkunde **rechtserhebliche Verwendung**" (EBRV 30 BlgNR 13. GP, 368) liegt vor, wenn der Täter nur im Bereich **zwischenmenschlicher** oder **gesellschaftlicher Beziehungen** täuschen will. 19

Die Dame, die in einem Ausweis das Geburtsdatum verfälscht, um gegenüber Bekannten jünger zu erscheinen; der Student, der ein Prüfungszeugnis bloß fälscht, um seinen Eltern eine Freude zu bereiten; der Täter, der den Stand seines Sparbuchs selbst erhöht, um damit bei seinen Freunden zu prahlen: Sie alle machen sich nach § 223 nicht strafbar. Ob die Angaben glaubwürdig sind, ist eine Beweisfrage.

## C. Gebrauch einer falschen bzw verfälschten Urkunde (Abs 2). 20

Die Ausführungshandlung des Abs 2 ist **der** (tatsächliche) **Gebrauch einer solchen Urkunde im Rechtsverkehr** (dazu oben Rz 18f). Die Tat ist **vollendet**, sobald die Urkunde der zu täuschenden Person zugänglich gemacht wird (zB Versendung per E-Mail: 14 Os 78/17b) oder sich der Täter auf die Urkunde beruft, um eine rechtserhebliche Reaktion eines anderen auszulösen (SSt 57/57).

Wer einem Zollbeamten einen gefälschten Pass aushändigt, hat das Delikt nach § 223 Abs 2 (§ 224) vollendet. Das bloße Mitführen ist lediglich straflose Vorbereitungshandlung zu §§ 223, 224; ein Versuch liegt erst vor, wenn sich der Täter anschickt, den Pass zum Nachweis seiner Identität vorzuweisen (JBl 2006, 737). Das bloße Mitführen ist aber nach § 224a strafbar (s § 224a Rz 2, 4).

21 Im Fall des Abs 2 muss der Täter die falsche oder verfälschte Urkunde **vorsätzlich** im Rechtsverkehr gebrauchen. Bedingter Vorsatz genügt.

## 3. Abgrenzung und Konkurrenz

22 a) **Konkurrenz von § 223 Abs 1 und Abs 2.** Wer eine falsche Urkunde herstellt oder eine Urkunde verfälscht und sie dann selbst im Rechtsverkehr gebraucht oder dies wenigstens versucht, haftet nur nach § 223 **Abs 2** (iVm § 15). Abs 1 ist nach hA eine straflose Vortat (12 Os 26/16i; *Kienapfel/Schroll* WK[2] § 223 Rz 255).

23 b) **Spezialdelikte zu § 223.** Wer eine falsche oder verfälschte Urkunde zu betrügerischen Zwecken verwendet, haftet nur nach **§§ 146, 147 Abs 1 Z 1** (BT I § 147 Rz 10); entsprechendes gilt für den **Abgabenbetrug** (§ 39 FinStrG). Wenn ein Angehöriger betrogen wird, verantwortet der Täter nur das Delikt nach **§ 166**; § 223 ist unanwendbar, selbst dann, wenn der Täter wegen fehlender Privatanklage freizusprechen ist (11 Os 118/19s, 119/19p; *K/Schm* StudB III § 223 Rz 75, *H/R* BT II § 223 Rz 40; s auch BT I § 149 Rz 4). Tätige Reue oder Rücktritt vom Versuch eines qualifizierten Betruges nach §§ 146, 147 Abs 1 Z 1 bewirkt Straffreiheit nur nach diesen Bestimmungen; die Strafbarkeit nach § 223 bleibt bestehen (BT I § 167 Rz 5). Wenn ein **Finanzvergehen** mithilfe einer Urkunden- oder Beweismittelfälschung begangen wird, haftet der Täter gem § 22 Abs 3 FinStrG nur nach dem Finanzvergehen; § 223 und § 293 werden verdrängt (12 Os 94/05y).

24 c) **Urkundenunterdrückung (§ 229).** Der Täter, der einem anderen eine Urkunde entzieht und sie später verfälscht – er tauscht zB das Foto auf einem fremden Ausweis aus (12 Os 141/09s) –, haftet nach § 229 und §§ 223f in echter Konkurrenz. Die mit der Verfälschung einer Urkunde typischerweise verbundene Beschädigung nach § 229 (zB Unkenntlichmachung einer Zahl) wird hingegen von § 223 mitabgegolten (vgl ZVR 1984/253; aM *H/R* BT II § 223 Rz 44).

25 d) **Unbare Zahlungsmittel (§ 241a).** Die Fälschung oder Verfälschung unbarer Zahlungsmittel (s § 241a Rz 5ff) ist ausschließlich nach § 241a strafbar, auch wenn es sich dabei zugleich um eine Urkunde handelt (s § 241a Rz 9).

26 e) **Beweismittelfälschung (§ 293).** Wenn eine falsche (verfälschte) Urkunde auch als Beweismittel dienen soll, tritt die Beweismittelfälschung nach § 293 kraft ausdrücklicher Subsidiarität gegenüber §§ 223f zurück.

27 f) **Deckungshandlungen.** Urkundenfälschungen, durch die **zugleich andere Straftaten** begangen werden oder die andere Delikte (vor allem Vermögensdelikte) **verschleiern** sollen, sind dem Täter gesondert nach § 223 zuzurechnen (SSt 53/55).

Wer Empfangsbestätigungen verfälscht, um Veruntreuungen zu verschleiern, haftet nach § 223 und § 133 (vgl BT I § 133 Rz 24).

## 4. Tätige Reue

Zur Straflosigkeit der Urkundenfälschung durch tätige Reue s zu § **226**. 28

# Fälschung besonders geschützter Urkunden

**§ 224. Wer eine der im § 223 mit Strafe bedrohten Handlungen in Beziehung auf eine inländische öffentliche Urkunde, eine ausländische öffentliche Urkunde, wenn sie durch Gesetz oder zwischenstaatlichen Vertrag inländischen öffentlichen Urkunden gleichgestellt ist, eine letztwillige Verfügung oder ein nicht im § 237 genanntes Wertpapier begeht, ist mit Freiheitsstrafe bis zu zwei Jahren zu bestrafen.**

*(idF BGBl 1974/60)*

## 1. Tatobjekte nach § 224

**a) Inländische öffentliche Urkunden.** Das sind Urkunden, die ein österreichischer Beamter (s § 302 Rz 1f) innerhalb seiner hoheitlichen Amtsbefugnisse (17 Os 6/16k, OLG Linz 9 Bs 179/19s) oder eine **Person des öffentlichen Glaubens** (insb Notar, Ziviltechniker) innerhalb der ihr gesetzlich verliehenen Befugnis in der vorgeschriebenen Form errichtet hat und auf deren Echtheit man daher besonders vertrauen darf („erhöhte Beweiskraft“). 1

**Öffentliche Urkunden** sind somit zB der Reisepass (SSt 53/79); der Führerschein (EvBl 2000/132); ein Schülerausweis (JBl 1994, 423); Strafregisterbescheinigungen (17 Os 6/16k); das vom Stadtmagistrat ausgestellte „Parkpickerl“ (17 Os 49/14f); die von einem Polizisten ausgestellte Bestätigung über den Verlust oder Diebstahl des Führerscheins (SSt 50/42); ein Protokoll, das vom Beamten unterschrieben wurde (EvBl 1990/5, 14 Os 40/19t); der Einzelgenehmigungsbescheid für ein Kfz (vgl JBl 1990, 597); Zeugnisse öffentlicher Schulen (SSt 52/60); notariell beglaubigte Abschriften; die (ausdrücklich zu öffentlichen Urkunden erklärten) Gutachten von Vereinen oder Gewerbetreibenden über den Zustand von Kfz gem § 57a Abs 4 KFG, Zulassungsbescheinigungen und Zeugnisse privater Sachverständiger nach § 52 ForstG, weil die zur Ausstellung befugten Personen beliehene Unternehmer sind (vgl 11 Os 103/17g; s § 302 Rz 3).

**Keine öffentlichen Urkunden** sind die Eintragungen von Ärzten im Mutter-Kind-Pass (17 Os 25/14a: keine erhöhte Beweiskraft); Urkunden ausgegliederter Unternehmen (zB Berechtigungsausweise der ÖBB). Keine öffentlichen Urkunden sind auch Parkscheine, die ein Automat auf Knopfdruck Privater herstellt, mag auch der Name einer Behörde aufscheinen.

Die Fälschung der Unterschrift einer Privatperson – wenn auch durch einen Beamten – kann nie nach § 224 qualifiziert sein: Der Vernehmungsbeamte, der auf dem Protokoll die Unterschrift der vernommenen Person nachmacht, begeht nur eine unqualifizierte Urkundenfälschung nach § 223 iVm § 313 (s auch § 311 Rz 9, § 313 Rz 4). Die Urkunden, die dadurch hergestellt werden, sind funktionell Privaturkunden.

2 Unter § 224 fallen auch **Zeichen, die vom Gesetz ausdrücklich zu öffentlichen Urkunden erklärt** werden: Kfz-Kennzeichentafeln gem § 49 Abs 1 KFG (13 Os 52/10m) sowie Kfz-Begutachtungsplaketten („Pickerl") nach § 57a Abs 5 KFG (*F/M-K/O* § 224 Rz 10 uam).

3 **Keine öffentlichen Urkunden** sind bloße **„amtliche Urkunden"**, die zwar von einem Beamten ausgestellt, aber nicht Ausdruck der staatlichen Autorität sind und denen die Bevölkerung deshalb kein erhöhtes Vertrauen entgegenbringt (17 Os 8/13z; s auch § 311 Rz 4f).

4 Daher fallen Urkunden, die **nicht im Rahmen der Hoheitsverwaltung** errichtet und mit ähnlichem Inhalt auch von Privaten ausgestellt werden, nicht unter § 224 (*Kienapfel/Schroll* WK[2] § 224 Rz 24, *Bugelnig* SbgK § 224 Rz 34f; 17 Os 6/16k).

Eintrittskarten des Stadttheaters, amtliche Prüfvermerke auf Rechnungen (SSt 53/68), Amtsvermerke eines Amtsvormunds über die Verwaltung von Mündelgeld (SSt 55/64), Honorarnoten und Krankenblätter eines (wenn auch gemeindeeigenen) Krankenhauses und der Verständigungszettel, der den Autolenker über die Erstattung einer Anzeige informiert (17 Os 8/13z), sind keine öffentlichen Urkunden.

5 Nur amtliche Urkunden sind nach hA auch **Aufzeichnungen, Vermerke** und dgl, die bloß **behördeninternen Zwecken** (Kontrolle, Information) dienen (*H/R* BT II § 224 Rz 2a uam).

Interne Aktenvermerke, Eingangsvermerke (17 Os 2/14v), ein interner Leistungskatalog für die Beurteilung von Schülern (11 Os 53/10v), Dienst- und Eingangsbücher der Polizei (aM SSt 50/42, EvBl 1995/82), das Gutachten des technischen Sachbearbeiters, das der Behörde als Grundlage für die Erlassung eines Bescheids dient (aM SSt 56/19), sowie Anzeigen (aM JBl 1986, 328) fallen nicht unter § 224.

Der Vollzugsbericht eines Exekutors, der dem betreibenden Gläubiger als Grundlage für seine weiteren Anträge dient, ist hingegen eine öffentliche Urkunde (RZ 1995/87; § 311 Rz 8).

6 **b) Ausländische öffentliche Urkunden.** Sie unterliegen dem erhöhten Strafschutz des § 224, wenn sie inländischen durch Gesetz oder zwischenstaatlichen Vertrag **gleichgestellt** sind. Das ist zB für ausländische Reisedokumente (§ 2 Abs 4 Z 4 FPG, § 2 NAG; 11 Os 60/10y) und Lenkberechtigungen von EU-Staaten (§ 1 Abs 4 FSG) geschehen, nicht aber für ausländische Kennzeichentafeln (13 Os 117/10w).

Die Verwendung eines gefälschten (falschen oder verfälschten) ausländischen Reisepasses (JBl 2006, 737; s auch 15 Os 19/13b) oder eines rumänischen Führerscheins (14 Os 35/12x) ist nach § 224 strafbar; die Verwendung eines gefälschten russischen Führerscheins, eines ausländischen Zulassungsscheins (11 Os 100/08b) oder Maturazeugnisses fällt nur unter § 223 (vgl 14 Os 55/99).

**c) Letztwillige Verfügungen.** Darunter fallen gem § 552 ABGB **Testamente** und Legate, mögen sie auch wegen eines Formmangels anfechtbar sein (17 Os 15/15g). 7

**d) Wertpapiere.** Wertpapiere iSd **Wertpapierrechts** sind alle Urkunden über ein Privatrecht, dessen Verwertung durch die Innehabung der Urkunde privatrechtlich bedingt ist (EBRV 30 BlgNR 13. GP, 370; RZ 1981/44). Legte man § 224 diese Definition zugrunde, ergäbe sich ein viel zu weiter Anwendungsbereich: Sämtliche Eintrittskarten für Kino, Oper, Schwimmbad usw, Fahrkarten aller Art, Lose etc fielen unter § 224. Daher ist der **Wertpapierbegriff des § 224** nach hA durch teleologische Reduktion **auf Wertpapiere einzuschränken, die dem Geldverkehr dienen** (*K/Schm* StudB III § 224 Rz 41f uam). Dabei ist aber zu beachten, dass Wertpapiere, die ausdrücklich in § 237 aufgezählt sind, sowie unbare Zahlungsmittel aus dem Anwendungsbereich des § 224 herausfallen (*Kienapfel/Schroll* WK[2] § 224 Rz 46; aM anscheinend 15 Os 19/05s; vgl § 237 Rz 1ff, § 241a Rz 3). Am vernünftigsten wäre es wohl, „Wertpapiere" in § 224 überhaupt zu streichen. 8

Wertpapiere iSd § 224 sind nach dieser Auslegung praktisch nur mehr **Sparbücher** (*H/R* BT II § 224 Rz 5). Der Schwarzfahrer, der bei einer Kontrolle einen gefälschten Fahrschein vorweist, ist nur nach § 149 Abs 1 zu bestrafen, weil § 223 verdrängt wird (s BT I § 149 Rz 4; aM EvBl 2006/79).

## 2. Ausführungshandlungen

In Bezug auf die **Tathandlungen** ist auf § 223 zu verweisen. 9

Wer unbefugt ein amtliches Formular ausfüllt, stellt eine falsche öffentliche Urkunde her, auch wenn er leserlich mit seinem Namen unterschreibt: Für die Allgemeinheit wird der Eindruck erweckt, dass die Urkunde von einem zeichnungsbefugten Organ der Behörde stammt.

Im Bereich der öffentlichen Urkunden wird auch die **Richtigkeit** des Beurkundeten strafrechtlich geschützt, jedoch durch andere Tatbestände: nämlich durch § **302** (s § 302 Rz 6), § **311** (s § 311 Rz 2f) und § **228** (s § 228 Rz 3f).

Der Werkstättenbesitzer, der ein positives Gutachten und ein Pickerl (§ 57a Abs 4 und 5 KFG) für ein nicht betriebssicheres Fahrzeug ausstellt, kann einen Amtsmissbrauch begehen (14 Os 140/21a uam; s § 302 Rz 7f, 26).

## 3. Innere Tatseite

§ 224 verlangt (bedingten) **Vorsatz** hinsichtlich der Tathandlungen sowie der qualifizierenden Umstände des § 224. Irrt der Täter über die besondere Qualität der (gefälschten) Urkunde, haftet er nur nach § 223. Allerdings genügt schon ein laienhaftes Erkennen jener Umstände, die die Urkunde zu einer besonders geschützten machen (vgl *K/H/K* AT Rz 11.11, 12.4). 10

## Annahme, Weitergabe oder Besitz falscher oder verfälschter besonders geschützter Urkunden (§ 224a)

*(idF BGBl I 2015/112)*

1 **A. Allgemeines – Tatobjekt.** § 224a pönalisiert Verhaltensweisen im Vorfeld der Verwendung falscher oder verfälschter **besonders geschützter Urkunden** iSd § 224. Die Forderung, § 224a nur auf Urkunden anzuwenden, die dem Reiseverkehr und dem Identitätsnachweis dienen (*Kienapfel/Schroll* WK² § 224a Rz 1 uam; dagegen die GenProk Gw 207/19b = JSt-GP 2020/7, 273), ist voll zu unterstützen.

2 **B. Tathandlungen.** Nach § 224a macht sich strafbar, wer besonders geschützte Urkunden **übernimmt, sich oder einem anderen verschafft, befördert, einem anderen überlässt oder sonst besitzt** (zur Auslegung s § 241b Rz 1, § 241f Rz 2).

Ein Autolenker hat zB einen gefälschten Führerschein bei sich (vgl § 223 Rz 20). Ein Schlepper besorgt bei einem Fälscher gefälschte Reisepapiere für seine „Kunden" und gibt sie diesen weiter: Er, aber auch die geschleppten Personen, die die gefälschten Papiere entgegennehmen, sind nach § 224a strafbar (vgl 12 Os 100/17y).

3 **C. Innere Tatseite.** § 224a verlangt den erweiterten Vorsatz, dass die falsche oder verfälschte besonders geschützte Urkunde im Rechtsverkehr zum Beweis eines Rechtes, eines Rechtsverhältnisses oder einer Tatsache gebraucht werde: dass die Urkunde beispielsweise bei einer Kontrolle vorgezeigt wird.

4 **D. Konkurrenz.** Der Fälscher einer besonders geschützten Urkunde selbst, der sie an einen anderen weitergibt, haftet nur nach **§ 224 Abs 1**: Der Besitz und die Überlassung an andere gem § 224a sind für ihn straflose Nachtaten.

Die Person, die eine solche **falsche** Urkunde übernimmt und mit sich führt, macht sich nach § 224a strafbar; sobald sie diese einem Kontrollorgan vorweist oder dies versucht, haftet sie nach **§§ 223 Abs 2, 224 (§ 15)**; in diesem Fall tritt § 224a als straflose Vorbereitungshandlung zurück (JBl 2006, 737; s auch § 223 Rz 20).

## Fälschung öffentlicher Beglaubigungszeichen (§ 225)

*(idF BGBl 1974/60)*

1 **A. Tatobjekt.** Geschützte Tatobjekte des § 225 sind **inländische öffentliche Beglaubigungszeichen**. Darunter versteht man jedes Zeichen, das ein Beamter innerhalb seiner Amtsbefugnisse oder eine mit öffentlichem Glauben versehene Person innerhalb des ihr zugewiesenen Geschäftskreises an einer Sache in der vorgeschriebenen Form angebracht hat, um eine auf die Sache bezügliche Tatsache zu bestätigen (**§ 225 Abs 3**). Zu den Beamten und zu Personen des öffentlichen Glaubens s § 302 Rz 1ff, § 224 Rz 1.

Wesentlich ist die **Verbindung** des Beglaubigungszeichens **mit einer Sache** (EBRV 30 BlgNR 13. GP, 370). Fehlt sie, so hat das Beglaubigungszeichen keine Beweiskraft und genießt auch keinen strafrechtlichen Schutz. Private Beweiszeichen (s § 223 Rz 2) werden weder von § 225 noch von § 223 erfasst. Beglaubigungsvermerke sind hingegen verkürzte Urkunden und fallen damit unter § 223 bzw § 224 (s § 223 Rz 3, § 224 Rz 1). 2

Öffentliche Beglaubigungszeichen sind zB Plomben des Zollamts, amtliche Feingehaltspunzen (JBl 1996, 601), Pfändungsmarken des Gerichtsvollziehers, Eich- und Vermessungszeichen, Fleischbeschaustempel (RZ 1997/59). Die Kfz-Begutachtungsplakette gem § 57a Abs 5 KFG („Pickerl") ist eine öffentliche Urkunde (§ 223 Rz 2, § 224 Rz 2).

## B. Ausführungshandlungen; innere Tatseite. 3

a) Ein öffentliches Beglaubigungszeichen **macht an einer Sache nach** (vgl § 223 Rz 10), wer an ihr ein Zeichen anbringt, das den Anschein eines geschützten Zeichens erweckt.

Der Täter befestigt an einem LKW eine selbst verfertigte oder auch gestohlene (vgl *Kienapfel/Schroll* WK[2] § 225 Rz 26) Zollplombe; er macht auf Goldschmuck eine amtliche Feingehaltspunze nach (JBl 1996, 601).

b) Beim **Verfälschen** nimmt der Täter an dem (an einer Sache angebrachten) öffentlichen Beglaubigungszeichen selbst Veränderungen vor (vgl § 223 Rz 13), die den Inhalt der Beglaubigung betreffen. 4

Der Täter verändert die Jahreszahl eines Eichzeichens (KH 3515).

c) Beim **Unterschieben** wird ein ordnungsgemäß angebrachtes öffentliches Beglaubigungszeichen von einer Sache entfernt und an einer anderen angebracht. 5

Der Täter löst eine Pfändungsmarke ab und klebt sie auf eine andere Sache; er schneidet den amtlichen Beschaustempel aus beschauten Fleischstücken heraus und bringt ihn an unbeschautem Fleisch an (KH 3761). Das bloße Entfernen kann als Siegelbruch nach § 272 strafbar sein (s § 272 Rz 4).

d) **Wesentliche Veränderung einer Sache**, auf der ein öffentliches Beglaubigungszeichen angebracht ist. 6

Der Täter feilt zB einen Teil eines mit einem Eichstempel versehenen Gewichts ab (EBRV 30 BlgNR 13. GP, 370).

**zu a)–d):** In allen Fällen des Abs 1 muss der Täter mit dem **Vorsatz** handeln, dass die **Sache im Rechtsverkehr gebraucht** werde (s § 223 Rz 18f). Zur Täuschungstauglichkeit s § 223 Rz 15. 7

e) **Gebrauch. Abs 2** erfasst den **vorsätzlichen Gebrauch** einer Sache, mit der nach Abs 1 verfahren wurde (vgl § 223 Rz 20f). 8

9 **C. Vorbereitung – Versuch.** Das Nachmachen oder Verfälschen eines öffentlichen Beglaubigungszeichens, das noch nicht oder nicht mehr mit einer Sache verbunden ist, ist bloß als straflose Vorbereitungshandlung zu § 225 anzusehen. Zu prüfen ist aber die Strafbarkeit nach **§ 227** (§ 227 Rz 1ff; *Kienapfel/Schroll* WK² § 225 Rz 37f).

10 **D. Abgrenzung und Konkurrenz.** Das zur Konkurrenz von § 223 Abs 1 und Abs 2 Gesagte (§ 223 Rz 22) gilt für das Verhältnis von **§ 225 Abs 1 und Abs 2** entsprechend.

Wer sich bei Begehung eines Betrugs zur Täuschung auf ein falsches oder verfälschtes öffentliches Beglaubigungszeichen beruft oder auf ein solches Zeichen, das an einer unterschobenen oder wesentlich veränderten Sache angebracht ist, ist nur nach **§§ 146, 147 Abs 1 Z 1** (falsches Beweismittel) zu bestrafen; § 225 wird verdrängt (vgl § 223 Rz 23).

Zur Konkurrenz mit dem Siegelbruch nach **§ 272** s § 272 Rz 4.

## Datenfälschung

**§ 225a. Wer durch Eingabe, Veränderung, Löschung oder Unterdrückung von Daten falsche Daten mit dem Vorsatz herstellt oder echte Daten mit dem Vorsatz verfälscht, dass sie im Rechtsverkehr zum Beweis eines Rechtes, eines Rechtsverhältnisses oder einer Tatsache gebraucht werden, ist mit Freiheitsstrafe bis zu einem Jahr oder mit Geldstrafe bis zu 720 Tagessätzen zu bestrafen.**

*(idF BGBl I 2015/112)*

1 **A. Allgemeines – Tatobjekt.** § 225a schützt die Echtheit und Zuverlässigkeit elektronischer Dokumente. Der Tatbestand entspricht weitgehend der Urkundenfälschung gem § 223, erfasst aber die Fälschung und Verfälschung von **Computerdaten** (§ 74 Abs 2; s BT I § 126a Rz 1; „elektronische Urkunden"), die mangels Schriftform keine Urkunden sind (s § 223 Rz 5).

2 **B. Ausführungshandlungen.**

**a) Datenfälschung:** Der Täter stellt falsche Daten her, dh er **täuscht** durch eine Datenmanipulation **über die Person des Herstellers bzw Ausstellers** (s § 223 Rz 10; *Reindl-Krauskopf* WK² § 225a Rz 5). Die Tat kann durch Eingabe, Veränderung, Löschung oder Unterdrückung von Daten geschehen (vgl § 148a). Wer mit Einverständnis des Ausstellers handelt, täuscht nicht (§ 223 Rz 14).

Der Täter erstellt am Computer einen Vertrag und unterfertigt ihn elektronisch mit einem falschen Namen (12 Os 78/15k); er erstellt eine Website, die der Original-Website täuschend ähnlich sieht; er fälscht Onlinebanking-Überweisungsbestätigungen (15 Os 26/17p); er bestellt online Waren unter fremdem Namen (15 Os 113/15d); er verändert den Absender eines E-Mails und erweckt dadurch den Eindruck, dass die Erklärung von einer anderen Person stammt. Der Täter muss die Autorität einer bestimmten Person in Anspruch nehmen; **anonyme** elektronische Urkunden fallen nicht unter § 225a (s § 223 Rz 8).

Die Herstellung einer **inhaltlich unrichtigen** elektronischen Urkunde („Lugdaten") ist nicht tatbildlich (vgl § 223 Rz 12): Der Schuldirektor, der in ein EDV-System den Wohnsitz von Schülern unrichtig einträgt und weitermeldet, damit sie seine Volksschule besuchen können, macht sich nicht nach § 225a, aber evt nach § 302 strafbar (17 Os 27/14w; s auch 17 Os 19/12s).

**b) Datenverfälschung:** Der Täter verändert unbefugt bereits bestehende echte 3
Daten, ändert den gedanklichen Inhalt, und erweckt dabei den Anschein eines falschen Ausstellers (s näher § 223 Rz 13): Er verändert zB das Datum eines digitalen PCR-Test- oder Impfzertifikats, den Inhalt eines elektronisch als PDF-Dokument übermittelten Bescheids (RL0000218) oder eine Klausel eines elektronisch gespeicherten Vertrages (*K/Schm* StudB III § 225a Rz 5).

**C. Innere Tatseite.** 4

**a)** Der tatbestandsmäßige **Vorsatz** muss sich auf das Fälschen bzw Verfälschen von Daten beziehen (Rz 2f).

**b)** Der Täter muss mit dem **erweiterten Vorsatz** handeln, dass die elektroni- 5
sche Urkunde **im Rechtsverkehr** zum Beweis eines Rechts, eines Rechtsverhältnisses oder einer Tatsache **gebraucht werde**: Er muss den Vorsatz haben, dass die Daten einem anderen zugänglich werden und dieser zu einem bestimmten Verhalten im Rechtsverkehr veranlasst wird (s § 223 Rz 18).

Wenn die gefälschten Daten keinen Menschen, sondern lediglich eine Maschine täuschen sollen, fehlt es am geforderten erweiterten Vorsatz (vgl *Reindl-Krauskopf* WK[2] § 225a Rz 25: Fälschung einer Berechtigungskarte für einen privaten Parkplatz).

**D. Abgrenzung und Konkurrenz.** Wenn der Täter Daten am Computer 6
fälscht oder verfälscht, um dadurch eine **schriftliche** falsche (oder verfälschte) Urkunde herzustellen, und diese in der Folge im Rechtsverkehr verwendet, haftet er – sofern die Urkunde den Anschein eines Originals erweckt (vgl § 223 Rz 8, 10) – nur nach **§ 223**: Er hat nicht den geforderten Vorsatz, **Daten** im Rechtsverkehr zu verwenden.

Wer bei einem Betrug falsche oder verfälschte Daten verwendet, ist nur nach **§§ 146, 147 Abs 1 Z 1** zu bestrafen; § 225a wird verdrängt (s § 223 Rz 23). Auch die Fälschungstatbestände für unbare Zahlungsmittel gehen § 225a vor.

## Tätige Reue

**§ 226. (1) Nach den §§ 223 bis 225a ist nicht zu bestrafen, wer freiwillig, bevor die falsche oder verfälschte Urkunde, die mit dem nachgemachten oder verfälschten öffentlichen Beglaubigungszeichen versehene oder die einem öffentlichen Beglaubigungszeichen unterschobene oder die nach Anbringung eines solchen Zeichens wesentlich veränderte Sache oder die falschen oder verfälschten Daten im Rechtsverkehr gebraucht worden sind, durch Vernichtung der Urkunde, des Beglaubigungszeichens oder der Daten oder auf andere Art**

**die Gefahr beseitigt, dass die Urkunde, die Sache oder die Daten in der in den §§ 223 bis 225a bezeichneten Weise gebraucht werden.**

**(2) Besteht die Gefahr eines solchen Gebrauches nicht oder ist sie ohne Zutun des Täters beseitigt worden, so ist er nicht zu bestrafen, wenn er sich in Unkenntnis dessen freiwillig und ernstlich bemüht, sie zu beseitigen.**

*(idF BGBl I 2002/134)*

1 **A. Tätige Reue nach Abs 1.** § 226 normiert für die Urkundendelikte nach §§ 223–225a einen besonderen Strafaufhebungsgrund: Der Täter wird durch tätige Reue straffrei, wenn er freiwillig die **Gefahr,** dass die Urkunde bzw die mit dem öffentlichen Beglaubigungszeichen versehene Sache bzw die Daten im Rechtsverkehr gebraucht werden, **beseitigt**: zB durch Vernichtung der Urkunde, Löschen der Daten oder Vernichtung des Datenträgers.

2 Der Täter handelt **freiwillig**, solange er noch eine Chance sieht, dass seine Manipulation unentdeckt bleibt (vgl BT I § 167 Rz 15).

Die Beseitigung der Gefahr ist so lange **rechtzeitig**, als die Urkunde, die Sache oder die Daten noch nicht in rechtserheblicher Weise gebraucht wurden. In den Fällen des § 223 **Abs 2** (§ 224) und § 225 **Abs 2** gibt es daher **keine tätige Reue** (EvBl 1982/148).

3 **B. Tätige Reue nach Abs 2.** § 226 Abs 2 ist dem Putativrücktritt nach § 16 Abs 2 nachgebildet: Straflos wird ein Täter nach §§ 223–225a auch, wenn die **Gefahr** des rechtserheblichen Gebrauchs, ohne dass der Täter das weiß, überhaupt **nicht besteht** oder schon von Dritten **beseitigt** wurde, er sich aber selbst um die Beseitigung der Gefahr **freiwillig und ernstlich bemüht**.

4 **C. Konkurrenz.** Wer eine entfremdete und in der Folge verfälschte Urkunde (s § 223 Rz 24) vernichtet, um den Gebrauch im Rechtsverkehr zu verhindern, wird hinsichtlich § 223 durch tätige Reue straffrei; die Strafbarkeit nach **§ 229** bleibt bestehen.

## Vorbereitung der Fälschung öffentlicher Urkunden oder Beglaubigungszeichen (§ 227)

*(idF BGBl I 2015/112)*

1 **A. Allgemeines.** § 227 stellt bestimmte **Vorbereitungshandlungen** unter Strafe, um schon die Gefahr der Fälschung oder Verfälschung öffentlicher Urkunden (§ 224 Rz 1f, 6) und öffentlicher Beglaubigungszeichen (§ 225 Rz 1f) – zB durch Einrichtung einer Fälscherwerkstatt – abzuwenden. Vgl auch § 239 und § 241c.

2 **B. Ausführungshandlungen** nach § 227 Abs 1 sind das Anfertigen, Übernehmen, Verschaffen, Überlassen und (bedenklich) sogar der bloße Besitz von Mitteln oder Werkzeugen, die nach ihrer besonderen Beschaffenheit ersicht-

lich zum (Ver)Fälschen von öffentlichen Urkunden und Beglaubigungszeichen bestimmt sind.

Solche Mittel und Werkzeuge sind zB vorbereitete Druckplatten, Amtssiegel, Urkundenpapier und im Handel nicht erhältliche amtliche Formulare, insb für Ausweise (s auch 14 Os 61/11v: Blanko-Zulassungsscheine); *nicht* aber Druckmaschinen, Kopiergeräte, Druckerschwärze, Farben, Feilen, usw: Diesen Gegenständen fehlt es an der spezifischen Verwendungsbestimmung (EBRV 30 BlgNR 13. GP, 372).

**C. Innere Tatseite.** Der Täter muss mit dem **erweiterten Vorsatz** handeln, dadurch sich oder einem anderen eine Fälschungshandlung in Bezug auf öffentliche Urkunden oder Beglaubigungszeichen zu ermöglichen. S dazu näher § 241c Rz 2. 3

**D. Konkurrenz.** Sowie die Delikte nach § 224 und § 225 wenigstens versucht sind, tritt **§ 227** infolge **Subsidiarität** zurück (EBRV 30 BlgNR 13. GP, 372; ZVR 1979/201). 4

**E. Tätige Reue. § 227 Abs 2** sieht wie § 226 Abs 2 tätige Reue durch Beseitigung der Gefahr des Gebrauchs dieser Mittel vor. Die Ausführungen zu § 226 Rz 3 gelten sinngemäß. 5

## Mittelbare unrichtige Beurkundung oder Beglaubigung (§ 228)

*(idF BGBl I 2015/112)*

**A. Allgemeines. § 228 schützt** (nur) die **Richtigkeit inländischer öffentlicher Urkunden** (§ 224 Rz 1–5) **und Beglaubigungszeichen** (s § 225 Rz 1f), nicht auch anderer Urkunden und Beglaubigungszeichen. Der Täter erschleicht eine **gutgläubige** unrichtige Beurkundung oder Beglaubigung, dh die Urkundsperson selbst glaubt an die Richtigkeit, mag sie auch fahrlässig handeln. 1

§ 311 hat denselben Schutzzweck, doch muss der unmittelbare Täter Beamter sein und hinsichtlich der Unrichtigkeit des Beurkundeten bösgläubig handeln (§ 311 Rz 1, 7; s auch Rz 8).

**B. Ausführungshandlungen.** 2

a) Im Fall des **Abs 1 bewirkt** der Täter **eine gutgläubige unrichtige Beurkundung oder Beglaubigung**, dh er setzt eine Handlung, die dazu führt, dass eine Urkundsperson etwas Unwahres in einer öffentlichen Urkunde festhält oder ein öffentliches Beglaubigungszeichen an einer Sache anbringt, ohne dass die Voraussetzungen dafür vorliegen (vgl § 311 Rz 2, 6). Wesentlich ist, dass sich die Beurkundung auf die **inhaltliche Richtigkeit** („Errichtungszweck" der Urkunde: 13 Os 132/18p) bezieht und insofern qualifizierte Beweiskraft hat (eingehend *K/Schm* StudB III § 228 Rz 16 ff).

Der Täter erreicht durch falsche Behauptungen oder Vorlage falscher Urkunden, dass die Behörde in einer Sterbeurkunde den Tod einer noch lebenden Person beurkundet; dass ein Werkstättenleiter, ohne das Auto gesehen zu haben, in gutem Glauben ein Ersatzpickerl (§ 57a KFG; s § 224 Rz 2) für ein nicht betriebssicheres Kfz ausstellt; dass ein Notar fälschlich gutgläubig die Übereinstimmung einer Abschrift mit dem Original beglaubigt (*Kienapfel/Schroll* WK² § 228 Rz 15); der Täter lässt eine andere Person eine Prüfungsarbeit schreiben und bewirkt dadurch, dass für eine falsche Person ein Zeugnis ausgestellt wird (*Schwaighofer* JSt 2021, 367).

3 Wenn die öffentliche Urkunde hingegen **bloß die Tatsache wiedergibt**, dass etwas vor der Urkundsperson vorgebracht, ausgesagt, gemeldet usw wurde (sog „schlichte Beweisurkunde“), ist § 228 nach hA nicht erfüllt (13 Os 132/18p; *F/M-K/O* § 228 Rz 4 uam).

Nicht nach § 228 zu bestrafen ist, wer durch falsche Angaben bewirkt, dass die Behörde eine Bestätigung über den Verlust oder Diebstahl eines Ausweises oder einer Urkunde ausstellt, der in Wahrheit gar nicht verloren oder gestohlen wurde (13 Os 132/18p); wer bei einer Anmeldung beim Meldeamt unrichtige Angaben macht (14 Os 63/04); wer bei einer Vernehmung, über die ein Protokoll angefertigt wird, lügt: In diesen Fällen wird durch die Urkundsperson bloß (ohne Überprüfung) festgehalten, *dass* jemand den Verlust seines Ausweises, den Wechsel seines Wohnsitzes gemeldet, diese Aussage gemacht hat (vgl auch 15 Os 145/07y). § 228 ist auch dann nicht erfüllt, wenn die unwahren Angaben des Beschuldigten zu einer unrichtigen Eintragung im Strafregister führen (vgl *Kienapfel/Schroll* WK² § 228 Rz 20; aM EvBl 1981/64).

4 Das **Erschleichen eines inhaltlich unrichtigen Hoheitsakts** (zB eines Urteils oder Bescheids) durch falsche Angaben, Vorlage falscher Beweismittel usw **fällt nicht unter § 228** (11 Os 166/19z; *K/Schm* StudB III § 228 Rz 3, *Roitner* SbgK § 228 Rz 51 uam): Die Rechtmäßigkeit von Entscheidungen wird durch § 228 nicht geschützt (*Kienapfel/Schroll* WK² § 228 Rz 5). Beschuldigte, die durch Lügen einen Freispruch oder eine Verurteilung nach einem milderen Strafgesetz erreichen, bleiben im Übrigen auch deshalb straflos, weil sie dabei von ihrem Recht auf Verteidigung Gebrauch machen.

5 **b)** Im Fall des **Abs 2 gebraucht** der Täter eine gutgläubig hergestellte unrichtige Urkunde oder eine Sache, an der gutgläubig ein unrichtiges öffentliches Beglaubigungszeichen angebracht wurde, **im Rechtsverkehr** (vgl § 223 Abs 2, § 225 Abs 2).

6 **C. Innere Tatseite.** Im Fall des **Abs 1** muss sich der **Vorsatz** des Täters auf die **Unrichtigkeit** des Beurkundeten bzw Beglaubigten beziehen, und er muss mit dem **erweiterten Vorsatz** handeln, dass die Urkunde bzw Sache **im Rechtsverkehr gebraucht werde** (vgl § 223 Rz 18f).

Im Fall des **Abs 2** muss der Täter es wenigstens ernstlich für möglich halten und sich damit abfinden, dass vorsätzlich eine irrtümliche Beurkundung oder Beglaubigung bewirkt wurde und dass die Verwendung einen Gebrauch im Rechtsverkehr darstellt.

**D. Tätige Reue.** Nach § 228 Abs 3 gilt § 226 entsprechend (s § 226 Rz 1ff). 7

**E. Abgrenzung und Konkurrenz.** Zum Verhältnis von § 228 **Abs 1 und 2** s 8
§ 223 Rz 22 (vgl SSt 52/60).

Bei betrügerischer Verwendung der unrichtigen Urkunde wird § 228 von §§ 146, 147 Abs 1 Z 1 vierter Fall verdrängt (13 Os 29/08a).

Wenn ein Beamter bei der Beurkundung **bösgläubig handelt**, ist **§ 302 oder § 311** anzuwenden (s § 302 Rz 6, 23ff, § 311 Rz 2f); Dritte, die den Beamten dazu bestimmen oder sonst zur Tat beitragen, haften nach §§ 12, 302 bzw §§ 12, 311.

## Urkundenunterdrückung

**§ 229. (1) Wer eine Urkunde, über die er nicht oder nicht allein verfügen darf, vernichtet, beschädigt oder unterdrückt, ist, wenn er mit dem Vorsatz handelt, zu verhindern, daß sie im Rechtsverkehr zum Beweis eines Rechtes, eines Rechtsverhältnisses oder einer Tatsache gebraucht werde, mit Freiheitsstrafe bis zu einem Jahr oder mit Geldstrafe bis zu 720 Tagessätzen zu bestrafen.**

**(2) Nach Abs. 1 ist nicht zu bestrafen, wer freiwillig die Unterdrückung der Urkunde, bevor diese im Rechtsverkehr gebraucht werden sollte, rückgängig macht oder auf andere Art bewirkt, daß die Tat den Beweis, dem die Urkunde dienen sollte, nicht behindert.**

*(idF BGBl I 2015/112)*

**A. Tatobjekt.** Tatobjekt des § 229 ist eine inländische oder ausländische, priva- 1
te oder öffentliche **Urkunde, über die der Täter nicht (allein) verfügen darf.** Zur Urkunde s § 223 Rz 1ff, insb Rz 4. Den Schutz des § 229 genießen nur **echte und unverfälschte Urkunden** (EvBl 1999/132; *Kienapfel/Schroll* WK[2] § 229 Rz 7), solange sie noch zum Nachweis einer Tatsache verwendbar sind (RS0095608: Kfz-Kennzeichen fallen nach Aufhebung der Zulassung nicht mehr unter § 229).

Die (alleinige) **Verfügungsbefugnis** iSd § 229 fehlt, wenn die Urkunde nicht dem Täter allein gehört oder wenn er gesetzlich oder vertraglich zur Aufbewahrung oder Herausgabe verpflichtet ist (vgl §§ 295, 296 Rz 3; 14 Os 8/22s, 17 Os 28/13s; GenProk Gw 164/19d = JSt-GP 2020/2, 174). Das Einverständnis des (Mit)Verfügungsberechtigten in eine der Tathandlungen schließt die Tatbildmäßigkeit aus.

Über Ausweise kann der Berechtigte grundsätzlich allein verfügen. Wer zB aus Protest seinen Pass verbrennt, macht sich nicht strafbar. Mit der Abnahme des Führerscheins geht die Verfügungsbefugnis natürlich verloren.

Wenn von einem Vertrag für jede der beiden Parteien eine Ausfertigung errichtet wird, ist jede Partei allein über ihre Ausfertigung verfügungsberechtigt.

Hingegen darf nach dem Tod des Erblassers niemand, auch nicht ein Erbe, über das Testament oder ein hinterlassenes Sparbuch (vgl 15 Os 134/97) allein verfügen (vgl § 797 ABGB). Das einzige Exemplar einer Heiratsurkunde steht im gemeinsamen Verfügungsrecht der Eheleute (14 Os 165/03). Über behördliche Akten sind weder die Verfahrensbeteiligten noch die befassten Beamten allein verfügungsberechtigt (*F/M-K/O* § 229 Rz 3).

2 **B. Ausführungshandlungen.**

**a) Vernichten.** Der Täter beseitigt den gedanklichen Inhalt der Urkunde vollständig, zB indem er sie verbrennt (17 Os 3/16v) oder unleserlich macht (EvBl 1999/132).

**b) Beschädigen.** Die Urkunde wird so stark verändert, dass sie die Beweisfunktion nicht mehr in vollem Umfang erfüllen kann: Der Täter schüttet zB Tusche auf eine fremde Urkunde, um einen Teil unleserlich zu machen.

**c) Unterdrücken.** Das Unterdrücken lässt die Urkunde unversehrt, verhindert aber, dass der Berechtigte sie zumindest vorübergehend verwenden kann (14 Os 30/13p; *Bugelnig* SbgK § 229 Rz 39f).

Der Täter wirft eine fremde Urkunde weg, versteckt sie, behält sie selbst (12 Os 32/17y, 17 Os 6/16k uam), verweigert die Herausgabe (14 Os 88/17y, 115/17v; vgl 14 Os 165/03), gibt sie nicht auftragsgemäß weiter (14 Os 117/15k); er montiert ein Kfz-Kennzeichen von einem fremden Kfz ab und wirft es weg oder verwendet es selbst (12 Os 25/22, 14 Os 34/18h uam; s BT I § 127 Rz 7). Dass sich der Berechtigte Ersatz beschaffen kann, schließt die Anwendung des § 229 nicht aus (EvBl 1982/191). Die Unterdrückung einer Urkunde ist bereits mit ihrer Entziehung vollendet (EvBl 1990/120).

Der Finder ist verpflichtet, den Fund unverzüglich anzuzeigen und den Fundgegenstand abzugeben (§§ 390f ABGB); von einem Unterdrücken kann man aber nur sprechen, wenn er dieser Pflicht länger (etwa vier Wochen) nicht nachkommt (vgl auch BT I § 134 Rz 12). Nach hA kann sogar eine bereits unterdrückte (zB von einem Dieb weggeworfene) Urkunde noch einmal unterdrückt werden, wenn der Finder sie zB behält (EvBl 1982/191; *Kienapfel/Schroll* WK² § 229 Rz 23 ua).

3 **C. Innere Tatseite.** Der **tatbestandsmäßige Vorsatz** muss sich insb auf den Umstand beziehen, dass der Täter über die Urkunde nicht allein verfügungsberechtigt ist.

4 § 229 verlangt auch den Vorsatz zu verhindern, dass die Urkunde im Rechtsverkehr zum Beweis eines Rechtes usw gebraucht werde (**„Gebrauchsverhinderungsvorsatz“**). Dafür genügt das Begleitwissen, dass der Berechtigte die Urkunde nicht mehr verwenden kann (s § 241e Rz 12). Nach hL und Rsp (EvBl 1990/120; *K/Schm* StudB III § 229 Rz 24 uam) und in Übereinstimmung mit § 241e Abs 3 ist dieser Vorsatz schon **bei jeder nicht bloß kurzfristigen Entziehung einer Urkunde anzunehmen** (s auch BT I § 135 Rz 12).

Der Täter erbeutet bei einem Handtaschendiebstahl auch einen Ausweis und eine Bankomatkarte; das Geld behält er, die Tasche, den Ausweis und die Bankomatkarte wirft er weg: Er begeht einen Diebstahl am Geld, eine dauernde Sachentziehung an der Tasche, eine Urkundenunterdrückung am Ausweis und eine Unterdrückung eines unbaren Zahlungsmittels an der Bankomatkarte (s BT I § 135 Rz 12, § 241e Rz 12).

Wenn der Täter will, dass die Urkunde an den Berechtigten zurückgelangt, bevor dieser sie für eine rechtserhebliche Verwendung benötigt, fehlt ihm der geforderte Vorsatz.

**D. Abgrenzung und Konkurrenz.** 5

a) Die Wegnahme von **Urkunden, die zugleich Wertträger sind** (zB Fahrkarten, Gutscheine), mit Zueignungs- und Bereicherungsvorsatz ist **nur als Diebstahl** zu bestrafen (BT I § 127 Rz 6; strittig); die Wegnahme solcher Urkunden mit dem Vorsatz sie preiszugeben ist nur als **dauernde Sachentziehung** und nicht auch nach § 229 zu bestrafen (SSt 53/6; s BT I § 135 Rz 12).

b) Die Unterdrückung von **Urkunden, die keine Wertträger sind** (zB Ausweise, Sparbücher, Kfz-Kennzeichen; s Rz 2), fällt unter **§ 229** (12 Os 93/21z, 14 Os 71/18z); die Unterdrückung **unbarer Zahlungsmittel** ist nach **§ 241e Abs 3** strafbar. Unterdrückt der Täter durch eine Tat mehrere Urkunden, begeht er mehrere Vergehen nach § 229 in Idealkonkurrenz (11 Os 157/11i). 6

c) **§ 295** ist gegenüber § 229 subsidiär (s § 295 Rz 7). Zur Abgrenzung zur **Urkundenfälschung** s § 223 Rz 24. 7

Wer aus dem Pass eines anderen die Seite mit dem Einreisevisum für ein anderes Land herausreißt, um ihn an der betreffenden Reise zu hindern, ist nur nach § 229 und nicht auch nach §§ 223, 224 zu bestrafen: Das Visum ist eine rechtlich selbständige Urkunde, die vernichtet wird. Die österreichische Passerklärung bleibt unverändert (*Kienapfel/Schroll* WK² § 223 Rz 93, § 229 Rz 10, 22; aM EvBl 1980/132).

**E. Tätige Reue.** Nach § 229 **Abs 2** wird der Täter einer Urkundenunterdrückung nach Abs 1 straflos, wenn er **freiwillig** und **rechtzeitig**, bevor die Urkunde im Rechtsverkehr gebraucht werden sollte, die **Unterdrückung rückgängig macht** oder auf andere Weise dafür sorgt, dass der Berechtigte den Beweis, dem die Urkunde dienen sollte, erbringen kann. 8

Die Rückgabe eines entzogenen Passes ist rechtzeitig, wenn sie vor dem geplanten Antritt der Reise erfolgt. Wer einen Schuldschein vernichtet hat, um den Kläger in Beweisnotstand zu bringen, übt rechtzeitig tätige Reue, wenn er die Forderung im Verfahren anerkennt (*F/M-K/O* § 229 Rz 9).

## Versetzung von Grenzzeichen (§ 230)

*(idF BGBl 1974/60)*

**A. Tatobjekte.** § 230 schützt eine besondere Art von Beweiszeichen, denen im Rechtsleben erhöhte Bedeutung zukommt: 1

a) **Grenzzeichen** sind Markierungen (Stangen, Steine, Pflöcke), die von einer Behörde oder Privatpersonen, diesfalls unter ausdrücklicher oder stillschweigender Anerkennung der Beteiligten, zur Bezeichnung einer Grenze errichtet wurden (EvBl 1982/135).

Ein Zivilgeometer vermisst im Auftrag eines Grundbesitzers eine Grenze und steckt sie mit Eisenrohren ab. Der Nachbar, der die Grenze nicht anerkennt und die Rohre wieder herausreißt, kann nicht nach § 230 bestraft werden (EvBl 1982/135). Zu denken ist aber an § 125 (s BT I § 125 Rz 3, § 126 Rz 11).

2 b) **Wasserstandszeichen** sind Markierungen, die Nutzungsrechte an Gewässern bezeichnen (§ 23 WRG). Der Wasserstandpegel gehört nicht dazu.

3 **B. Tathandlungen** sind das **Unrichtig-Setzen, Verrücken, Beseitigen und Unkenntlichmachen** des Zeichens.

4 **C. Innere Tatseite.** Der Täter muss insb den **Vorsatz** haben, dass der versetzte Gegenstand die Funktion eines Grenz- oder Wasserstandszeichens erfüllt. Und der Täter muss mit dem **erweiterten Vorsatz** handeln, dadurch ein Beweismittel für eine Tatsache von rechtlicher Bedeutung zu schaffen oder zu unterdrücken.

Wer ein falsch angebrachtes Grenzzeichen an die seines Erachtens „richtige" Stelle verrückt, hat zwar den geforderten Vorsatz, wird aber wegen Verbotsirrtums (§ 9 Abs 1) nicht nach § 230 zu bestrafen sein (*Kienapfel/Schroll* WK² § 230 Rz 12).

5 **D. Tätige Reue.** Nach **§ 230 Abs 2** wird der Täter straflos, wenn er freiwillig und rechtzeitig den früheren Zustand wiederherstellt oder sonst bewirkt, dass die Beweisfunktion des Zeichens wieder erfüllt wird (vgl § 229 Rz 8).

6 **E. Konkurrenz.** Wer eine der in § 230 genannten Ausführungshandlungen zu betrügerischen Zwecken vornimmt, haftet (seit der Beseitigung des § 147 Abs 1 Z 2) nach **§ 146** und § 230 in echter Konkurrenz.

## Gebrauch fremder Ausweise (§ 231)

*(idF BGBl 1974/60)*

1 **A.** § 231 pönalisiert einen besonderen Fall einer Täuschung: die missbräuchliche Verwendung (echter) amtlicher Ausweise.

2 **B. Tatobjekte** des § 231 sind (nur) **amtliche**, also von einer in- oder ausländischen Behörde ausgestellte **Ausweise**, die dem Nachweis der Identität einer bestimmten Person dienen. Ohne Foto ist keine vernünftige Identitätsprüfung möglich; deshalb muss es sich um **Lichtbildausweise** handeln (aM 15 Os 6/07g; *Kienapfel/Schroll* WK² § 231 Rz 4, *H/R* BT II § 231 Rz 2, *Roitner* SbgK § 231 Rz 21).

Unter § 231 fallen zB Pässe und Personalausweise (15 Os 42/10f, 13 Os 8/10s uam), der Führerschein (SSt 53/36, ZVR 1983/87), der Studenten- und Schülerausweis (SSt 50/29), der Waffenpass und die Waffenbesitzkarte gem § 21 WaffenG.

Keine Ausweise iSd § 231 sind die E-Card ohne Foto (aM 15 Os 6/07g), der Staatsbürgerschaftsnachweis und die Geburtsurkunde (aM *H/R* BT II § 231 Rz 2), der Gewerbeschein (SSt 48/89), Zeugnisse, Ausweise öffentlicher oder privater Unternehmen (zB Fahrausweise der ÖBB und der Verkehrsbetriebe), Mitgliedsausweise privater Vereine, Impfzertifikate.

**C. Ausführungshandlungen.** Unter **Abs 1** fällt, wer vorsätzlich einen **fremden amtlichen Ausweis** im Rechtsverkehr **gebraucht**; unter **Abs 2**, wer seinen **eigenen Ausweis einem anderen** mit dem Vorsatz **überlässt**, dass dieser ihn im Rechtsverkehr zur Täuschung über seine Identität gebrauche. **Zum Gebrauch im Rechtsverkehr** s § 223 Rz 18f. 3

Nach § 231 Abs 1 macht sich zB strafbar, wer bei einer Verkehrskontrolle einen fremden Duplikatführerschein (SSt 53/36) vorweist. Der Täter, der seinen Personalausweis einem Freund übergibt, damit sich dieser für ihn eine Blutprobe abnehmen lässt, haftet nach § 231 Abs 2.

**D. Tätige Reue.** **§ 231 Abs 3** sieht für den Fall des Abs 2 Straffreiheit vor, wenn der Täter freiwillig und rechtzeitig den Gebrauch seines Ausweises durch den anderen verhindert. 4

**E. Abgrenzung und Konkurrenz.** 5

Der Gebrauch falscher oder verfälschter amtlicher Ausweise ist nach §§ **223, 224** und nicht nach § 231 strafbar.

Wenn der Täter einen gefundenen amtlichen Ausweis gebraucht und später wegwirft, ist er sowohl nach § 231 als auch nach § **229** zu bestrafen.

# Strafbare Handlungen gegen die Sicherheit des Verkehrs mit Geld, Wertpapieren, Wertzeichen und unbaren Zahlungsmitteln

## Geldfälschung (§ 232); Geld, Wertpapiere und Wertzeichen des Auslands (§ 241)

*(§ 232 idF BGBl I 2004/15; § 241 idF BGBl I 2001/19)*

**Schrifttum zu §§ 232–241:** *Glaser*, Der Bitcoin als staatliche Währung, ZWF 2021, 264; *Kienapfel*, Probleme des strafrechtlichen Geldbegriffs, ÖJZ 1986, 423; *Kienapfel*, Nullum crimen sine lege. Kritische Betrachtungen zur E 13 Os 134/10w, ÖJZ 2013/24, 214; *Lehner*, Fantasiegeld als Schwarzgeld? JAP 2012/2013, 4; *Sonntag*, Einführung in das Internetrecht² (2014); *Thiele*, Der strafrechtliche Wertpapierbegriff – Betrachtungen de lege lata und de lege ferenda, ÖJZ 1998, 212; *Steininger H.*, Urkunden- und Beweiszeichendelikte im Strafgesetzbuch, in: Bezauer Tage Strafrecht 1979, 145; *Wach*, Die Autobahnvignette – ein neues Wertzeichen, ÖJZ 1999, 414; *Wirth/Schallmoser/Hinterhofer*, Europäisches Strafrecht, in: *Herzig* (Hrsg), Europarecht Jahrbuch 2015 (2016), 347.

**A. Tatobjekt** des § 232 sind **Banknoten und Münzen**, die (noch) als **gesetzliche Zahlungsmittel** in Verwendung stehen (SSt 48/77), mögen sie auch vor allem zu Sammelzwecken ausgegeben werden. 1

Geld iSd § 232 sind sämtliche Eurobanknoten und -münzen, gleichgültig von welchem Land der Währungsunion sie stammen (13 Os 134/10w, 15 Os 124/16y), auch Sammlermünzen wie die Wiener Philharmoniker mit einem Nennwert in Euro. Auf Schilling lautende Banknoten und Münzen sind seit 1.3.2002 kein gesetzliches Zahlungsmittel mehr; sie werden durch § 237 strafrechtlich geschützt (§ 237 Rz 1). Golddukaten, von Unternehmen ausgegebene Zahlungsmittel („Palmersmünzen") und „virtuelle (digitale) Währungen" wie zB Bitcoins fallen ebenfalls nicht unter § 232 (s auch § 241a Rz 3).

Der Strafschutz erstreckt sich gem **§ 241** auch auf **ausländisches Geld** (s etwa 15 Os 72/16a: 100 USD-Note). 2

**B. Ausführungshandlungen.** 3

**a) Nachmachen (Abs 1, 3).** Darunter versteht man die Herstellung eines Papiers bzw Metallstücks, das einer echten Banknote bzw Münze so ähnelt, dass es von einem Arglosen mit ihr **verwechselt werden kann** (SSt 52/52). Gem Abs 3 gilt als Nachmachen auch das unbefugte Drucken echter Banknoten ohne Zustimmung der zuständigen Stellen.

Mit der Herstellung einer verwechslungsfähigen Banknote ist das Delikt **vollendet** (11 Os 41/01). Solange die Druckbögen für Falschgeld noch nicht geschnitten sind, ist das Nachmachen des Geldes bloß versucht (SSt 52/52).

Wer eine Banknote beidseitig farbig fotokopiert (vgl 13 Os 34/11s, 11 Os 140/17y) oder sie einscannt und mit einem Farbdrucker ausdruckt (vgl 12 Os 115/09t), macht Geld nach. Ein unauffälliger einseitiger Aufdruck „Facsimile" und dgl lässt die Verwechslungstauglichkeit bestehen (14 Os 117/13g). Eine einseitig fotokopierte 100 €-Note ist hingegen generell nicht geeignet, einen Arglosen zu täuschen (JBl 1990, 55).

Die E 13 Os 134/10w, der zufolge Banknoten mit einem nicht existierenden Nennwert von einer Million Dollar verwechslungstauglich sein sollen, ist völlig weltfremd und daher verfehlt (ebenso *Schroll* WK² § 232 Rz 9; aM *Lehner* JAP 2012/2013, 6, *H/R* BT II § 232 Rz 4).

4 **b) Verfälschen von Geld (Abs 1).** Dabei wird echtes Geld so verändert, dass es den Anschein eines höheren Werts erweckt. Derartige Fälle kommen in der Praxis so gut wie nie vor.

5 **c) Übernahme von Falschgeld (Abs 2).** Unter den gleichen Strafsatz wie der Geldfälscher selbst fällt derjenige, der Falschgeld **im Einverständnis mit einem an der Geldfälschung Beteiligten oder einem Mittelsmann** übernimmt (15 Os 141/21f). Notwendig ist eine geschlossene Kette eingeweihter Personen vom Fälscher bis zum unmittelbaren Vormann des Täters, die das Falschgeld jeweils mit Einverständnis ihres Vormanns in ihren Gewahrsam gebracht haben (14 Os 79/16y uam). Dass die Geldfälscher selbst unbekannt bleiben, ist belanglos. Fehlt ein derartiges Einverständnis, kommt § 233 zur Anwendung (s Rz 8, § 233 Rz 1f).

Mit der Bestellung von Falschgeld (zB im Darknet) ist die Geldfälschung nach Abs 2 versucht (RS0133244).

6 **C. Innere Tatseite.** Der Übernehmer der Falsifikate (Abs 2) muss den **Vorsatz** haben, dass es sich um **Falschgeld** handelt und dass sein Vormann mit einem Geldfälscher oder einem weiteren Mittelsmann (Rz 5) in Verbindung steht.

Die Geldfälschung (Abs 1) bzw die Übernahme des Falschgelds (Abs 2) muss mit dem **erweiterten Vorsatz** erfolgen, **dass das Geld als echt und unverfälscht in Verkehr gebracht werde**, dh dass es erstmalig in den allgemeinen Zahlungsverkehr gelangt (vgl EBRV 30 BlgNR 13. GP, 376).

7 **D. Tätige Reue.** S bei § 240.

8 **E. Abgrenzung und Konkurrenz.**

Der Fälscher oder Falschgeldübernehmer, der selbst Falschgeld als echtes Geld verwendet, haftet nur nach § 232; der damit zwangsläufig verbundene

**Betrug** wird mit der Bestrafung nach § 232 abgegolten (vgl 12 Os 133/14x; *K/Schm* StudB III § 232 Rz 39f uam).

Zur Abgrenzung zu **§ 233** und **§ 236** s § 233 Rz 1f, § 236 Rz 3f.

## Weitergabe und Besitz nachgemachten oder verfälschten Geldes (§ 233)

*(idF BGBl I 2015/112)*

**A. Tatobjekt, Ausführungshandlung.** § 233 erfasst minder strafwürdige Handlungen in Bezug auf **Falschgeld** (s § 232 Rz 1–4). 1

**a) Einfuhr, Ausfuhr, Beförderung, Übernahme, Verschaffen und Besitzen von Falschgeld (Abs 1 Z 1).** 2

**Übernahme** von Falschgeld ist die einverständliche Erlangung von Gewahrsam; sie fällt nur unter § 233 Abs 1 Z 1, wenn der Übergeber weder Fälscher noch Mittelsmann iSd § 232 ist (fehlende oder nicht nachweisbare durchgehende Personenkette: s § 232 Rz 5; 15 Os 89/15z, RZ 1986/50 mit Anm von *Kienapfel*).

**Verschaffen** von Falschgeld ist die eigenmächtige, **rechtswidrige** Erlangung von Gewahrsam an Falschgeld, etwa durch Wegnahme oder Abnötigung (EBRV 30 BlgNR 13. GP, 377; vgl § 241e Rz 3). Wer Falschgeld auf der Straße findet, hat es nicht rechtswidrig erlangt. Wenn der Finder es aber in Kenntnis der Tatsache, dass es sich um Falschgeld handelt, mit Weitergabevorsatz behält, macht er sich wegen **Besitzes** strafbar. § 233 wird von § 236 verdrängt, wenn der Täter durch gutgläubigen Empfang in den Besitz gekommen ist (s Rz 7; § 236 Rz 1ff).

**b) Ausgeben von Falschgeld (Abs 1 Z 2).** Darunter versteht man jede, nicht bloß die erstmalige, Weitergabe von Falschgeld an einen anderen, durch die das Geld im Umlauf gehalten wird (EBRV 30 BlgNR 13. GP, 377). 3

**B. Innere Tatseite.** In den Fällen des **Abs 1 Z 1** muss der Täter im Zeitpunkt der jeweiligen Tathandlung zumindest den bedingten Vorsatz haben, dass es sich um Falschgeld handelt, und mit dem erweiterten Vorsatz handeln, dass das Geld als echt und unverfälscht ausgegeben werde. 4

Im Fall des **Abs 1 Z 2** ist der Täter entweder bereits bösgläubig in den Besitz von Falschgeld geraten oder aber gutgläubig, wobei er sich dadurch nach einem anderen Deliktstypus strafbar gemacht hat (zur Abgrenzung zu § 236: s unten Rz 7 und § 236 Rz 3f); bei der Weitergabe muss er jedenfalls den Vorsatz haben, dass es sich um Falschgeld handelt (vgl EvBl 1988/121).

**C. Qualifikation.** Nach § 233 Abs 2 ist ein höherer Strafsatz anzuwenden, wenn sich die Tat auf Falschgeld im Nennwert von mehr als 300.000 € bezieht. Die Nennwerte des Falschgelds mehrerer Taten nach § 233 Abs 1 und 2 sind gem § 29 zusammenzurechnen (15 Os 89/15z). 5

**D. Tätige Reue.** S bei § 240. 6

7 **E. Abgrenzung und Konkurrenz.**

a) Zur Abgrenzung zur **Geldfälschung** s Rz 1f und § 232 Rz 5, 8.

b) Die Privilegierung nach § **236** kommt zur Anwendung, wenn der Täter Falschgeld weitergibt, das er **gutgläubig empfangen** hat, ohne sich dabei strafbar zu machen (EvBl 1988/121; s oben Rz 4, § 236 Rz 3f). Auch die der Weitergabe vorangehende Beförderung und der Besitz des Falschgelds nach § 233 Abs 1 werden verdrängt (11 Os 46/19b).

c) Wer einen der Tatbestände nach § 233 Abs 1 **Z 1** erfüllt hat und anschließend das Falschgeld weitergibt, ist nur nach § 233 Abs 1 **Z 2** zu bestrafen (EBRV 30 BlgNR 13. GP, 377).

d) Ein mit der Weitergabe von Falschgeld verbundener **Betrug** nach § 146 ist dem Täter nach hA als typische Begleittat nicht gesondert anzulasten (s § 232 Rz 8; 12 Os 133/14x; *Schroll* WK² 233 Rz 26 uam). Ein nach § 147 Abs 3 qualifizierter Betrug wird jedoch nicht verdrängt (13 Os 134/10w).

## Verringerung von Geldmünzen und Weitergabe verringerter Geldmünzen (§ 234)

*(idF BGBl I 2015/112)*

1 § 234 pönalisiert das **Verringern von Geldmünzen** selbst, zB durch Abfeilen, sowie einige Handlungen mit verringerten Geldmünzen. Der Tatbestand ist absolut bedeutungslos und sollte gestrichen werden.

## Ansichbringen, Verheimlichen oder Verhandeln des Münzabfalls (§ 235)

*(idF BGBl I 2015/112)*

1 § 235 pönalisiert das Ansichbringen usw von **Metallteilen**, die bei einer Münzverringerung nach § 234 Abs 1 **abgefallen** sind. Auch dieses Delikt ist völlig bedeutungslos und sollte aufgehoben werden.

## Weitergabe von Falschgeld oder verringerten Geldmünzen (§ 236)

*(idF BGBl I 2015/112)*

1 **A. Allgemeines, Tatobjekt, Ausführungshandlung.** § 236 ist ein privilegierter Sonderfall der Delikte nach §§ 233 und 234, häufig als **Abschieben von Falschgeld** bezeichnet (*F/M-K/O* § 236 Rz 1 uam): Der Täter ist minder strafwürdig, weil er selbst Opfer eines Geldfälschungsdelikts geworden ist (s aber Rz 4) und jetzt – nicht ganz unverständlich – seinen Schaden abwälzt.

Das **Tatobjekt** ist Falschgeld (s § 232 Rz 1f). Die **Ausführungshandlungen** entsprechen denen des § 233 Abs 1 Z 2 (s § 233 Rz 3): im Fall des **Abs 1** die **Weitergabe** als echt und unverfälscht **für sich selbst** mit dem Vorsatz, dass es sich um Falschgeld handelt; im Fall des **Abs 2 die Weitergabe für einen anderen**, zB für einen Freund (vgl EBRV 30 BlgNR 13. GP, 378). Die der Weitergabe vorangehende Beförderung und der Besitz sind gleichermaßen nach § 236 privilegiert (*Schroll* WK[2] § 233 Rz 23; 11 Os 46/19b). 2

**B. Besonderheit gegenüber §§ 233 und 234.** Der entscheidende Unterschied zu den Tatbeständen nach §§ 233 und 234 liegt darin, dass der Täter oder ein anderer für ihn (Abs 1) oder der andere, für den das Falschgeld weitergegeben wird (Abs 2), das **Falschgeld gutgläubig empfangen** haben muss, **ohne dass er sich dadurch strafbar gemacht hat.** Im Fall des Abs 2 kann der unmittelbare Täter, der das Falschgeld weitergibt, dieses bösgläubig (wissend, dass es sich um Falschgeld handelt) übernommen haben (objektives Schuldmerkmal: s *Schroll* WK[2] § 236 Rz 11, *Oshidari* SbgK § 236 Rz 11). 3

Wer einem anderen, ohne es als solches zu erkennen, Falschgeld stiehlt, raubt, abnötigt oder es auch bloß findet, hat es nicht empfangen und ist daher bei bösgläubiger Weitergabe nicht nach § 236, sondern nach § 233 strafbar (EBRV 30 BlgNR 13. GP, 378; *H/R* BT II § 236 Rz 7).

Wer einen anderen durch Täuschung zur Zahlung einer nicht geschuldeten Summe verleitet und auf diese Weise gutgläubig Falschgeld erhält, hat es zwar empfangen; da er sich aber wegen versuchten Betrugs strafbar gemacht hat, kann er ebenfalls nicht in den Genuss des § 236 kommen.

Empfangen iSd § **236 setzt** aber **nicht voraus**, dass der **Täter** Eigentum am Falschgeld erworben hat oder **selbst** in seinem Vermögen **geschädigt** worden ist. 4

Wer Falschgeld in gutem Glauben geschenkt oder von einem anderen ausgehändigt bekommt, um es gegen eine andere Währung einzutauschen, und das nun schlechtgläubig tut, fällt unter die Privilegierung des § 236 (aM EvBl 1988/121; *K/Schm* StudB III § 236 Rz 13, *Schroll* WK[2] § 236 Rz 9).

**C. Abgrenzung und Konkurrenz.** § 236 verdrängt als lex specialis die Delikte nach **§§ 233 und 234** (s insb § 233 Rz 7). Der häufig mit der Tat verbundene **Betrug** ist dem Täter nicht gesondert anzulasten (s § 232 Rz 8, § 233 Rz 7). 5

## Fälschung besonders geschützter Wertpapiere (§ 237)

*(idF BGBl I 2001/19)*

Die in §§ 232, 233 und 236 beschriebenen Tathandlungen (s § 232 Rz 3ff, § 233 Rz 2f, § 236 Rz 2ff) sind gleichermaßen strafbar, wenn sie die in § 237 genannten, besonders geschützten Wertpapiere betreffen: **Aktien, Pfandbriefe, Teilschuldverschreibungen** (zB Kommunalschuldverschreibungen), **Anteilschei-** 1

**ne** (zB Investmentzertifikate) usw, sobald sie emittiert und solange sie gültig sind (*Schroll* WK² § 237 Rz 8).

2 **Banknoten und Geldmünzen** hingegen fallen unter § 237, wenn sie noch nicht oder nicht mehr gesetzliche Zahlungsmittel sind (vgl § 232 Rz 1). Das betrifft insb Schillingnoten und -münzen.

Geschützt werden nur **Inhaberpapiere**, weil nur diese selbst Wertträger sind. Ob die Wertpapiere von der öffentlichen Hand oder von privater Seite ausgegeben wurden, ist unerheblich (EBRV 30 BlgNR 13. GP, 378). Gem **§ 241** sind auch entsprechende **ausländische Wertpapiere** geschützt (EvBl 1988/121: holländische Staatsobligationen).

3 Die Fälschung usw der in § 237 aufgezählten Wertpapiere ist ausschließlich nach dieser Bestimmung zu ahnden (*L/St/Tipold* § 224 Rz 13f); zur Fälschung anderer Wertpapiere s § 224 Rz 8. Zur **tätigen Reue** s bei § 240.

## Wertzeichenfälschung (§ 238)

*(idF BGBl 1974/60)*

1 **A. Allgemeines, Tatobjekte.**

**a)** § 238 schützt **amtliche Wertzeichen**; das sind meist aus Papier hergestellte und mit einer Wertangabe versehene Zeichen und Marken, die **kraft amtlicher Anordnung der Entrichtung von Abgaben und anderer öffentlich-rechtlicher Leistungen dienen** (EBRV 30 BlgNR 13. GP, 379; s Abs 3). Kennzeichnend für sie ist, dass sie entwertet werden.

Unter die amtlichen Wertzeichen fallen im Wesentlichen nur mehr Klebe-Autobahnvignetten (die Entwertung erfolgt durch das Aufkleben; s auch § 223 Rz 3) und von Gemeinden ausgegebene Parkscheine, die entwertet werden (JSt 2003/9). „Parkpickerln" werden daher nicht erfasst (17 Os 5/15m uam).

Stempelmarken und Gerichtskostenmarken gibt es nicht mehr; Verkehrsmarken (Fahrscheine: s § 223 Rz 3) sowie private Wertzeichen (Rabattmarken, usw: s § 223 Rz 2) fallen nicht unter § 238. Auch Briefmarken (§ 18 PMG) sind seit der Privatisierung der Post keine amtlichen Wertzeichen mehr (s 17 Os 49/14f).

2 **b)** Nach § 238 **Abs 3** sind **amtliche Stempelabdrücke** den amtlichen Wertzeichen gleichgestellt: Das sind Stempelabdrücke, die die Entrichtung von Abgaben bescheinigen, also **Wertzeichen ersetzen**, nicht hingegen Stempel zur Entwertung von Marken.

3 **B. Ausführungshandlungen.** Die Tathandlungen entsprechen weitgehend denen des § 232 und § 233: § 238 pönalisiert in **Abs 1** das Nachmachen und Verfälschen amtlicher Wertzeichen (s § 232 Rz 3, 4), in **Abs 2** das Übernehmen, Sich-Verschaffen (Abs 2 Z 1: s § 233 Rz 2) sowie das Verwerten (Abs 2 Z 2: s § 233 Rz 3) nachgemachter oder verfälschter amtlicher Wertzeichen. S aber unten Rz 5.

Verwertung ist jede Verwendung unter Ausnützung des vorgetäuschten Werts (EBRV 30 BlgNR 13. GP, 379), also zB auch das Befahren der Autobahn mit einer gefälschten Vignette (*Oshidari* SbgK § 238 Rz 20).

**C. Der Vorsatz** des Täters muss sich darauf beziehen, dass es sich um ein nachgemachtes oder verfälschtes amtliches Wertzeichen handelt; in den Fällen des Abs 1 und Abs 2 Z 1 muss der Täter mit dem **erweiterten Vorsatz** handeln, dass es als echt und unverfälscht verwertet werde. 4

**D. Strafausschließung; Konkurrenz; Tätige Reue.** 5

Ausdrücklich aus der gerichtlichen Strafbarkeit ausgenommen ist die bloße **Wiederverwendung eines** schon verwendeten **amtlichen Wertzeichens** und die **Entfernung des Entwertungsstempels (§ 238 Abs 4).** Möglicherweise begeht der Täter jedoch eine Verwaltungsübertretung.

Zur Konkurrenz von **Abs 1 und Abs 2** gilt das in § 234 Rz 4 Gesagte entsprechend.

**Zur tätigen Reue** s bei § 240.

## Vorbereitung einer Geld-, Wertpapier- oder Wertzeichenfälschung (§ 239)

*(idF BGBl I 2001/19)*

§ 239 erfasst **Vorbereitungshandlungen** zu Geld-, Wertpapier- und Wertzeichenfälschungen (vgl § 227 und § 241c). 1

Strafbar ist das **Anfertigen, Verschaffen, Überlassen,** aber auch der bloße **Besitz von Mitteln und Werkzeugen,** die erkennbar **spezifisch zu Fälschungszwecken bestimmt** sind, sowie von Hologrammen und anderen Geldbestandteilen, die der Sicherung gegen Fälschung dienen. Zu den Ausführungshandlungen s bei § 227 Rz 2. Der Vorsatz muss auf die Begehung eines der in den §§ 232, 234, 237 oder 238 genannten Fälschungsdelikte gerichtet sein.

Sowie das entsprechende Fälschungsdelikt das Versuchsstadium erreicht hat, tritt § 239 kraft **Subsidiarität** zurück (*Schroll* WK² § 239 Rz 7).

**Tätige Reue** ist nach § 240 möglich.

## Tätige Reue (§ 240)

*(idF BGBl 1974/60)*

§ 240 gewährt – ähnlich dem § 226 für Urkundendelikte – Tätern der im 13. Abschnitt enthaltenen Delikte mit Ausnahme der §§ 235 und 236 (s Rz 2) unter bestimmten, strengen Voraussetzungen Straffreiheit durch tätige Reue. 1

**a) Rechtzeitigkeit.** Tätige Reue ist generell nur möglich, **solange noch nicht versucht** worden ist, eines der **Tatobjekte in Verkehr zu bringen, auszugeben oder zu verwerten** (§ 240 Abs 1 Z 3). Deshalb scheidet Tätige Reue nicht 2 bloß für § 236, sondern auch für die Deliktsfälle gem § 233 Abs 1 Z 2 (s § 233 Rz 3) und § 238 Abs 2 Z 2 (s § 238 Rz 3) von vornherein aus.

3 **b) Freiwilligkeit.** Will man einem Täter einen vernünftigen Anreiz zur Straffreiheit bieten und die Verbreitung von Falschgeld ernsthaft verhindern, muss man für die Freiwilligkeit in § 240 wohl genügen lassen, dass der Täter sein **Handeln einstellt, obwohl er eine Verbreitung der Falsifikate noch für möglich hält** (vgl BT I § 167 Rz 13). Dass ein Geldfälscher weiß, dass ihm die Polizei auf der Spur ist, schließt Freiwilligkeit nicht aus.

4 **c) Reuehandlung.** Nach dem Wortlaut des Gesetzes muss der Täter seine **Tätigkeit vor deren Abschluss aufgeben** (Abs 1 Z 1) **und** die **Falsifikate vernichten** oder – soweit vorhanden – der **Behörde übergeben** (Abs 1 Z 2) **und** auch noch die **Gefahr beseitigen, dass Falsifikate** auf Grund seiner oder der Tätigkeit Beteiligter **in Verkehr gebracht, ausgegeben oder verwertet werden** (Abs 1 Z 3).

Diese Voraussetzungen dürfen jedoch **nicht streng kumulativ** aufgefasst werden (für alternative Auslegung *H/R* BT II § 240 Rz 2; aM *Oshidari* SbgK § 240 Rz 7): Auch einem Bestimmungstäter, der seine Tätigkeit mit der Bestimmungshandlung abgeschlossen hat, muss tätige Reue zuteilwerden können (*Schroll* WK² § 240 Rz 2, 5). Die Z 1 des Abs 1 sollte überhaupt beseitigt werden.

> Wenn sich ein Beteiligter der Behörde stellt und die in seinem Besitz befindlichen Falsifikate herausgibt, bleibt er dennoch strafbar, wenn es der Behörde nicht gelingt, alle anderen Tatbeteiligten festzunehmen, und einzelne Falsifikate noch abgesetzt werden können (JBl 1985, 434).

5 **d) Tätige Reue nach Abs 2.** Die Ausführungen zu § 226 Rz 3 gelten sinngemäß.

## Fälschung unbarer Zahlungsmittel

**§ 241a. (1) Wer ein falsches unbares Zahlungsmittel mit dem Vorsatz herstellt oder ein echtes unbares Zahlungsmittel mit dem Vorsatz verfälscht, dass es im Rechtsverkehr wie ein echtes verwendet werde, ist mit Freiheitsstrafe bis zu drei Jahren zu bestrafen.**

**(2) Wer die Tat gewerbsmäßig oder als Mitglied einer kriminellen Vereinigung begeht, ist mit Freiheitsstrafe von sechs Monaten bis zu fünf Jahren zu bestrafen.**

*(idF BGBl I 2004/15)*

**Schrifttum zu §§ 241a–241h:** *Bauer-Raschhofer*, Die modifizierte Bekämpfung von Betrug und Fälschung bei unbaren Zahlungsmitteln, ZWF 2022, 50; *Bergauer*, Computerstrafrecht, in: *Kert/Kodek*, Handbuch Wirtschaftsstrafrecht² (2022) Kap 11; *Bergauer*, OLG Innsbruck: Zum Missbrauch von Paysafecards und der Frage ihrer Eigenschaft als selbständige Wertträger, jusIT 2015/59, 151; *Glaser*, Der Bitcoin als staatliche Währung, ZWF 2021, 264; *Grosse*, StRÄG 2015 – Neuerungen im Computerstrafrecht, JSt 2016, 332; *McAllister*, Strafrechtliche Auswirkungen der neuen „PayPass"-Funktion von Kredit- und Bankomatkarten, JBl 2014, 224; *Messner*, StRÄG 2015 – Neuerungen im Besonderen Teil des StGB, ÖJZ 2016/19, 116; *Plöckinger*, Die neuen Tatbestände zum Schutz unbarer Zahlungsmittel und deren Verhältnis zu den Urkunden- und Vermögensdelikten, ÖJZ 2005, 256; *Prunner*, Missbrauch der Bankomatkarte eines Angehörigen – kein § 166 StGB? JAP 2014/2015, 4; *Reindl-Krauskopf*, Computerstrafrecht im Überblick[2] (2009); *Reindl-Krauskopf*, StGB 2015 und Cyberstrafrecht, in: *Lewisch* (Hrsg), Wirtschaftsstrafrecht und Organverantwortlichkeit (2015), 327; *Sautner*, Neue Straftatbestände zum Schutz unbarer Zahlungsmittel, RZ 2004, 26; *Schwaighofer*, Entwendete Wertkarte: 24-facher Strafrahmen? Presse Rechtspanorama 23.5.2005, 7; *Stricker*, Ausspähen von Daten eines unbaren Zahlungsmittels (§ 241h StGB) – Problematische Vorverlagerung der Strafbarkeit? JSt 2017, 104; *Tipold*, Das Strafrechtsänderungsgesetz 2015, JSt 2015, 405; *Tipold*, Unbare Zahlungsmittel – Anpassungen an die Richtlinie (EU) 2019/713, JSt 2021, 466; *Unger*, Novellierung des StGB im Dunstkreis der Delikte bezüglich unbarer Zahlungsmittel, jusIT 2022, 9; *Völkel*, Zum Begriff „virtuelle Währung", ZFR 2019, 346; *Wach*, „Unbare Zahlungsmittel" iS des § 74 Abs 1 Z 10 StGB – droht eine Ausuferung der Strafbarkeit? RZ 2005, 130.

## 1. Allgemeines zu den unbaren Zahlungsmitteln

**A. Allgemeines.** 1

Mit den §§ 241a–241g wurden Vorgaben der EU umgesetzt. Trotz der Einordnung der Bestimmungen im 13. Hauptstück ist zu beachten, dass die Entziehung eines unbaren Zahlungsmittels vor allem zu einer Vermögensschädigung des Berechtigten führt (*Oshidari* SbgK Vorbem §§ 241a ff Rz 10). Deshalb ist es angebracht, die §§ 166 und 167 auch auf diese Taten anzuwenden (näher BT I § 127 Rz 9, § 166 Rz 2, § 167 Rz 4).

**B. Definition.** 2

Nach der zur Umsetzung der EU-RL 2019/713 erweiterten Definition in § 74 Abs 1 Z 10 ist ein „unbares Zahlungsmittel" ein **körperliches oder unkörperliches Instrument**, das es dem Besitzer oder Nutzer ermöglicht, Geld oder monetäre Werte abzuheben, zu übertragen oder einen Zahlungsauftrag zu erteilen. Auch digitale Zahlungsmittel („virtuelle Währungen") und moderne Bezahlmöglichkeiten wie Onlinebanking, Klarna und PayPal sind nun erfasst. Die Instrumente müssen vor Fälschung oder betrügerischer Verwendung, zB durch Kodierung oder Unterschrift, geschützt sein.

Wesentliche Voraussetzung unbarer Zahlungsmittel ist (weiterhin) die **ubiquitäre** (generelle) Verwendbarkeit zur Bezahlung oder als Instrument zur Erlangung von Bargeld (zweifelnd *Unger* jusIT 2022, 10, 12). Sparbücher (11 Os 132/17x, 12 Os 4/17f), Fahrkarten, Wertkarten („Prepaid-Karten"), Tankkarten (17 Os 20/17w), Kunden- und Kontokarten von Geschäften und Banken mit Zahlungsfunktion, die nur dort einsetzbar sind, sind keine Zahlungsmittel, sondern Urkunden (§ 223 Rz 3, 13; RS0120525 uam; *K/Schm* StudB III Vorbem §§ 223ff Rz 77; s auch BT I § 127 Rz 7, § 135 Rz 12). Übertragbare Fahrkarten und Prepaid-Karten verkörpern unmittelbar einen Vermögenswert und sind deshalb Gegenstand von Vermögensdelikten, insb des Diebstahls nach § 127 (BT I § 127 Rz 6).

3 **C. Arten von unbaren Zahlungsmitteln.**

Folgende Zahlungsinstrumente fallen unter § 74 Abs 1 Z 10:

- **Schecks, Wechsel und Reiseschecks**
- **Bankomat- und Kreditkarten**, auch wenn sie schon gesperrt sind (12 Os 4/14a, 15 Os 35/06w)
- **Online-Banking**
- sog **„intermediäre Zahlungsabwickler"** wie PayPal, Apple Pay und Google Pay
- **virtuelle Währungen**

Virtuelle Währungen sind digitale Darstellungen eines Werts, die als Tauschmittel akzeptiert und auf elektronischem Weg übertragen werden können. Bitcoins sind zwar in El Salvador gesetzliches Zahlungsmittel (*Glaser* ZFW 2021, 266), aber es handelt sich nicht um gesetzliche Zahlungsmittel iSd § 232 und § 241, sodass sie wohl doch als unbares Zahlungsmittel anzusehen sind.

4 **D. Überblick über die Tatbestände gegen unbare Zahlungsmittel.**

Die **§§ 241a–241d** betreffen die **Fälschung** unbarer Zahlungsmittel. Sie ähneln sehr den anderen Fälschungsdelikten in Bezug auf (öffentliche) Urkunden und Geld. Die **§§ 241e–241g** beziehen sich auf diverse **andere Handlungen** im Zusammenhang mit fremden unbaren Zahlungsmitteln, insb die „Entfremdung" selbst. **§ 241h** pönalisiert das Ausspähen von Daten unbarer Zahlungsmittel, also die Vorbereitung deliktischer Handlungen.

Die Verwendung des unbaren Zahlungsmittels ist strafrechtlich gesondert zu beurteilen (idR Betrug oder betrügerischer Datenverarbeitungsmissbrauch); dabei sind Konkurrenzfragen zu beachten (näher unten Rz 9).

## 2. Fälschung unbarer Zahlungsmittel (§ 241a)

5 **A. Tathandlungen.** § 241a enthält zwei Begehungsweisen:

a) Der Täter **stellt ein falsches unbares Zahlungsmittel her:** Dh er macht es so nach, dass es entweder bei der Verwendung gegenüber Personen vom äußeren Erscheinungsbild her geeignet ist, über den wahren Aussteller und den damit verbundenen Wert zu täuschen, oder er produziert eine Karte mit einem Datensatz auf dem Magnetstreifen oder Chip, die geeignet ist, einen Zahlungsvorgang zum Nachteil einer anderen Person auszulösen (näher *Schroll* WK² § 241a Rz 5ff).

Der Täter fälscht zB einen Scheck, indem er die Unterschrift des Kontoinhabers nachmacht (vgl SSt 56/34); er setzt auf einem Blankoscheck, der ihm in die Hände gefallen ist, unbefugt eine Summe ein. Die Tathandlung entspricht somit der Urkundenfälschung (s § 223 Rz 10f). Der Täter stellt ein Duplikat einer fremden Bankomat- oder Kreditkarte her, indem er die Daten auf einen Rohling kopiert („white plastic"; s 12 Os 50/16v). Das genügt, weil man Bankomatkarten (mit NFC-Funktion auch ohne Code) und Kreditkarten auch verwenden kann, ohne sie einer Person vorlegen zu müssen: etwa zur Bezahlung von Treibstoff, Parkgebühren, der Autobahnmaut, zur Geldbehebung mit PIN-Code oder zur telefonischen Bestellung von Musicalkarten. Unkörperliche unbare Zahlungsmittel (s Rz 2 und 3) kann man vermutlich gar nicht fälschen.

b) Der Täter **verfälscht ein unbares Zahlungsmittel**, wenn er entweder die mit dem Auge lesbaren Zeichen oder die darauf gespeicherten Daten abändert. 6

Der Täter erhöht zB auf einem Scheck die Summe, indem er eine Ziffer ergänzt; er ändert den Namen auf einer Kreditkarte ab oder verändert die Kontonummer in den gespeicherten Bankomatkartendaten.

**B. Innere Tatseite.** Der Täter muss jeweils mit dem **erweiterten Vorsatz** handeln, dass das (falsche oder verfälschte) unbare Zahlungsmittel **im Rechtsverkehr wie ein echtes verwendet** werde. Wann, von wem und wie die Verwendung genau erfolgen soll, ist unwesentlich. Ein Vorsatz auf Täuschung einer Person ist wegen der vielfältigen Einsatzmöglichkeiten nicht notwendig (*Sautner* RZ 2004, 27; s hingegen § 223 Rz 18). Die Verwendung muss aber rechtserheblich sein. 7

Eine rechtserhebliche Verwendung liegt vor, wenn sie eine finanzielle Transaktion bewirkt (Zahlungsvorgang, Geldbehebung). Die Fälschung einer Kreditkarte, nur um mit dem Besitz gegenüber seinen Freunden zu prahlen, fällt nicht unter § 241a.

**C. Qualifikationen.** § 241a Abs 2 sieht eine höhere Strafdrohung vor, wenn eine der Tathandlungen **gewerbsmäßig** (BT I § 130 Rz 4ff) oder als Mitglied einer **kriminellen Vereinigung** (s dazu § 278 Rz 1ff, BT I § 130 Rz 1ff) begangen wird. 8

Wer nach § 241a Abs 2 wegen Begehung als Mitglied einer kriminellen Vereinigung verurteilt wird, kann nicht auch nach § 278 bestraft werden: Der Unwertgehalt der kriminellen Vereinigung wird damit abgegolten, auch wenn sie sich auf die Begehung weiterer Taten bezieht (BT I § 130 Rz 2). Die hA tritt allerdings für echte Konkurrenz ein (13 Os 100/07s; *Plöchl* WK² § 278 Rz 63 mwN).

**D. Konkurrenzfragen.** Mit der Verurteilung nach § 241a werden spätere Handlungen gem **§ 241b** abgegolten (straflose Nachtat: 15 Os 51/15m). Die Vorbereitungshandlungen nach **§ 241f** zweiter Fall sind gegenüber § 241a subsidiär (§ 241f Rz 4). Auch die Entfremdung eines unbaren Zahlungsmittels zwecks Fälschung (§ 241e Abs 1 zweiter Satz) wird von der späteren Fälschung nach § 241a verdrängt (§ 241e Rz 9). 9

Wer das falsche bzw gefälschte unbare Zahlungsmittel zu einem Betrug verwendet, haftet nur nach **§§ 146, 147 Abs 1 Z 1**; § 241a Abs 1 wird kraft Spezialität verdrängt (11 Os 102/05t). Wenn es zur Bargeldbehebung oder sonst nicht-personenbezogen verwendet wird, kommt neben § 241a auch der betrügerische Datenverarbeitungsmissbrauch nach **§ 148a** zur Anwendung, weil § 148a keinen dem § 147 Abs 1 Z 1 entsprechenden Qualifikationstatbestand enthält (12 Os 50/16v; *Schroll* WK² § 241a Rz 28, 32ff uam; die Rsp und ein Teil der Lehre beurteilen die Verwendung der Falsifikate bei Waren- und Geldausgabeautomaten jedoch als Diebstahl: s dazu BT I § 148a Rz 2).

Die Fälschung unbarer Zahlungsmittel ist ausschließlich nach § 241a zu beurteilen; die **Urkundenfälschung** nach §§ 223f wird verdrängt (s § 223 Rz 25).

## Annahme, Weitergabe oder Besitz falscher oder verfälschter unbarer Zahlungsmittel

**§ 241b. (1) Wer ein falsches oder verfälschtes unbares Zahlungsmittel mit dem Vorsatz, dass es im Rechtsverkehr wie ein echtes verwendet werde, von einem anderen übernimmt, sich oder einem anderen verschafft, befördert, einem anderen überlässt, einführt, ausführt, verbreitet, bereitstellt oder sonst besitzt, ist mit Freiheitsstrafe bis zu einem Jahr oder mit Geldstrafe bis zu 720 Tagessätzen zu bestrafen.**

**(2) Wer die Tat als Mitglied einer kriminellen Vereinigung begeht, ist mit Freiheitsstrafe von sechs Monaten bis zu fünf Jahren zu bestrafen.**

*(idF BGBl I 2021/201)*

1 **A. Tathandlungen.** § 241b **Abs 1** pönalisiert weniger schwerwiegende Handlungen in Bezug auf **falsche oder verfälschte unbare Zahlungsmittel** (§ 241a Rz 2f): Strafbar macht sich, wer ein solches von einem anderen **übernimmt,** sich oder einem anderen **verschafft, befördert,** einem anderen **überlässt, einführt, ausführt, verbreitet, bereitstellt** oder sonst **besitzt.** Die zwecks Umsetzung der EU-RL 2019/713 erweiterten Tathandlungen überschneiden sich vielfach (alternatives Mischdelikt); zumeist erfüllt der Täter nacheinander gleich mehrere Tathandlungen.

Bei Tatbegehung als Mitglied einer kriminellen Vereinigung kommt ein höherer Strafsatz zur Anwendung (§ 241b **Abs 2**).

**Übernahme** ist die einvernehmliche Erlangung des Gewahrsams: zB die Übernahme zur Verwahrung, zur Erfüllung eines bestimmten Auftrags oder als Geschenk.

Beim **Verschaffen** erlangt der Täter oder ein Dritter in rechtswidriger Weise ohne oder gegen den Willen des früheren Inhabers aktiv Gewahrsam am falschen unbaren Zahlungsmittel (vgl auch § 241e Rz 3): Er nimmt es einem anderen weg, nötigt es ab, lockt es heraus. Das Finden ist kein rechtswidriges Verhalten und daher kein Verschaffen (*Oshidari* SbgK § 241b Rz 13, *H/R* BT II § 241b Rz 4). Im Übrigen wird der Täter im Zeitpunkt des Findens kaum den Vorsatz haben (können), dass es sich um ein falsches oder verfälschtes unbares Zahlungsmittel handelt. Wenn es der Finder aber behält und alle Voraussetzungen auf der inneren Tatseite erfüllt sind (s unten Rz 2), macht er sich wegen **Besitzes** strafbar.

**Überlassen** ist die willentliche Übertragung des Gewahrsams an einen anderen; **Bereitstellen** bedeutet die Einräumung einer Verfügungsmacht; **Beförderung** ist jeder Transportvorgang.

2 **B. Innere Tatseite.** Der Täter muss im Zeitpunkt seines Handelns den **Vorsatz** haben, dass es sich um ein **falsches oder verfälschtes** unbares Zahlungsmittel handelt, und den überschießenden Vorsatz, dass es zur **Verwendung** als echtes kommt (s § 241a Rz 7).

Da § 241b auch den bloßen Besitz erfasst, macht sich auch der gutgläubige Übernehmer strafbar, der erst später die (Ver)Fälschung erkennt und die Karte mit Verwendungsvorsatz behält. Damit nicht schon aus dem Behalten auf einen Verwendungsvorsatz geschlossen wird, sollte der Besitzer nur bei Verwendungsabsicht strafbar sein.

**C. Abgrenzungs- und Konkurrenzfragen.** 3

**a)** § 241b ist gegenüber der Fälschung unbarer Zahlungsmittel nach **§ 241a** straflose Nachtat (§ 241a Rz 9).

**b)** Die nach § 241b strafbaren Handlungen sind regelmäßig Vorbereitungshandlungen zur späteren missbräuchlichen **Verwendung** des unbaren Zahlungsmittels.

Wenn das falsche unbare Zahlungsmittel in der Folge verwendet wird, gilt das zu § 241a Rz 9 Gesagte entsprechend: Im Fall eines nachfolgenden Betruges haftet der Täter (nur) nach §§ 146, 147 Abs 1 Z 1 (11 Os 102/05t); der betrügerische Datenverarbeitungsmissbrauch nach § 148a steht nach hA in echter Konkurrenz zu § 241b (13 Os 142/11y; s auch BT I § 147 Rz 10).

> Der Täter A übernimmt von einem Bekannten B, der auf das Fälschen von Zahlungskarten spezialisiert ist, eine gefälschte Kreditkarte und leiht sie seiner Freundin F für einen Einkauf mit dieser Karte: A haftet (nur) nach §§ 12, 146, 147 Abs 1 Z 1, die Freundin F (nur) nach §§ 146, 147 Abs 1 Z 1 als unmittelbare Täterin; damit sind die Übernahme, die Weitergabe und der Besitz der falschen Kreditkarte nach § 241b abgegolten. Der Kreditkartenfälscher B macht sich, wenn ihm kein Vorsatz auf die betrügerische Verwendung der Karte nachzuweisen ist, (nur) nach § 241a strafbar, § 241b wird konsumiert; ansonsten ist auch er nach §§ 12, 146, 147 Abs 1 Z 1 zu bestrafen (§ 241a Rz 9).

## Vorbereitung der Fälschung oder Entfremdung unbarer Zahlungsmittel

**§ 241c. Wer mit dem Vorsatz, sich oder einem anderen eine Fälschung unbarer Zahlungsmittel (§ 241a) oder eine Entfremdung unbarer Zahlungsmittel nach § 241e Abs. 1 zu ermöglichen, ein Mittel oder Werkzeug, das nach seiner besonderen Beschaffenheit ersichtlich zu einem solchen Zweck bestimmt ist, anfertigt, von einem anderen übernimmt, sich oder einem anderen verschafft, einem anderen überlässt oder sonst besitzt, ist mit Freiheitsstrafe bis zu zwei Jahren zu bestrafen.**

*(idF BGBl I 2021/201)*

**A. Tathandlungen.** § 241c stellt einige **Vorbereitungshandlungen** unter Strafe, um bereits der Gefahr der Fälschung oder Entfremdung unbarer Zahlungsmittel entgegen zu wirken (vgl § 227 und § 239). 1

Ausführungshandlungen sind das **Anfertigen, Übernehmen, Verschaffen, Überlassen und Besitzen von Mitteln oder Werkzeugen**, die nach ihrer **be-**

**sonderen Beschaffenheit ersichtlich zum (Ver)Fälschen oder Entfremden unbarer Zahlungsmittel bestimmt** sind.

Solche Mittel und Werkzeuge sind zB spezielle Lese- und Kopiergeräte (vgl 13 Os 17/05g), Kartenrohlinge, aber auch Computerprogramme. Durch die Erfassung des bloßen Besitzes eines solchen Mittels greift der Tatbestand allerdings zu weit (*Sautner* RZ 2004, 28). Um zu kriminalpolitisch vertretbaren Ergebnissen zu gelangen, müssen an den Vorsatz entsprechend höhere Anforderungen geknüpft werden (Rz 2).

2 **B. Innere Tatseite.** Der Täter muss mit dem **erweiterten Vorsatz** handeln, sich oder einem anderen eine Fälschungs- oder Entfremdungshandlung in Bezug auf unbare Zahlungsmittel zu ermöglichen. Um die Strafbarkeit nicht allzu sehr auszuweiten, muss man zumindest beim bloßen Besitz den **Vorsatz** verlangen, dass der Täter **noch eine weitere Handlung** setzt, die die missbräuchliche Verwendung des Mittels zu den pönalisierten Zwecken ermöglicht.

Ein Unternehmer, der ein spezielles Kopiergerät für legale Zwecke besitzt, macht sich nicht schon deshalb strafbar, weil er es für möglich hält, dass einer seiner Angestellten das Gerät missbräuchlich verwendet. Strafbar ist er nur, wenn ihm nachgewiesen werden kann, dass er einem Angestellten das Gerät für missbräuchliche Zwecke zur Verfügung stellen wollte. Vernünftiger wäre es gewesen, die Strafbarkeit nur bei absichtlichem Handeln vorzusehen (vgl § 241b Rz 2).

3 **C. Konkurrenz.** § 241c ist als Vorbereitungsdelikt gegenüber der (versuchten) Fälschung eines unbaren Zahlungsmittels nach § 241a **subsidiär**.

## Tätige Reue

**§ 241d. (1) Wegen einer der in den §§ 241a bis 241c mit Strafe bedrohten Handlungen ist nicht zu bestrafen, wer freiwillig, bevor das falsche oder verfälschte unbare Zahlungsmittel im Rechtsverkehr verwendet worden ist, durch Vernichtung des unbaren Zahlungsmittels, oder, bevor das Mittel oder Werkzeug zur Fälschung eines unbaren Zahlungsmittels verwendet worden ist, durch Vernichtung des Mittels oder Werkzeuges, oder auf andere Art die Gefahr einer solchen Verwendung beseitigt.**

**(2) Besteht die Gefahr einer solchen Verwendung nicht oder ist sie ohne Zutun des Täters beseitigt worden, so ist er nicht zu bestrafen, wenn er sich in Unkenntnis dessen freiwillig und ernstlich bemüht, sie zu beseitigen.**

*(idF BGBl I 2004/15)*

1 Gem § 241d **Abs 1** wird ein Täter nach §§ 241a–241c durch tätige Reue **straflos**, wenn er **freiwillig** und **rechtzeitig** (bevor es zur Verwendung gekommen ist) die **Gefahr der Verwendung** des falschen unbaren Zahlungsmittels oder des Fälschungswerkzeugs **beseitigt**. Die verlässlichste Methode ist die Vernichtung der Karte bzw des Werkzeugs.

§ 241d **Abs 2** ist dem Putativrücktritt nachgebildet. Die Regelungen entsprechen den §§ 226 und 227 Abs 2 (s näher § 226 Rz 1ff und § 227 Rz 5).

# Entfremdung unbarer Zahlungsmittel

**§ 241e. (1) Wer sich ein unbares Zahlungsmittel, über das er nicht oder nicht allein verfügen darf, mit dem Vorsatz verschafft, dass er oder ein Dritter durch dessen Verwendung im Rechtsverkehr unrechtmäßig bereichert werde, ist mit Freiheitsstrafe bis zu zwei Jahren zu bestrafen. Ebenso ist zu bestrafen, wer sich ein unbares Zahlungsmittel, über das er nicht oder nicht allein verfügen darf, mit dem Vorsatz verschafft, sich oder einem anderen eine Fälschung unbarer Zahlungsmittel (§ 241a) zu ermöglichen.**

**(2) Wer die Tat gewerbsmäßig oder als Mitglied einer kriminellen Vereinigung begeht, ist mit Freiheitsstrafe von sechs Monaten bis zu fünf Jahren zu bestrafen.**

**(3) Wer ein unbares Zahlungsmittel, über das er nicht oder nicht allein verfügen darf, mit dem Vorsatz, dessen Verwendung im Rechtsverkehr zu verhindern, vernichtet, beschädigt oder unterdrückt, ist mit Freiheitsstrafe bis zu einem Jahr oder mit Geldstrafe bis zu 720 Tagessätzen zu bestrafen.**

*(idF BGBl I 2015/112)*

§ 241e ist der in der Praxis wichtigste Paragraph im Zusammenhang mit unbaren Zahlungsmitteln. **Abs 1** stellt die **Verschaffung** eines unbaren Zahlungsmittels mit dem Vorsatz der Bereicherung durch spätere Verwendung oder zwecks Fälschung unter Strafe und erfasst damit Vorbereitungshandlungen zu späteren Betrügereien, Datenverarbeitungsmissbräuchen oder zum Delikt nach § 241a. **Abs 3** pönalisiert die **Unterdrückung** unbarer Zahlungsmittel und entspricht damit dem § 229 für Urkunden. 1

## 1. Sich-Verschaffen unbarer Zahlungsmittel (§ 241e Abs 1)

**A. Tatobjekt** des § 241e Abs 1 ist ein **echtes (unverfälschtes) unbares Zahlungsmittel**, über das der Täter **nicht oder nicht allein verfügen** darf. 2

Als Tatobjekte des § 241e kommen in erster Linie **Bankomat- und Kreditkarten** in Betracht, über die der **Täter nicht (allein) verfügungsberechtigt** ist. Sie sind keine Wertträger, selbst wenn der Täter den PIN-Code kennt (13 Os 28/22z, 14 Os 59/15f, 14 Os 180/08i) oder die Karte „PayPass“- bzw NFC-tauglich ist (*McAllister* JBl 2014, 224ff).

**Verfügungsbefugt** über das Zahlungsmittel ist derjenige, der es im Rechtsverkehr verwenden darf; das ist bei Bankomat- und Kreditkarten idR der Kontoinhaber. Dieser kann die Verfügungsbefugnis über seine Bankomatkarte aber auch an eine andere Person übertragen. Dass das unbare Zahlungsmittel im Eigentum eines anderen (zB der Bank) steht, ist unerheblich.

Über Schecks ist der berechtigte Inhaber, über Wechsel ist der Bezogene verfügungsberechtigt.

**B. Tathandlung** nach § 241e ist das **Sich-Verschaffen** des fremden unbaren Zahlungsmittels. 3

Unter „Sich-Verschaffen“ ist nach hA jedwede Begründung von Gewahrsam oder Verfügungsmacht (an körperlichen unbaren Zahlungsmitteln) zu verstehen, gleichgültig, ob durch Gewahrsamsbruch oder auf andere Weise (EBRV 309 BlgNR 22. GP, 16; *H/R* BT II § 241e Rz 8 uam). Das ist freilich schon rein sprachlich unpassend: „Sich-Verschaffen" kann nur eine einseitige Erlangung der Verfügungsmacht ohne (wirksame) Einwilligung des Inhabers sein. Noch viel weniger kann beim Behalten eines unbaren Zahlungsmittels, das der Täter schon in seiner Verfügungsmacht hat, von einem „Verschaffen" gesprochen werden. Bei unkörperlichen unbaren Zahlungsmittels müsste sich der Täter jedenfalls die Zahlungsanwendung *und* die erforderliche Genehmigung (zB Passwort) verschaffen (EBRV 1099 BlgNR 27. GP, 2). Bei einer digitalen Währung benötigt der Täter die Wallet und die Keys.

Ein Sich-Verschaffen eines unbaren Zahlungsmittels iSd § 241e liegt nur vor, wenn der Täter auf **rechtswidrige** Weise die Verfügungsmacht darüber erlangt: durch **Wegnehmen** (12 Os 90/19f), **Abnötigen** (15 Os 2/07v, 11 Os 131/10i) **oder Herauslocken**. Kein Verschaffen ist die Entgegennahme einer (anvertrauten) Karte sowie das An-sich-Nehmen einer gefundenen Karte, weil der Gewahrsam zunächst rechtmäßig erlangt wird (strittig). Außerdem wird der Täter genau in diesem Zeitpunkt zumeist noch keinen Vorsatz auf die spätere Verwendung mit Bereicherungsvorsatz (s unten Rz 4) haben (*Schroll* WK² § 241e Rz 23). Das spätere Behalten (Zueignung) des anvertrauten oder gefundenen unbaren Zahlungsmittels ist zwar rechtswidrig, aber eben kein Verschaffen mehr (*K/Schm* StudB III § 241e Rz 15; aM EvBl 2006/70). Der Besitz fremder unbarer Zahlungsmittel könnte lediglich als Unterdrückung iSd § 241e Abs 3 gewertet werden, wenn die Rückgabe verweigert oder der Fund längere Zeit (etwa vier Wochen: vgl § 229 Rz 2; 15 Os 165/09t lässt einige Tage genügen) nicht abgeliefert wird.

Wer bei der Bank eine Kreditkarte durch Täuschung über sein Einkommen erlangt, hat sich das unbare Zahlungsmittel nicht iSd § 241e Abs 1 verschafft, weil sie auf seinen Namen lautet und damit zu seiner Verfügung bestimmt ist (*K/Schm* StudB III § 241e Rz 14; aM 13 Os 103/06f; *Schroll* WK² § 241e Rz 7, *Oshidari* SbgK § 241e Rz 17).

4 **C. Innere Tatseite.**

**a) § 241e Abs 1 erster Fall.** Im ersten Fall muss der Täter **im Zeitpunkt der Verschaffung** des fremden unbaren Zahlungsmittels den **Vorsatz** haben, dass er oder ein Dritter **durch dessen Verwendung im Rechtsverkehr unrechtmäßig bereichert** werde: etwa dass mit der Bankomatkarte Geld behoben oder mit der Kreditkarte eingekauft wird. Der (bei der Verschaffung) bestehende Vorsatz, die behobenen Beträge zurückzuzahlen, schließt die Strafbarkeit aus (vgl 12 Os 4/14a).

Der Handtaschendieb, der im Zeitpunkt der Wegnahme überhaupt nicht daran gedacht hat, eine Kreditkarte zu erlangen (vgl 13 Os 145/04), macht sich daher nicht nach § 241e Abs 1 strafbar. Er kann sich aber nach § 241e Abs 3 (s oben Rz 3) bzw wegen (versuchten) Betruges oder betrügerischen Datenverarbeitungsmissbrauchs strafbar machen, wenn er zur missbräuchlichen Verwendung des unbaren Zahlungsmittels ansetzt.

Als Verwendung des unbaren Zahlungsmittels ist auch schon die Verwendung der **Daten** des unbaren Zahlungsmittels (zB für online-Einkäufe), nicht bloß dessen physische Verwendung zu verstehen (idS *Salimi*, Glosse zu 12 Os 106/12y, JBl 2013, 538f).

**b) § 241e Abs 1 zweiter Fall.** Im zweiten Fall hat der Täter **im Zeitpunkt des Verschaffens** den **Vorsatz**, sich oder einem anderen eine **Fälschung unbarer Zahlungsmittel zu ermöglichen**: also den Vorsatz, dass mit Hilfe der Karte ein Duplikat hergestellt wird. 5

Der Rezeptionist, der von Hotelgästen Kreditkarten zur Bezahlung der Hotelrechnungen entgegennimmt, diese aber nebenbei in ein spezielles Lesegerät einführt, um die Daten zu kopieren, hat sich die Kreditkarten nicht (rechtswidrig) verschafft. Er macht sich aber wegen des Besitzes des Lesegeräts nach § 241c oder wegen der (versuchten) Fälschung der Kreditkarten nach § 241a, allenfalls als Beitragstäter, strafbar. Strafbarkeitslücken entstehen somit nicht.

**D. Qualifikationen.** Täter nach § 241e Abs 1 fallen unter eine höhere Strafdrohung, wenn sie die Tat (das ist die Entfremdung unbarer Zahlungsmittel) **gewerbsmäßig** oder als Mitglied einer **kriminellen Vereinigung** begehen. Die Ausführungen zu § 241a Abs 2 (s § 241a Rz 8) gelten entsprechend. Die Absicht auf mehrmalige *Verwendung* der entzogenen Kreditkarte erfüllt die Qualifikation nicht (12 Os 90/19f). 6

**E. Abgrenzungs- und Konkurrenzfragen.** 7

**a) Die Entfremdung eines Wertträgers** (zB Scheck, Inhaberwechsel: § 241a Rz 3) mit Zueignungs- und Bereicherungsvorsatz ist nur nach dem jeweiligen Vermögensdelikt (§§ 127ff, 142f, 144f, 146ff) strafbar (strittig).

**b) Verwendungshandlungen.** 8

Wer mit einer entfremdeten Bankomatkarte am Bankomaten Geld abhebt oder an einer Bankomatkasse – zB mithilfe NFC – bezahlt oder eine entfremdete Kreditkarte nicht-personenbezogen verwendet (zB Einkauf im Internet), verwirklicht § 241e Abs 1 und einen (versuchten) **betrügerischen Datenverarbeitungsmissbrauch** in echter Konkurrenz. Die in der Vorauflage vertretene Ansicht (Verdrängung des § 148a Abs 1) ist nicht mehr aufrecht zu erhalten, weil die Eingabe von Daten einer fremden Karte unrechtmäßig ist und die Verwendung zum Einkauf daher unter **§ 148a Abs 3** (mit bis zu drei Jahren Freiheitsstrafe bedroht) fällt.

Wer mit dem fremden unbaren Zahlungsmittel, das er sich nach § 241e Abs 1 erster Fall verschafft hat, durch personenbezogene Verwendung einen **Betrug** begeht, haftet (nur) nach §§ 146, 147 Abs 1 Z 1. § 241e Abs 1 wird verdrängt, weil § 147 dafür eine eigene Qualifikation enthält (11 Os 45/17b uam; *Schroll* $WK^2$ § 241e Rz 26).

Da es sich bei § 241e Abs 1 erster Fall der Sache nach um ein Vermögensdelikt handelt, sind **§ 166 und (analog) auch § 167** anzuwenden (BT I § 127 Rz 9, § 166 Rz 2, § 167 Rz 4; ebenso *Prunner* JAP 2014/2015, 8f).

9 **c)** Der Täter, der sich ein unbares Zahlungsmittel zur Ermöglichung einer Fälschung verschafft (§ 241e Abs 1 zweiter Satz) und dann tatsächlich zB ein Duplikat herstellt, haftet nur nach **§ 241a** (aM *Schroll* WK² § 241a Rz 25): Anders als durch vorherige Entfremdung kann man ein unbares Zahlungsmittel kaum nachmachen.

10 **d)** Die Weitergabe und der Besitz unbarer Zahlungsmittel gem § **241f** ist für den Täter nach § 241e Abs 1 nur mehr straflose Nachtat (s § 241f Rz 4). Auch die spätere Unterdrückung ist nicht gesondert nach **§ 241e Abs 3** strafbar (13 Os 145/04).

## 2. Unterdrückung unbarer Zahlungsmittel (§ 241e Abs 3)

11 **A. Tathandlungen.** Abs 3 ist das Pendant zur Urkundenunterdrückung nach § 229. Zu den Ausführungshandlungen **(Vernichten, Beschädigen und Unterdrücken)** s § 229 Rz 2. Abs 3 kommt häufig dann zur Anwendung, wenn sich der Täter das fremde unbare Zahlungsmittel ohne den von Abs 1 geforderten Vorsatz auf spätere bereichernde Verwendung verschafft hat und (nach der Verwendung) wegwirft (s Rz 4).

12 **B. Innere Tatseite.** Abs 3 verlangt den **Vorsatz, die Verwendung des unbaren Zahlungsmittels im Rechtsverkehr zu verhindern**: Dafür genügt das Begleitwissen, dass der Verfügungsberechtigte das Zahlungsmittel nicht mehr verwenden kann (s § 229 Rz 4). Ein kleiner Handtaschendiebstahl führt dadurch zu einer beachtlichen Anhäufung von Deliktstypen (s § 229 Rz 4, BT I § 135 Rz 12).

13 **C. Abgrenzungs- und Konkurrenzfragen.**

**a)** Die Wegnahme eines **Wertträgers** (Scheck) ohne Bereicherungsvorsatz ist eine **dauernde Sachentziehung** nach § 135 (BT I § 135 Rz 12; vgl oben Rz 7).

**b)** Die Unterdrückung sonstiger unbarer Zahlungsmittel ist exklusiv nach § 241e Abs 3 strafbar, mag es sich auch zugleich um **Urkunden** handeln (§ 229 Rz 6).

**c)** Der Täter, der ein unbares Zahlungsmittel ohne Bereicherungsvorsatz entfremdet hat (Rz 4) und sich erst später zur **Verwendung** entschließt, haftet bei personenbezogener Verwendung nur nach §§ 146, 147 Abs 1 Z 1, bei nichtpersonenbezogener Verwendung nach § 241e Abs 3 und § 148a in echter Konkurrenz (vgl hingegen oben Rz 8, BT I § 147 Rz 10).

**d)** Zur Konkurrenz von Abs 1 und Abs 3 s oben Rz 10.

## Annahme, Weitergabe oder Besitz entfremdeter unbarer Zahlungsmittel

**§ 241f. (1) Wer ein entfremdetes unbares Zahlungsmittel mit dem Vorsatz, dass er oder ein Dritter durch dessen Verwendung unrechtmäßig bereichert werde, oder mit dem Vorsatz, sich oder einem anderen eine Fälschung unbarer Zahlungsmittel (§ 241a) zu ermöglichen, von einem anderen übernimmt, sich oder einem anderen verschafft, befördert, einem anderen überlässt, einführt, ausführt, verbreitet, bereitstellt oder sonst besitzt, ist mit Freiheitsstrafe bis zu einem Jahr oder mit Geldstrafe bis zu 720 Tagessätzen zu bestrafen.**

**(2) Wer die Tat als Mitglied einer kriminellen Vereinigung begeht, ist mit Freiheitsstrafe von sechs Monaten bis zu fünf Jahren zu bestrafen.**

*(idF BGBl I 2021/201)*

**A. Tatobjekt** des § 241f ist ein **entfremdetes unbares Zahlungsmittel**. Das sind einerseits unbare Zahlungsmittel, die iSd § 241e **Abs 1** rechtswidrig erlangt (§ 241e Rz 3) wurden, aber auch solche, die durch Unterdrückung nach § 241e **Abs 3** „entfremdet" wurden (*K/Schm* StudB III zu §§ 241f–241g; für Beschränkung auf entfremdete Zahlungsmittel nach Abs 1: *Schroll* WK[2] § 241f Rz 2). 1

**B. Tathandlungen.** § 241f pönalisiert (ähnlich § 241b hinsichtlich falscher unbarer Zahlungsmittel) einerseits Nachtaten zur vorherigen Entfremdung, andererseits Handlungen im Vorfeld späterer missbräuchlicher Verwendung: Strafbar sind alle denkbaren Handlungen mit dem entfremdeten unbaren Zahlungsmittel, insb die Übernahme, die Überlassung an einen anderen sowie der bloße Besitz (s § 241b Rz 1). 2

Bei Tatbegehung als Mitglied einer kriminellen Vereinigung kommt ein höherer Strafsatz zur Anwendung (§ 241f Abs 2).

**C. Innere Tatseite.** Der Täter muss im Zeitpunkt seiner Tat den **Vorsatz** haben, dass es sich um ein **entfremdetes** unbares Zahlungsmittel handelt. 3

Wie bei § 241e Abs 1 muss der Täter weiters in diesem Zeitpunkt den **überschießenden Vorsatz** haben, dass entweder er oder ein Dritter durch dessen Verwendung im Rechtsverkehr unrechtmäßig **bereichert** werde (s § 241e Rz 4), oder den Vorsatz, sich oder einem anderen eine **Fälschung** unbarer Zahlungsmittel zu ermöglichen (s § 241e Rz 5).

> Der Täter A hat im Zuge eines Handtaschendiebstahls auch eine Kreditkarte erbeutet. Er schenkt sie seinem Freund B zur weiteren Verwendung: A erfüllt den Tatbestand nach § 241e Abs 1, B nach § 241f. Wenn B mit dieser Kreditkarte einkauft, begeht er einen qualifizierten Betrug nach §§ 146, 147 Abs 1 Z 1, der § 241f verdrängt. Verantwortet A einen Beitrag zum Betrug, wird für ihn § 241e Abs 1 verdrängt.
>
> Die Mutter bittet ihren Sohn, mit ihrer Bankomatkarte Geld zu beheben, und teilt ihm zu diesem Zweck ihren Code mit. Der Sohn geht mit seiner Freundin zum Bankomaten und gibt ihr die Karte in die Hand mit dem Auftrag, mehr Geld zu beheben als die Mutter haben wollte: Die Karte wurde nicht iSd § 241e entfremdet,

sondern anvertraut; daher begehen die beiden (nur) einen betrügerischen Datenverarbeitungsmissbrauch, der zumindest für den Sohn nach § 166 privilegiert ist (BT I § 148a Rz 2, § 166 Rz 4).

4 **D. Abgrenzungs- und Konkurrenzfragen.**

**a)** Für den Täter, der sich ein unbares Zahlungsmittel nach **§ 241e** verschafft hat, ist der Besitz gem § 241f straflose Nachtat (§ 241e Rz 10).

**b)** Die nach § 241f erster Fall strafbaren Handlungen sind regelmäßig Vorbereitungshandlungen zur späteren missbräuchlichen Verwendung der Zahlungskarte. Das zu § 241e Rz 8 Gesagte gilt entsprechend: Der anschließende **betrügerische Datenverarbeitungsmissbrauch** bei nicht-personenbezogener Verwendung (§ 148a Abs 3) steht zu § 241f in echter Konkurrenz. Ein nachfolgender **Betrug** fällt unter §§ 146, 147 Abs 1 Z 1, der § 241f verdrängt (BT I § 147 Rz 10; vgl § 241b Rz 3).

**c)** Die nach § 241f zweiter Fall strafbaren Handlungen sind Vorbereitungshandlungen zur späteren Fälschung oder Verfälschung des unbaren Zahlungsmittels und deshalb gegenüber **§ 241a** subsidiär (*Sautner* RZ 2004, 29; aM *Schroll* WK² § 241f Rz 11, *H/R* BT II § 241f Rz 5).

## Tätige Reue

**§ 241g. (1) Nach den §§ 241e und 241f ist nicht zu bestrafen, wer freiwillig, bevor das entfremdete unbare Zahlungsmittel im Rechtsverkehr oder zur Fälschung eines unbaren Zahlungsmittels verwendet worden ist, durch Übergabe an die Behörde (§ 151 Abs. 3) oder auf andere Art die Gefahr einer solchen Verwendung beseitigt.**

**(2) Besteht die Gefahr einer solchen Verwendung nicht oder ist sie ohne Zutun des Täters beseitigt worden, so ist er nicht zu bestrafen, wenn er sich in Unkenntnis dessen freiwillig und ernstlich bemüht, sie zu beseitigen.**

*(idF BGBl I 2004/15)*

1 **A. Tätige Reue nach § 241g Abs 1.** Der Täter nach § 241e und § 241f wird durch tätige Reue straflos, wenn er die **Gefahr der Verwendung** des unbaren Zahlungsmittels **freiwillig** (s dazu BT I § 167 Rz 15) und **rechtzeitig** – nach dem Wortlaut nur solange das unbare Zahlungsmittel noch nicht im Rechtsverkehr gebraucht wurde – **beseitigt**, zB durch Übergabe an den Berechtigten, ein Sicherheitsorgan oder eine Strafverfolgungsbehörde. Die Vernichtung oder das Wegwerfen, wenn auch in der Nähe des Ortes der Entziehung (14 Os 98/15s), sind keine Reuehandlungen.

2 Der Sache nach handelt es sich bei § 241e und § 241f im Wesentlichen um **Vermögensdelikte** (s § 241a Rz 1). Deshalb gilt **§ 166** auch für diese Deliktstypen. Aber auch **§ 167** ist **analog** auf § 241e Abs 1 erster Fall und Abs 3 sowie auf die Annahme entfremdeter unbarer Zahlungsmittel gemäß § 241f, soweit diese

Handlungen nur mit Bereicherungsvorsatz begangen wurden, **anzuwenden** (BT I § 167 Rz 4; *Prunner* JAP 2014/2015, 8f; aM *Oshidari* SbgK § 241g Rz 15). Damit werden die Möglichkeiten, Straffreiheit zu erlangen, erweitert.

> Wer mit einer weggenommenen Bankomatkarte Geld behebt oder einkauft und später (rechtzeitig) den Schaden ersetzt und die Karte dem Berechtigten zurückgibt, ist wegen tätiger Reue weder nach § 148a noch nach § 241e Abs 1 strafbar. Es wäre unverständlich, bliebe die Strafbarkeit nach § 241e bestehen.

**B. Tätige Reue nach § 241g Abs 2.** § 241g Abs 2 ist dem **Putativrücktritt** 3
nachgebildet, dh es genügt auch ein freiwilliges und ernstliches Bemühen in Unkenntnis des Umstands, dass die Gefahr einer Verwendung gar nicht mehr besteht (vgl § 241d Abs 2; s § 226 Rz 1ff und § 227 Rz 5).

## Ausspähen von Daten eines unbaren Zahlungsmittels

**§ 241h. (1) Wer Daten eines unbaren Zahlungsmittels mit dem Vorsatz ausspäht,**

1. **dass er oder ein Dritter durch deren Verwendung im Rechtsverkehr unrechtmäßig bereichert werde oder**
2. **sich oder einem anderen eine Fälschung unbarer Zahlungsmittel (§ 241a) zu ermöglichen,**

**ist mit Freiheitsstrafe bis zu einem Jahr oder mit Geldstrafe bis zu 720 Tagessätzen zu bestrafen.**

**(2) Wer die Tat gewerbsmäßig begeht, ist mit Freiheitsstrafe bis zu drei Jahren, wer die Tat als Mitglied einer kriminellen Vereinigung begeht, ist mit Freiheitsstrafe von sechs Monaten bis zu fünf Jahren zu bestrafen.**

**(3) Der Täter ist nicht zu bestrafen, wenn er freiwillig, bevor die ausgespähten Daten im Sinne des Abs. 1 Z 1 oder 2 verwendet wurden, die Gefahr ihrer Verwendung durch Verständigung der Behörde, des Berechtigten oder auf andere Weise beseitigt. Besteht die Gefahr einer solchen Verwendung nicht oder ist sie ohne Zutun des Täters beseitigt worden, so ist er nicht zu bestrafen, wenn er sich in Unkenntnis dessen freiwillig und ernstlich bemüht, sie zu beseitigen.**

*(idF BGBl I 2021/201)*

**A. Allgemeines.** § 241h pönalisiert eine Vorbereitungshandlung zum späteren 1
Missbrauch oder zur Fälschung unbarer Zahlungsmittel.

**B. Tathandlung** des § 241h Abs 1 ist das **Ausspähen von Daten** eines körper- 2
lichen oder unkörperlichen (s auch § 241e Rz 3) unbaren Zahlungsmittels: Darunter fallen Handlungen, durch die jemand einem anderen derartige Daten herauslockt (zB durch falsche Behauptungen am Telefon oder fingierte „Phishing"-E-Mails) oder die sich der Täter durch Eindringen in ein fremdes Computersystem („Hacking"; s § 118a Rz 1) oder sonst durch einen Trick oder ein technisches Hilfsmittel (zB eine versteckte Kamera) verschafft. Bloßes Ansehen und Merken der Daten einer fremden Kreditkarte ist – entgegen den EBRV 689 BlgNR 25. GP, 40 – noch kein Ausspähen (ähnlich *Stricker* JSt 2017, 105f; s BT I § 147 Rz 2).

3 **C. Innere Tatseite.** Der Täter hat beim Ausspähen der Daten des unbaren Zahlungsmittels

- den **Vorsatz**, dass er oder ein Dritter **durch Verwendung der Daten** im Rechtsverkehr **unrechtmäßig bereichert** werde (**Z 1**; s § 241e Rz 4), oder
- den **Vorsatz**, sich oder einem anderen eine **Fälschung** unbarer Zahlungsmittel zu ermöglichen (**Z 2**; s § 241e Rz 5).

Am häufigsten dürften Fälle sein, in denen der Täter dem Opfer durch „Phishing" Kreditkartendaten herauslockt, um damit später per Internet oder telefonisch Einkäufe oder Bestellungen zu tätigen.

4 **D. Qualifikationen nach Abs 2.** Der Täter fällt unter höhere Strafdrohungen, wenn er die Tat (das Ausspähen!) **gewerbsmäßig** oder als Mitglied einer **kriminellen Vereinigung** begeht. Gewerbsmäßiges Ausspähen ist wohl nur dadurch denkbar, dass der Täter dafür laufend Belohnungen kassiert (s auch *Stricker* JSt 2017, 108f).

5 **E. Tätige Reue nach Abs 3.** Der Täter wird straffrei, wenn er die **Gefahr der Verwendung** der ausgespähten Daten **freiwillig** (s BT I § 167 Rz 15) und **rechtzeitig** – bevor die Daten im Rechtsverkehr verwendet wurden – **beseitigt**: zB durch Verständigung des Bankinstituts oder des Kreditkartenunternehmens. Die zweite Reuevariante entspricht dem **Putativrücktritt** (s § 241g Abs 2). S dazu auch § 241d Rz 1 und § 241g Rz 3.

6 **F. Konkurrenz.** Der Täter, der die ausgespähten Daten zu einem **Betrug** verwendet – zB telefonische Bestellung von Fahrkarten mit fremden Kreditkartendaten –, ist nach § 147 Abs 1 Z 1 zu bestrafen (s BT I § 147 Rz 2).

Ein anschließender **betrügerischer Datenverarbeitungsmissbrauch** (§ 148a Abs 3) steht zu § 241h in echter Konkurrenz.

# Hochverrat und andere Angriffe gegen den Staat

**Schrifttum:** *Adensamer*, Überschießende Kriminalisierung als Gefahr für die Demokratie – Kritik an § 247a StGB „Staatsfeindliche Bewegung", juridikum 2017, 149; *Aichhorn/Jeglitsch*, Österreichische Hymnen im Spiegel der Zeit (2010); *Birklbauer*, Strafrechtsreform 2015 – Wohin geht die Reise? juridikum 2014, 185; *Gilhofer/Pillichshammer*, Die religiös motivierte extremistische Verbindung gem § 247b StGB – Fahrtrichtung Täterstrafrecht, JSt 2022, 12; *Gartner*, Der verwaltungsrechtliche und strafgerichtliche Schutz von Wappen, ZUV 2010, 159; *Maleczky*, Die Strafgesetznovelle 2017, JAP 2017/2018/7, 75; *Rieder*, Der Schutz des Staates und seiner Organe, ZnStR II (1974), 39; *Schwaighofer*, Die Strafbestimmungen zum Schutz des Staates in Italien und Österreich im Vergleich, ZfRV 1988, 25; *Tipold*, Strafgesetznovelle 2017 – Die Regierungsvorlage, JSt 2017, 277; *Wieser*, Der Versuch beim Vorbereitungsdelikt, JBl 1987, 497, 556; *Wieser*, Der Begriff „Verfassung" in § 242 StGB (Hochverrat), ÖJZ 1989, 354, 394.

## Hochverrat; Vorbereitung eines Hochverrats; Tätige Reue (§§ 242–245)

*(idF BGBl 1974/60)*

### 1. Allgemeines

Die §§ 242ff gehören zu den sog **Staatsschutzdelikten**, die fester Bestandteil aller Strafrechtsordnungen sind. Die in diesem Abschnitt enthaltenen strafbaren Handlungen richten sich direkt gegen den Bestand, die wichtigsten Einrichtungen und die verfassungsmäßige Ordnung des **österreichischen** Staats („politische Delikte"); sie unterliegen der österreichischen Strafgerichtsbarkeit, gleichgültig ob sie im In- oder Ausland begangen werden (§ 64 Abs 1 Z 1). 1

Strafbare Handlungen gegen andere Staaten enthalten die §§ 316ff.

### 2. Hochverrat (§ 242)

a) **Verfassungshochverrat.** Der Täter **ändert die Verfassung** der Republik Österreich oder eines ihrer Bundesländer **mit Gewalt oder durch Drohung mit Gewalt**, dh er setzt die gesamte Verfassung oder grundlegende Teilbereiche (das demokratische, republikanische, bundesstaatliche, rechtsstaatliche Prinzip, die Neutralität) oder auf ihr basierende Verfassungseinrichtungen (zB Nationalrat, VfGH) auf Dauer außer Kraft oder gestaltet sie grundlegend um. 2

3 Das Ziel des § 242 ist erfüllt, wenn ein Zustand herbeigeführt wird, in dem die Verfassungsgrundsätze keine Gültigkeit mehr haben; die bestehende Verfassung muss nicht **formell außer Kraft** gesetzt und durch eine neue ersetzt werden. Die Behinderung einer Verfassungseinrichtung in einem Einzelfall oder **bloß für kurze Zeit** fällt **nicht** unter § 242, ist aber uU nach §§ 249ff strafbar (EBRV 30 BlgNR 13. GP, 382f; strittig).

4 **b) Gebietshochverrat.** Der Täter bewirkt **mit Gewalt oder durch Drohung mit Gewalt** die **Abtrennung eines** zur Republik Österreich gehörenden **Gebietes.**

5 **c) Tatmittel.** Zur Gewalt und Drohung mit Gewalt s näher § 269 Rz 4ff, 8; BT I § 105 Rz 2ff, 9, § 109 Rz 4, 6.

Die Täter verhindern gewaltsam das Zusammentreten der gesetzgebenden Körperschaften oder nehmen den Großteil der Regierungsmitglieder gefangen. Gewalt oder Drohung bloß gegen einzelne Regierungsmitglieder ist zur Erreichung hochverräterischer Ziele nicht geeignet (s aber § 251 Rz 1). Ein Schreiben von Staatsverweigerern an das Österreichische Bundesheer mit der Aufforderung, die beigelegten selbst ausgestellten Haftbefehle gegen die Mitglieder der Bundesregierung zu vollstrecken und eine militärische Übergangsregierung zu bilden, ist ein absolut untauglicher Versuch der Bestimmung zum Hochverrat (aM offenbar der OGH: 14 Os 98/19x).

6 **d) Vollendung.** Der Hochverrat nach § 242 Abs 1 ist vollendet, wenn der Täter es **unternimmt**, derartige Erfolge herbeizuführen. Nach **§ 242 Abs 2 genügt** für ein Unternehmen bereits der **Versuch** iSd § 15. Einen strafbaren Versuch des Unternehmens gibt es nach hA nicht: Der Versuch eines Unternehmens ist eine Vorbereitungshandlung; diese werden abschließend von § 244 (s Rz 8) erfasst (*Bachner-Foregger* WK² § 242 Rz 3 uam).

7 **e) Tätige Reue (§ 243).** Weil § 242 ein Versuchsdelikt ist, entspricht § 243 dem Rücktritt vom Versuch nach § 16. **Freiwilligkeit** ist anzunehmen, solange der Täter noch eine Chance sieht, seinen Plan erfolgreich auszuführen.

Wie § 16 Abs 2 kennt auch § 243 Abs 2 einen sog **Putativrücktritt.** Nach materieller Vollendung eines Hochverrats werden die Täter allerdings kaum freiwillig tätige Reue üben.

## 3. Vorbereitung eines Hochverrats (§ 244)

8 **a) Ausführungshandlungen.** Wegen der Gefährlichkeit des Hochverrats pönalisiert § 244 bestimmte, sonst straflose Vorbereitungshandlungen:

Der Täter **verabredet** mit einem anderen die gemeinsame Begehung eines Hochverrats (**§ 244 Abs 1**: Komplott; vgl § 277 Rz 3ff), **bereitet** einen Hochverrat **im Zusammenwirken mit einer ausländischen Macht (Abs 2 zweiter Fall)** oder sonst **auf andere Weise vor (Abs 2 erster Fall).** Im letztgenannten

Fall muss die **Gefahr** eines hochverräterischen Unternehmens herbeigeführt oder erheblich vergrößert werden (konkretes Gefährdungsdelikt). Wer Flugzettel herstellt, um zum Hochverrat aufzurufen, führt keine solche Gefahr herbei (vgl EBRV 30 BlgNR 13. GP, 385).

Ein **Versuch** ist nur bei § 244 **Abs 1** denkbar (*Wieser* JBl 1987, 505f).

**b) Tätige Reue (§ 245).** Die tätige Reue nach § 245 entspricht § 243 (s Rz 7). 9

## Staatsfeindliche Verbindungen; Tätige Reue (§§ 246, 247)

*(§ 246 idF BGBl I 2015/112; § 247 idF BGBl 1974/60)*

**a) Staatsfeindliche Zwecke.** § 246 pönalisiert bestimmte Handlungsweisen, 1
die auf gesetzwidrige Weise die **Erschütterung der Unabhängigkeit, der Staatsform oder der verfassungsmäßigen Einrichtungen Österreichs bezwecken.** Der beabsichtigte Erfolg bleibt demnach hinter dem eines Hochverrats zurück (vgl §§ 242–245 Rz 2ff): Der Täter will zB das Eingreifen einer ausländischen Macht erreichen (Erschütterung der Unabhängigkeit) oder die Demokratie durch Errichtung eines „Gottesstaates" beseitigen (EBRV 30 BlgNR 13. GP, 386; s auch 14 Os 4/19y, 14 Os 98/19x: „Staatenbund Österreich/Staat Kärnten"; vgl 12 Os 133/21g).

Der Täter muss beabsichtigen, diese Erfolge auf **gesetzwidrige Weise** zu errei- 2
chen: Somit kommen nicht nur Gewalt oder Drohungen, sondern etwa auch Bestechung, Amtsmissbrauch usw in Frage (EBRV 30 BlgNR 13. GP, 386). Dass tatsächlich eine Erschütterung eintritt, ist nicht notwendig.

**b) Ausführungshandlungen.** Tathandlungen sind die **Gründung einer Ver-** 3
**bindung**, deren Zweck wenigstens auch die Erreichung der oben genannten Ziele ist (**Abs 1**), die **führende Betätigung** in einer solchen Verbindung (s dazu 11 Os 126/05x), die **Mitgliederwerbung**, die **Unterstützung mit Geldmitteln und jede andere erhebliche Unterstützung** (**Abs 2**) sowie die **sonstige Teilnahme und Unterstützung** (**Abs 3**), zB durch eine Beitrittserklärung und Bezahlung einer Beitrittsgebühr (14 Os 4/19y; s auch 14 Os 98/19x).

**Verbindung** ist ein fester, organisierter Zusammenschluss einer größeren Zahl von Personen mit einem Oberhaupt und festgelegten Regeln über Ziele, Rechte und Pflichten der Mitglieder (s 15 Os 24/22a). Mit Rücksicht auf den Verbindungszweck ist hier eine Verbindung erst ab 30 Mitgliedern anzunehmen; die meisten Autoren (*F/M-K/O* § 246 Rz 2 uam) wollen 10 genügen lassen. S auch § 279 Rz 2.

Von **Geldmitteln** wird man erst bei einem Betrag von mehr als 50.000 € sprechen können; sonst fallen Geldspenden unter Abs 3.

**c) Abgrenzung und Konkurrenz.** Auch wenn es sich um eine bewaffnete Ver- 4
bindung handelt, ist wegen der besonderen Zielsetzung ausschließlich § 246 und nicht auch **§ 279** anzuwenden (aM *Bachner-Foregger* WK² § 246 Rz 8).

Die einschlägigen Bestimmungen des **VerbotsG** (§§ 3a, 3b) gehen § 246 vor. Tätigkeiten, die konkret auf die gewaltsame Aufhebung der Verfassung abzielen, fallen unter **§ 244**.

5 **d) Tätige Reue (§ 247).** Ein Täter nach § 246 wird straffrei, wenn er **freiwillig und rechtzeitig** alle ihm über die Verbindung bekannten **Umstände der Behörde aufdeckt**. Die Pläne der Verbindung müssen zu diesem Zeitpunkt noch geheim sein. Das Ausscheiden aus der Verbindung, ja selbst deren Auflösung, führt hingegen nicht zur Straflosigkeit.

## Staatsfeindliche Bewegung (§ 247a)

*(idF BGBl I 2017/117)*

1 **a) Allgemeines.** § 247a wurde durch die **StGNov 2017** eingefügt, um die weitere Ausbreitung der unter verschiedensten Namen wie souveräne Bürger, Reichsbürger usw auftretenden Gruppierungen hintanzuhalten, die die Legitimation von Staaten in Frage stellen, die Einhaltung von Gesetzen ablehnen und die Vollziehung von Gesetzen zu verhindern suchen (EBRV 1621 BlgNR 25. GP, 5). Der Tatbestand kommt einem reinen Gesinnungsstrafrecht bedenklich nahe.

2 **b)** § 247a richtet sich gegen **staatsfeindliche Bewegungen**. Eine „Bewegung" ist eine **Gruppe vieler Menschen** (mindestens 30), die auf die gleiche Gesinnung oder das gleiche Ziel ausgerichtet ist. Sie muss nach den Vorstellungen des Gesetzgebers (EBRV 1621 BlgNR 25. GP, 6) keine Organisationsstruktur aufweisen, ja die Teilnehmer brauchen sich nicht einmal persönlich zu kennen.

Die Bewegung muss darauf **ausgerichtet** sein, die **Hoheitsrechte** der Republik Österreich **rundweg abzulehnen oder** sich fortgesetzt die Ausübung solcher oder behaupteter Hoheitsrechte selbst **anzumaßen**.

Überdies muss die Bewegung zumindest auch **bezwecken, fortgesetzt** gesetzwidrig die **Vollziehung** von Gesetzen, Verordnungen oder sonstigen hoheitlichen Entscheidungen der Behörden zu **verhindern** oder die angemaßten oder behaupteten Hoheitsrechte durchzusetzen, und dies in einer Weise, durch die sich die staatsfeindliche Ausrichtung **eindeutig manifestiert**.

> Gesetzwidrig ist vor allem die Anwendung von Gewalt oder Drohung. Gewaltfreie Proteste und Demonstrationen gegen Gesetze oder behördliche Entscheidungen fallen nicht unter § 247a: Die Teilnehmer lehnen die Hoheitsrechte ja nicht rundweg ab und bezwecken idR auch nicht, die Vollziehung hoheitlicher Entscheidungen fortgesetzt zu verhindern (EBRV 1621 BlgNR 25. GP, 6).

3 **c) Ausführungshandlungen** des § 247a sind
- die **Gründung** einer derartigen Bewegung oder die **führende Betätigung** in ihr (**Abs 1**) und
- die **Teilnahme** an einer solchen Bewegung, die **Unterstützung mit erheblichen Geldmitteln oder sonstige erhebliche Unterstützung** (**Abs 2**).

Eine Bewegung gründet, wer staatsfeindliche Gedankenkonstrukte erfindet oder solche Theorien aufstellt und diese anderen zugänglich macht. Führend betätigt sich zB, wer Mitglieder für die Bewegung wirbt oder Strukturen schafft. Teilnehmen bedeutet, sich einer solchen Bewegung nach außen hin erkennbar anzuschließen, zB durch Verwendung erfundener Ausweise.

Erhebliche Geldmittel sind nach Ansicht des Gesetzgebers mindestens 10.000 € als Richtwert (s aber § 246 Rz 3).

**d) Innere Tatseite.** Im Fall des **Abs 1** muss sich der Vorsatz des Täters insb darauf beziehen, dass es sich um eine staatsfeindliche Bewegung (Rz 2) handelt; im Fall des **Abs 2** (Teilnahme) ist zusätzlich der Vorsatz erforderlich, dadurch die Begehung staatsfeindlicher Handlungen zu fördern. 4

**e) Objektive Bedingung der Strafbarkeit.** In allen Fällen ist der Täter nur strafbar, wenn er oder ein Teilnehmer **tatsächlich** eine **ernst zu nehmende Handlung**, die Ausdruck des Zwecks der Bewegung ist, **ausgeführt** hat oder zu ihr beigetragen hat. 5

Ernst zu nehmen sind vor allem Straftaten (zB Widerstand gegen die Staatsgewalt, Erpressung), aber auch die Erhebung abstruser finanzieller Forderungen. Schon eine einzige solche Handlung eines Teilnehmers führt zur Strafbarkeit aller anderen Teilnehmer.

**f) Abs 4 enthält eine Subsidiaritätsklausel** zugunsten anderer Bestimmungen, die mit strengerer Strafe bedroht sind. 6

**g) Abs 5** sieht die Möglichkeit **tätiger Reue** vor. Voraussetzung zur Erlangung der Straffreiheit ist, dass sich der Täter von der Bewegung (ihren Anschauungen) erkennbar zurückzieht, bevor die Behörde von seinem Verschulden erfahren hat. 7

## Religiös motivierte extremistische Verbindung (§ 247b)

*(idF BGBl I 2021/159)*

**a) Allgemeines.** § 247b wurde im Jahr 2021 durch das TeBG eingefügt. Der Tatbestand richtet sich gegen **Verbindungen**, die wiederholt mit gesetzwidrigen Mitteln eine **ausschließlich religiös begründete Gesellschafts- und Staatsordnung anstreben** und unsere demokratische rechtsstaatliche Grundordnung ersetzen wollen. Der Gesetzgeber hat dabei vor allem an radikal-islamistische Vereinigungen gedacht (EBRV 849 BlgNR 27. GP, 13). 1

**b)** Der **Tatbestand** entspricht hinsichtlich seiner objektiven und subjektiven Merkmale weitgehend § 247a (zur notwendigen Personenzahl für eine Verbindung s § 246 Rz 3). Die Verbindung nach § 247b muss versuchen, ihr Ziel vor allem durch Verhinderung von Rechtsnormen und hoheitlichen Rechtsakten zu erreichen; zumindest ein Teilnehmer muss eine ernst zu nehmende gesetz- 2 widrige Handlung ausgeführt haben, in der sich die religiös-extremistische Ausrichtung der Verbindung manifestiert (objektive Bedingung der Strafbarkeit).

Strafbar sind (wie nach § 247a) die **Gründung** einer solchen Verbindung, die **führende Betätigung** (Abs 1), die **Teilnahme** mit dem Vorsatz auf Förderung religiös-extremistischer Handlungen und die **Unterstützung** mit erheblichen Geldmitteln (s dazu § 247a Rz 3). § 247b **Abs 5** sieht die Möglichkeit einer **tätigen Reue** vor (vgl § 247a Rz 7).

3 c) § 247b **Abs 4 enthält eine Subsidiaritätsklausel** zugunsten anderer Bestimmungen, die mit strengerer Strafe bedroht sind. Sie dürfte häufig greifen, weil die Tathandlungen nach Abs 1 idR unter § 246 Abs 1 fallen. Auch § 246 Abs 3 geht § 247b Abs 2 als speziellere Norm vor. Die Schaffung des § 247b war somit nicht nötig.

## Herabwürdigung des Staates und seiner Symbole (§ 248)

*(idF BGBl I 2015/112)*

1 **a) Tatobjekte. Abs 1** schützt die **Republik Österreich** und **ihre Bundesländer**; **Abs 2** die **Fahne** der Republik Österreich oder eines Bundeslandes, ein **Hoheitszeichen**, die **Bundeshymne** und die **Landeshymnen**. Die Strafbarkeit erscheint eher nicht mehr zeitgemäß (*Birklbauer* juridikum 2014, 194f). Als politisches Delikt fällt § 248 in die Zuständigkeit des Geschworenengerichts; wenigstens ist eine Diversion möglich.

Die **Fahne** ist nur geschützt, wenn sie aus öffentlichem Anlass (zB Beflaggung am Feiertag, bei einer Angelobung) oder bei einer allgemein zugänglichen Veranstaltung (Prozession, Ausstellung, Sportveranstaltung, Protestmarsch) gezeigt wird. Die Herabwürdigung der Fahne in einem Zeitungsartikel ist daher nicht tatbildlich. Wem die Flagge gehört, ist bedeutungslos.

**Hoheitszeichen** sind das Bundes- und die Landeswappen, nicht auch die Gemeindewappen (*Gartner* ZUV 2010, 162). Um geschützt zu sein, müssen die Wappen von einer österreichischen Behörde angebracht worden sein: Das Staatswappen am Firmentor, das ein privates Unternehmen führen darf, wird von § 248 nicht erfasst.

2 **b) Ausführungshandlungen.** Nach **Abs 1** macht sich strafbar, wer die Republik Österreich oder ein Bundesland **beschimpft oder verächtlich macht**; nach **Abs 2**, wer eines der dort genannten Tatobjekte **beschimpft, verächtlich macht oder sonst herabwürdigt**.

Einer **Beschimpfung** macht sich schuldig, wer zB ein Tatobjekt mit dem Prädikat „Scheiß ...“ versieht (vgl BT I § 115 Rz 2). **Verächtlichmachen** geht über Lächerlichmachen hinaus; notwendig ist eine bösartige Kundgebung, die die Verachtung deutlich zum Ausdruck bringt (*Bachner-Foregger* WK² § 248 Rz 3 ua): zB die Verrichtung der Notdurft auf die österreichische Fahne. **Sonstiges Herabwürdigen** liegt vor, wenn der Täter zB die Fahne oder ein Hoheitszeichen zerreißt, verbrennt oder beschmiert. Bloßes Entfernen oder Einrollen einer Fahne ist nicht tatbildlich.

Alle Ausführungshandlungen nach Abs 1 und Abs 2 erfordern ein Handeln in **gehässiger Weise und auf eine Art, dass sie einer breiten Öffentlichkeit tatsächlich bekannt** werden. 3

Gehässigkeit verlangt eine ersichtlich feindselige Einstellung. Wer bloß einen (wenn auch geschmacklosen) Scherz machen will, fällt nicht unter § 248 (*Salimi/Tipold* SbgK § 248 Rz 39ff). Das Hissen einer Fahne mit einem Bundesadler, der in den Fängen Bananen hält, ist daher gar nicht tatbildlich. Zur breiten Öffentlichkeit s BT I § 111 Rz 15.

c) **Innere Tatseite.** Der **Vorsatz** des Täters muss sich auf alle Tatbildmerkmale, insb auch auf das Handeln in gehässiger Weise und die qualifizierte Öffentlichkeit, beziehen. 4

d) **Abgrenzung und Konkurrenz.** Idealkonkurrenz ist mit **Sachbeschädigung** möglich. Symbole fremder Staaten sind durch **§ 317** geschützt (§ 317 Rz 2f). 5

# Angriffe auf oberste Staatsorgane

Die §§ 249–251 sind spezielle Nötigungstatbestände, die im Hinblick auf die hohen Strafdrohungen den §§ 105f und § 269 vorgehen (strittig; aM 13 Os 83/08t).

## Gewalt und gefährliche Drohung gegen den Bundespräsidenten (§ 249)

*(idF BGBl 1974/60)*

§ 249 schützt den Bundespräsidenten vor **Absetzung, Nötigung** und **Behinderung** bei der Ausübung seiner Befugnisse (zB Ernennung von Richtern, Begnadigung Verurteilter, sonstige Amtsgeschäfte wie Staatsbesuche). 1

Tatmittel sind **Gewalt** oder **gefährliche Drohung** (s BT I § 105 Rz 2ff, 9ff). Die Tat ist mit dem **Unternehmen**, also bereits mit einer Versuchshandlung iSd § 15 Abs 2, formell vollendet (vgl §§ 242–245 Rz 6).

## Nötigung eines verfassungsmäßigen Vertretungskörpers, einer Regierung, des Verfassungsgerichtshofs, des Verwaltungsgerichtshofs oder des Obersten Gerichtshofs (§ 250)

*(idF BGBl 1974/60)*

§ 250 stellt die **Nötigung und Behinderung** von Nationalrat (einschließlich seiner Ausschüsse), Bundesrat, Bundesversammlung, der Landtage, der Bundesregierung, der Landesregierungen und der drei Höchstgerichte unter Strafe. 1

**Tatmittel** sind wiederum Gewalt oder – weil die Tatobjekte juristische Personen sind – Drohung mit Gewalt. § 250 ist wie § 249 ein **Unternehmensdelikt** (s § 249 Rz 1).

> Der Täter kündigt eine Geiselnahme von Richtern an, um die Bundesregierung zur Überprüfung eines Strafverfahrens zu veranlassen (11 Os 13/10m). § 250 wird auch erfüllt, wenn die gesamte Fraktion einer gesetzgebenden Körperschaft zu einem Stimmverhalten gezwungen wird, das die Entscheidung beeinflussen kann, oder

wenn ein Senat eines Höchstgerichts zu einer bestimmten Entscheidung genötigt wird. Ein Sitzstreik, um die Regierung zu einer bestimmten politischen Entscheidung zu veranlassen, ist mangels Gewalt straflos.

## Nötigung von Mitgliedern eines verfassungsmäßigen Vertretungskörpers, einer Regierung, des Verfassungsgerichtshofs, des Verwaltungsgerichtshofs oder des Obersten Gerichtshofs oder des Präsidenten des Rechnungshofs oder des Leiters eines Landesrechnungshofs (§ 251)

*(idF BGBl I 2007/109)*

1 Während § 250 die dort angeführten Institutionen (§ 250 Rz 1) in ihrer Gesamtheit schützt, richten sich die Ausführungshandlungen des § 251 **gegen einzelne Mitglieder** in dieser Funktion, zB gegen einen Landeshauptmann (11 Os 64/19z). Die Tatmittel sind die gleichen wie bei § 249 (§ 249 Rz 1). § 251 ist jedoch **kein Unternehmensdelikt**: Die Tat ist erst vollendet, wenn das Mitglied begonnen hat, seine Befugnisse in der vom Täter verlangten Weise auszuüben (s BT I § 105 Rz 15).

Der Täter, der dem Präsidenten des VwGH mit einer Körperverletzung droht, um ihn zur Einleitung eines Verfahrens zur Wiedereinstellung in den Bundesdienst zu veranlassen, macht sich nach §§ 15, 251 strafbar (15 Os 106/06m). Wenn ein Minister gar nicht die Befugnis, dh keine Kompetenz hat, eine bestimmte Entscheidung zu treffen, scheidet eine Bestrafung nach § 251 aus (14 Os 126/11b).

# Landesverrat

**Schrifttum:** *Glaser/Kert*, Das Tatbestandsmkerkmal „zum Nachteil der Republik Österreich" in § 256 StGB, JSt 2017, 302; *Goliasch*, Geheimer Nachrichtendienst zum Nachteil der Republik Österreich, ÖJZ 2017/4, 21; *Nowakowski*, Zur Straflosigkeit des Verrats verfassungsgefährdender Tatsachen, in: Rechtswissenschaft und Arbeiterbewegung (Rabofsky-FS, 1976), 236; *Rieder*, Der Schutz des Staates und seiner Organe, ZnStR II (1974), 39; *Schwaighofer*, Die Strafbestimmungen zum Schutz des Staates in Italien und Österreich im Vergleich, ZfRV 1988, 25.

## Verrat, Preisgabe und Ausspähung von Staatsgeheimnissen (§§ 252–255)

*(idF BGBl 1974/60)*

### 1. Das Staatsgeheimnis (§ 255)

Die §§ 252–254 schützen Staatsgeheimnisse; darunter versteht man gem § 255 **Tatsachen** und **Erkenntnisse**, aber auch körperliche **Gegenstände** sowie Aufzeichnungen und Nachrichten darüber, die nur einem **begrenzten Personenkreis zugänglich** sind und deren **Geheimhaltung** zur Abwehr der Gefahr schwerer Nachteile für die österreichische Landesverteidigung oder zwischenstaatliche Beziehungen **notwendig** ist. 1

Staatsgeheimnisse sind zB die nur bestimmten Offizieren bekannten Verteidigungspläne des Bundesheers, uU auch eine neu entwickelte, geheime Waffe. Die Bekanntgabe des Aufenthaltsorts politischer Flüchtlinge und anderer persönlicher Daten an den Heimatstaat der Flüchtlinge fällt wegen der fehlenden Eignung, die Gefahr eines *schweren* Nachteils für die außenpolitischen Beziehungen Österreichs herbeizuführen, nicht unter § 255 (vgl SSt 53/51; strittig).

Auch **verfassungsgefährdende Tatsachen** können Staatsgeheimnisse sein. 2
Das sind im Wesentlichen Tatsachen, in denen sich Bestrebungen zur Beseitigung von Prinzipien und grundlegender Rechte unserer Verfassung offenbaren (§ 252 Abs 3). Zur Straflosigkeit des Verrats dieser Tatsachen s Rz 4, 5, 7.

## 2. Verrat von Staatsgeheimnissen (§ 252)

3 **Täter** nach § 252 kann jedermann sein.

**Ausführungshandlung** gem § 252 ist das **Bekanntmachen oder Zugänglichmachen** eines Staatsgeheimnisses, im Fall des Abs 1 gegenüber einer fremden Macht oder einer über- oder zwischenstaatlichen Einrichtung, im Fall des Abs 2 gegenüber der Öffentlichkeit.

Der Täter muss den **Vorsatz** haben, dass es sich um ein Staatsgeheimnis handelt und dass er es durch seine Handlungsweise einer fremden Macht usw bekannt oder zugänglich macht.

Der Täter macht das Staatsgeheimnis **bekannt**, wenn er sein Wissen unmittelbar mündlich, schriftlich, auf Datenträgern oder Fotos weitergibt; er **macht** es **zugänglich**, wenn er zB einen Schlüssel oder Code weitergibt, der es einer fremden Macht ermöglicht, sich Kenntnis vom Geheimnis zu verschaffen.

**Fremde Macht** ist ein anderer Staat bzw dessen staatstragenden Institutionen, aber auch eine politische Macht wie zB die PLO. Die Kenntnisnahme durch ein maßgebliches Organ der fremden Macht genügt. Eine **überstaatliche Einrichtung** ist zB die EU wegen ihrer Befugnis zur Erlassung unmittelbar anwendbarer Rechtsakte; **zwischenstaatliche Einrichtungen** sind zB die UNO, der Europarat und die NATO (EBRV 30 BlgNR 13. GP, 392). Zur Öffentlichkeit s BT I § 115 Rz 9.

4 **Der Verrat verfassungsgefährdender Tatsachen** (Rz 2) ist **straflos**, sofern er gegenüber der Öffentlichkeit erfolgt und der Täter nicht in der Absicht handelt, Österreich einen Nachteil zuzufügen **(§ 252 Abs 2 zweiter Satz)**. Ein **Irrtum** des Täters über die Verfassungsgefährlichkeit der verratenen Tatsache ändert an seiner Strafbarkeit nichts (§ 252 Abs 2 letzter Satz). S auch § 310 Rz 5.

## 3. Preisgabe von Staatsgeheimnissen (§ 253)

5 **Täter** nach § 253 kann nur jemand sein, den eine besondere Verpflichtung zur Wahrung eines Staatsgeheimnisses trifft (**Geheimnisträger**): vor allem Beamte, uU aber auch zur Verschwiegenheit verpflichtete Privatpersonen (*H/R* BT II § 253 Rz 2).

**Ausführungshandlung** ist die **Verletzung der Geheimhaltungspflicht** unter solchen Umständen, unter denen das Geheimnis einer fremden Macht, einer über- oder zwischenstaatlichen Einrichtung oder der Öffentlichkeit bekannt oder zugänglich (s Rz 3) werden kann (**potenzielles Gefährdungsdelikt**). Wenn die Wahrscheinlichkeit dafür ganz gering ist, ist § 253 nicht erfüllt (vgl §§ 180, 181 Rz 4ff).

Der Täter muss hinsichtlich der Verletzung seiner Geheimhaltungspflicht und der Gefahr des Bekanntwerdens an eine fremde Macht usw **vorsätzlich** handeln. Dass es sich um ein **Staatsgeheimnis** handelt, muss er sogar **wissen**.

Nach § 253 kann sich zB der Beamte strafbar machen, der ein Staatsgeheimnis einem Fremden mitteilt; nicht aber, wenn er seine Frau einweiht oder wenn er Akten, die ein Staatsgeheimnis enthalten, auf seinem Schreibtisch offen herumliegen lässt, so dass eine Reinigungskraft Einblick nehmen kann (*Eder-Rieder* SbgK § 253 Rz 12).

Die **Preisgabe verfassungsgefährdender Tatsachen** ist, selbst wenn diese einer fremden Macht bekannt werden können, **straflos**, solange der Täter nicht die Absicht hat, Österreich einen Nachteil zuzufügen (§ 253 Abs 2).

### 4. Ausspähung von Staatsgeheimnissen (§ 254)

§ 254 pönalisiert **Vorbereitungshandlungen** zum Verrat von Staatsgeheimnissen nach § 252. **Täter** nach § 254 kann jedermann sein. **Ausführungshandlung** ist das **Zurückhalten** oder **Sich-Verschaffen** eines Staatsgeheimnisses. Das Verschaffen oder Zurückhalten muss mit dem **Vorsatz** geschehen, das Staatsgeheimnis einer fremden Macht usw bekannt oder zugänglich zu machen (Rz 4f) und dadurch die Gefahr eines schweren Nachteils für Österreichs Landesverteidigung oder internationale Beziehungen herbeizuführen (s Rz 1). 6

Der Täter, zB ein Spion, **verschafft** sich das Staatsgeheimnis, wenn er es unbefugt in seinen Besitz bringt, zB durch Diebstahl eines Aktenkoffers. Ein Staatsgeheimnis **hält zurück**, wer rechtmäßig in den Besitz geheimer Unterlagen gelangt ist und nun zB unbefugt Kopien herstellt und diese behält (EBRV 30 BlgNR 13. GP, 395).

Die **Ausspähung verfassungsgefährdender Tatsachen** ist wiederum **straflos** (§ 254 Abs 2). 7

### 5. Abgrenzungs- und Konkurrenzfragen

Als Gefährdungs- bzw Vorbereitungsdelikte sind **§ 253 und § 254** gegenüber § 252 **subsidiär.** Ausdrücklich subsidiär gegenüber § 252 sind auch die Verletzung des Amtsgeheimnisses nach § **310** (§ 310 Abs 1) sowie das Delikt nach § **26 MilStG** (§ 26 Abs 3 MilStG). S auch § 256 Rz 2. 8

## Geheimer Nachrichtendienst zum Nachteil Österreichs (§ 256)

*(idF BGBl I 2021/148)*

**Ausführungshandlungen** nach § 256 sind das **Einrichten, Betreiben oder Unterstützen eines geheimen Nachrichtendienstes zum Nachteil Österreichs.** 1

Ein **Nachrichtendienst** ist eine auf Dauer angelegte Einrichtung, die der Beschaffung, Sammlung und Weitergabe von Informationen dient (EBRV 30 BlgNR 13. GP, 396). Der Nachrichtendienst ist **geheim**, wenn sein Bestehen oder seine für Österreich nachteilige Tätigkeit den österreichischen Behörden nicht bekannt ist (EBRV 30 BlgNR 13. GP, 396); dass Geheimnisse weitergegeben werden, ist nicht erforderlich (SSt 53/61 ua).

Zum **Nachteil** Österreichs bedeutet, dass Österreich durch den hier geheimen Nachrichtendienst in seinem Ansehen, in seiner Sicherheit oder in wirtschaftlichen Interessen beeinträchtigt wird oder werden kann (*Glaser/Kert* JSt 2017, 302ff). Es handelt sich um ein objektives Tatbestandsmerkmal (*Eder-Rieder* SbgK § 256 Rz 8; aM *H/R* BT II § 256 Rz 4 und *Goliasch* ÖJZ 2017/4, 23: rein subjektiv).

Einen Nachrichtendienst **richtet ein**, wer ihn gründet und die Voraussetzungen für sein Funktionieren schafft. **Betreiben** bedeutet eine laufende, verantwortliche Tätigkeit. **Unterstützung** ist eine – wenn auch bloß gelegentliche – Mitarbeit, zB die Übermittlung einzelner Nachrichten.

Der **Vorsatz** des Täters muss sich insb darauf erstrecken, dass der Nachrichtendienst geheim ist und eine für Österreich (möglicherweise) nachteilige Tätigkeit entfaltet.

> Der ausländische Geheimdienst, der an geheimen oder doch wenigstens nicht für die Öffentlichkeit bestimmten Informationen über Österreich interessiert ist (zB über die Spionageabwehrtätigkeit der Polizei oder über Organisation und Bewachung des Flüchtlingslagers Traiskirchen), ist ein geheimer Nachrichtendienst zum Nachteil Österreichs (SSt 53/61, EvBl 1975/24).

2 **Abgrenzung und Konkurrenz:** Wer ein Staatsgeheimnis verrät, preisgibt oder ausspäht oder ein Amtsgeheimnis verletzt und dadurch zugleich einen geheimen Nachrichtendienst unterstützt, ist nur nach **§§ 252, 253 oder 254** bzw **§ 310** zu bestrafen. § 256 wird konsumiert.

Zur Abgrenzung von § 319 s § 319 Rz 3.

## Begünstigung feindlicher Streitkräfte (§ 257)

*(idF BGBl 1974/60)*

1 § 257 sanktioniert die Verletzung der gebotenen **Treue bzw Loyalität zu Österreich** im Kriegsfall.

**Abs 1** bedroht denjenigen mit Strafe, **der in einem Krieg oder in einem bewaffneten Konflikt** (s § 320 Rz 7), an dem Österreich beteiligt ist, die Fronten wechselt und **feindlichen Streitkräften dient** oder sonst (zB als Freischärler) **gegen Österreich Waffen trägt**. Nur österreichische Staatsbürger können sich nach Abs 1 strafbar machen.

In Ergänzung dazu pönalisiert **Abs 2** jedes Verhalten, das den **feindlichen Streitkräften** einen **Vorteil** oder dem **österreichischen Bundesheer** einen **Nachteil** zufügt. Derartiges Verhalten ist nicht bloß während, sondern schon bei unmittelbar drohender **Gefahr eines Krieges** oder bewaffneten Konflikts unter österreichischer Beteiligung strafbar. **Täter** nach Abs 2 können **auch Ausländer** sein, die sich zur Tatzeit in Österreich aufhalten.

Eine Gefahr iSd Abs 2 liegt vor, wenn die Mobilmachung angeordnet wird (Verfügung eines Einsatzpräsenzdienstes; s auch § 320 Rz 7). Wer einige fremde Soldaten bei sich unterbringt und verpflegt, verschafft dadurch feindlichen Streitkräften noch keinen Vorteil (*Bachner-Foregger* WK[2] § 257 Rz 7).

## Landesverräterische Fälschung und Vernichtung von Beweisen (§ 258)

*(idF BGBl 1974/60)*

§ 258 pönalisiert **besondere Fälle von Beweismittelfälschungen und -unterdrückungen.** 1

**Schutzobjekte** des § 258 sind **Beweismittel über ein Rechtsverhältnis** zwischen der Republik Österreich oder einem Bundesland und einer fremden Macht oder einer über- oder zwischenstaatlichen Einrichtung (**Abs 1 Z 1**; s §§ 252–255 Rz 3) oder über eine für diese Beziehungen bedeutsame **Tatsache (Abs 1 Z 2)**.

**Ausführungshandlungen** sind das Herstellen eines solchen falschen Beweismittels, das Verfälschen, Vernichten, Beschädigen und Beseitigen (Abs 1; dazu s §§ 293, 294 Rz 1, §§ 295, 296 Rz 4, § 229 Rz 2) sowie der Gebrauch eines solchen Beweismittels (Abs 2). In allen Fällen müssen dadurch die **Interessen** Österreichs oder eines Bundeslands **gefährdet** werden. Nach den Materialien wäre das etwa der Fall, wenn der Eindruck erweckt wird, Österreich nehme seine Neutralitätsverpflichtungen nicht ernst (EBRV 30 BlgNR 13. GP, 399).

**Beweismittel** iSd § 258 sind Schriftstücke sowie alle erdenklichen Augenscheingegenstände, zB auch Grenzzeichen (EBRV 30 BlgNR 13. GP, 398; s §§ 293, 294 Rz 1ff). Nach den Vorstellungen des Gesetzgebers wäre zB nach § 258 Abs 1 Z 1 zu bestrafen, wer ein Geheimdokument produziert, wonach Österreich vertraglich den Durchmarsch fremder Streitkräfte gestattet; nach Abs 1 Z 2, wer in ein Foto über eine feindselige Kundgebung gegen einen Nachbarstaat eine bedeutende Person des öffentlichen Lebens hineinretuschiert (EBRV 30 BlgNR 13. GP, 398f).

§ 258 ist **gegenüber §§ 223f, 229, 230, 293 und 295 lex specialis.** 2

Zum Verhältnis von § 258 **Abs 1 und Abs 2** gilt das zu § 223 Gesagte entsprechend (§ 223 Rz 22).

# Strafbare Handlungen gegen das Bundesheer

**Schrifttum:** *Nowakowski*, Die Sonderdelikte, beurteilt nach ihrer Begehbarkeit durch Extranei, ZnStR II (1974), 147.

## Beteiligung an militärischen strafbaren Handlungen (§ 259)

*(idF BGBl 1974/60)*

§ 259 setzt die allgemeine Regel des § 14 über die Beteiligung von Extranei (Außenstehenden) an Sonderdelikten für Militärdelikte außer Kraft, weil sie zu unbefriedigenden Ergebnissen führen würde (EBRV 30 BlgNR 13. GP, 400). Personen, die selbst nicht Soldaten sind, können demnach nie nach § 12 iVm einem Delikt nach dem MilStG bestraft werden. Sie sind aber als unmittelbare Täter nach § 259 zu bestrafen, wenn sie einen **Soldaten zu einem schweren** (= mit einer drei Jahre übersteigenden Freiheitsstrafe bedrohten), **echt militärischen Delikt** oder zu einem der Delikte nach **§§ 16, 19 oder 21 MilStG** (Verabredung zum gemeinschaftlichen Ungehorsam, zur Meuterei und zum gemeinschaftlichen Angriff auf militärische Vorgesetzte) **bestimmen** oder **sonst dazu beitragen**. 1

**Echte Militärdelikte** sind solche, die ihrer Natur nach nur von einem Soldaten begangen werden können (*H/R* BT II § 259 Rz 2). 2

§ 259 verantwortet zB die Ehefrau, die ihrem beim Bundesheer dienenden Mann hilft, zu desertieren (§ 9 MilStG). Wenn sie ihn aber nur dazu auffordert, sich einige Tage dem Dienst zu entziehen (Unerlaubte Abwesenheit; § 8 MilStG), bleibt sie straflos, weil dieses Delikt maximal mit Freiheitsstrafe bis zu einem Jahr bedroht ist (*Eder-Rieder* SbgK § 259 Rz 9).

Ein Nichtsoldat, der einen Soldaten zu einem **unechten Militärdelikt** (zB militärischer Diebstahl, Körperverletzung eines Vorgesetzten) bestimmt, haftet nach § 12 iVm §§ 127ff bzw §§ 83ff (EBRV 30 BlgNR 13. GP, 401). 3

## Wehrmittelsabotage (§ 260)

*(idF BGBl 1974/60)*

1 Die Bestimmung richtet sich gegen Gewerbetreibende, die sich zur Herstellung oder Lieferung von **Wehrmitteln, Einrichtungen oder Anlagen der Landesverteidigung oder des Zivilschutzes oder dafür bestimmter Werkstoffe** verpflichtet haben und diese Gegenstände **vorsätzlich nicht oder fehlerhaft herstellen oder liefern**.

Wehrmittel sind alle Gegenstände, die zur Verwendung bei einem bewaffneten Einsatz des Bundesheers bestimmt sind, vor allem Waffen, Munition, Heeresfahrzeuge. Einrichtungen und Anlagen der Landesverteidigung oder des Zivilschutzes sind zB Militärflugplätze, Bunker, Luftschutzsirenen (EBRV 30 BlgNR 13. GP, 402).

2 Um sich nach § 260 strafbar zu machen, muss der Täter **wissen**, dass durch seine Tathandlung die Landesverteidigung, die Schlagkraft wenigstens eines Teils des Bundesheers oder der Schutz der Zivilbevölkerung **konkret gefährdet** wird. Wer es bloß für möglich hält, dass der mit minderwertigem Material gebaute Luftschutzbunker nicht standhalten könnte, oder sogar hofft, er werde dennoch standhalten, bleibt straflos (vgl *Bachner-Foregger* WK² § 260 Rz 10).

3 § 260 ist **gegenüber strengeren Strafbestimmungen subsidiär**. Zu denken ist vor allem an schweren Betrug nach §§ 146, 147 Abs 3 und vorsätzliche Gemeingefährdung nach § 176.

# Strafbare Handlungen bei Wahlen und Volksabstimmungen

**Schrifttum:** *Häußl*, Zur Frage der Verantwortlichkeit (Haftung) der Mitglieder von Wahlbehörden, ÖJZ 1984, 449.

## Geltungsbereich (§ 261)

*(idF BGBl I 2012/12)*

§ 261 legt den Geltungsbereich der Delikte zum Schutz von Wahlen und dgl nach §§ 262ff fest. Sie gelten für **Wahlen**, durch welche die Bevölkerung ihre Vertreter im Europäischen Parlament, die Organe einer Gebietskörperschaft oder das satzungsgebende Organ einer gesetzlichen Berufsvertretung (Kammer) wählt, für **Volksabstimmungen** (§ 261 Abs 1), für **Volksbegehren, Europäische Bürgerinitiativen** und für das **Unterschreiben eines Wahlvorschlags** (§ 261 Abs 2). 1

Die §§ 262ff gelten somit zB für die Wahl des Bundespräsidenten, des Nationalrats, der Landtage, der Gemeindevertretungen; für die Bürgermeisterdirektwahl (JBl 1993, 736); für Arbeiterkammerwahlen.

Nicht anwendbar sind die §§ 262ff auf Volksbefragungen, auf die Wahlen zur ÖH (17 Os 33/15d) sowie Betriebsrats- und Personalvertretungswahlen: Betriebsräte und Personalvertretungen können sich keine Satzungen geben. Nicht anwendbar sind die §§ 262ff auch auf Wahlen und Abstimmungen *im* Nationalrat, in Landtagen, in Gemeindevertretungen, in satzungsgebenden Organen einer Kammer: Diese Wahlen sind keine Wahlen durch das Wahlvolk. Wer einen Abgeordneten bei einer solchen Wahl nötigt, ist nicht nach § 262, sondern nach § 105 strafbar.

## Wahlbehinderung (§ 262)

*(idF BGBl I 2015/112)*

§ 262 enthält zwei Tatbilder; beide verlangen vorsätzliches Handeln: 1

**a) Die Wahlbehinderung durch Nötigung (§ 262 Abs 1).** Der Täter nötigt einen Wahlberechtigten durch Gewalt (s BT I § 105 Rz 2ff) oder durch gefährliche Drohung (s BT I § 105 Rz 9ff), an einer Wahl oder Abstimmung (§ 261

Rz 1) teilzunehmen, nicht teilzunehmen oder in bestimmter Weise zu wählen oder zu stimmen. Es handelt sich um einen Sonderfall der Nötigung. Wenn die Voraussetzungen des § 106 erfüllt sind, fällt der Täter unter einen strengeren Strafsatz.

2 **b) Die Wahlbehinderung auf andere Weise (§ 262 Abs 2).** Der Täter macht es einem Stimmberechtigten auf andere Weise unmöglich, an einer Wahl oder Abstimmung teilzunehmen. Diese Verhaltensweisen sind in der Regel auch nach anderen strengeren Bestimmungen strafbar.

> Der Täter sperrt das Opfer ein oder versteckt die Papiere, durch die es sich bei der Wahl ausweisen könnte: Der Täter ist nach § 99 bzw § 229 und § 262 Abs 2 zu bestrafen. Bei Täuschungen kommt nur § 263 Abs 2 zur Anwendung (*H/R* BT II § 262 Rz 5).

## Täuschung bei einer Wahl oder Volksabstimmung (§ 263)

*(idF BGBl 1974/60)*

1 Der Täter **täuscht** jemanden **vorsätzlich** über die Durchführung einer Wahl oder Volksabstimmung und **verleitet** ihn so, **sich bei einer Wahl anders zu verhalten, als er eigentlich will**; dh:
- der Getäuschte wählt anders, als er zu wählen glaubt; oder
- der Getäuschte wählt gegen seinen Willen ungültig (§ 263 Abs 1); oder
- der Getäuschte nimmt an der Wahl gar nicht teil (§ 263 Abs 2).

2 Dass der Täter gerade **über die Durchführung der Wahl oder Volksabstimmung täuscht**, ergibt sich in den ersten beiden Fällen aus der Natur der Sache, für den dritten Fall weist § 263 Abs 2 ausdrücklich darauf hin.

> Der Täter beschwindelt das Opfer über die Art und Weise, wie Stimmzettel auszufüllen sind: Das Opfer gibt einen Stimmzettel ab, den es für gültig hält, der in Wahrheit aber ungültig ist. Der Täter täuscht das Opfer über die Öffnungszeiten der Wahllokale, sodass das Opfer zu spät kommt.
>
> Politiker, die durch nicht ernst gemeinte Wahlversprechen Wähler verleiten, sie zu wählen, täuschen nicht über die Durchführung der Wahl: Die getäuschten Wähler wissen immerhin, wen sie wählen; § 263 ist auf solche Politiker nicht anwendbar.

## Verbreitung falscher Nachrichten bei einer Wahl oder Volksabstimmung (§ 264)

*(idF BGBl 1974/60)*

1 Der Täter **behauptet vorsätzlich unwahre Umstände, die geeignet sind, Wähler zu verleiten**, gar nicht oder in einem bestimmten Sinn zu wählen: zB der Spitzenkandidat der Gegenpartei sei todkrank oder in einen Korruptionsskandal verwickelt. Wahlpropaganda ist nicht strafbar (näher *Eder-Rieder* SbgK § 264 Rz 11f).

Der Täter bringt die Behauptung **öffentlich** vor (s BT I § 115 Rz 9); und er bringt sie **so knapp vor der Wahl** vor, dass der Betroffene eine Gegenäußerung nicht mehr wirksam verbreiten kann. Im Zeitalter des Internets ist das freilich sehr rasch möglich, sodass der Deliktstypus recht zahnlos ist (vgl *H/R* BT II § 264 Rz 4).

Die Tat ist **qualifiziert**, wenn der Täter zum Beweis seiner unwahren Behauptung eine falsche oder verfälschte Urkunde gebraucht. Über falsche und verfälschte Urkunden und deren Gebrauch s § 223 Rz 10ff. 2

## Bestechung bei einer Wahl oder Volksabstimmung (§ 265)

*(idF BGBl I 2015/112)*

§ 265 enthält zwei Tatbilder: 1

a) **Der Stimmenkauf (Abs 1).** Der Täter bietet einem Wahl- oder Stimmberechtigten einen Vermögensvorteil an, verspricht oder gewährt ihn (s § 307 Rz 2), damit der Wähler in einem bestimmten Sinn wählt oder nicht wählt, stimmt oder nicht stimmt (**Absichtlichkeit**).

> Das Verteilen von Wahlgeschenken im üblichen Umfang (Kugelschreiber, Notizblöcke, Zündhölzer, T-Shirts, Freibier) ist sozialadäquat und darum nicht strafbar (EBRV 30 BlgNR 13. GP, 408; *Eder-Rieder* SbgK § 265 Rz 13).

b) **Der Stimmenverkauf (Abs 2).** Der Täter ist ein Wahl- oder Stimmberechtigter. Er fordert einen Vermögensvorteil, nimmt ihn an oder lässt ihn sich versprechen (s § 304 Rz 10) als Entgelt dafür, dass er in einem bestimmten Sinn wählt oder nicht wählt, stimmt oder nicht stimmt. Der Täter muss **vorsätzlich** handeln. 2

## Fälschung bei einer Wahl oder Volksabstimmung (§ 266)

*(idF BGBl 2012/12)*

§ 266 enthält zwei Tatbilder: 1

a) **Unzulässiges Stimmen (Abs 1).** Der Täter gibt eine Stimme ab, die er nicht abgeben dürfte.

> Der Täter wählt, obwohl er gar nicht wahlberechtigt ist, oder wählt mehrmals (*Bachner-Foregger* WK[2] § 266 Rz 2ff). Die Begleitperson eines behinderten Wählers (§ 66 NRWO) füllt den Stimmzettel entgegen den Wünschen des Wahlberechtigten aus.
>
> Der Täter unterschreibt einen Wahlvorschlag mit dem Namen eines Bekannten: Er begeht eine Urkundenfälschung (s § 223 Rz 10); die Verurteilung nach § 223 Abs 1 konsumiert § 266. Wenn der Bekannte mit der Verwendung seines Namens

einverstanden war, bleibt der Täter straffrei: Das Einverständnis schließt als Einwilligung § 223 (s § 223 Rz 14) und als Auftrag § 266 Abs 1 aus.

2 **b) Wahlfälschung, Wahlschwindel (§ 266 Abs 2).** Der Täter bewirkt nach der Wahl oder Volksabstimmung, dass deren Ergebnis unrichtig ermittelt wird: Er lässt zB Stimmzettel verschwinden, fälscht Stimmzettel, liest Stimmzettel unrichtig ab oder verkündet ein unrichtiges Wahlergebnis (17 Os 33/15d).

Solche Machenschaften sind praktisch nur den Mitgliedern der Wahlkommission möglich. Diese sind zwar Beamte (§ 302 Rz 1), aber der **Amtsmissbrauch** setzt Schädigungsvorsatz voraus (§ 302 Rz 24ff), der fehlt, wenn der Täter die Mandatsverteilung nicht beeinflussen will. Im Fall einer Verurteilung nach § 302 wird § 266 Abs 2 konsumiert (aM *H/R* BT II § 266 Rz 5).

Der Wahlleiter trägt eine nicht erschienene Person in das Abstimmungsverzeichnis ein, füllt für sie einen Wahlzettel aus und wirft ihn in die Urne. Er missbraucht seine Befugnis, am Zustandekommen eines Hoheitsaktes, nämlich der Feststellung des Wahlergebnisses, mitzuwirken. Aber da von einem Vorsatz, die Mandatsverteilung zum Nachteil einer Partei zu beeinflussen, gar nicht die Rede ist, handelt es sich nicht um einen Amtsmissbrauch (so aber SSt 56/81; ebenso *Eder-Rieder* SbgK § 266 Rz 35f), sondern nur um einen Wahlschwindel nach § 266 Abs 2.

## Verhinderung einer Wahl oder Volksabstimmung (§ 267)

*(idF BGBl 1974/60)*

1 Ausführungshandlung ist eine **gefährliche Drohung** (BT I § 105 Rz 9ff) oder eine **Gewaltanwendung** gegen Personen oder Sachen (s BT I § 109 Rz 4f). Dadurch erreicht der Täter, dass eine **Wahl oder Volksabstimmung**, die Feststellung oder die Verkündung ihres Ergebnisses wenigstens in einem Sprengel **gestört oder verhindert** wird (= Erfolg).

Der Täter demoliert das Wahllokal, verbrennt die Wahlurne mit allen Stimmzetteln oder hält Wähler durch Drohungen davon ab, das Wahllokal zu betreten.

2 Der Täter hat entweder den **Vorsatz**, diese Vorgänge zu verhindern, oder die **Absicht** (§ 5 Abs 2), sie zu stören. Ein bedingter Störungsvorsatz genügt nicht.

Wer Wähler beschimpft und bedroht, nicht um die Wahl zu stören, sondern um auf eine verwerfliche Einstellung, auf mangelnde Fairness usw des politischen Gegners aufmerksam zu machen, ist nach § 267 nicht strafbar.

# Verletzung des Wahl- oder Volksabstimmungsgeheimnisses (§ 268)

*(idF BGBl 1974/60)*

Der Täter verstößt gegen Bestimmungen, die dem Schutz des Wahlgeheimnisses dienen. Er hat dabei die **Absicht**, sich oder Dritten davon **Kenntnis** zu verschaffen, **wie jemand gewählt** hat. 1

Der Wahlleiter gibt an bestimmte Wähler Kuverts mit besonderen Kennzeichen aus. Der Wahlleiter ist Beamter, aber da er Wahlergebnis und Mandatsverteilung nicht beeinflussen will, handelt er ohne den Schädigungsvorsatz nach § 302: Er ist nur nach § 268 strafbar (aM *Eder-Rieder* SbgK § 268 Rz 24).

Mitglieder der Wahlkommission, die beim Zählen der Stimmzettel herausfinden, wie jemand gewählt hat, und das weitererzählen, sind nach **§ 310** strafbar (SSt 53/4). Wenn sie das Stimmverhalten unter Verletzung von Verfahrensvorschriften herausgefunden haben, konkurriert § 310 mit § 268. 2

# Strafbare Handlungen gegen die Staatsgewalt

**Schrifttum:** *Burgstaller*, Die Scheinkonkurrenz im Strafrecht, JBl 1978, 393, 459; *Capelare/Schaunig*, Strafbarkeit des tätlichen Angriffs auf Verkehrsbedienstete – Ende von In-dubio-pro-libertate? JBl 2019, 488; *Helmreich*, Recht auf Widerstand? – Zur Reichweite und Rechtsnatur des Widerstandsrechts (§ 269 Abs 4 StGB), ÖJZ 2006/3, 13; *Helmreich*, Widerstandsrecht im österreichischen Strafrecht, juridikum 2012, 313; *Hochmayr/Schmoller*, Die Definition der Gewalt im Strafrecht, ÖJZ 2003/36, 628; *Schwaighofer*, Plötzliches Losreißen – Gewalt im Sinn des § 269 StGB? ÖJZ 1981, 120; *Schwaighofer*, Auslegungsfragen bei der Nötigung – Überlegungen zur sogenannten Drittbeziehung und zum erforderlichen Zwang, ÖJZ 2017/88, 648; *Seiler*, Die Gewalt als Mittel zur Nötigung, in: Pallin-FS (1989), 381; *Wegscheider*, Zum Begriff der Amtshandlung (§ 269 StGB), RZ 1997, 102.

## Widerstand gegen die Staatsgewalt

**§ 269. (1) Wer eine Behörde mit Gewalt oder durch Drohung mit Gewalt und wer einen Beamten mit Gewalt oder durch gefährliche Drohung an einer Amtshandlung hindert, ist mit Freiheitsstrafe bis zu drei Jahren, im Fall einer schweren Nötigung (§ 106) jedoch mit Freiheitsstrafe von sechs Monaten bis zu fünf Jahren zu bestrafen.**

**(2) Ebenso ist zu bestrafen, wer eine Behörde mit Gewalt oder durch Drohung mit Gewalt oder einen Beamten mit Gewalt oder durch gefährliche Drohung zu einer Amtshandlung nötigt.**

**(3) Als Amtshandlung im Sinn der Abs. 1 und 2 gilt nur eine Handlung, durch die der Beamte als Organ der Hoheitsverwaltung oder der Gerichtsbarkeit eine Befehls- oder Zwangsgewalt ausübt.**

**(4) Der Täter ist nach Abs. 1 nicht zu bestrafen, wenn die Behörde oder der Beamte zu der Amtshandlung ihrer Art nach nicht berechtigt ist oder die Amtshandlung gegen strafgesetzliche Vorschriften verstößt.**

*(idF BGBl 1974/60)*

### 1. Täter und Tatobjekt

1 Der Widerstand gegen die Staatsgewalt ist ein Sonderfall der Nötigung und soll die Durchführung hoheitlicher **Amtshandlungen** sichern (s hingegen § 270 Rz 1). **Täter** kann **jedermann** sein. **Angriffsobjekt** ist idR ein **einzelner Beamter**; § 269 erfasst aber auch die sog Behördennötigung, bei der sich die Tat nicht gegen einen individuellen Beamten, sondern eine **Behörde** als solche richtet (s Rz 8).

**Behörden** iSd § 269 sind die Gerichte und alle Dienststellen, die mit Befehls- und Zwangsgewalt ausgestattet sind. Die Polizeikommanden und -inspektionen sind daher keine Behörden (s § 4 SPG).

Zum **Beamten** s § 302 Rz 1ff. Zu beachten ist, dass zB auch Parkraumüberwachungsorgane und Mautaufsichtsorgane der ASFINAG Beamte sind (§ 302 Rz 2; 14 Os 73/19w, 14 Os 118/19p, 12 Os 37/10y, 12 Os 62/10z). Grundsätzlich genießen nur österreichische Beamte den strafrechtlichen Schutz; ausländische Beamte dann, wenn sie den österreichischen ausdrücklich gleichgestellt sind (s etwa Art 42 SDÜ, § 59 EU-JZG).

## 2. Ausführungshandlungen

2 **A. Widerstand gegen Beamte.**

**a) Amtshandlung.** Amtshandlungen sind gem § 269 Abs 3 Handlungen, durch die Beamte als Organe der Hoheitsverwaltung oder Gerichtsbarkeit Befehls- und Zwangsgewalt ausüben: dh dass sie mit einer zwangsweisen Durchsetzung verknüpft sind (*H/R* BT II § 269 Rz 13). Sicherheitsorgane, die nicht im Dienst sind, können sich nach § 1 Abs 3 RLV in Dienst setzen und dann Amtshandlungen iSd § 269 vornehmen.

Amtshandlungen sind zB die Festnahme (12 Os 69/20v uam), der Transport eines Verhafteten (11 Os 146/21m, 14 Os 9/20k), eine Hausdurchsuchung, eine Fahrzeug- oder Personenkontrolle (11 Os 77/21i, 14 Os 143/11b), die Personendurchsuchung (14 Os 110/19m), die Identitätsfeststellung (14 Os 139/20b), die Erlassung von Urteilen, Beschlüssen, Bescheiden. Der Widerstand eines entflohenen Häftlings gegen einen nicht im Dienst befindlichen Justizwachebeamten, der den Häftling anhalten will, fällt mangels einer Amtshandlung nicht unter § 269 (evt aber Nötigung; 13 Os 88/20w). Die (Nicht)Erstattung einer Anzeige an die StA oder eine Verwaltungsbehörde ist nach hA keine Amtshandlung iSd § 269, weil dabei kein Zwang gegen eine Person ausgeübt wird (vgl JBl 1995, 801; *Hochmayr/Schmoller* SbgK § 269 Rz 57, *H/R* BT II § 269 Rz 13f; weiter *Danek* WK² § 269 Rz 41).

In § 269 geht es um die **Durchsetzung von Amtshandlungen als solche**. Widerstand, der sich bloß gegen eine bestimmte Art und Weise der Durchführung der Amtshandlung richtet (schmerzhafter Polizeigriff, Ziehen an den Haaren usw), wird nicht von § 269, sondern von § 270 erfasst (s unten Rz 9, § 270 Rz 4).

3 **b) Hinderung und Nötigung.** Hinderung ist die **Vereitelung** einer geplanten, Nötigung die **Erzwingung** einer ungewollten Amtshandlung. Die Amtshandlung muss zumindest in den abstrakten Aufgabenbereich des Beamten fallen (15 Os 41/19x). Das Auslösen eines Polizeieinsatzes (etwa durch eine Bombendrohung) stellt nach hA noch keinen Zwang dar (13 Os 22/16h, 12 Os 81/16b; s auch *Schwaighofer* ÖJZ 2017/88, 648ff). Dann kann auch ein Schuss, den ein Polizist in Notwehr gegen einen Messerangriff abgibt, nicht erzwungen sein (aM 14 Os 16/17k).

Die Hinderung an einer Amtshandlung ist erst vollendet, wenn sie durch den Widerstand nicht unerheblich verzögert wurde; andernfalls liegt nur **Versuch** des § 269 vor (vgl SSt 47/21, 48/20).

Die festzunehmende Person, die zunächst entkommt, mit ihrem Pkw flieht und erst nach Durchbrechen mehrerer Straßensperren angehalten werden kann, verantwortet das vollendete Delikt nach § 269 (RZ 1994/37).

**c) Gewalt.** Eine gewaltsame Widerstandshandlung iSd § 269 ist eine **aktive, erhebliche Einwirkung auf den Körper des Beamten, die Schmerzen bereitet, ihn zu Boden wirft oder ihm sonst Widerstand unmöglich macht** (s BT I § 105 Rz 2ff). Tendenziell ist der Gewaltbegriff des § 269 **eng auszulegen**. Denn die Opfer des § 269 sind idR ausgebildete Exekutivbeamte, die in der Selbstverteidigung geschult und auch entsprechend ausgerüstet sind, körperlichen Widerstand sofort zu überwinden. Hinzu kommt die besondere Stresssituation, in der sich die von einer Amtshandlung betroffenen Personen regelmäßig befinden (vgl *Schwaighofer* ÖJZ 1981, 122; für einen deutlich weiteren Gewaltbegriff *Danek* WK[2] § 269 Rz 54, *Hochmayr/Schmoller* SbgK § 269 Rz 24ff, *K/Schm* StudB III § 269 Rz 16f; SSt 56/43). 4

Der Täter hindert einen Beamten zB mit Gewalt an einer Amtshandlung, wenn er ihn heftig schlägt (12 Os 69/20v, 11 Os 114/20d), stößt (14 Os 39/11h) oder tritt (15 Os 74/20a), würgt (vgl SSt 47/35), ein Moped auf ihn schleudert (ZVR 1983/292) oder einen Hund auf ihn hetzt (JBl 1983, 162).

**Keine Gewalt** ist das plötzliche **Losreißen**, selbst wenn der Täter dabei einige Kraft entfalten muss; Gewalt liegt nur vor, wenn der Täter den Beamten dabei so heftig stößt, dass er zu Fall kommt (*Schwaighofer* ÖJZ 1981, 122). Der OGH sieht dem gegenüber jedes Losreißen, wenn es unter Aufbietung einiger Körperkraft erfolgt, als Gewalt iSd § 269 an (14 Os 34/20m, 15 Os 150/19a uam; ebenso *Danek* WK[2] § 269 Rz 58; vgl auch *H/R* BT II § 269 Rz 6).

Noch keine Gewalt ist auch ein Stoß mit der Hand gegen einen in Hockestellung befindlichen Beamten, der dadurch aus dem Gleichgewicht gerät und sich mit einer Hand abstützen muss (ZVR 1992/74; aM *Danek* WK[2] § 269 Rz 54, *Hochmayr/Schmoller* SbgK § 269 Rz 27); das Festhalten einer zu eskortierenden Person (*Hochmayr/Schmoller* SbgK § 269 Rz 37; aM SSt 48/20); das Einsperren eines Beamten (*H/R* BT II § 269 Rz 6, *Hochmayr/Schmoller* SbgK § 269 Rz 30; aM EvBl 1990/119; *Danek* WK[2] § 269 Rz 59); bloßes Anfassen des Beamten (OLG Wien 15 Bs 378/78); und umso weniger der bloße **passive Widerstand**: zB Festhalten an einem Stiegengeländer oder Auseinanderdrücken der Hände, um die Fesselung mit Handschellen zu verhindern (SSt 58/5; *Seiler* in Pallin-FS 390f). Der OGH neigt leider dazu, schon gröbere Behinderungen als Gewalt zu werten: Ganz verfehlt ist die E 15 Os 5/96, in der der OGH die Errichtung einer Straßensperre durch Querstellen eines Kfz als Gewalt (iSd § 105) ansieht. Hier liegt ebenso wenig Gewalt vor wie beim Versperren einer Tür, um das Eindringen der Beamten in die Wohnung zu verhindern, oder beim Stemmen gegen eine Tür, um deren Schließen zu verhindern (*H/R* BT II § 269 Rz 6; s BT I § 105 Rz 5, 7; aM 15 Os 14/11i).

5 Gewalt iSd § 269 ist auch **versuchte Gewalt**: Dh, der Täter hat den **Vorsatz**, auf den Körper eines Beamten **einzuwirken**, es kommt aber nicht dazu (s BT I § 105 Rz 7).

Der Täter fährt mit einem Fahrzeug mit so hoher Geschwindigkeit auf einen Beamten zu, dass es nur mehr von der Geistesgegenwart des Beamten abhängt, ob er vom Auto erfasst wird oder nicht (13 Os 31/10y; vgl auch 12 Os 45/15g); er schießt auf einen Beamten oder tritt gegen ihn, ohne ihn zu treffen (*Schwaighofer* WK² § 105 Rz 37 uam; für vollendete Gewalt 15 Os 18/17m, 19/17h, 14 Os 139/20b, RS0131380; *K/Schm* StudB III § 269 Rz 17 ua). Das Zufahren auf einen Beamten kann auch eine gefährliche Drohung darstellen (s BT I § 105 Rz 7).

6 Reine **Sachgewalt ist keine Gewalt**; Gewalt liegt aber dann vor, wenn die Sachgewalt mittelbar auf den Körper einwirkt.

Wer mit seinem Auto das Fahrzeug eines verfolgenden Beamten seitlich rammt und in den Straßengraben drängt (12 Os 118/21a) oder es abzudrängen versucht (13 Os 67/98); wer den Reifen des verfolgenden Einsatzfahrzeuges zerschießt, wendet Gewalt an (s BT I § 105 Rz 6). Das Aufschlitzen des Reifens eines stehenden Polizeifahrzeugs, um eine Verfolgung zu verhindern, ist hingegen keine Gewalt iSd § 269 (*H/R* BT II § 269 Rz 8; aM *Hochmayr/Schmoller* SbgK § 269 Rz 39).

7 **d) Gefährliche Drohung.** Dazu s BT I § 105 Rz 9ff; s auch oben Rz 5. Im Fall einer schweren Nötigung nach § 106 (s BT I § 106 Rz 2ff) kommt eine höhere Strafdrohung zur Anwendung.

IdR geht es um Drohungen mit einer Verletzung des amtshandelnden Beamten. Aber auch eine Drohung mit der Verletzung oder Tötung von Personen oder der Beschädigungen öffentlicher Vermögenswerte, die ein Beamter zu schützen hat, kann tatbildlich sein (RS0133101, 12 Os 64/21k, 14 Os 9/20k). Hinsichtlich der Eignung der Drohung, dem Beamten begründete Besorgnisse einzuflößen, ist auf ein durchschnittliches Exekutivorgan abzustellen und insb dessen Ausbildung und die Bewaffnung zu berücksichtigen (s Rz 4; ebenso *Danek* WK² § 269 Rz 61; SSt 61/39).

Der Täter verantwortet § 269, wenn er eine Schreckschusspistole auf einen Polizisten richtet (14 Os 143/11b) oder seine verbale Drohung durch Ergreifen eines Messers unterstützt (14 Os 171/11w). Die Drohung eines Unbewaffneten, einen Polizisten niederzuschlagen, uU sogar die Drohung, ihn umzubringen, muss keineswegs eine gefährliche Drohung iSd § 269 sein (ebenso *Hochmayr/Schmoller* SbgK § 269 Rz 43; s aber zB 15 Os 6/20a).

Der Täter kündigt an, sein Kind aus dem Fenster zu werfen, falls die Polizisten ihm zu nahe kämen: Wenn zu befürchten ist, dass der Täter die Drohung wahr macht, ist § 269 erfüllt, weil die Polizisten auf die Sicherheit des Kindes Rücksicht nehmen müssen (vgl § 74 Abs 1 Z 5; BT I § 102 Rz 7, § 105 Rz 13; *Danek* WK² § 269 Rz 62). Die Drohung mit Selbstmord ist keine gefährliche Drohung (s BT I § 105 Rz 9).

8 **B. Widerstand gegen Behörden.**

In diesem Fall wird eine Behörde – also eine mit Befehls- und Zwangsgewalt ausgestattete Dienststelle – an einer geplanten Amtshandlung gehindert oder zu einer ungewollten Amtshandlung veranlasst. Die Ausführungen in Rz 2ff gelten entsprechend.

Als Tatmittel kommt **Gewalt** gegen Dritte in Betracht, die in den Schutzbereich der Behörde fallen (*Hochmayr/Schmoller* SbgK § 269 Rz 49). Hinsichtlich des Tatmittels Drohung verlangt dieser Fall des § 269 anstelle einer gefährlichen Drohung eine **Drohung mit Gewalt**, weil einer Dienststelle keine begründeten Besorgnisse eingeflößt werden können. Die angedrohte Gewalt kann auch in der Beschädigung oder Zerstörung von Sachen liegen, für deren Schutz die Behörde zuständig ist (*K/Schm* StudB III § 269 Rz 21).

Der Täter droht zB in einem Brief an eine Landespolizeidirektion mit einem Sprengstoffanschlag, sollte ein in Haft befindlicher Gesinnungsgenosse nicht unverzüglich freigelassen werden. Zu beachten sind Konkurrenzfragen mit §§ 12, 302 (s Rz 17) und § 298.

## 3. Innere Tatseite

Der **Vorsatz** des Täters muss sich auf alle Tatbestandsmerkmale beziehen, insb 9
auf die Hinderung an der Amtshandlung und den Einsatz des geforderten Tatmittels.

Ein Alkoholisierter hält einen Kriminalbeamten in Zivil, der ihn festnehmen will, für einen Pensionisten und schlägt auf ihn ein: Ihm fehlt der Vorsatz, einen *Beamten* an der Amtshandlung zu hindern (JBl 1987, 801). Wer sich in die Festnahme fügt, doch mit den Händen um sich schlägt und sich hin und her dreht, nur um einem schmerzhaften Polizeigriff zu entgehen, hat keinen Vorsatz, eine *Amtshandlung* zu verhindern (s Rz 2). Und wer mit dem Pkw an einem Polizisten, der ihn aufzuhalten versucht, mit Vollgas vorbeifahren will, hat keinen Vorsatz, *Gewalt* anzuwenden oder ihn gefährlich zu bedrohen, mag sich der Polizist auch gefährdet fühlen und auf die Seite springen.

## 4. Straflosigkeit nach § 269 Abs 4

**a) Rechtsnatur.** Gem Abs 4 bleibt der Widerstand straflos, wenn die Behörde 10
oder der Beamte **zur Amtshandlung „ihrer Art nach nicht berechtigt“** ist oder wenn sie **„gegen strafgesetzliche Vorschriften verstößt“**.

Die Rechtsnatur des Abs 4 bleibt im Gesetz offen: Überwiegend wird Abs 4 als Rechtfertigungsgrund oder negatives Tatbestandsmerkmal verstanden (OLG Wien ZVR 1996/129; für viele: *L/St/Tipold* § 269 Rz 22). Die Konsequenz ist, dass der Täter auch bei irrtümlicher Annahme eines Sachverhalts nach Abs 4 entweder gem § 8 oder mangels Vorsatzes straflos bleibt. Um das zu vermeiden, werden die Voraussetzungen so restriktiv ausgelegt, dass Abs 4 praktisch totes Recht ist.

Sinnvoller erscheint es, Abs 4 als **Strafausschließungsgrund** (negative objektive Bedingung der Strafbarkeit) anzusehen (zustimmend *Helmreich* ÖJZ 2006/3, 22f): Der Gesetzgeber wollte einerseits vermeiden, die materielle Gesetzmäßigkeit der Amtshandlung zum Tatbestandsmerkmal zu erheben, damit es nicht zu einer größeren Zahl von Freisprüchen infolge der Behauptung eines diesbezüglichen (nur schwer widerlegbaren) Irrtums kommt. Auf der anderen Seite wollte man den Widerstand gegen eine unrechtmäßige Amtshandlung straffrei stellen (so ausdrücklich EBRV 30 BlgNR 13. GP, 410). Diesem Anliegen wird ein Strafausschließungsgrund besser gerecht. Um zu vernünftigen Ergebnissen zu gelangen, müssen bei dieser Konstruktion die Voraussetzungen des Abs 4 großzügig ausgelegt werden, weil dem Täter ein Irrtum ja nicht zugutekommt. Der Vorteil dieser Lösung besteht darin, dass die Beamten selbst (durch Verletzungsdelikte) weiterhin geschützt sind; und die unrechtmäßige Amtshandlung bedarf keines strafrechtlichen Schutzes.

11 **b) Reichweite der Straflosigkeit.** Der Täter ist demnach – entgegen der hA (vgl OLG Wien ZVR 1996/129) – nicht gem § 269 Abs 1 strafbar, wenn die **Amtshandlung gegen materielle oder wesentliche formelle Vorschriften** (Rz 14) **verstößt.**

Straflos ist der Widerstand, wenn der Beamte zur Amtshandlung **sachlich** gar **nicht zuständig** ist (s *Danek* WK[2] § 269 Rz 71: Widerstand gegen einen Beamten der Baupolizei, der jemanden festnehmen will; Nötigung des Rechtsschutzbeauftragten zur Freilassung einer Person: 15 Os 41/19x); wenn jemand verhaftet wird, obwohl es an einer der **Voraussetzungen des § 171 Abs 2 StPO** (Tatverdacht, Haftgrund, Gefahr im Verzug) **mangelt**; wenn eine Person unter Verletzung des § 35 VStG, zB ohne dass sie auf frischer Tat betreten wurde oder ohne vorherige Abmahnung, verhaftet wird; wenn Beamte eine Hausdurchsuchung aus eigener Macht vornehmen, ohne dass Gefahr im Verzug vorliegt (§ 120 Abs 1 StPO).

12 Dass eine Verhaftung oder Hausdurchsuchung einen objektiv Unschuldigen trifft, heißt aber noch nicht, dass die Amtshandlung rechtswidrig ist, weil die Voraussetzungen „ex ante" zu beurteilen sind. Das Risiko trägt der Täter. S auch Rz 16.

13 Der Widerstand ist straffrei, wenn die Amtshandlung den Tatbestand einer **versuchten oder vollendeten Körperverletzung nach §§ 83ff** (vgl 13 Os 17/83) oder einer **Beleidigung nach § 115 durch körperliche Misshandlung** (zB Reißen an den Haaren vor mehreren Leuten) erfüllt und der Beamte rechtswidrig gehandelt hat. Der OGH verlangt für die Annahme der Strafgesetzwidrigkeit einer Amtshandlung, dass auch die subjektiven Voraussetzungen vorliegen (14 Os 37/16x).

Die Rechtswidrigkeit bestimmt sich vor allem nach den Grundsätzen der §§ 4 und 5 WaffGG, wonach nur das gelindeste und am wenigsten gefährliche Mittel eingesetzt werden darf, das in der jeweiligen Situation gerade noch ausreichend erscheint. Wenn der Beamte einen anderen im Zuge der Amtshandlung vorsätzlich verletzt oder misshandelt, obwohl ein maßgerechter Durchschnittsbeamter in dieser Situation den Einsatz derartiger (brutaler) Gewalt nicht für notwendig hält, ist der dagegen geleistete Widerstand nicht nach § 269 strafbar (*Hochmayr/Schmoller* SbgK § 269 Rz 83 uam; aM 13 Os 17/83; *Danek* WK² § 269 Rz 75, 78, *F/M-K/O* § 269 Rz 10).

> Der Täter wird festgenommen. Weil er nach Auffassung der Beamten nicht rasch genug in das Polizeifahrzeug einsteigt, schlagen sie mit dem Gummiknüppel auf ihn ein, worauf er sich gewaltsam zur Wehr setzt: Der Widerstand ist straflos.

Der Widerstand gegen eine Amtshandlung, die lediglich **unwesentliche Formvorschriften verletzt**, ist strafbar. Unwesentliche Formvorschriften sind Bestimmungen, deren Verletzung das Risiko einer materiell rechtswidrigen Amtshandlung nicht erhöhen: zB die örtliche Unzuständigkeit des Beamten (ebenso *F/M-K/O* § 269 Rz 9); die unterbliebene Aufforderung an den Inhaber der Räumlichkeit zur Teilnahme an der Hausdurchsuchung; die Erregung von mehr Aufsehen als nötig (§ 121 Abs 2, 3 StPO). 14

c) **Verhältnis zur Notwehr.** § 269 Abs 4 ist nach der hier vertretenen Auffassung ein besonderer Strafausschließungsgrund für Widerstandshandlungen, die nach § 269 Abs 1 tatbestandsmäßig sind. Die allfällige Strafbarkeit wegen anderer Delikte, die im Zuge des Widerstands begangen werden (insb Körperverletzungen), wird dadurch nicht berührt. Der Widerstand Leistende kann aber insb durch Notwehr nach § 3 gerechtfertigt sein, wenn die Vorgangsweise der Beamten nicht durch das WaffGG gedeckt ist (JAB 959 BlgNR 13. GP, 34). 15

d) **Irrtum.** Irrtümer über die Voraussetzungen des Abs 4 sind nach der hier vertretenen Position (Strafausschließungsgrund; s Rz 10) generell unbeachtlich. 16

> Im Zuge einer Fahndung wird ein Unbeteiligter, auf den die Täterbeschreibung zutrifft, festgenommen. Weil dieser mit der Tat nichts zu tun hat, setzt er sich gewaltsam gegen seine Festnahme zur Wehr, im Glauben, das sei sein gutes Recht. Er ist nach § 269 strafbar.

## 5. Abgrenzung und Konkurrenz

a) § 269 ist gegenüber der Nötigung nach §§ **105, 106** lex specialis (SSt 47/21). 17
§ **270** ist gegenüber § 269 subsidiär (RZ 1979/65; vgl 14 Os 90/21y).

b) Wer einen Beamten durch eine gefährliche Drohung nötigt, von **seiner Festnahme** Abstand zu nehmen, macht sich **nur** nach § **269** strafbar (vgl 12 Os 167/98). Wenn der Täter den Beamten durch Drohung zwingt, eine **andere Person** freizulassen, erfüllt er sowohl den Tatbestand des § 269 als auch uU jenen der Bestimmung zum Amtsmissbrauch gem §§ **12, 302.** Da der Unrechtsgehalt der gesetzwidrigen Amtshandlung aber bereits durch § 302 abgedeckt ist, ist der Täter neben §§ 12, 302 „nur" nach §§ 105f zu bestrafen (vgl RZ 1998/68; *K/Schm* StudB III § 269 Rz 41).

c) Der Täter, der einen Beamten im Zuge des gewaltsamen Widerstands leicht verletzt (§ 83 Abs 1 oder 2), haftet nach hA nach § 269 und **§§ 83, 84 Abs 2** in echter Konkurrenz (15 Os 31/20b, 15 Os 74/20a; *Danek* WK² § 269 Rz 87 uam). Allerdings sind leichte Körperverletzungen typischerweise mit der Anwendung von Gewalt verbunden (BT I § 105 Rz 32), und dass das Opfer Beamter ist, wird auch schon von § 269 erfasst. Daher sollte der Täter nur nach § 269 und nicht auch nach §§ 83, 84 Abs 2 bestraft werden (vgl BT I § 84 Rz 10).

## Tätlicher Angriff auf einen Beamten

**§ 270. (1) Wer einen Beamten während einer Amtshandlung (§ 269 Abs. 3) tätlich angreift, ist mit Freiheitsstrafe bis zu zwei Jahren zu bestrafen.**

**(2) § 269 Abs. 4 gilt entsprechend.**

*(idF BGBl I 2017/117)*

1 **A. Ausführungshandlung; innere Tatseite.** Tathandlung nach § 270 ist ein tätlicher Angriff gegen einen Beamten während einer Amtshandlung. Zur **Amtshandlung** s § 269 Rz 2. Ein tätlicher Angriff nach Abschluss der Amtshandlung fällt nicht mehr unter § 270.

2 **Tätlicher Angriff** ist eine **vorsätzliche, unmittelbar gegen den Körper des Beamten gerichtete Aggressionshandlung**, die diesem **Schmerzen** bereiten soll (vgl den Misshandlungsvorsatz gem § 83 Abs 2: BT I § 83 Rz 7; aM *Danek* WK² § 270 Rz 4 und *H/R* BT II § 270 Rz 5, die jede gegen den Körper zielende Handlung genügen lassen). Eine tatsächliche Einwirkung auf den Körper ist nicht erforderlich (s Rz 3). Der Vorsatz, den Beamten tätlich anzugreifen, entspricht dem Vorsatz auf Zufügung von Gewalt iSd § 269 (aM *Capelare/Schaunig* JBl 2019, 492).

Nach § 270 haftet, wer einen Polizisten während der Amtshandlung schlägt, mit den Füßen tritt (14 Os 6/21w), kratzt, würgt oder beißt (JBl 1979, 494); wer einen Blumentopf (SSt 52/58) oder einen Sessel (JBl 1983, 162) gegen den Beamten wirft, auch wenn der Beamte nicht getroffen wird. Wenn die Attacke eine Körperverletzung zur Folge hat, wird § 270 jedoch von §§ 83, 84 Abs 2 verdrängt (Rz 5).

Anspucken, wörtliche Beleidigung, Herunterschlagen der Dienstmütze, Bewerfen mit Tomaten oder Ergreifen am Oberarm (12 Os 37/10y, 12 Os 62/10z) fällt – mangels Erregung von Schmerzen – nicht unter § 270 (s auch *F/M-K/O* § 270 Rz 4). In diesen Fällen kann eine Beleidigung (s BT I § 115 Rz 6) oder eine Verwaltungsübertretung nach § 82 SPG („aggressives Verhalten“), evt auch nach § 81 SPG vorliegen. Wer einem Polizisten die Tür verstellt, greift ihn ebenfalls nicht tätlich an.

3 **B. Vollendung.** § 270 ist nach hA bereits **mit dem Angriff**, also etwa mit dem Werfen eines Gegenstands, **vollendet**, mag es auch zu keiner körperlichen Berührung gekommen sein, weil der Beamte zB ausweichen konnte (JBl 1983, 162; *Danek* WK² § 270 Rz 6 ua). Ein **Versuch** ist denkbar, wenn der Täter (zB durch Eingreifen eines Dritten) am Wurf gehindert wird.

**C. Straflosigkeit.** Der Strafausschließungsgrund des § 269 Abs 4 (s § 269 Rz 10ff) gilt auch für § 270 (**§ 270 Abs 2**). Widerstand gegen die unverhältnismäßige Durchführung einer Amtshandlung fällt idR unter § 270, weil der Täter nicht den Vorsatz hat, die Amtshandlung als solche zu verhindern (§ 269 Rz 2). 4

**D. Abgrenzung und Konkurrenz.** Wenn der Täter den Vorsatz hat, den Beamten durch den Angriff an der Amtshandlung zu hindern, fällt die Tat unter **§ 269**, dem gegenüber § 270 subsidiär ist (§ 269 Rz 17). Weil die Gerichte diesen Hinderungsvorsatz in aller Regel annehmen, ist § 270 beinahe totes Recht. 5

Erleidet der Beamte im Zuge eines tätlichen Angriffs eine Körperverletzung iSd § 83, ist der Täter nur nach **§§ 83, 84 Abs 2** zu bestrafen. § 270 wird dadurch konsumiert (zB 13 Os 54/21x).

## Verstrickungsbruch (§ 271)

*(idF BGBl 1974/60)*

a) § 271 **schützt behördlich gepfändete oder beschlagnahmte** (körperliche) **Sachen** vor einer Verletzung dieses staatlichen Gewaltverhältnisses. **Täter** kann jedermann, insb auch der Eigentümer der gepfändeten Sache, sein. Unter den Voraussetzungen des § 269 Abs 4 (s § 269 Rz 10ff) bleibt der Täter straflos (**§ 271 Abs 2**). 1

**Gepfändet** sind Sachen, die nach den Regeln des Zwangsvollstreckungsrechts zur Sicherung vermögensrechtlicher Ansprüche in Beschlag genommen wurden. Die pfandweise Beschreibung von Sachen nach § 1101 ABGB bewirkt keine Verfügungsbeschränkung für den Verpflichteten und ist daher keine behördliche Pfändung iSd § 271 (EvBl 1991/32). **Beschlagnahme** ist eine behördliche Verfügung zur Sicherung von Beweisen oder zur Durchsetzung vermögensrechtlicher Sanktionen (s insb § 115 StPO, § 89 FinStrG); auch die von der StA angeordnete Sicherstellung nach §§ 110ff StPO fällt darunter.

b) Die **Ausführungshandlungen** entsprechen **§ 125** (s BT I § 125 Rz 2ff); weiters macht sich nach § 271 strafbar, wer ein geschütztes Tatobjekt **ganz oder zum Teil der Verstrickung entzieht**, dh bewirkt, dass die Behörde nicht mehr auf die Sache greifen kann. 2

Nach § 271 macht sich strafbar, wer aus Wut über die Pfändung seines Fernsehapparats diesen auf den Boden schmettert; wer die beschlagnahmte Sache versteckt oder an einen anderen Ort bringt, ohne der Behörde den neuen Standort bekannt zu geben. Kein Entziehen ist die bloße Benützung des gepfändeten Autos für die Fahrt zur Arbeit (*Hochmayr/Schmoller* SbgK § 271 Rz 26), die Verweigerung der Herausgabe (EvBl 1968/227) oder das bloße Ablösen der Pfändungsmarke, ohne die Sache beiseite zu schaffen (s aber § 272). Auch wer nur sein Haus versperrt, um die Versteigerung darin befindlicher, behördlich gepfändeter Gegenstände zu verhindern, entzieht diese Sachen nicht der Verstrickung (EvBl 1992/55).

3 c) Der Täter muss es wenigstens ernstlich für möglich halten und sich damit abfinden, dass die Sache behördlich gepfändet oder beschlagnahmt ist, und muss den **Vorsatz** haben, die behördliche Verfügung über die Sache zu beeinträchtigen.

4 **d)** Bei Sachen, die nicht beschädigt, sondern nur der Verstrickung entzogen wurden (Rz 2), wird der Täter durch **tätige Reue** straffrei, wenn er die entzogene Sache rechtzeitig und freiwillig (s BT I § 167 Rz 13ff) zurückstellt **(§ 271 Abs 3)**. Bezieht sich die Pfändung auf eine vertretbare Sache, genügt es, dass der Schuldner dem Gläubiger eine Sache gleicher Art zurückgibt (JAB 959 BlgNR 13. GP, 34).

5 e) **Abgrenzung und Konkurrenz.**

Die Beschädigung *fremder* verstrickter Sachen ist – entsprechenden Vorsatz vorausgesetzt – nach § 271 und § **125** zu bestrafen (*H/R* BT II § 271 Rz 7).

Mit einer **Vollstreckungsvereitelung** nach § 162 an einer gepfändeten Sache ist notwendig ein Verstrickungsbruch nach § 271 verbunden, so dass nach hA in diesem Fall § 271 hinter § 162 zurücktritt (*Danek* WK[2] § 271 Rz 16 uam; aM *F/M-K/O* § 271 Rz 1, *H/R* BT II § 271 Rz 7).

Der mit einem Verstrickungsbruch regelmäßig verbundene **Siegelbruch** (§ 272) wird konsumiert (strittig).

Wer eine Pfändungsmarke von einem Gegenstand ablöst, diesen beiseiteschafft und den „Kuckuck" auf eine andere Sache klebt, haftet nach § 271 und § **225**. S auch § 272 Rz 4.

## Siegelbruch (§ 272)

*(idF BGBl 1974/60)*

1 a) § 272 **schützt Amtssiegel,** das sind die von einem Beamten angebrachten äußeren Zeichen einer behördlichen Verfügung über eine Sache. Unter den Voraussetzungen des § 269 Abs 4 bleibt der Täter **straflos** (§ 272 Abs 2).

Siegel iSd § 272 sind zB die Pfändungsmarken des Gerichtsvollziehers, Zollplomben, das Verschlusssiegel an der Tür zu einem Zimmer, das behördlich durchsucht oder in Augenschein genommen werden soll.

Die Plomben an Stromzählern sind keine Siegel iSd § 272, weil sie nicht von Beamten, sondern von Bediensteten privater Unternehmen oder selbständiger Wirtschaftskörper angebracht werden (s § 302 Rz 5).

2 b) **Ausführungshandlungen** sind das **Beschädigen** und **Ablösen** des Siegels sowie sonstiges **Unwirksam-Machen** des durch das Siegel bewirkten Verschlusses.

Zum **Beschädigen** s BT I § 125 Rz 2. **Ablösen** ist das Entfernen des Siegels ohne Beschädigung. Den **Verschluss** macht **unwirksam,** wer die Funktion des Siegelverschlusses umgeht, zB den mit einem Verschlusssiegel versehenen Raum öffnet.

c) Durch **tätige Reue** nach § 272 Abs 3 wird der Täter straflos, wenn er freiwillig und rechtzeitig dafür sorgt, dass die Behörde den ursprünglichen Zustand wiederherstellt. 3

d) Fällt die Tat unter § **225** – zB Ablösen einer Pfändungsmarke und Anbringen an einer anderen Sache –, ist der Täter nur nach § 225 Abs 1 zu bestrafen; der Siegelbruch wird konsumiert (s § 225 Rz 5, 10, § 271 Rz 5). 4

## Verletzung behördlicher Bekanntmachungen (§ 273)

*(idF BGBl 1974/60)*

a) § 273 sichert den Informationsgehalt öffentlicher Bekanntmachungen (*H/R* BT II § 273 Rz 1): Geschützt sind **behördliche Schriftstücke,** die zur Bekanntmachung **öffentlich angeschlagen oder ausgelegt** sind: zB die Stellungskundmachung, der Flächenwidmungsplan, ein Versteigerungsedikt, welche an der Amtstafel angeschlagen sind; das Wählerverzeichnis, das zur allgemeinen Einsicht in einem Amtszimmer aufliegt (EBRV 30 BlgNR 13. GP, 412). 1

§ 269 Abs 4 (s § 269 Rz 10ff) gilt auch hier entsprechend (§ 273 Abs 2).

b) **Ausführungshandlungen** des § 273 sind das Zerstören, Beschädigen, Beseitigen, Verändern des Schriftstücks und das (wenigstens teilweise) Unkenntlichmachen des Inhalts. Dadurch muss **der Zweck der Bekanntmachung vereitelt oder beeinträchtigt** werden. Das Hinzufügen „witziger" Bemerkungen beeinträchtigt den Zweck der Bekanntmachung nicht (vgl *Hochmayr/Schmoller* SbgK § 273 Rz 16). 2

c) § 273 verlangt **Wissentlichkeit**, dass es sich um einen öffentlichen Anschlag einer Behörde handelt. Im Übrigen genügt bedingter **Vorsatz**. 3

d) Das freiwillige und rechtzeitige Bewirken, dass der Zweck der Bekanntmachung ohne wesentliche Beeinträchtigung doch erreicht wird, macht den Täter straffrei **(Tätige Reue; § 273 Abs 3).** 4

# Strafbare Handlungen gegen den öffentlichen Frieden

**Schrifttum:** *Aichinger*, Kabarettisten sind keine Terroristen, Presse Rechtspanorama 19.4.2010; *Amara*, Grenzen der Vorverlagerung von Strafbarkeit, aufgezeigt anhand des § 278b Abs 2 StGB, in: *Pollak/Amara*, Neue Grenzverläufe im Strafrecht. Am Beispiel Sterbehilfe und Terrorabwehr (2020), 105; *Bernreiter*, Verhetzung im Internet: Überlegungen zum Tatbestand des § 283 StGB idF StRÄG 2015 und zur Strafbemessung – zugleich eine Anmerkung zu OGH 15 Os 75/15s, jusIT 2016, 6; *Brandstetter*, Grundfragen der Deliktsverwirklichung im Vollrausch (1992); *Droschl-Enzi* (Hrsg), Geldwäscherei und Terrorismusfinanzierung. Strategien und Verfahren zur Prävention nach dem FM-GwG (2021); *Durl*, Die Pflicht zur Verhinderung von mit Strafe bedrohten Handlungen gemäß § 286 StGB (1999); *Ebensperger*, Die Verbreitung von NS-Gedankengut im Internet und ihre strafrechtlichen Auswirkungen, ÖJZ 2002, 132; *Eder*, Die Strafbarkeit des Anwerbens von Raubkomplizen, JBl 2000, 69; *Eder-Rieder*, Ist § 287 StGB als Anlasstat nach § 21 Abs 1 StGB denkbar? ÖJZ 1992, 407; *Forsthuber*, Terrorismus und Strafrecht – Gedanken aus richterlicher und grundrechtlicher Sicht, in: Terrorismus und Strafrecht (Symposium am 15. April 2016), 15; *Grafl/Klob/Reindl-Krauskopf* (Hrsg), „Das wird man doch noch sagen dürfen!" Meinungsfreiheit und Strafrecht, 6. ALES-Tagung 2017 (2018); *Grosse*, StRÄG 2015 – Neuerungen im Computerstrafrecht, JSt 2016, 332; *Hajszan*, Zu Versuch und Vollendung des Reisens für terroristische Zwecke, JSt 2020, 323; *Hinterhofer*, Zum Anwendungsbereich des § 286 StGB, ÖJZ 1995, 495; *Jerabek*, Bemerkungen zur SSt 2013, ÖJZ 2016/89, 660; *Kienapfel*, Bildung einer kriminellen Organisation (§ 278a Abs 1 StGB). Zugleich ein Beitrag zum Begriff und zur Dogmatik der Organisationsdelikte, JBl 1995, 613; *Klingenbrunner*, § 278a StGB – Bekämpfung der organisierten Kriminalität oder Gefahr für den Rechtsstaat? juridikum 2008, 163; *Kraml/Lehner*, Terrorismusbekämpfung neu, JSt 2019, 248; *Lehner*, Die Straftatbestände zur Terrorismusbekämpfung unter besonderer Berücksichtigung der Terrorismusfinanzierung, in: Terrorismus und Strafrecht (Symposium am 15. April 2016), 31; *Lehner*, Neue Entwicklungen der Straftatbestände zur Terrorismusbekämpfung, in: Höpfel-FS (2018), 175; *Lendl*, Von Weblogs, Userforen und sonstigen Kommentaren im Netz – Strafrechtliche Grenzen und Haftung nach dem MedienG, in: *Berka* ua (Hrsg), BürgerInnen im Web (2016), 47; *Maier*, „Organisierte" Kriminalität oder ziviler Ungehorsam? juridikum 2010, 46; *Mitgutsch/Brandstetter*, Neues aus dem Besonderen Teil des StGB, in: *Mitgutsch/Wessely* (Hrsg), Jahrbuch Strafrecht Besonderer Teil 2011, 11; *Mitgutsch/Brandstetter*, Neues aus dem Besonderen Teil des StGB, in: *Mitgutsch/Wessely* (Hrsg), Jahrbuch Strafrecht Besonderer Teil 2012, 13; *Mitgutsch*, Neues aus dem Besonderen Teil des StGB, in: *Mitgutsch/Wessely* (Hrsg), Jahrbuch Strafrecht Besonderer Teil 2014, 23; *Nachbaur*, Wenn aus Hass Kriminalität wird, JSt 2016, 407; *Ospelt*, Zwischen legitimem Widerstand und terroristischer Straftat. Ein rechtsvergleichender Diskussionsbeitrag zu § 278c Abs 3 StGB, JSt 2021, 372; *Pieringer*, Terror(tour)ismus (2021); *Pieringer*, Terror(tour)ismus, JSt 2021, 34; *Pillichshammer*, Kriminalisierung von Verhalten im Vorfeld einer Straftat unter besonderer Berücksichtigung der Terrorismusfinanzierung gem § 278d StGB (2021); *Sadoghi/Starzer*, Zur Strafbarkeit der Teilnahme an Terrorcamps, juridikum 2008, 150; *Salimi*, Die Verhetzung im Internet – § 283 StGB in der gerichtlichen Praxis, JBl 2019, 609; *Salimi*, Hass im Netz – Das HiNBG und die Probleme des Straf-, Strafprozess- und Strafanwendungsrechts, ÖJZ 2022/4, 16; *Schallmoser*, Zur strafrechtlichen Verantwortlichkeit des Host Providers für „Hasspostings", ÖJZ 2018/26, 205; *Schmoller*, „Kriminelle Vereinigung" statt „Bande" im österreichischen Strafrecht, in: Putzer-FS (2004), 977; *Schmoller*, Schutz des „öffentlichen Friedens im Ausland"? in: *Joerden* ua (Hrsg), in: Szwarc-FS (2009), 387; *Schön*, hate crimes – hate speeches und innerstaatliches Strafrecht, in: StGB 2015 und Maßnahmenvollzug (RichterInnenwoche 2014), 125; *Schwaighofer*, Die Strafbarkeit der (versuchten) Anwerbung eines Komplizen – Anmerkung zur Entscheidung des OGH 15 Os 102/98, ÖJZ 2000, 881; *Schwaighofer*, Gefährliche Drohung oder Warnung? – Zur Strafbarkeit vorgetäuschter Gefahren, JSt 2005, 86; *Schwaighofer*, Auslegungsfragen bei der Nötigung – Überlegungen zur sogenannten Drittbeziehung und zum erforderlichen Zwang, ÖJZ 2017/88, 648; *Seidl*, Bereitstellen von (eigenen) Vermögenswerten als Terrorismusfinanzierung? JBl 2021, 485; *Taferner*, Rechtmäßiges Unterlassen bei unzumutbarer Hilfeleistung? JBl 2016, 769; *Tipold*, Das Terror-Bekämpfungs-Gesetz – der Ministerialentwurf, JSt 2021, 105; *Veigl*, Vorsatz im Vollrausch? ÖJZ 1989, 172; *Veigl*, Vorsatz während partieller Bewusstseinsausschaltung? ÖJZ 1990, 179; *Velten*, Die Organisationsdelikte haben Konjunktur: Eine moderne Form der Sippenhaftung? Banken und Tierschützer vor Gericht, JSt 2009, 55; *Wegscheider*, Der Vollrauschtatbestand, StPG 11 (1983), 91; *Wessely*, Zu den neuen Terrorismustatbeständen im StGB, ÖJZ 2004/53, 827; *Zipf*, Probleme der versuchten Bestimmung zu einer Straftat, RZ 1980, 141.

## Schwere gemeinschaftliche Gewalt (§ 274)

*(idF BGBl I 2015/154)*

1 **A. Allgemeines.** Von gewaltbereiten Gruppen geht ein beträchtliches Gefährdungspotenzial aus. Um Gewalttaten schon im Ansatz zu verhindern, pönalisiert § 274 (früher „Landfriedensbruch") die **bloße Teilnahme** (Rz 2) **an einer Zusammenkunft vieler Menschen**, bei der es zu einer gewalttätigen Ausschreitung (Rz 3) kommt. § 274 soll verhindern, dass jemand unter dem Schutz der anonymen Masse straflos Gewalttaten begehen kann. Entscheidend ist das **Wissen von der gewalttätigen Intention** der versammelten Menschen. Wenn man eine Demonstration, die aus dem Ruder läuft, nicht schnell genug verlässt, kann man freilich leicht in den Verdacht des § 274 geraten.

2 **B. Ausführungshandlung** ist die **Teilnahme an einer Zusammenkunft vieler Menschen.**

**„Viele Menschen"** sind mindestens **30 Personen** (§ 169 Rz 6; nach hM bloß ein Richtwert: EBRV 689 BlgNR 25. GP, 40).

Der Täter **nimmt** an der Zusammenkunft **teil**, wenn er sich der Menge anschließt oder in ihr bleibt, obwohl er sie verlassen könnte (*F/M-K/O* § 274 Rz 3 uam). Dass er selbst eine Gewalttat verübt, ist für die Erfüllung des Grundtatbestands nicht notwendig (12 Os 194/09k).

3 **C. Ziel.** Die Zusammenkunft der Menschen muss **darauf abzielen,** dass unter ihrem Einfluss eine **schwere Gewalttat** begangen wird: ein Mord (§ 75), ein Totschlag (§ 76), eine Körperverletzung nach §§ 84 bis 87 oder eine schwere

Sachbeschädigung nach § 126 Abs 1 Z 5 (kritische Infrastruktur) oder Abs 2 (mehr als 300.000 € Schaden).

Eine Zusammenkunft **zielt** auf solche Gewalttaten **ab**, wenn alle Teilnehmer oder doch ein beträchtlicher Teil von ihnen durch die Zusammenrottung bewirken wollen, dass es zu solchen Gewalttaten kommt (vgl *F/M-K/O* § 274 Rz 4 uam). Das ist nicht der Fall, wenn nur einzelne Teilnehmer Straftaten begehen wollen und die Menge passiv bleibt (*H/R* BT II § 274 Rz 3).

Nach § 274 können sich zB Fußballrowdys strafbar machen, die sich zusammentun, um gegnerische Fans am Bahnhof „abzuholen" und massiv zu verprügeln (s dazu 15 Os 28/20m).

**D. Innere Tatseite.** Der Täter muss **wissen**, dass ein beträchtlicher Teil der Teilnehmer durch die Zusammenkunft bewirken will, dass eine schwere Gewalttat begangen wird (Rz 3). 4

Die Parolen, die bei Demonstrationen geschrien werden, sind nicht immer wörtlich zu nehmen. Wenn aber Demonstranten sehen, dass Teilnehmer Polizeifahrzeuge in Brand stecken oder Polizisten mit Steinen bewerfen (§§ 15, 83 Abs 1, 84 Abs 2; s 13 Os 113/14p) und dass die Menge die Täter deckt, indem sie der einschreitenden Polizei den Weg versperrt oder gegen sie tätlich wird, ist das erforderliche Wissen vorhanden: Wer dennoch in der Menge bleibt, obwohl er sich zurückziehen könnte, ist nach § 274 Abs 1 strafbar.

**E. Objektive Bedingung der Strafbarkeit.** Die Teilnahme an der Zusammenkunft ist nur strafbar, wenn es tatsächlich **zumindest** zu **einer Gewalttat** gekommen ist, die einen der Tatbestände der §§ 75, 76, §§ 84–87 oder § 126 Abs 1 Z 5, Abs 2 erfüllt. Der Versuch genügt, soweit ein solcher möglich ist (s insb BT I § 84 Rz 8, 11). Wie viele Personen verletzt wurden, spielt keine Rolle (12 Os 47/08s). Eine Beteiligung an einer bestimmten Gewalttat ist für die Strafbarkeit nach § 274 Abs 1 gerade nicht erforderlich (*H/R* BT II § 274 Rz 6; s jedoch Rz 6 zu Abs 2). Unerheblich ist auch, ob die Gewalttat vor, während oder nach der Teilnahme erfolgt (12 Os 137/12g). 5

**F. Qualifikationen, Konkurrenzen.** Der Täter fällt unter einen strengeren Strafsatz (§ 274 **Abs 2**), wenn er an der Zusammenkunft **führend teilnimmt**, wenn er **zur Begehung** einer schweren Gewalttat **aufstachelt** oder wenn er **selbst** eine solche **Gewalttat begeht** oder dazu iSd § 12 beiträgt. 6

Fans zweier Fußballvereine gehen aufeinander los, ein Fan bricht einem anderen durch Faustschläge mehrere Gesichtsknochen: Er ist nach § 274 Abs 1 und 2 (vgl JBl 2000, 130) und nach § 84 Abs 4 zu bestrafen.

**G. Tätige Reue.** Die (unqualifizierte) Tat nach Abs 1 wird straffrei, wenn sich der Täter aus der Zusammenkunft freiwillig zurückzieht oder ernstlich zurückzuziehen sucht, bevor es zu einer Gewalttätigkeit gekommen ist (§ 274 **Abs 3**). 7

## Landzwang (§ 275)

*(idF BGBl I 2001/130)*

1 § 275 erfasst Drohungen, welche die Bevölkerung oder einen großen Personenkreis in Angst versetzen.

> Der Täter kündigt zB Anschläge auf eine bestimmte Partei (vgl 15 Os 193/09k) oder auf Instagram ein Terrorattentat in einem Wohnviertel an (12 Os 14/21g).
>
> Wer bei der Polizei anruft und mitteilt, er habe eine Bombe im Bahnhof versteckt, die in einer halben Stunde explodieren werde, droht nicht, sondern verständigt die Polizei von einer (angeblich) schon begangenen Straftat (Verstecken einer Bombe), deren Folgen (Explosion) ohne sein weiteres Zutun eintreten werden (BT I § 108 Rz 5; ebenso *Plöchl* WK² § 275 Rz 7). Der OGH hingegen bejaht in solchen Fällen eine gefährliche Drohung (13 Os 104/99, 14 Os 68/17g). Früher hat der OGH mit Recht § 298 angewandt (SSt 48/53, SSt 56/97; s § 298 Rz 4).

2 Der Täter begeht die Tat an der **Bevölkerung** Österreichs, eines Bundeslandes, einer Gemeinde oder sonst an einem **großen Personenkreis**: zB an Lesern einer bestimmten Zeitung (*K/Schm* StudB III zu §§ 274–276) oder an vielen Personen, die durch eine gemeinsame Religion oder Parteizugehörigkeit miteinander verbunden sind (15 Os 64/09i). Ein großer Personenkreis sind ca 1.000 Personen (für ca 800: 15 Os 64/09i, 14 Os 68/17g; *F/M-K/O* § 275 Rz 2 uam). Die (beabsichtigte) Einschüchterung einer kleineren Zahl von Menschen kann nach § 107 strafbar sein (s 15 Os 193/09k).

3 **Ausführungshandlung** ist eine **Drohung** mit einem Angriff auf Leben, Gesundheit, körperliche Unversehrtheit, Freiheit oder Vermögen, welche die Bevölkerung oder den großen Personenkreis **tatsächlich in Furcht und Unruhe versetzt** (vgl dazu BT I § 107 Rz 6). Erst damit ist das Delikt vollendet.

> Der Täter verbreitet Drohungen, er werde Österreich mit Plutonium verseuchen (EvBl 1997/99), Lebensmittel in Großmärkten vergiften.

4 Der Täter muss den **Vorsatz** haben, die Bevölkerung oder den großen Personenkreis durch die Drohung in Furcht und Unruhe zu versetzen.

> Auch wenn man die Bombenwarnung als Drohung auffasst (s Rz 1), muss der Vorsatz sorgfältig geprüft werden: Der Großeinsatz der Polizei, den der Täter auslösen will, muss nicht notwendig zur Beunruhigung eines großen Personenkreises führen, wenn die Polizei besonnen vorgeht (11 Os 22/03).

5 Die Tat ist **qualifiziert**, wenn sie eine schwere oder längere Zeit anhaltende Störung des öffentlichen Lebens (vgl auch § 278c Rz 3), eine schwere Schädigung des Wirtschaftslebens oder Folgen nach § 169 Abs 3 verursacht (§ 275 Abs 2, 3; vgl §§ 169, 170 Rz 6). Die Qualifikationen sind ohne praktische Bedeutung.

Dass sich die Medien einige Wochen mit dem Fall befassen, ist keine „anhaltende Störung des öffentlichen Lebens" (*Oshidari* SbgK § 275 Rz 24; s auch *Plöchl* WK² § 275 Rz 12).

## Verbrecherisches Komplott

**§ 277. (1) Wer mit einem anderen die gemeinsame Ausführung eines Mordes (§ 75), einer erpresserischen Entführung (§ 102), einer Überlieferung an eine ausländische Macht (§ 103), eines Sklavenhandels (§ 104), eines Raubes (§ 142), einer gemeingefährlichen strafbaren Handlung nach den §§ 169, 171, 173, 176, 185 oder 186, eines grenzüberschreitenden Prostitutionshandels (§ 217) oder einer nach den §§ 28a oder 31a des Suchtmittelgesetzes strafbaren Handlung verabredet, ist mit Freiheitsstrafe von sechs Monaten bis zu fünf Jahren zu bestrafen.**

**(2) Nach Abs. 1 ist nicht zu bestrafen, wer freiwillig durch eine Mitteilung an die Behörde (§ 151 Abs. 3) oder an den Bedrohten oder auf andere Art die beabsichtigte strafbare Handlung verhindert. Unterbleibt die strafbare Handlung ohne Zutun des Täters, so ist er nicht zu bestrafen, wenn er sich in Unkenntnis dessen freiwillig und ernstlich bemüht, die strafbare Handlung zu verhindern.**

*(idF BGBl I 2007/109)*

**A.** Ein **Komplott** besteht darin, dass **zwei oder mehr Täter verabreden, ein Delikt gemeinsam auszuführen**. Solche Verabredungen sind in der Regel als Vorbereitungshandlungen straffrei. Komplotte, die einige besonders **schwere Verbrechen** zum Gegenstand haben, werden aber durch § 277 Abs 1 für strafbar erklärt. 1

**B. Komplottfähig** sind nach § 277 Abs 1: der Mord (§ 75), die erpresserische Entführung (§ 102), die Überlieferung an eine ausländische Macht (§ 103), der Sklavenhandel (§ 104), der Raub (§ 142), die gemeingefährlichen Verbrechen nach §§ 169, 171, 173, 176, 185, 186, der grenzüberschreitende Prostitutionshandel (§ 217) und strafbare Handlungen nach §§ 28a und 31a SMG. 2

§ 244 Abs 1 und § 321 Abs 2 enthalten besondere Komplotttatbestände.

**C. Die Verabredung** setzt voraus, dass sich die Täter darauf einigen, gemeinsam eines der in Rz 2 aufgezählten Delikte auszuführen. Der Entschluss muss feststehen; Gespräche über Delikte, die man gemeinsam begehen könnte (vgl Rz 5), sind kein Komplott. Der feste Entschluss kann aber davon abhängig sein, dass sich der verbrecherische Erfolg auf einfachere Weise nicht erreichen lässt oder dass bestimmte, für die Ausführung günstige Umstände vorliegen (*F/M-K/O* § 277 Rz 2 uam). 3

Zwei Täter verabreden, einer Prostituierten mit vorgehaltener Pistole Geld abzunehmen; vorher soll einer der Täter versuchen, es der Frau zu stehlen. Wenn der Diebstahl gelingt, ist der Raub nicht mehr nötig; dennoch handelt es sich um ein Raubkomplott (SSt 49/35).

Zwei Täter verabreden im Gasthaus, einen Mann, in dessen Händen sie mehrere Geldscheine gesehen haben, gleich nachdem er das Gasthaus verlassen hat, mit einer Holzlatte niederzuschlagen und ihm das Geld abzunehmen: ein Raubkomplott (SSt 52/40), auch wenn die Täter die Ausführung davon abhängig machen, dass keine Zeugen in der Nähe sind.

4 **D. Die gemeinsame Ausführung.** Die Täter verabreden, eines der in Rz 2 genannten Delikte gemeinsam auszuführen (s etwa 15 Os 86/11b). Es genügt, dass sie nach ihrem Plan bei der Vornahme der Ausführungshandlung, also am Tatort oder in dessen unmittelbarer Nähe, zusammenwirken wollen (für viele: *H/R* BT II § 277 Rz 6). Der OGH und Teile der Lehre verlangen, dass die Täter als unmittelbare (Mit)Täter gerade Teile der Ausführungshandlung vornehmen wollen (11 Os 163/11x; *Plöchl* WK$^2$ § 277 Rz 5f).

Zwei Täter verabreden einen Raubüberfall: Der eine soll mit einer Pistole in der Hand dem Kassier das Geld abpressen, der andere mit dem Fluchtauto vor der Bank warten: Sie sind nach § 277 Abs 1 strafbar (15 Os 102/98).

5 **E. Eine bestimmte Tat.** Die Verabredung muss eine bestimmte Tat zum Gegenstand haben, dh es müssen Tatort, ungefähre Tatzeit und Opfer wenigstens nach allgemeinen Merkmalen (zB der Geldbote, der nächste Passant) feststehen, und die Täter müssen sich über die Art ihres Zusammenwirkens einig sein. Anders ist es bei der kriminellen Vereinigung (s § 278 Rz 2).

Die Vereinbarung, „ein Postamt" zu überfallen – wann und welches Postamt, ist noch offen; und die Vereinbarung mehrerer Strafgefangener, nach der Entlassung „eine Bank" zu überfallen, sind nach hA keine Komplotte (*K/Schm* StudB III §§ 277–278 Rz 23 uam; aM *Plöchl* WK$^2$ § 277 Rz 8). Solange die Vereinbarung so unbestimmt ist, kann von einem festen Entschluss, sie auszuführen, nicht die Rede sein.

6 **F. Innere Tatseite.** § 277 Abs 1 erfordert den **Vorsatz**, das verabredete Delikt gemeinsam auszuführen.

7 **G. Versuch, Bestimmungstäterschaft.** Das Verbrechen nach § 277 Abs 1 kann auch versucht werden: nämlich dadurch, dass der Täter sich vergeblich bemüht, einen anderen zur *gemeinsamen Ausführung* eines der in Rz 2 aufgezählten Delikte zu gewinnen.

Der Täter besitzt ein fremdes Sparbuch und versucht (vergeblich), mit Hilfe eines Dritten das Losungswort zu erfahren, um dann gemeinsam die Einlage abzuheben: Er verantwortet wegen der geplanten gemeinsamen Tatbegehung keine versuchte Bestimmung zum Betrug (so aber der OGH JBl 1996, 329 mit abl Anm von *Medigovic;* ebenso *K/Schm* StudB III §§ 277–278 Rz 45f); es handelt sich nur um ein versuchtes Betrugskomplott; da der Betrug nicht komplottfähig ist, bleibt es straffrei (*F/Z* AT I 34. Kap Rz 36f uam; aM *H/R* BT II § 277 Rz 18).

Der Täter will einen Komplizen für einen gemeinsamen Banküberfall gewinnen; einer soll den Kassier bedrohen, der andere mit dem Fluchtauto vor der Tür warten: ein versuchtes Raubkomplott, gleichgültig, wer von den beiden vor der Tür warten und wer die Ausführungshandlung setzen soll (*Schwaighofer* ÖJZ 2000, 883 uam; s Rz 4).

**H. Konkurrenz.** § 277 wird verdrängt, sobald die Täter das verabredete Verbrechen wenigstens versuchen (11 Os 98/10m; Subsidiarität). Wenn die Täter vom Versuch des verabredeten Verbrechens zurücktreten, können sie auch nach § 277 Abs 1 nicht mehr bestraft werden (*Plöchl* WK² § 277 Rz 19 ua). 8

**I. Tätige Reue.** Komplottanten werden straffrei, wenn sie die Ausführung der verabredeten Tat freiwillig verhindern oder wenn sie sich freiwillig darum bemühen, die Tat dann aber aus anderen Gründen unterbleibt (§ 277 Abs 2). 9

Dass ein Komplottant zur vereinbarten Zeit nicht kommt, macht ihn straffrei, wenn die Tat gerade deshalb unterbleibt (RZ 1999/75). Dass sich die Täter „nicht getrauen", den vereinbarten Banküberfall auszuführen, ist kein freiwilliger Rücktritt, wenn die Aussichten, den Raub mit Erfolg auszuführen, wesentlich geringer sind als sie erwarteten – zB weil sich in der Bank mehr Leute als erwartet aufhalten; sonst werden sie straffrei (SSt 52/40).

## Kriminelle Vereinigung

**§ 278. (1) Wer eine kriminelle Vereinigung gründet oder sich an einer solchen als Mitglied beteiligt, ist mit Freiheitsstrafe bis zu drei Jahren zu bestrafen.**

**(2) Eine kriminelle Vereinigung ist ein auf längere Zeit angelegter Zusammenschluss von mehr als zwei Personen, der darauf ausgerichtet ist, dass von einem oder mehreren Mitgliedern der Vereinigung ein oder mehrere Verbrechen, andere erhebliche Gewalttaten gegen Leib und Leben, nicht nur geringfügige Sachbeschädigungen, Diebstähle oder Betrügereien, Vergehen nach den §§ 177b, 233 bis 239, 241a bis 241c, 241e, 241f, 283, 304 oder 307, in § 278d Abs. 1 genannte andere Vergehen oder Vergehen nach den §§ 114 Abs. 1 oder 116 des Fremdenpolizeigesetzes ausgeführt werden.**

**(3) Als Mitglied beteiligt sich an einer kriminellen Vereinigung, wer im Rahmen ihrer kriminellen Ausrichtung eine strafbare Handlung begeht oder sich an ihren Aktivitäten durch die Bereitstellung von Informationen oder Vermögenswerten oder auf andere Weise in dem Wissen beteiligt, dass er dadurch die Vereinigung oder deren strafbare Handlungen fördert.**

**(4) Hat die Vereinigung zu keiner strafbaren Handlung der geplanten Art geführt, so ist kein Mitglied zu bestrafen, wenn sich die Vereinigung freiwillig auflöst oder sich sonst aus ihrem Verhalten ergibt, dass sie ihr Vorhaben freiwillig aufgegeben hat. Ferner ist wegen krimineller Vereinigung nicht zu bestrafen, wer freiwillig von der Vereinigung zurücktritt, bevor eine Tat der geplanten Art ausgeführt oder versucht worden ist; wer an der Vereinigung führend teilgenommen hat, jedoch nur dann, wenn er freiwillig durch Mitteilung an die Behörde (§ 151 Abs. 3) oder auf andere Art bewirkt, dass die aus der Vereinigung entstandene Gefahr beseitigt wird.**

*(idF BGBl I 2021/159)*

**A. Die Vereinigung und ihre kriminelle Ausrichtung (Abs 2).** Die kriminelle Vereinigung ist eine auf **längere Zeit** angelegte Verbindung von **wenigstens drei Personen**, die darauf ausgerichtet ist, zur Begehung mehrerer oder auch nur eines (12 Os 86/10d uam) der im Gesetz aufgezählten Delikte arbeitsteilig zusammenzuwirken (s etwa 13 Os 2/12m). Dass bereits derartige Delikte begangen wurden, ist nicht notwendig (RS0130776). 1

Die kriminelle Vereinigung erfordert eine „**strukturelle Ausrichtung**" auf die Begehung spezifischer Straftaten; eine hierarchische Struktur ist nicht notwendig (s aber § 278a Rz 2). Die Mitglieder müssen sich aber dem **Gesamtwillen** der Vereinigung unterwerfen, müssen sich verpflichtet fühlen, Delikte nach dem Gesamtwillen der Vereinigung zu unterstützen (vgl EBRV 1166 BlgNR 21. GP, 35). Die (geplanten) kriminellen Aktivitäten müssen im Vergleich zu den sonstigen legalen Tätigkeiten eindeutig dominieren (*Velten* JSt 2009, 58, 61). Wenn eine Gemeinschaftsstruktur im Kern einer legalen Tätigkeit dient, liegt auch nach Ansicht des OGH keine Vereinigung iSd § 278 vor (15 Os 57/08h, 58/08f).

> Mehrere leitende Bankangestellte beschließen, zur Verbesserung der Ertragslage der Bank den Kunden ungerechtfertigte Kreditprovisionen zu verrechnen: § 278 ist mangels struktureller Ausrichtung auf Straftaten nicht erfüllt; die Gewinne durch diese Betrügereien sind im Vergleich zu den legalen Tätigkeiten auch von ganz untergeordneter Bedeutung (15 Os 57/08h, 58/08f; s auch *Velten* JSt 2009, 58 ua). Entsprechendes muss für Vereine und Organisationen gelten, die primär durch Demonstrationen und diverse andere (legale) Aktionen zB gegen Pelzhandel, Tierversuche oder Waljagd kämpfen, auch wenn ein „harter Kern" von Mitgliedern einige erhebliche Straftaten begeht (treffend *Velten* JSt 2009, 61, *H/R* BT II § 278 Rz 5).

2 **B. Tätigkeitsgebiet der kriminellen Vereinigung** sind die in Abs 2 aufgezählten Delikte, insb die Begehung eines oder mehrerer Verbrechen, anderer erheblicher Gewalttaten gegen Leib und Leben, bestimmter nicht nur geringfügiger Vermögensdelikte und Delikte gegen unbare Zahlungsmittel. Anders als beim Komplott brauchen die **Straftaten noch nicht konkret** bestimmt zu sein. Auch eine gemeinsame Ausführung ist nicht erforderlich.

3 Die Vereinigung ist auf die Begehung von **Verbrechen** gerichtet, wenn die nach dem Gesamtwillen zu begehenden Taten in ihren unrechtserheblichen Merkmalen Verbrechen sind (s § 17 Abs 1); dass sie es durch das gewerbsmäßige Handeln der Ausführenden werden, genügt nicht. **Erhebliche Gewalttaten** sind brutale Misshandlungen, dh Misshandlungen, die eine schwere Körperverletzung wahrscheinlich machen (*H/R* BT II § 278 Rz 9; andere Autoren stellen auf die Gesamtauswirkungen für das friedliche Zusammenleben aller ab [*Plöchl* WK[2] § 278 Rz 21]). **Nicht nur geringfügig sind Sachbeschädigungen, Diebstähle und Betrügereien**, wenn sie die Bagatellgrenze (s BT I § 141 Rz 4) deutlich übersteigen (*Plöchl* WK[2] § 278 Rz 22).

4 **C. Der Gesamtwille der Vereinigung** kann sich auf eine oder auf einige bestimmte, von vornherein verabredete Taten nach Abs 2 beschränken. Die Mitglieder können sich aber auch darauf einigen, beliebige oder eine nach allgemeinen Merkmalen bestimmte Serie von Taten nach Abs 2 zu unterstützen, die künftig von einem oder mehreren Anführern oder von einer Mehrheit beschlossen werden.

Eine Kette von Drogenhändlern, die einander regelmäßig Drogen liefern und abnehmen, ist keine kriminelle Vereinigung (15 Os 125/95): Regelmäßige, wenn auch kriminelle Geschäftsverbindungen genügen dafür nicht. Die Händler werden aber zur kriminellen Vereinigung, wenn sie sich gegenseitig oder einem Anführer versprechen, einander Drogen zu liefern oder abzunehmen. Auch eine Gruppe von Personen, die mehr oder minder häufig miteinander Einbruchsdiebstähle begehen und das auch in Zukunft tun wollen, bei denen sich aber jeder Einzelne die Entscheidung vorbehält, bei welchen Taten er mitmachen wird, ist keine kriminelle Vereinigung, sondern bloß ein Kreis von Personen, die als Komplizen in Frage kommen; auch hier fehlt ein Gesamtwille, dem sich die Einzelnen unterordnen.

**D. Die kriminelle Vereinigung ist auf längere Zeit angelegt (Abs 2)**, dh sie 5
soll zumindest **mehrere Monate** bestehen (*H/R* BT II § 278 Rz 11 mwN). Für den OGH genügen schon mehrere Wochen (14 Os 15/19s).

Längere Zeit ist regelmäßig gegeben, wenn die zu begehenden Taten noch nicht näher bestimmt sind. Wenn die Täter nur eine einzige Tat ins Auge fassen, muss es sich um einen „großen Coup" handeln, der langwierige Vorbereitungen erfordert (EBRV 1166 BlgNR 21. GP, 36; s etwa 11 Os 163/11x), was nicht eben häufig vorkommt.

**E. Strafbar ist die Gründung der kriminellen Vereinigung (Abs 1)**, dh die 6
Mitwirkung an der Vereinbarung, durch welche die kriminelle Vereinigung erst entsteht.

Strafbar ist auch die **Beteiligung als Mitglied**: Dafür ist erforderlich, dass der Täter an einer Straftat gemäß dem *Gesamtwillen* der Vereinigung mitwirkt (*Schmoller* JBl 2013, 748), dass er für künftige Straftaten gemäß dem Gesamtwillen der Vereinigung trainiert (vgl 15 Os 96/17g) oder Informationen oder Mittel, welcher Art auch immer, bereitstellt (**Abs 3**; EBRV 1166 BlgNR 21. GP, 36): Der Täter kauft zB ein Schlepperfahrzeug an (12 Os 115/21k) oder kundschaftet mögliche Tatorte aus (15 Os 34/21w). Schon mit dieser Tätigkeit ist die Tat vollendet (14 Os 130/18a, 14 Os 160/09z). Die bloße Zusage von Unterstützung ist noch keine Beteiligung als Mitglied (aM 12 Os 158/17b, 14 Os 76/17h).

Der Täter muss **wissen**, dass es sich bei der Tat, an der er mitwirkt, oder bei den bevorstehenden Taten, für die er Mittel oder Informationen liefert, um Taten nach dem Willen einer kriminellen Vereinigung handelt (EBRV 1166 BlgNR 21. GP, 36; 12 Os 152/08g).

**F. Tätige Reue (Abs 4).** Wenn die kriminelle Vereinigung noch zu keiner Straf- 7
tat geführt hat, können die Mitglieder straffrei werden. Alle Mitglieder werden straffrei, wenn sich die Vereinigung auflöst. Einzelne nicht führende Mitglieder werden straffrei, wenn sie sich freiwillig von der Vereinigung zurückziehen. Führende Teilnehmer müssen die kriminelle Vereinigung unschädlich machen, zB durch Anzeige.

**G. Konkurrenz.** In Umsetzung des Gesamtwillens der kriminellen Verei- 8
nigung können sich deren Mitglieder zur Ausführung eines komplottfähigen

Delikts verabreden: Dann sind sie nach § **277** und § 278 zu bestrafen. Und wenn die Mitglieder eine Tat nach dem Gesamtwillen der Vereinigung ausführen, sind sie nach § 278 und nach dem **ausgeführten Delikt** zu verurteilen (EBRV 1166 BlgNR 21. GP, 35). Ist das ausgeführte Delikt jedoch durch die Begehung als Mitglied einer kriminellen Vereinigung qualifiziert (vgl zB § 130, § 143, § 165 Abs 4), wird durch die Verurteilung wegen des qualifizierten Delikts auch § 278 abgegolten. Nach hM gilt das nur, wenn die kriminelle Vereinigung lediglich auf die ausgeführte(n) Tat(en) gerichtet war (12 Os 115/21k, 12 Os 148/17g uam; *K/Schm* StudB II § 130 Rz 52f ua).

9 **H. Die kriminelle Vereinigung in anderen Tatbildern.** Einige Delikte sind qualifiziert, wenn der Täter sie als Mitglied einer kriminellen Vereinigung begeht (s Rz 8). Manche dieser Delikte sind in der Aufzählung des § 278 Abs 2 aber nicht enthalten (zB § 207a Abs 2, § 216 Abs 3, § 27 Abs 4 Z 2 SMG). Wenn sich ein Täter mit zwei anderen Mitgliedern auf längere Zeit zur Begehung nur solcher Delikte einem Gesamtwillen unterwirft und die Tat in Ausführung des Gesamtwillens begeht, ist er wegen des qualifizierten Delikts zu bestrafen (*K/Schm* StudB III §§ 277–278 Rz 17 mwN zum Meinungsstand). § 278 ist nicht anwendbar.

## Kriminelle Organisation

**§ 278a. Wer eine auf längere Zeit angelegte unternehmensähnliche Verbindung einer größeren Zahl von Personen gründet oder sich an einer solchen Verbindung als Mitglied beteiligt (§ 278 Abs. 3),**

1. **die, wenn auch nicht ausschließlich, auf die wiederkehrende und geplante Begehung schwerwiegender strafbarer Handlungen, die das Leben, die körperliche Unversehrtheit, die Freiheit oder das Vermögen bedrohen, oder schwerwiegender strafbarer Handlungen im Bereich der sexuellen Ausbeutung von Menschen, der Schlepperei oder des unerlaubten Verkehrs mit Kampfmitteln, Kernmaterial und radioaktiven Stoffen, gefährlichen Abfällen, Falschgeld oder Suchtmitteln ausgerichtet ist,**
2. **die dadurch eine Bereicherung in großem Umfang anstrebt und**
3. **die andere zu korrumpieren oder einzuschüchtern oder sich auf besondere Weise gegen Strafverfolgungsmaßnahmen abzuschirmen sucht,**

**ist mit Freiheitsstrafe von sechs Monaten bis zu fünf Jahren zu bestrafen. § 278 Abs. 4 gilt entsprechend.**

*(idF BGBl I 2013/134)*

1 **A. Die kriminelle Organisation** ist eine kriminelle Vereinigung besonderer Art. Sie unterscheidet sich von der kriminellen Vereinigung nach § 278 durch ihre unternehmensähnliche hierarchische Struktur, durch ihr Tätigkeitsgebiet, durch ihre Ziele und durch die Art und Weise, wie sie ihren Bestand sichert. Die Voraussetzungen der Z 1–3 müssen kumulativ vorliegen (14 Os 76/17h).

Dieser gern als „**Mafiaparagraph**" bezeichnete Deliktstypus birgt aufgrund der vielen unbestimmten Begriffe die Gefahr überschießender Anwendung in sich.

**a) Die unternehmensähnliche Struktur.** Die kriminelle Organisation ist auf die **wiederkehrende Begehung** von Straftaten ausgerichtet. Ihr gehört eine **größere Zahl**, dh wenigstens 10 Mitglieder an, und sie ist straff hierarchisch aufgebaut (vgl JAB 409 BlgNR 20. GP, 11; vgl etwa 12 Os 146/11d; 15 Os 124/21f: „Hisbollah-Miliz"). Der Zusammenschluss von Tierschutzaktivisten erfüllt diese Voraussetzungen eindeutig nicht (*Maier* juridikum 2010, 50). 2

Der Täter verarbeitet immer wieder im Auftrag anderer „gestohlene" Scheckformulare zu gefälschten Schecks und löst sie bei verschiedenen Banken ein. Die Täter gehen arbeitsteilig vor, aber eine kriminelle Organisation läge erst vor, wenn es eine „Unternehmensleitung" gäbe, die sich auf die Planung der Verbrechen beschränkt und die „Diebstähle" der Formulare, die Fälschung und Einlösung durch andere besorgen lässt. Dass einzelne Mitglieder mehr zu sagen haben als andere, reicht für die notwendige Hierarchie nicht aus (*Velten* JSt 2009, 60; vgl dagegen 15 Os 116/08k; *Triffterer* SbgK § 278a Rz 26f ua). Wenn die Täter wenigstens einem Gesamtwillen folgen und nicht nur in ständiger Geschäftsverbindung stehen (s § 278 Rz 4), liegt eine kriminelle Vereinigung vor.

**b) Tätigkeitsgebiet (Z 1)** der kriminellen Organisation sind **„schwerwiegende strafbare Handlungen"** gegen das Leben und die körperliche Unversehrtheit, gegen die Freiheit, gegen das Vermögen (zB gewerbsmäßiger Einbruchsdiebstahl: 12 Os 146/11d, 15 Os 89/11v), schwere Straftaten im Bereich der sexuellen Ausbeutung, der Schlepperei, schwere Suchtmitteldelikte und noch einige andere. Es kann sich auch um Delikte handeln, die nicht unter § 278 Abs 2 fallen. 3

Unqualifizierte Freiheitsentziehungen (§ 99), Nötigungen (§ 105), gefährliche Drohungen (§ 107) und unqualifizierte Vermögensdelikte sind keine „schwerwiegenden strafbaren Handlungen" (JAB 409 BlgNR 20. GP, 11); auch die gewerbsmäßige Begehung oder die Begehung im Rahmen einer kriminellen Vereinigung macht sie nicht dazu. Die schweren Straftaten müssen nicht das ausschließliche, aber doch das **deutlich überwiegende Tätigkeitsgebiet** der kriminellen Organisation sein (ebenso *Velten* JSt 2009, 58).

Wenn einzelne Zweige eines legalen Vereins Sprengstoffanschläge durchführen, sind diese Zweige, nicht der Verein als Ganzes, eine kriminelle Organisation (aM EvBl 1995/71). Auch ein Staat wird nicht als Ganzes zu einer kriminellen Organisation, wenn einzelne einflussreiche Dienststellen von der Mafia kontrolliert werden. Dass einige Mitglieder an den Rändern einer legalen Organisation kriminell agieren, macht die Organisation noch nicht zu einer „kriminellen" iSd § 278a (*Velten* JSt 2009, 58 ua).

**c) Das Ziel (Z 2).** Die kriminelle Organisation bezweckt eine Bereicherung in großem Umfang: Das ist eine Bereicherung, die die zweite Wertgrenze von 300.000 € übersteigt. 4

**d) Die Sicherung des Bestands (Z 3).** Die kriminelle Organisation korrumpiert, schüchtert ein oder schirmt sich ab. **Korrumpierung** bedeutet, dass die 5 kriminelle Organisation Amtsträger oder leitende Angestellte großer Unternehmen besticht. **Einschüchterung** liegt vor, wenn Mitglieder, Opfer oder andere Personen genötigt werden, eine Anzeige zu unterlassen, über bestimmte Dinge zu schweigen oder die Anordnungen der „Unternehmensleitung" auszuführen. **Abschirmung auf besondere Weise** ist eine Tarnung, die über die gängigen Vorsichtsmaßnahmen von Straftätern hinausgeht, zB durch Gründung von Scheinfirmen (*F/M-K/O* § 278a Rz 7; 13 Os 25/07m).

Die Gründung einer einzigen Scheinfirma ist ein ziemlich alltägliches Phänomen. Der Wechsel von Wertkartenhandys, die Verwendung von Codewörtern und Firewalls sind übliche Vorsichtsmaßnahmen aller Personen, die fürchten, dass die Polizei ihre Gespräche abhört oder durch neue Ermittlungsmethoden in ihre Computer eindringt. Bemühungen, unter potenziellen Drogenkäufern die verdeckten Fahnder von wirklichen Interessenten zu unterscheiden, sind unter allen Drogentätern üblich: Eine Abschirmung auf besondere Weise kann man darin nicht sehen (aM 13 Os 55/11d uam; *Plöchl* WK[2] § 278a Rz 22).

6 **B. Der Täter führt das Delikt aus**, indem er die kriminelle Organisation **gründet** oder sich an ihr **als Mitglied beteiligt**. Die Beteiligung besteht darin, dass der Täter für eine gewisse Dauer an den schwerwiegenden Straftaten im Auftrag der Unternehmensleitung mitwirkt oder zu den Maßnahmen der Korrumpierung, Einschüchterung oder Tarnung beiträgt. Dass der Täter der Organisation bloß Unterstützung verspricht (vgl § 278 Rz 6), Schutzgelder zahlt oder sie nur finanziell unterstützt (JAB 409 BlgNR 20. GP, 12), macht ihn noch nicht zum Mitglied (vgl 11 Os 62/97; *H/R* BT II § 278a Rz 13; aM *Plöchl* WK[2] § 278a Rz 28). Der OGH lässt für eine Beteiligung schon die fixe Zusage eines späteren Einsatzes für die Vereinigung (12 Os 143/14t) oder die Veröffentlichung von Videos, in denen Greueltaten der Taliban gutgeheißen werden (12 Os 151/21d), genügen.

Der Täter muss **wissen**, dass er an Taten oder Maßnahmen einer kriminellen Organisation mitwirkt: Was für § 278 gilt (vgl § 278 Rz 6), muss umso mehr für § 278a gelten (*Plöchl* WK[2] § 278a Rz 29; aM 13 Os 55/11d).

7 **C. Tätige Reue.** Die Mitglieder der kriminellen Organisation können nach § 278 Abs 4 straffrei werden (s § 278 Rz 7).

8 **D. Konkurrenz.** Die Mitglieder der kriminellen Organisation sind nach § 278a und für die Straftaten, die sie im Auftrag der „Unternehmensleitung" begehen, in **echter Konkurrenz** zu bestrafen (14 Os 172/10s ua).

## Terroristische Vereinigung (§ 278b)

*(idF BGBl I 2018/70)*

1 Die terroristische Vereinigung ist eine besondere Form der kriminellen Vereinigung (Abs 3). Sie unterscheidet sich von der kriminellen Vereinigung des § 278 nur durch ihr Tätigkeitsgebiet: Die terroristische Vereinigung ist auf eine oder mehrere **terroristische Straftaten** iSd § 278c oder auch bloß auf **Terrorismusfinanzierung** iSd § 278d **ausgerichtet**. Die Straftaten müssen nicht in Österreich begangen werden (vgl RS0131459).

Für die Anführer (Abs 1) und für Personen, die sich an der terroristischen Vereinigung als Mitglieder beteiligen (Abs 2; s dazu § 278 Rz 6, § 278a Rz 6) gibt es verschiedene Strafsätze. Die Absolvierung einer Kampfausbildung samt Teilnahme an Kampfhandlungen oder Wachdienste, zB für die Terrorgruppe IS, sind Beteiligungen iSd Abs 2 (12 Os 146/14h, 15 Os 112/19p). Die Rsp geht viel weiter und wertet zB bloßes Leben im Gebiet des IS und Erziehung und Unterrichtung der Kinder im radikal islamistischen Sinn (14 Os 130/18a), das Teilen eines IS-Videos auf einem Facebook-Account (15 Os 5/19b), ja sogar bloße Propaganda für den IS (15 Os 144/21x, 11 Os 146/21m, 12 Os 3/22s) als Beteiligung (s auch die Übersicht bei *Sadoghi* SbgK § 278b Rz 67ff). Aber die Täter zeigen dadurch zwar Sympathie für das Gedankengut des IS, sie unterstützen die Vereinigung jedoch nicht in ihrer Bereitschaft zur Begehung terroristischer Straftaten.

## Terroristische Straftaten (§ 278c)

*(idF BGBl I 2018/70)*

1 **A.** Die Terrorismusdelikte setzen mehrere **internationale Rechtsakte** um. Die Deliktsbeschreibungen sind sehr kompliziert und enthalten viele unbestimmte Gesetzesbegriffe, was die Auslegung entsprechend erschwert.

2 **B. Terroristische Straftaten** sind die in § 278c Abs 1 Z 1–10 aufgezählten Delikte. Die Taten müssen überdies die beiden folgenden Voraussetzungen (kumulativ) erfüllen:

3 **a) Die Tat ist geeignet, eine schwere oder länger dauernde Störung des öffentlichen Lebens oder eine schwere Schädigung des Wirtschaftslebens herbeizuführen.** § 278c setzt einen Rahmenbeschluss der EU um, der unter dem Eindruck der Terroranschläge vom 11.9.2001 in den USA zustande kam (EBRV 1166 BlgNR 21. GP, 37f). Die Störung des öffentlichen Lebens, um die es hier geht, muss den Auswirkungen jener Terroranschläge wenigstens entfernt vergleichbar sein: Aufräumarbeiten nach großen Zerstörungen, Hilfsprogramme für viele Opfer, Krisen ganzer Wirtschaftszweige (zB der Flug-, Versicherungsgesellschaften). Diese Störungen müssen entweder schwer sein oder län-

gere Zeit andauern. Nach Ansicht des OGH erfüllen Anschläge auf Fußballstadien, internationale Gebäude (13 Os 39/09y) oder Personenzüge (11 Os 5/21a) oder sonstige Anschläge auf viele Menschen (s etwa 11 Os 146/21m) diese Voraussetzung des § 278c. Die besondere Eignung der Tat muss der Täter in seinen **Vorsatz** aufnehmen.

4 b) **Der Täter hat darüber hinaus den Vorsatz, die Bevölkerung schwerwiegend einzuschüchtern**, sie glauben zu lassen, schwere Störungen des öffentlichen Lebens oder des Wirtschaftslebens seien auch in Zukunft zu erwarten; oder der Täter hat den Vorsatz, **öffentliche Stellen**, dh Behörden, das Parlament oder eine internationale Organisation, **zu einem Handeln oder Unterlassen zu nötigen** oder die politischen, verfassungsrechtlichen, wirtschaftlichen oder sozialen **Grundstrukturen** eines Staates oder einer internationalen Organisation **zu erschüttern oder zu zerstören**, dh das politische System, die Verfassung oder die Wirtschaftsordnung zu ändern oder funktionsunfähig zu machen.

Die Besetzung einer Autobahn kann den Verderb von Lebensmitteltransporten zur Folge haben; das könnte für einen Schaden an fremdem Eigentum in großem Ausmaß (Abs 1 Z 6; s §§ 176, 177 Rz 3) hinreichen. Die Täter mögen sich mit einem solchen Schaden abfinden und sie haben den Vorsatz, die Behörden zu einer Änderung ihrer Umweltpolitik zu bewegen. Dennoch handelt es sich hier nicht um eine terroristische Straftat: Das Verderben von Lebensmitteln und beträchtliche Staus sind keine schweren oder länger dauernden Störungen des öffentlichen Lebens iSd § 278c. Er soll Aktionen des zivilen Widerstandes gerade nicht erfassen (EBRV 1166 BlgNR 21. GP, 40f).

5 c) Nach der Negativdefinition in **Abs 3** gelten Taten, die auf die Herstellung oder Wiederherstellung demokratischer und rechtsstaatlicher Verhältnisse oder die Ausübung oder Wahrung von Menschenrechten ausgerichtet sind, nicht als terroristisch.

6 **C. Die Strafbarkeit der terroristischen Straftat (Abs 2).** Für Täter terroristischer Straftaten wird das Höchstmaß der sonst angedrohten Strafe um die Hälfte erhöht. Eine zeitliche Freiheitsstrafe von mehr als zwanzig Jahren ist aber unzulässig (*F/M-K/O* § 278c Rz 7).

## Terrorismusfinanzierung (§ 278d)

*(idF BGBl I 2018/70)*

1 Nach dieser Gesetzesstelle macht sich strafbar, wer Geld oder andere Sachen sammelt oder bereitstellt, damit sie wenigstens teilweise zur Ausführung einer der im Abs 1 aufgezählten Delikte verwendet werden (s etwa 11 Os 9/20p, 12 Os 48/20f). Die Mittel können durchaus legalen Ursprungs sein und es ist nach der Rsp auch unerheblich, wem sie gehören (13 Os 54/19v). Wenn der

Täter schon nach anderen Gesetzesstellen unter einen strengeren Strafsatz fällt, ist § 278d nicht anwendbar (Abs 2).

Wer eine Straftat finanziert, macht sich als Beitragstäter (§ 12) strafbar. Aber die Beitragstäterschaft ist nur versucht und damit nicht strafbar (§ 15 Abs 2), wenn die Ausführenden gar nichts tun oder die bereitgestellten Mittel für andere Zwecke verwenden. Diese Lücke schließt § 278d (EBRV 1166 BlgNR 21. GP, 42).

## Ausbildung für terroristische Zwecke (§ 278e)

*(idF BGBl 2010/108)*

**Abs 1** pönalisiert Personen, die **andere** insb in der Herstellung und Verwendung von Sprengstoff, Waffen und ähnlichen Fertigkeiten **ausbilden** mit dem **Ziel**, dass eine **terroristische Straftat** begangen wird („Terrorcamps"). Der Täter, der **„Trainer"**, muss wissen, dass sich der andere zu diesem Zweck ausbilden lässt; das dürfte oft nicht leicht zu beweisen sein (vgl auch *Mitgutsch/Brandstetter* Jahrbuch Strafrecht BT 2011, 20f). 1

Nach **Abs 2** macht sich der **„Trainee"** strafbar, der sich **ausbilden lässt**, um derartige Kenntnisse und spezifisch gefährliche Fertigkeiten zu erlernen und mit deren Hilfe eine **terroristische Straftat** zu begehen (s etwa 15 Os 94/20t). Dazu gehört praktisches Üben; bloßes Entgegennehmen von Informationen per Internet reicht nicht aus (*H/R* BT II § 278e Rz 3; aM *Plöchl* WK² § 278e Rz 13f). 2

Wer Schießunterricht nimmt, handelt an sich sozialadäquat; der Täter wird (nur) durch die Absicht, die erlernten Fähigkeiten für terroristische Taten zu nutzen, zum Kriminellen.

Der Österreicher, der in Wien ein Flugzeug besteigt, um sich in einem pakistanischen Terrorcamp ausbilden zu lassen, hat sich noch nicht nach § 278e Abs 2 strafbar gemacht (*Plöchl* WK² § 278e Rz 16). Die Tat ist erst versucht, wenn er sich in Pakistan im Ausbildungscamp meldet. S auch § 64 Abs 1 Z 9 lit a. Der Täter macht sich aber nach § 278g strafbar.

## Anleitung zur Begehung einer terroristischen Straftat (§ 278f)

*(idF BGBl 2011/103)*

Im Fall des **Abs 1** bietet der Täter in einem Medienwerk oder im Internet **Anleitungen zu terroristischen Straftaten** an. Der Täter muss beabsichtigen, **zur Begehung terroristischer Straftaten aufzureizen.** 1

**Abs 2** pönalisiert **das Sich-Verschaffen solcher Informationen zwecks Begehung einer terroristischen Straftat.** 2

In jedem Handbuch für Chemiker dürften sich dienliche Informationen finden. Daher bedarf es einer besonderen Aufbereitung der Information, die den Entschluss zu terroristischen Taten „emotional besonders nahelegt“ (EBRV 674 BlgNR 24. GP, 6).

## Reisen für terroristische Zwecke (§ 278g)

*(idF BGBl 2018/70)*

1 Dieser neue Deliktstypus pönalisiert das **bloße Reisen in einen anderen Staat**, um eine strafbare Handlung nach **§§ 278b, 278c, 278e oder 278f** zu begehen (Absichtlichkeit): also zB um sich zum IS-Kämpfer ausbilden zu lassen (s § 278e Rz 2). Eine alltägliche Handlung wird durch die böse Absicht zum Verbrechen.

## Bewaffnete Verbindungen (§ 279)

*(idF BGBl 1974/60)*

1 § 279 soll die **Aufstellung illegaler Armeen und illegaler paramilitärischer Organisationen verhindern** (EBRV 30 BlgNR 13. GP, 422). „Parteiarmeen“ soll es in Österreich nicht wieder geben. Das meint das Gesetz, wenn es von „bewaffneten oder zur Bewaffnung bestimmten Verbindungen“ spricht.

2 Eine **Verbindung** iSd § 279 ist ein Zusammenschluss von wenigstens 30 Personen (aM die hL, die etwa 10 Personen genügen lässt: *F/M-K/O* § 279 Rz 2 uam; vgl §§ 246, 247 Rz 3). In der Verbindung muss militärischer Gehorsam gelten. Die Mitglieder der Verbindung müssen von vornherein bewaffnet, dh mit Kampfmitteln (§ 280 Rz 2) ausgerüstet, sein oder es muss geplant sein, sie eines Tages damit auszurüsten. Die Verbindung muss nicht geheim, aber sie muss gesetzwidrig sein. Ein Schützenverein ist nicht gesetzwidrig und darum keine Verbindung iSd § 279.

3 **Der Täter führt das Delikt aus:**
- indem er eine solche Verbindung **aufstellt** oder mit Kampfmitteln (§ 280 Rz 2) **bewaffnet**;
- indem er sich in einer solchen Verbindung **führend**, dh als Anführer, dem andere gehorchen, **betätigt**;
- indem er für eine solche Verbindung **Mitglieder wirbt**, aushebt, sie auf militärische oder nicht militärische Weise zum Kampf **ausbildet**;
- indem er eine solche Verbindung mit Kampfmitteln (§ 280 Rz 2), Transportmitteln, Mitteln zur Nachrichtenübermittlung, durch Geldmittel oder sonst **auf erhebliche Weise unterstützt**. Mit weniger als 50.000 € kann man eine illegale militärische Formation – man denke an die Waffenpreise –

kaum „erheblich“ unterstützen (für „größere Beträge“ ohne Mindestgrenze *Plöchl* WK[2] § 279 Rz 18). Vgl auch §§ 246, 247 Rz 3.
Der Täter muss **vorsätzlich** handeln.

Der Täter wird durch **tätige Reue** straffrei, wenn er freiwillig und bevor eine Behörde iSd § 151 Abs 3 (BT I § 167 Rz 13) von seinem Verschulden erfährt, ihr alles anzeigt, was er von der Verbindung und ihren Plänen weiß. Weiters verlangt § 279 Abs 2, dass der Behörde wenigstens ein Teil dessen, was der Täter ihr anzeigt, noch nicht bekannt war. 4

**Konkurrenz.** Wenn die Gründung, Förderung usw der Verbindung nach **§ 3a oder § 3b VerbotsG** strafbar ist, tritt § 279 zurück. 5

## Ansammeln von Kampfmitteln (§ 280)

*(idF BGBl I 1997/12)*

§ 280 Abs 1 will die **Bildung von Waffenlagern verhindern**, die eines Tages zur Ausrüstung illegaler „bewaffneter Verbindungen“ (§ 279 Rz 2) dienen könnten (EBRV 457 BlgNR 20. GP, 69). 1

**Gegenstand des Delikts** sind **Waffen, Munition oder andere Kampfmittel.** Sie müssen nach Art und Anzahl geeignet sein, eine größere Zahl von Menschen, also wenigstens zehn, zum Kampf auszurüsten. 2

Kampfmittel sind zB 500 g Plastiksprengstoff, weil man damit 20 Handgranaten füllen kann (EvBl 1997/172), aber auch zB Stahlhelme und Gasmasken (*Plöchl* WK[2] § 280 Rz 11).

**Ausführungshandlungen:** Der Täter **bringt die Kampfmittel an sich, besitzt sie oder verschafft sie einem anderen**, zB indem er sie an eine größere Zahl von Menschen ausgibt. Da der bloße Besitz genügt, reicht die Strafbarkeit sehr weit (*K/Schm* StudB III zu §§ 279–283). 3

**Innere Tatseite:** Der Täter erwirbt die Kampfmittel, besitzt sie oder gibt sie an andere in der **Absicht** weiter, **dass damit eine größere Zahl von Menschen zum Kampf ausgerüstet wird**. 4

Die Anlage eines Waffenlagers aus bloßem Sammlerinteresse (EBRV 457 BlgNR 20. GP, 69) oder die Ausrüstung einer größeren Zahl von Menschen bloß zu einem „Kampfspiel“ fällt nicht unter das Tatbild, kann aber nach dem WaffenG strafbar sein (vgl *Rosbaud* SbgK § 280 Rz 3, 17f).

Der Täter wird durch **tätige Reue** straffrei, wenn er die Kampfmittel freiwillig und bevor eine Behörde iSd § 151 Abs 3 (BT I § 167 Rz 13) von seinem Verschulden erfährt, auf Dauer unbrauchbar macht, sie der Behörde übergibt oder es ihr ermöglicht, sie bei anderen sicherzustellen. 5

## Aufforderung zu mit Strafe bedrohten Handlungen und Gutheißung mit Strafe bedrohter Handlungen (§ 282)

*(idF BGBl 1974/60)*

1 § 282 enthält **zwei Tatbilder**; alle Merkmale müssen vom **Vorsatz** umfasst sein:

**a) Der Täter fordert zu einer Tat auf, die gerichtlich strafbar ist** und vorsätzlich begangen werden kann (**§ 282 Abs 1**). Die Aufforderung kann sich an eine bestimmte Person oder an viele Menschen richten, sie kann eine, mehrere oder viele Vorsatztaten zum Gegenstand haben. Diese Taten müssen nicht individuell bestimmt, aber doch ihrer Gattung nach bestimmbar sein (*Rosbaud* SbgK § 282 Rz 30f).

Der Täter veröffentlicht zB einen Aufruf zur „Nichtbefolgung sämtlicher Wehrgesetze" (vgl §§ 7, 12 MilStG) oder zur Brandstiftung an Pelzgeschäften.

2 **b) Der Täter heißt eine vorsätzlich begangene Straftat gut**, die mit Freiheitsstrafe von mehr als einem Jahr bedroht ist, und er tut das in einer Art und Weise, die geeignet ist, das allgemeine Rechtsempfinden zu empören oder zur Begehung solcher Taten aufzureizen (**§ 282 Abs 2**): Dh er stellt sie als besonders positiv und nachahmenswert hin (*Rosbaud* SbgK § 282 Rz 44, 52 ua).

Der Täter kommentiert auf einer öffentlich zugänglichen Facebook-Seite den qualvollen Tod von 71 Flüchtlingen in einem Schlepper-LKW (§ 176 Abs 1 und 2) mit dem Wort „endlich" (13 Os 63/16p); er rechtfertigt in einem veröffentlichten Video die öffentliche Hinrichtung einer Frau durch die Taliban (12 Os 151/21d).

3 **Qualifizierte Öffentlichkeit:** Die Aufforderung oder Gutheißung muss in einem Druckwerk, im Rundfunk oder sonst in einer Weise erfolgen, dass sie einer breiten Öffentlichkeit zugänglich wird (§ 282 Abs 1, 2). S BT I § 111 Rz 15f.

4 **Konkurrenz:** Wenn die Aufforderung zu einer strafbaren Handlung, die mit mehr als zwei Jahren Freiheitsstrafe bedroht ist, als Bestimmungs- oder Beitragstäterschaft (§ 12) strafbar ist, tritt § 282 zurück (Subsidiarität: *Plöchl* WK[2] § 282 Rz 5, 13).

## Aufforderung zu terroristischen Straftaten und Gutheißung terroristischer Straftaten (§ 282a)

*(idF BGBl 2011/103)*

1 **Abs 1** will **„Hassprediger"** bestrafen, die in einem Medium oder sonst **öffentlich zur Begehung einer terroristischen Straftat auffordern**. Eine breite Öffentlichkeit wie in § 282 ist nicht gefordert; es sollen etwa 30 Personen genügen (EBRV 674 BlgNR 24. GP, 6). § 282a Abs 1 ist gegenüber der Bestimmung zu einem mit strengerer Strafe bedrohten Delikt subsidiär.

Der Täter nach **Abs 2 heißt** öffentlich eine **terroristische Straftat gut.** „Gutheißen" ist mehr als eine Sympathiebekundung für eine terroristische Vereinigung (14 Os 76/17h). Es muss eine terroristische Tat als so nachahmenswert dargestellt werden, dass sich auf Grund dessen jemand zu einer solchen Handlung entschließen könnte. 2

## Verhetzung (§ 283)

*(idF BGBl I 2020/148)*

**A. Allgemeines.** Die in § 283 Abs 1 aufgezählten Tathandlungen – Gewaltaufrufe und Beschimpfungen – richten sich **gegen** bestimmte **Bevölkerungsgruppen oder** gegen einzelne **Mitglieder** einer geschützten Gruppe. Die Verhetzung nach Abs 1 kann sich überdies gegen eine Kirche oder Religionsgesellschaft (s § 188 Rz 2) richten. 1

**Geschützte Bevölkerungsgruppen und Personen:** Der Täter wendet sich gegen Personen, die einer nach **vorhandenen oder fehlenden Kriterien** der Rasse, Hautfarbe, Staatsangehörigkeit, Religion, Weltanschauung, Geschlecht, Behinderung, sexuelle Ausrichtung usw definierten Gruppe angehören. Die Gruppen muss es auch in Österreich geben. 2

Strafbar ist somit nicht nur die Hetze zB gegen Marokkaner, „Nigger" (14 Os 88/16x), Mohammedaner (15 Os 40/15v ua), Juden (11 Os 7/18s), Hindus (12 Os 151/21d) oder Homosexuelle, sondern auch pauschal gegen „Ausländer", „Ungläubige" (EBRV 689 BlgNR 25. GP, 41) oder einen Teil dieser Gruppen, wie zB Asylwerber (15 Os 25/17s, 14 Os 69/16b).

**B. Die Verhetzungshandlungen nach Abs 1.** 3

Allen Tathandlungen des Abs 1 Z 1–3 gemeinsam ist eine bestimmte **Mindestpublizität:** Der Täter muss **öffentlich** (§ 69: Wahrnehmbarkeit für mindestens zehn Menschen; s BT I § 115 Rz 9) **und** auf eine Weise handeln, dass es tatsächlich **vielen Menschen** (wenigstens 30 Personen: s §§ 169, 170 Rz 6, § 274 Rz 2) **zugänglich** wird (vgl 14 Os 69/16b). Breite Öffentlichkeit führt zur Qualifikation nach Abs 2.

Das Delikt wird nach Ansicht des OGH (15 Os 129/17k, 130/17g) so lange (durch Nichtbeseitigung) begangen, wie die Äußerung zugänglich bleibt (Dauerdelikt).

**a) Die Verhetzung nach Abs 1 Z 1:** 4

**Der Täter fordert zu Gewalt** gegen eine ganze Bevölkerungsgruppe, gegen eine im Inland bestehende Kirche oder Religionsgesellschaft oder auch bloß gegen einen einzelnen Angehörigen gerade („ausdrücklich") wegen der Zugehörigkeit zu einer solchen Gruppe **auf oder stachelt zu Hass gegen sie auf.** Darauf muss sich der Vorsatz des Täters beziehen. Handeln aus rassistischen Beweggründen ist nicht verlangt, wohl aber typisch (s dazu 15 Os 75/15s = JBl 2016, 60 mit abl Anm *Schwaighofer*).

Gewalt iSd § 283 kann sich auch gegen Sachen richten. Auffordern bedeutet das unmittelbare Wecken des Tatentschlusses in einem anderen (EBRV 689 BlgNR 25. GP, 41). Aufstacheln ist ein leidenschaftliches Aufreizen (15 Os 33/18v uam; *F/M-K/O* § 283 Rz 3 uam).

5 **b) Die Beschimpfung nach Abs 1 Z 2:**

**Der Täter beschimpft** eine geschützte Gruppe oder eine Person wegen der Zugehörigkeit zu einer solchen Gruppe (Rz 2) in einer Weise, die **geeignet** ist, sie in der öffentlichen Meinung **verächtlich zu machen**. Für ein Beschimpfen und die Eignung verächtlich zu machen genügt jede derbe Kundgabe von Missachtung (*Plöchl* WK² § 283 Rz 24; s BT I § 115 Rz 2f).

Zur Eingrenzung der Strafbarkeit – „Stammtischdiskussionen" sollen nicht kriminalisiert werden – verlangt die Z 2 zusätzlich die **Absicht**, die Angehörigen der beleidigten Gruppe oder die betroffene Person **in ihrer Menschenwürde zu verletzen**, dh sie als minderwertige Wesen, als „Untermenschen" hinzustellen (vgl *Plöchl* WK² § 283 Rz 23; 11 Os 7/18s): Der Täter spricht zB von „Saujuden", „verfickten Juden" (15 Os 75/15s) oder „Scheißnegern" (EvBl 2004/105).

6 **c) Die Leugnung von Völkermord und Kriegsverbrechen nach Abs 1 Z 3:**

Dieser Fall der Verhetzung pönalisiert das Billigen, Leugnen und gröbliche Verharmlosen von (gerichtlich festgestelltem) Völkermord, Verbrechen gegen die Menschlichkeit und Kriegsverbrechen, das gegen eine geschützte Gruppe (Rz 2) oder ein Mitglied gerade wegen ihrer Zugehörigkeit gerichtet ist. Überdies muss dies in einer Weise geschehen, dass es geeignet ist, zu Gewalt oder Hass gegen eine solche Gruppe oder ein Mitglied aufzustacheln.

7 **C. Qualifikationen nach Abs 2 und 3.**

**a) Breite Öffentlichkeit (Abs 2):** Die Tathandlungen nach Abs 1 fallen unter einen strengeren Strafsatz, wenn sie in einem Druckwerk, im Rundfunk oder sonst auf eine Weise begangen werden, dass sie einer breiten Öffentlichkeit (ab 150 Personen: vgl 15 Os 25/17s) zugänglich werden. Der Täter beschimpft zB in „Hasspostings" Juden (11 Os 7/18s).

8 **b) Gewaltausübung aufgrund der Hetze (Abs 3):** Strenger bestraft wird eine Tat nach Abs 1 auch, wenn der Täter **bewirkt**, dass andere Personen gegen eine Gruppe gem Abs 1 Z 1 oder gegen ein Mitglied wegen dessen Zugehörigkeit zu dieser Gruppe **Gewalt** (s Rz 4) ausüben. Da es sich um keine Folge der Tat iSd § 7 Abs 2 handelt, muss sich der **Vorsatz** des Täters auch auf die Gewaltausübung erstrecken. Damit können Überschneidungen mit der Bestimmungstäterschaft entstehen. Auch entstehen Konkurrenzprobleme mit § 282.

9 **D. Der Verhetzungstatbestand nach Abs 4.**

Strafbar ist das **Verbreiten von hetzerischem Material** auf eine Weise, dass es einer breiten Öffentlichkeit zugänglich wird. Die Verbreitung muss in gutheißender oder rechtfertigender Weise erfolgen: Eine Verbreitung mit kritischer Intention ist daher nicht tatbildlich. Dieser Fall ist gegenüber Abs 1–3 ausdrücklich subsidiär.

**E. Konkurrenzfragen.** Wenn die Verhetzung das Tatbild des **§ 3g oder § 3h VerbotsG** verwirklicht, tritt § 283 zurück (13 Os 121/21z). Beschimpfungen einer Person ohne Absicht auf Verletzung der Menschenwürde fallen unter **§§ 115, 117 Abs 3**. S auch Rz 8. 10

## Sprengung einer Versammlung (§ 284)

*(idF BGBl I 2015/112)*

§ 284 schützt **Versammlungen, Aufmärsche und ähnliche Kundgebungen,** die nicht verboten sind. Man wird an den Begriff „versammeln" im Art 12 StGG anknüpfen können (*Hinterhofer* SbgK § 284 Rz 8). Versammlung ist danach eine Zusammenkunft von wenigstens drei Menschen zu einem gemeinsamen Vorhaben, das nicht nur in Information und Unterhaltung besteht. 1

Versammlungen sind Zusammenkünfte, um einem Politiker Gelegenheit zu geben, sein Programm vorzustellen; ein Denkmal einzuweihen; gegen ein Vorhaben der Regierung zu protestieren. Keine Versammlungen iSd § 284 sind Menschen, die zusammenkommen, um ein Fußballmatch oder eine Werbevorführung anzusehen, oder die sich zufällig bei einer Theateraufführung treffen (*K/Schm* StudB III zu §§ 284–285). Wer solche Zusammenkünfte sprengt, kann nach § 105 strafbar sein.

Die Versammlung findet an ein und demselben Ort statt. Aufmärsche und Kundgebungen dagegen sind „Versammlungen in Bewegung", bei denen sich die Teilnehmer auf ein Ziel zubewegen.

Der Täter macht sich strafbar, wenn er **vorsätzlich** die Versammlung usw **verhindert** oder **sprengt**, indem er **Gewalt anwendet** oder **mit Gewalt droht**. Die verhinderte Versammlung kommt gar nicht zustande, die gesprengte musste vorzeitig beendet werden. Die Gewalt kann eine Gewalt gegen Personen oder Sachen sein (s BT I § 109 Rz 4). 2

Der Täter übt Gewalt iSd § 284, wenn er Versammlungsteilnehmer verprügelt oder den Versammlungssaal demoliert. Wer in einer Versammlung Lärm oder Gestank erregt, wendet keine Gewalt an, aber er belästigt die Teilnehmer (s § 285 Rz 2; differenziert *Plöchl* WK² § 284 Rz 12).

Die Verhinderung oder Sprengung einer Versammlung ist ausschließlich nach § 284 strafbar, der Täter kann daneben nicht auch wegen der **Nötigung** einzelner Teilnehmer nach § 105 Abs 1 bestraft werden (nur bei schwerer Nötigung echte Konkurrenz: *Plöchl* WK² § 284 Rz 18). Leichte **Körperverletzungen** werden – entgegen der hM (*Plöchl* WK² § 284 Rz 19 ua) – durch die Verurteilung nach § 284 mitabgegolten. Die Verhinderung eines Gottesdienstes ist ausschließlich nach § 189 strafbar. 3

## Verhinderung oder Störung einer Versammlung (§ 285)

*(idF BGBl 1974/60)*

1 **A. Tatobjekt** sind **Versammlungen**, die in geschlossenen Räumen stattfinden (Z 1) und nicht verboten sind.

2 **B. Ausführungshandlung, Erfolg.** Der Täter **verhindert** oder **stört** die Versammlung erheblich, indem er eine der folgenden Verhaltensweisen setzt:
- Der Täter macht den **Versammlungsraum** für alle Teilnehmer **unzugänglich.**
- Der Täter **hindert** oder behindert jemanden, den **Versammlungsort zu betreten;** oder der Täter macht jemandem die Teilnahme an der Versammlung durch schwere Belästigungen unmöglich oder erschwert sie ihm wesentlich: zB indem er den Redner nicht in den Saal lässt oder ihn im Saal niederschreit (*F/M-K/O* § 285 Rz 4).
- Der Täter **dringt** unbefugt, dh gegen den Willen des Veranstalters und mit Gewalt oder Drohung mit Gewalt (vgl § 109 Abs 1), in die Versammlung **ein.**
- Der Täter **verdrängt** einen **Ordner** oder widersetzt sich tätlich dessen Anweisungen (*Plöchl* WK$^2$ § 285 Rz 9f).

3 **C. Innere Tatseite.** Der Täter handelt **vorsätzlich.**

## Unterlassung der Verhinderung einer mit Strafe bedrohten Handlung

**§ 286. (1) Wer es mit dem Vorsatz, daß vorsätzlich eine mit Strafe bedrohte Handlung begangen werde, unterläßt, ihre unmittelbar bevorstehende oder schon begonnene Ausführung zu verhindern oder in den Fällen, in denen eine Benachrichtigung die Verhinderung ermöglicht, der Behörde (§ 151 Abs. 3) oder dem Bedrohten mitzuteilen, ist, wenn die strafbare Handlung zumindest versucht worden und mit einer ein Jahr übersteigenden Freiheitsstrafe bedroht ist, mit Freiheitsstrafe bis zu zwei Jahren zu bestrafen. Die Strafe darf jedoch nach Art und Maß nicht strenger sein, als sie das Gesetz für die nicht verhinderte Tat androht.**

**(2) Der Täter ist nach Abs. 1 nicht zu bestrafen, wenn er**

1. **die Verhinderung oder Benachrichtigung nicht leicht und ohne sich oder einen Angehörigen der Gefahr eines beträchtlichen Nachteils auszusetzen, bewirken konnte,**
2. **von der mit Strafe bedrohten Handlung ausschließlich durch eine Mitteilung Kenntnis erhalten hat, die ihm in seiner Eigenschaft als Seelsorger anvertraut worden ist oder**
3. **durch die Verhinderung oder Benachrichtigung eine andere rechtlich anerkannte Verschwiegenheitspflicht verletzen würde und die aus der Verletzung dieser Pflicht drohenden Folgen schwerer gewogen hätten als die nachteiligen Folgen aus der Unterlassung der Verhinderung oder Bekanntmachung.**

*(idF BGBl 1974/60)*

§ 286 ist ein **echtes Unterlassungsdelikt** und verpflichtet **jedermann**, schwere Straftaten zu verhindern. Die Verhinderungspflicht von Garanten hat Vorrang vor § 286 (Rz 12). 1

**A. Die nicht verhinderte Tat.** Das Delikt, das der Täter nicht verhindert, muss ein **gerichtlich strafbares Vorsatzdelikt** und mit **Freiheitsstrafe von mehr als einem Jahr** bedroht sein. Der Ausführende muss eine solche Vorsatztat wenigstens versuchen. Dass der Ausführende wegen Zurechnungsunfähigkeit nicht oder nur nach § 287 bestraft werden kann, kommt dem Täter nicht zugute (*Plöchl* WK² § 286 Rz 5 uam). 2

Der Täter sieht zB zu, wie andere einen Einbruchsdiebstahl begehen (12 Os 133/09i; s auch Rz 12).

Wer es geschehen lässt, dass ein anderer das Opfer mit einem Messer niedersticht, kann nach § 286 iVm § 83 Abs 1, § 84 Abs 5 Z 1 strafbar sein. Wer dagegen eine Rauferei, die zwei Raufer nur mit Fäusten austragen, nicht verhindert, ist nach § 286 nicht strafbar, auch wenn ein Raufer durch eine Misshandlung fahrlässig eine schwere Verletzung oder gar den Tod des Gegners herbeiführt (vgl §§ 84 und 86). § 83 ist ein Vorsatzdelikt, aber nicht mit Freiheitsstrafe von mehr als einem Jahr bedroht, und die Erfolge nach § 84 Abs 1 und § 86 werden fahrlässig herbeigeführt. Das gleiche gilt für die qualifizierenden Erfolge des § 91 (s BT I § 91 Rz 3f); daher besteht keine Pflicht, andere an der Teilnahme an einer Schlägerei zu hindern (aM *K/Schm* StudB III § 286 Rz 19).

Wenn der Versuch des Ausführenden wegen Untauglichkeit nicht strafbar ist, ist auch der Unterlassungstäter straffrei. Rücktritt vom Versuch lässt die Strafbarkeit des Unterlassungstäters hingegen bestehen (*H/R* BT II § 286 Rz 19 ua).

Die **Ausführung** der Straftat muss bereits begonnen haben oder zumindest **unmittelbar bevorstehen**, dh innerhalb kürzester Zeit zu erwarten sein (*Plöchl* WK² § 286 Rz 7). Erst in weiterer Zukunft zu befürchtende Straftaten müssen nicht verhindert werden; bereits begangene Straftaten können nicht mehr verhindert werden (Rz 3) und müssen – von Ausnahmen abgesehen – auch nicht angezeigt werden (näher *K/Schm* StudB III § 286 Rz 12ff, 4).

**B. Ausführungshandlung.** § 286 ist ein **Unterlassungsdelikt**. Der Täter unterlässt Handlungen, die geeignet sind, die Vorsatztat zu verhindern, obwohl er sie jetzt noch verhindern kann und später wahrscheinlich nicht mehr wird verhindern können. Die tatsächliche Verhinderung ist nicht gefordert. 3

Der Täter unterlässt es zB, die Polizei oder die bedrohte Person zu verständigen (warnen) oder auf den Täter einzuwirken (12 Os 141/20g, 15 Os 134/10k). So kann sich eine Frau, die einen Suchtgiftschmuggler auf der Fahrt nach Österreich begleitet, nach § 286 iVm § 28a SMG strafbar machen (vgl JBl 1988, 55). Wenn nur körperliches Eingreifen die Tat verhindern könnte, bleibt der Unterlassungstäter idR nach Abs 2 Z 1 straflos (Rz 7).

4 **C. Innere Tatseite.**

a) Der Unterlassungstäter hat den Vorsatz, dass der **Ausführende ein gerichtlich strafbares Vorsatzdelikt vollendet.**

Der Täter bemerkt, dass eine Frau vergewaltigt wird, bleibt aber im Auto sitzen und lässt die Tat geschehen (13 Os 77/11i). Wegen Nichtverhinderung eines Mordes (§ 286 iVm § 75) kann nur bestraft werden, wer den Vorsatz hat, dass der Ausführende mit Tötungsvorsatz handelt und dass das Opfer umkommt (JBl 1984, 98).

5 b) Der Unterlassungstäter nimmt all die **Umstände** in seinen **Vorsatz** auf, **welche für die Tat des Ausführenden einen Strafsatz von mehr als einem Jahr auslösen** (*F/Z* AT I 27. Kap Rz 9; die hL versteht die Mindestschwere der Straftat als objektive Bedingung der Strafbarkeit: *Plöchl* WK² § 286 Rz 10 mwN). Umstände aber, welche die Tat des Ausführenden wegen dessen höherer Schuld beschweren, schaden dem Unterlassungstäter nicht. Den Strafsatz braucht der Täter nicht zu kennen.

Wer einen Ladendiebstahl geschehen lässt, ist nach § 286 nicht strafbar, auch wenn er weiß, dass der Dieb gewerbsmäßig stiehlt (§ 130). Die Gewerbsmäßigkeit erhöht nur die Schuld des Diebes.

6 c) Der Täter nimmt in seinen **Vorsatz** auf, dass er jetzt die **letzte Möglichkeit** verstreichen lässt, den Ausführenden an der Tat zu hindern.

So lange der Täter glaubt, er werde die Tat auch noch später verhindern können, fehlt ihm der nach § 286 erforderliche Vorsatz. Und wenn er mit dem Vorsatz untätig bleibt, die letzte Gelegenheit verstreichen zu lassen, ist das Vergehen nach § 286 auch schon vollendet. Einen Versuch nach § 286 kann es also nicht geben (vgl auch *Plöchl* WK² § 286 Rz 15).

7 **D. Strafausschließungsgründe (§ 286 Abs 2).**

a) Der Täter bleibt straffrei, wenn er die Tat **nicht leicht verhindern** konnte, dh wenn ihm die Verhinderung nicht zuzumuten war: zB weil er sich oder Angehörige der Gefahr eines beträchtlichen Nachteils hätte aussetzen müssen **(Z 1).**

Eine Frau duldet, dass ihr Mann mit ihren Fahrzeugen einen bandenmäßigen Zigarettenschmuggel (§§ 35 Abs 1, 38a Abs 1 lit a FinStrG) betreibt. Den Schmuggel zu verhindern, indem sie den Mann bei der Polizei anzeigt, ist der Frau nicht zuzumuten (JBl 1988, 800).

8 b) Der Täter bleibt straffrei, wenn ihm die Informationen über die bevorstehende Tat in seiner Eigenschaft als **Seelsorger** anvertraut wurden **(Z 2).**

9 c) Der Täter bleibt straffrei, wenn er, um die Tat zu verhindern, eine **gesetzlich anerkannte Verschwiegenheitspflicht** verletzen müsste und die nachteiligen Folgen daraus schwerer wögen als die Nachteile der nicht verhinderten Straftat **(Z 3).**

Wenn der Täter an nachteilige Folgen iSd Z 1 (Rz 7) oder Z 3 (Rz 9) bloß irrtümlich glaubt, kommt ihm der Irrtum zugute (vgl §§ 8, 10 Abs 2). 10

**E. Strafe.** Der Täter wird nach § 286 „in Verbindung" mit jenem Paragraphen schuldig gesprochen, den die nicht verhinderte Tat verwirklicht. Der Täter darf aber keine strengere Strafe erhalten als jene, die das Gesetz für die nicht verhinderte Tat androht (**§ 286 Abs 1**). 11

**F. Abgrenzung.** 12

**a)** Wenn der Täter einen Mord oder eine Körperverletzung nicht verhindert und dafür nach § 286 bestraft wird, tritt **§ 95** zurück (JBl 1985, 174).

**b)** Wenn der Täter eine Straftat nicht verhindert, obwohl er als **Garant** dazu verpflichtet ist (§ 2), kann er als **Beitragstäter** zum Delikt des Ausführenden strafbar sein. § 286 kommt dann nicht zur Anwendung.

Ein Nachtwächter sieht zu, wie Einbrecher das Geschäft ausräumen: Er ist Beitragstäter zum Einbruchsdiebstahl durch Unterlassen.

## Begehung einer mit Strafe bedrohten Handlung im Zustand voller Berauschung

**§ 287. (1) Wer sich, wenn auch nur fahrlässig, durch den Genuß von Alkohol oder den Gebrauch eines anderen berauschenden Mittels in einen die Zurechnungsfähigkeit ausschließenden Rausch versetzt, ist, wenn er im Rausch eine Handlung begeht, die ihm außer diesem Zustand als Verbrechen oder Vergehen zugerechnet würde, mit Freiheitsstrafe bis zu drei Jahren zu bestrafen. Die Strafe darf jedoch nach Art und Maß nicht strenger sein, als sie das Gesetz für die im Rausch begangene Tat androht.**

**(2) Der Täter ist nur auf Verlangen oder mit Ermächtigung zu verfolgen, wenn die im Rausch begangene mit Strafe bedrohte Handlung nur auf Verlangen oder mit Ermächtigung zu verfolgen ist.**

*(idF BGBl I 2015/112)*

Zurechnungsunfähige sind für ihre Taten im Allgemeinen nicht verantwortlich (§ 11) und können dafür nicht bestraft werden. Das Gesetz will sie ausnahmsweise aber doch für ihre Taten verantwortlich machen, wenn die Zurechnungsunfähigkeit durch eine selbstverschuldete Berauschung herbeigeführt wurde. Daher wurde ein **zweiaktiges Delikt** geschaffen: Der erste Akt besteht darin, dass sich der Täter schuldhaft so berauscht, dass er zurechnungsunfähig wird (Berauschung); in der Herbeiführung dieses Zustands, der die Gefahr unkontrollierter Handlungen in sich birgt, liegt der strafrechtliche Vorwurf begründet. Der zweite Akt ist die Begehung einer Tat, die – von der Zurechnungsunfähigkeit abgesehen – alle Merkmale einer strafbaren Handlung aufweist (Rauschtat). 1

2 **A. Die Berauschung.** Der Täter **führt** durch ein berauschendes Mittel – in der Regel Alkohol – **vorsätzlich oder fahrlässig seine Zurechnungsunfähigkeit herbei.** Bei einem Blutalkoholgehalt von mehr als 3 ‰ ist der Täter idR zurechnungsunfähig (SSt 59/22; *H/R* BT II § 287 Rz 9 uam).

Einige Tabletten, die der Täter am Morgen eingenommen hat, bewirken, dass er durch eine kleine Menge Alkohol zurechnungsunfähig wird: Wenn der Täter diese Wirkung des Medikaments weder kannte noch kennen musste, hat er seine Zurechnungsunfähigkeit nicht einmal fahrlässig herbeigeführt. § 287 ist dann nicht anwendbar. Gleiches gilt, wenn jemandem heimlich hochprozentiger Alkohol oder eine Droge in ein Getränk gemengt wird (*K/Schm* StudB III § 287 Rz 41) oder der Täter schon vor der Berauschung wegen einer schweren psychischen Störung (zB auch durch Alkohol- und Drogenkonsum) zurechnungsunfähig war (11 Os 142/21y, RZ 1998/57).

3 Wenn sich der Täter mit dem Vorsatz betrinkt, als Zurechnungsunfähiger ein bestimmtes Delikt zu begehen, zB jemanden zu ermorden, wird er wegen dieses Delikts, also zB wegen Mordes, und nicht bloß nach § 287 verurteilt. Man nennt das eine **„actio libera in causa"** (näher dazu *K/Schm* StudB III § 287 Rz 5ff).

4 **B. Die Rauschtat.**

**a) Im Rausch begangen.** Der Täter begeht im Zustand der Zurechnungsunfähigkeit, noch im „Vollrausch", eine Straftat. Ein dem Rausch folgender Ausnahmezustand („Kater") kann den Täter uU auch zurechnungsunfähig machen, aber darin begangene Straftaten fallen nicht unter § 287.

5 **b) Die Straftat.** Sie ist, da der zurechnungsunfähige Täter nicht schuldhaft handelt, **objektive Bedingung der Strafbarkeit**; dh der Täter haftet auch dann, wenn er im Zeitpunkt des Sich-Berauschens die Begehung der Tat nicht vorhersehen konnte (11 Os 37/09i; *K/Schm* StudB III § 287 Rz 29 ua; aM *F/Z* AT I 22. Kap Rz 23).

Das Gericht, das den Täter nach § 287 schuldig spricht, muss im Urteil die Rauschtat in allen ihren Deliktsmerkmalen feststellen. Wenn diese Tat nicht nur wegen Zurechnungsunfähigkeit des Täters, sondern auch noch aus einem anderen Grund nicht strafbar ist, ist § 287 nicht anwendbar.

Der voll betrunkene Täter wehrt sich mit Gewalt gegen einen Polizisten, der ihn verhaften will; der Polizist bleibt unverletzt. Wenn der Täter den Vorsatz hat, seine Festnahme zu verhindern, ist er nach § 287 Abs 1 iVm § 269 Abs 1 strafbar. Wenn aber der Täter den Polizisten bloß für einen Pensionisten hält – das kann im Vollrausch leicht geschehen –, ist § 287 nicht anwendbar: Dann fehlt dem Täter der Vorsatz, einen Beamten an einer Amtshandlung zu hindern; sein Verhalten ist auch aus diesem Grund nach § 269 Abs 1 nicht strafbar (RZ 1987/78 mit Anm *Brandstetter*; s § 269 Rz 9).

Der voll betrunkene Täter verletzt jemanden, weil er sich vom Opfer angegriffen glaubt: Der Täter kann nicht nach § 287 iVm § 83 bestraft werden, weil auch die rauschbedingte irrtümliche Annahme eines rechtfertigenden Sachverhalts beachtlich ist (*K/Schm* StudB III § 287 Rz 48; aM *Plöchl* WK² § 287 Rz 32). In Betracht kommt jedoch Strafbarkeit nach § 287 iVm § 88, wenn der maßgerechte Durchschnittsmensch erkannt hätte, dass kein Angriff droht.

c) **Qualifikationen.** Die Rauschtat kann qualifiziert sein, auch durch Verhal- **6**
tensweisen, die der Täter noch im Zustand der Zurechnungsfähigkeit vorgenommen hat.

Der Täter betrinkt sich, obwohl er eine Autofahrt voraussieht, wird zurechnungsunfähig, beginnt die Fahrt und verschuldet einen tödlichen Unfall. Der Täter ist nach § 287 iVm § 81 Abs 2 strafbar. Das Sich-Betrinken angesichts der Autofahrt ist Ausführungshandlung des § 287, zugleich aber qualifiziert es die fahrlässige Tötung, die der Täter im Rausch begeht (ZVR 1989/116, 1986/55; aM *H/R* BT II § 287 Rz 32: direkte Haftung nach § 81 Abs 2).

d) **Verfolgbarkeit.** Das Vergehen nach § 287 ist ein Privatanklage- oder ein **7**
Ermächtigungsdelikt, wenn auch die Rauschtat das wäre **(§ 287 Abs 2)**.

Der voll berauschte Täter beleidigt einen Polizisten während einer Amtshandlung. Der Täter ist nach § 287 Abs 1 iVm § 115 Abs 1 strafbar und kann nach § 117 Abs 1 von Amts wegen mit den erforderlichen Ermächtigungen verfolgt werden (JBl 1984, 326; vgl BT I § 117 Rz 2ff).

e) **Die Strafe.** § 287 Abs 1 droht Freiheitsstrafe bis zu drei Jahren an; das gilt **8**
auch für einen Mord im Vollrausch. Im Übrigen ist die Strafdrohung durch jene für die Rauschtat begrenzt (Abs 1 letzter Satz). Daher ist zB das Bezirksgericht und nicht der Einzelrichter für eine gefährliche Drohung nach § 107 Abs 1 im Vollrausch zuständig (LGSt Graz 2 Bl 10/16f; vgl auch 11 Os 23/17t).

# Strafbare Handlungen gegen die Rechtspflege

**Schrifttum:** *Baritsch/Helmreich*, Der fingierte Krankenstand, ZAS 2003, 171; *Bertel*, Die Strafbarkeit unwahrer eidesstattlicher Erklärungen, RdW 1991, 8; *Birklbauer/Neuhofer*, Strafrechtliche Aspekte von Online-Prüfungen an Universitäten infolge der Covid-19-Pandemie, JSt 2020, 453; *Brandstetter*, Zum neuen Straftatbestand des „falschen Vermögensverzeichnisses" – Zugleich ein Beitrag zur tätigen Reue bei Vermögensgefährdungsdelikten, JAP 1991/92, 260; *Fabrizy*, Strafbestimmungen des StGB für Sachverständige, SV Sonderausgabe 2012, 53; *Fuchs*, Beschuldigtenstellung und Zeugenpflichten, StPG 20 (1992), 19; *Glaser*, Unzulässige Bieterabsprachen in exekutiven Versteigerungsverfahren – ein neuer Kartellstraftatbestand im StGB, ecolex 2015, 959; *Kienapfel*, Reichweite und Grenzen der Begünstigung, StPG 21 (1993), 45; *Kienapfel*, Zur Vereinheitlichung des Beweismittelbegriffs im StGB, in: Zipf-GS (1999), 375; *Krenn*, § 292c StGB – Kartellstrafrecht reloaded? ÖZK 2017, 167; *Mayerhofer*, Die Grenzen der straflosen Verteidigung gegen die staatliche Strafverfolgung, ÖJZ 1973, 375; *Neubauer*, Unzulässige Bieterabsprachen im Zwangsversteigerungsverfahren – neue Sanktion Ordnungsstrafe, RZ 2015, 10; *Neuhofer*, Strafrechtliche Aspekte der Fälschung von Antigen-Schnelltestergebnissen, JSt 2021, 231; *Platzgummer*, Die falsche Beweisaussage und der Aussagenotstand nach der Regierungsvorlage eines Strafgesetzbuches 1971 (Vortragsbericht), ÖJZ 1973, 321; *Richter*, Zur Zulässigkeit von Veröffentlichungen von oder aus Ermittlungsakten – zugleich eine Besprechung von OGH 15.12.2014, 6 Ob 6/14x, JSt 2015, 309; *Rueprecht/Pallin*, Ausgewählte Fragen zum parlamentarischen Untersuchungsrecht und zum prozessualen Selbstbezichtigungszwang, ÖJZ 1991, 545; *Schelling*, Die Strafbarkeit der falschen Zeugenaussage eines im Zusammenhang mit einer Straftat Verdächtigen, AnwBl 1989, 530; *Schiesbühl*, Parallel geführte strafrechtliche Ermittlungsverfahren und parlamentarische Untersuchungsausschüsse, JSt 2021, 487; *Schmoller*, Urkunden als „falsches Beweismittel"? JBl 1993, 223; *Schwaighofer*, Die Beweismittelunterdrückung nach § 295 StGB – Versuch einer erträglichen Auslegung, ÖJZ 1995, 376; *Schwaighofer*, Der Kärntner „Unterschriftenskandal" – eine strafrechtliche Nachlese, ÖJZ 2000, 294; *Schwaighofer*, Zum Aussageverweigerungsrecht wegen Gefahr der Selbstbelastung nach § 157 Abs 1 Z 1 StPO und den Konsequenzen der Verweigerung, RZ 2012, 54; *Schwaighofer*, Schwindeleien bei Prüfungen – gerichtlich strafbar? JSt 2021, 364; *Swoboda*, § 301 StGB – Wunderwaffe gegen Journalisten? MR 2001, 71; *Tipold*, Der „verleumdete" Straftäter, ÖJZ 2000, 45.

# Falsche Beweisaussage; Falsche Beweisaussage vor einer Verwaltungsbehörde; Aussagenotstand; Tätige Reue (§§ 288–291)

## Falsche Beweisaussage

§ 288. (1) Wer vor Gericht als Zeuge oder, soweit er nicht zugleich Partei ist, als Auskunftsperson bei seiner förmlichen Vernehmung zur Sache falsch aussagt oder als Sachverständiger einen falschen Befund oder ein falsches Gutachten erstattet, ist mit Freiheitsstrafe bis zu drei Jahren zu bestrafen.

(2) Wer vor Gericht eine falsche Beweisaussage (Abs. 1) unter Eid ablegt oder mit einem Eid bekräftigt oder sonst einen in den Gesetzen vorgesehenen Eid vor Gericht falsch schwört, ist mit Freiheitsstrafe von sechs Monaten bis zu fünf Jahren zu bestrafen. Einem Eid steht die Berufung auf einen früher abgelegten Eid und bei Personen, die von der Pflicht zur Eidesleistung befreit sind, die anstelle des Eides vorgesehene Beteuerung gleich.

(3) Nach den Abs. 1 und 2 ist auch zu bestrafen, wer eine der dort genannten Handlungen im Verfahren vor einem Untersuchungsausschuss des Nationalrates oder einer Disziplinarbehörde des Bundes, eines Landes oder einer Gemeinde begeht.

(4) Nach Abs. 1 ist auch zu bestrafen, wer als Zeuge oder Sachverständiger eine der dort genannten Handlungen in einem Ermittlungsverfahren nach der Strafprozessordnung vor Kriminalpolizei, Staatsanwaltschaft oder Europäischer Staatsanwaltschaft begeht.

*(idF BGBl I 2021/94)*

## Falsche Beweisaussage vor einer Verwaltungsbehörde

§ 289. Wer außer in den Fällen des § 288 Abs. 3 und 4 vor einer Verwaltungsbehörde als Zeuge bei seiner förmlichen Vernehmung zur Sache falsch aussagt oder als Sachverständiger einen falschen Befund oder ein falsches Gutachten erstattet, ist mit Freiheitsstrafe bis zu einem Jahr oder mit Geldstrafe bis zu 720 Tagessätzen zu bestrafen.

*(idF BGBl I 2015/112)*

## Aussagenotstand

§ 290. (1) Wer eine falsche Beweisaussage (§§ 288, 289) ablegt, um von sich oder einem Angehörigen Schande oder die Gefahr strafrechtlicher Verfolgung oder eines unmittelbaren und bedeutenden vermögensrechtlichen Nachteils abzuwenden, ist nicht zu bestrafen, wenn er von der Verbindlichkeit zur Ablegung eines Zeugnisses befreit war oder hätte befreit werden können und wenn er

1. nicht wußte, daß dies der Fall war,
2. den Befreiungsgrund nicht geoffenbart hat, um die schon aus der Offenbarung drohenden Folgen der bezeichneten Art abzuwenden, oder
3. zur Ablegung der Aussage zu Unrecht verhalten worden ist.

(1a) Der Täter ist nach § 288 Abs. 3 ferner nicht zu bestrafen, wenn sich die Untersuchung des Ausschusses gemäß Art. 53 B-VG gegen ihn gerichtet und er eine falsche Beweisaussage abgelegt hat, um die Gefahr strafrechtlicher Verfolgung von sich abzuwenden.

(2) Die durch eine Ehe oder eingetragene Partnerschaft begründete Eigenschaft einer Person als Angehöriger bleibt aufrecht, auch wenn die Ehe oder eingetragene Partnerschaft nicht mehr besteht.

**(3) Der Täter ist jedoch auch bei Vorliegen der Voraussetzungen des Abs. 1 zu bestrafen, wenn es ihm insbesondere im Hinblick auf den aus der falschen Aussage einem anderen drohenden Nachteil dennoch zuzumuten ist, wahrheitsgemäß auszusagen.**

*(idF BGBl I 2009/135)*

## Tätige Reue

**§ 291. Wegen einer nach den §§ 288 oder 289 mit Strafe bedrohten Handlung ist der Täter nicht zu bestrafen, wenn er die unwahre Erklärung vor Beendigung seiner Vernehmung richtigstellt.**

*(idF BGBl 1974/60)*

## I. Die falsche Beweisaussage (§ 288 Abs 1, 3, 4, § 289)

**A. Die belogenen Stellen.** Strafbar ist die falsche Beweisaussage vor einem Gericht (§ 288 Abs 1), vor einer Verwaltungsbehörde (§ 289), vor einem Untersuchungsausschuss des Nationalrats, vor einer Disziplinarbehörde einer Gebietskörperschaft (§ 288 Abs 3) und vor der StA, der Kriminalpolizei oder der EUStA in einem Ermittlungsverfahren nach der StPO (§ 288 Abs 4). 1

Geschützt wird nur die **österreichische Rechtspflege**; daher muss es sich um österreichische Behörden und Organe handeln (*K/Schm* StudB III Vorbem §§ 288ff Rz 15).

Gerichte sind auch die Landesverwaltungsgerichte. Verwaltungsbehörden sind zB die Landespolizeidirektionen, die Bezirkshauptmannschaften und Schulbehörden. § 289 kommt aber nur bei Falschaussagen außerhalb strafprozessualer Ermittlungsverfahren zur Anwendung.

**Auch falsche Angaben vor Sicherheitsorganen** sind strafbar, wenn sie im Ermittlungsverfahren bei einer förmlichen Vernehmung zur Sache (§ 151 Z 2 StPO; näher Rz 5) gemacht werden (s etwa 14 Os 32/17p). 2

Falsche Angaben vor einem Richteramtsanwärter oder vor einem **Rechtspraktikanten** werden nach hM zu einer falschen Aussage vor einem Gericht (§ 288 Abs 1), wenn der Zeuge anschließend dem Richter – wenn auch nur in Bausch und Bogen – versichert, er habe die Wahrheit gesagt (EvBl 1983/161; *F/M-K/O* § 288 Rz 4; aM *Tipold* SbgK § 288 Rz 44f mit guten Argumenten).

**B. Tathandlungen.** Die falsche Beweisaussage wird begangen, indem der Täter als Zeuge oder Auskunftsperson bei einer förmlichen Vernehmung (Rz 5) zur Sache falsch aussagt oder als Sachverständiger einen falschen Befund oder ein falsches Gutachten erstattet. 3

Auskünfte, die schriftlich (zB nach § 102 Abs 3 FinStrG) oder telefonisch eingeholt werden, sowie Erkundigungen (§ 151 Z 1 StPO) fallen nicht unter §§ 288 oder 289. Unwahre schriftliche Auskünfte können nach § 293 strafbar sein, unwahre telefonische Auskünfte hat das StGB straffrei belassen.

## 1. Die falsche Aussage des Zeugen

4 **A. Die Vernehmung als Zeuge.** Der Täter muss formell als Zeuge und nicht etwa als Beschuldigter, Partei, Beteiligter oder Verpflichteter vernommen werden (11 Os 8/13f uam).

Wer als Zeuge **über eigene Straftaten** befragt wird, kann nach § 157 Abs 1 Z 1 StPO die Aussage verweigern. Wenn er das nicht tut, aussagt und seine Taten der Wahrheit zuwider bestreitet, verwirklicht er zwar das Tatbild des § 288 oder § 289, kann aber nach § 290 Abs 1, 1a entschuldigt sein (s Rz 19ff).

Wer in einem Exekutions- oder Insolvenzverfahren falsche Angaben über seine Vermögensverhältnisse macht, ist nicht nach § 288, sondern nach § 292a strafbar (s § 292a Rz 2).

5 **B. Die förmliche Vernehmung.** Der Täter muss als Zeuge förmlich vernommen werden (14 Os 86/19g), dh er muss zumindest über seine Stellung und die Pflicht zur wahrheitsgemäßen Aussage belehrt werden (§§ 151 Z 2, 154 Abs 2, 161 Abs 1 StPO; vgl *H/R* BT II § 288 Rz 16).

6 **C. Die Vernehmung zur Sache.** Falschaussagen über persönliche Verhältnisse (zB Geburtsdatum, Einkünfte), über die der Zeuge zu Beginn der Vernehmung befragt wird (vgl § 161 Abs 1 StPO, § 340 Abs 1 ZPO, § 50 AVG), sind nicht strafbar. Strafbar ist aber die Falschaussage bei der dann folgenden Vernehmung zur Sache, auch in unerheblichen Details.

7 **D. Die falsche Aussage.** Die Aussage des Zeugen besteht in Angaben über etwas, was er gesehen, gehört oder getan hat. Falsch ist die Aussage, wenn sie mit der Wirklichkeit nicht übereinstimmt (*H/R* BT II § 288 Rz 18).

Die Behauptung eines Zeugen, jemand sei an einem Unfall „schuld", sei „glaubwürdig", sei „alkoholisiert" gewesen, ein geschäftliches Vorgehen habe für ihn eine gewisse „Bedeutung" gehabt (12 Os 104/03), jemandem sei eine Straftat „zuzutrauen", sind in Wahrheit keine Zeugenaussagen, sondern subjektive Beurteilungen bzw Rechtsmeinungen, die den Zeugen nicht strafbar machen können (15 Os 150/14v). Die unwahre Aussage eines Zeugen aber, er habe nichts gesehen, was auf eine Alkoholisierung des Täters hindeutet; er habe etwas selbst gesehen, was er in Wahrheit nur gehört hat (SSt 46/58); oder er habe etwas nicht gesehen, was er sehr wohl gesehen hat (11 Os 41/01); er habe etwas nicht gewusst, was er tatsächlich wusste (14 Os 32/17p), ist nach § 288 strafbar.

Vorgänge in der Seele des Zeugen sind kein Gegenstand der Zeugenaussage. Die Behauptung „ich kann mich daran nicht erinnern" ist keine Aussage, sondern allenfalls eine Ausrede, um nicht aussagen zu müssen (*Tipold* SbgK § 288 Rz 58; aM *H/R* BT II § 288 Rz 20 FN 56).

8 Das **Verschweigen** von Umständen macht eine Aussage falsch, wenn sie auf die Behauptung hinausläuft, der Zeuge habe nur die bekundeten Umstände gesehen oder gehört.

Eine Frau gibt vor Gericht als Zeugin an, ihr Mann habe nach dem Unfall Schnaps getrunken; wenn sie nur nach dem Verhalten des Mannes nach dem Unfall gefragt wird und darum nicht sagt, dass sie ihn schon vor Antritt der Fahrt mit deutlichen Zeichen der Trunkenheit gesehen hat, ist sie nicht nach § 288 Abs 1 strafbar. Die hM ist für Strafbarkeit, weil die Anzeichen von Trunkenheit „nicht ganz außerhalb des Beweisthemas liegen“ (SSt 45/21; *F/M-K/O* § 288 Rz 6).

### 2. Die falsche Aussage der Auskunftsperson

Vor allem das **Insolvenzverfahren** (§ 254 Abs 5 IO) kennt als Beweismittel 9
auch die Vernehmung von Auskunftspersonen. Sie machen sich durch eine falsche Aussage zur Sache bei ihrer förmlichen Vernehmung strafbar, sofern die vernehmende Stelle sie nicht etwa als Partei oder Beteiligte dem Verfahren zugezogen hat oder zuziehen hätte sollen.

### 3. Falsche Befunde und falsche Gutachten Sachverständiger

Wer als Sachverständiger vor Gericht, StA, Kriminalpolizei oder Verwaltungs- 10
behörde einen falschen Befund oder ein falsches Gutachten erstattet, ist nach § 288 oder § 289 strafbar. Gutachten sind falsch, wenn sie über den wissenschaftlichen Meinungsstand unrichtig informieren oder wenn ihre Schlüsse und Wertungen der Überzeugung des Sachverständigen nicht entsprechen. Dolmetscher und Übersetzer, die vorsätzlich falsch übersetzen, sind merkwürdigerweise nicht strafbar (EBRV 30 BlgNR 13. GP, 435).

### 4. Beteiligung

Unmittelbarer Täter der falschen Beweisaussage ist der Zeuge, die Auskunfts- 11
person oder der Sachverständige. Bestimmungstäterschaft ist möglich (vgl 6 Ob 185/21f: „Absprechen“ einer Aussage). Wer einen anderen zu einer Falschaussage nötigt, macht sich nach §§ 12, 288 und § 105 strafbar (vgl 12 Os 152/10k, 13 Os 23/11y).

Ein Untersuchungshäftling schreibt seiner Frau, sie möge dafür sorgen, dass ein Zeuge zu seinen Gunsten falsch aussage. Für den Bestimmungstäter beginnt der Versuch, wenn er den Brief zur Weiterbeförderung aus der Hand gibt (SSt 56/10, 56/55).

## II. Der Meineid (§ 288 Abs 2)

Der Täter legt eine **falsche Zeugenaussage** (Rz 1ff) **unter Eid** ab oder wird 12
vom Gericht **als Partei unter Eid** vernommen und sagt falsch aus. § 288 Abs 1 geht dann im Meineid nach Abs 2 auf (SSt 59/21).

Der Eid muss gesetzlich vorgesehen sein (11 Os 62/11v). Im Strafverfahren gibt es keine Beeidigung von Zeugen mehr (s auch § 35 AußStrG). Unwahre schriftliche **eidesstattliche Erklärungen** fallen nicht unter § 288 Abs 2 (*F/M-K/O* § 288 Rz 11; s weiter §§ 293, 294 Rz 1ff, insb Rz 4).

13 § 288 Abs 2 ist nicht anwendbar, wenn der Beeidigung ein **Eideshindernis** entgegensteht (vgl § 336 ZPO; 14 Os 2/01).

## III. Innere Tatseite

14 §§ 288, 289 sind **Vorsatzdelikte**. Der Irrtum über ein Tatbildmerkmal (Rz 1–10), insb über die Stellung als Zeuge, über die Unwahrheit der Aussage oder die Unrichtigkeit des Gutachtens, schließt die Strafbarkeit aus (s 17 Os 3/12p). Viele (in Details) objektiv unrichtige Aussagen beruhen auf Fehlern in der subjektiven Wahrnehmung, auf Erinnerungsmängeln und Fehlern bei der Reproduktion der Erinnerung.

Ob der Täter durch eine Falschaussage auch eine unrichtige Entscheidung herbeiführen will, ist unerheblich (*Tipold* SbgK Vorbem §§ 288ff Rz 24 ua).

## IV. Aussagenotstand (§ 290)

15 § 290 schafft einen Entschuldigungsgrund für Zeugen und Auskunftspersonen, die eine falsche Beweisaussage begehen (§ 288 oder § 289), um **sich oder Angehörige vor schweren Nachteilen zu bewahren**.

**Abs 1a** enthält eine spezielle Regelung für Falschaussagen vor Untersuchungsausschüssen (RS0130508). Eine Auskunftsperson, gegen die sich die Untersuchung richtet, bleibt straflos, wenn sie die falsche Aussage abgelegt hat, um die Gefahr strafrechtlicher Verfolgung von sich abzuwenden. Die Z 1–3 des Abs 1 und Abs 3 gelten hier nicht.

Die Straflosigkeit nach **Abs 1** ist an mehrere Voraussetzungen geknüpft:

16 **A. Recht zur Aussageverweigerung.** Der Täter muss berechtigt sein, die Aussage zu verweigern, zB nach §§ 156ff StPO, §§ 320f ZPO, §§ 48f AVG.

17 **B. Die Motive der Falschaussage.** Der Täter sagt falsch aus, um von sich oder einem Angehörigen Schande oder die Gefahr einer strafrechtlichen Verfolgung oder eines unmittelbaren, bedeutenden Vermögensnachteils abzuwenden (§ 290 Abs 1; enger Abs 1a). Über die Angehörigen s § 72. Eheleute und eingetragene Partner bleiben Angehörige, auch wenn die Ehe geschieden bzw die eingetragene Partnerschaft aufgelöst wurde (§ 290 Abs 2). Anders ist es bei aufgelösten Lebensgemeinschaften, was wohl gleichheitswidrig ist (s VfGH G 662/2015, G 664/2015).

18 **a)** Die wahre Aussage brächte dem Zeugen **Schande**, wenn er ein grob ehrenrühriges – zB einen Ehebruch (SSt 59/67) – oder ein strafbares Verhalten zugeben müsste, für das er, zB weil es verjährt ist oder weil er dafür bereits rechtskräftig verurteilt wurde, nicht mehr verfolgt werden kann (EvBl 1991/131, 15 Os 15/13i).

**b)** Die wahre Aussage brächte dem Zeugen die **Gefahr einer strafrechtlichen Verfolgung**, wenn er Umstände zugeben müsste, die ihn einer Straftat verdächtig oder noch verdächtiger machen.

**c)** Die wahre Aussage brächte dem Zeugen die **Gefahr eines unmittelbaren, bedeutenden Vermögensnachteils**, wenn sie ihn zB den Arbeitsplatz kosten oder ihm eine hohe Verwaltungsstrafe einbringen könnte.

Nach Meinung des OGH muss die Strafe, die den Täter erwartet, so hoch sein, dass sie seine gesamte Wirtschaftsführung nicht nur über mehrere Monate, sondern auf längere Zeit nachhaltig beeinträchtigte (EvBl 1978/62). Das ist entschieden zu viel verlangt (s auch *H/R* BT II § 290 Rz 10).

**C. Gründe für die Nichtausübung des Aussageverweigerungsrechtes.** Der Zeuge sagt aus einem der folgenden Gründe (falsch) aus, obwohl er eigentlich nicht aussagen müsste: 19

**a) Der Täter kennt sein Recht, die Aussage zu verweigern, nicht**, insb weil die Behörde den Zeugen über sein Recht, die Aussage zu verweigern, überhaupt nicht oder nicht gehörig belehrt hat, oder weil der Zeuge die Belehrung nicht verstanden hat (EvBl 1978/61).

Der Zeuge, der von der Behörde auf sein Verweigerungsrecht hingewiesen wird, davon aber nicht Gebrauch macht und (falsch) aussagt, weil er fürchtet, durch Verweigerung der Aussage einen Tatverdacht auf sich oder einen Angehörigen zu lenken, ist nicht entschuldigt (RS0096333, 14 Os 94/17f). 20

Zwei Täter haben das Opfer verprügelt und verletzt. Wenn das Strafverfahren gegen sie gemeinsam geführt wird, werden beide als Beschuldigte vernommen; mit ihrer Verurteilung nach § 83 ist die Sache erledigt. Wenn sie getrennt verfolgt werden, wird jeder von ihnen im Verfahren gegen den anderen als Zeuge vernommen; er kann nach § 157 Abs 1 Z 1 StPO die Aussage verweigern, wird darüber auch belehrt (zum Aussageverweigerungsrecht Verurteilter: *Schwaighofer* RZ 2012, 54ff). Aber wer als Zeuge die Aussage über eigene Straftaten verweigert, wird keinen Glauben finden, wenn er sie später als Beschuldigter bestreitet. So sagen Zeugen in dieser Lage immer wieder dennoch aus und behaupten – der Wahrheit zuwider –, sie seien unschuldig. Dafür können sie dann nach § 288 bestraft werden. § 290 Abs 1 ist nicht anwendbar, weil sie ihr Verweigerungsrecht kannten. Deshalb sollten Mittäter in der Hauptverhandlung als Beschuldigte vernommen werden, auch wenn sie in diesem Verfahren nicht angeklagt sind (vgl *Bertel/Venier/Tipold* StPO Rz 197).

**b) Der Täter kann der Behörde die Gründe, die ihn zur Verweigerung der Aussage berechtigen, nicht nennen**, weil er schon dadurch (durch Nennung des Grundes; nicht durch die Verweigerung der Aussage) sich oder Angehörige der Schande oder der Gefahr strafrechtlicher Verfolgung oder eines unmittelbaren, bedeutenden Vermögensnachteils aussetzen würde. 21

Man kann nicht erwarten, dass Zeugen, um ihr Zeugnisverweigerungsrecht ausüben zu können, das Gericht auf ihre noch nicht bekannten Straftaten hinweisen, sie gar „glaubhaft machen" (vgl § 323 ZPO, § 49 Abs 4 AVG).

22 **c) Der Täter sagt aus, weil ihn die Behörde zu Unrecht zur Aussage verhält.**

Ein Zeuge verweigert nach § 158 Abs 1 StPO die Beantwortung einer Frage, weil ihm das eine hohe Verwaltungsstrafe einbringen könnte; das Gericht besteht auf der Aussage, weil die zu erwartende Strafe kein bedeutender Vermögensnachteil sei. Oder dem Zeugen droht ein bedeutender Vermögensnachteil, aber das Gericht besteht auf der Aussage, weil „dies wegen der besonderen Bedeutung der Aussage unerlässlich" (§ 158 Abs 2 StPO) sei. Wenn das Gericht auf der Aussage zu Unrecht besteht, ist die Falschaussage straffrei (*Plöchl/Seidl* WK[2] § 290 Rz 17).

23 **D. Zumutbarkeit.** Der Täter ist nach § 288 oder § 289 dennoch strafbar, wenn ihm eine wahre Aussage trotz der Konfliktlage zumutbar ist **(§ 290 Abs 3)**. Das ist der Fall, wenn nach Abwägung der Interessen die wahre Aussage dem Zeugen nur geringe Nachteile, die Falschaussage aber anderen schweren Schaden bringen wird. Das Interesse der Allgemeinheit an einer geordneten Rechtspflege schließt die Anwendung des § 290 Abs 3 nicht aus (SSt 59/67; *F/M-K/O* § 290 Rz 11).

24 Aussagen können nach § 290 entschuldigt sein, auch wenn sich der Täter selbst zur Aussage angeboten hat (vgl § 10 Abs 2), zB wenn der Zeuge in entscheidungswesentlichen Punkten die Wahrheit gesagt und bloß in unwesentlichen Details gelogen hat.

## V. Tätige Reue (§ 291)

25 Die Delikte nach §§ 288, 289 sind mit der falschen Aussage vollendet. Aber **der Täter wird straffrei, wenn er „vor Beendigung der Vernehmung"** von sich aus oder auf Vorhaltungen der Parteien oder der Vernehmungsperson **sagt, was an seiner Aussage falsch ist**.

26 **Die Vernehmung ist** im Allgemeinen **beendet**, wenn der Zeuge entlassen wird oder die Protokollierung abgeschlossen ist (*H/R* BT II § 291 Rz 4 ua). Aber der Beamte kann auch eine beendete Vernehmung – von sich aus oder auf Anregung des Zeugen – fortsetzen, und dabei kann der Zeuge frühere Angaben strafbefreiend richtig stellen.

Der Zeuge sagt am 5.2. vor dem Richter falsch aus, bittet ihn am 8.2., die Aussage korrigieren zu dürfen, und nimmt seine Angaben am 9.2. teilweise zurück: Nach hRsp ist § 291 nicht anwendbar (EvBl 1993/62; dagegen *Tipold* SbgK § 291 Rz 12 ua). Der Wahrheitsfindung dient die hM jedenfalls nicht.

## VI. Konkurrenzfragen

27 **Mehrere falsche Aussagen** einer Person bei verschiedenen Vernehmungen, aber in einem Verfahren, begründen lediglich **eine** strafbare Handlung (11 Os 128/16g, 129/16d).

Der Meineid nach § 288 Abs 2 verdrängt Abs 1.

Eine falsche Beweisaussage kann mit einer Verleumdung nach § **297** eintätig zusammentreffen (SSt 60/30). Zur Konkurrenz mit der Begünstigung s § 299 Rz 12.

Wer einen Zeugen zu einer falschen Beweisaussage **nötigt**, haftet wegen Bestimmungstäterschaft nach §§ 12, 288 und § 105 in echter Konkurrenz (13 Os 23/11y).

## Herbeiführung einer unrichtigen Beweisaussage

**§ 292. (1) Wer einen anderen durch Täuschung über Tatsachen dazu verleitet, gutgläubig eine unrichtige Beweisaussage abzulegen (§ 288), ist mit Freiheitsstrafe bis zu drei Jahren zu bestrafen.**

**(2) Wer auf die im Abs. 1 bezeichnete Weise bewirkt, daß jemand gutgläubig eine unrichtige Beweisaussage vor einer Verwaltungsbehörde ablegt (§ 289), ist mit Freiheitsstrafe bis zu einem Jahr oder mit Geldstrafe bis zu 720 Tagessätzen zu bestrafen.**

*(idF BGBl I 2015/112)*

Nach § 292 macht sich strafbar, wer einen **anderen** über Tatsachen täuscht und so **verleitet**, als Zeuge oder Auskunftsperson **in gutem Glauben falsch auszusagen**. Das ist schwierig, weshalb § 292 ohne praktische Bedeutung ist. 1

Wer andere dazu bringt, dass sie als Zeugen *vorsätzlich* falsch aussagen, ist nach § 12 iVm § 288 oder § 289 strafbar.

## Falsches Vermögensverzeichnis; Tätige Reue (§§ 292a, 292b)

### Falsches Vermögensverzeichnis

**§ 292a. Wer im Zuge eines Exekutions- oder Insolvenzverfahrens vor Gericht oder vor einem Vollstreckungsorgan ein falsches oder unvollständiges Vermögensverzeichnis abgibt und dadurch die Befriedigung eines Gläubigers gefährdet, ist mit Freiheitsstrafe bis zu sechs Monaten oder mit Geldstrafe bis zu 360 Tagessätzen zu bestrafen.**

*(idF BGBl I 2005/68)*

### Tätige Reue

**§ 292b. Wegen falschen Vermögensverzeichnisses (§ 292a) ist nicht zu bestrafen, wer freiwillig und bevor die Behörde (§ 151 Abs. 3) von seinem Verschulden erfahren hat, die falschen Angaben richtigstellt oder die unvollständigen ergänzt, sofern nicht bereits die Befriedigung eines Gläubigers vereitelt oder geschmälert wurde.**

*(idF BGBl 1991/628)*

**a)** Der Täter ist **Verpflichteter** in einem Exekutions- oder **Gemeinschuldner** 1
in einem Insolvenzverfahren.

2 **b) Ausführungshandlung.** Der Täter **unterfertigt** in einem Exekutions- oder Insolvenzverfahren vor Gericht oder vor einem Vollstreckungsorgan ein **unrichtiges oder unvollständiges Vermögensverzeichnis**, zB nach §§ 47, 346a EO, § 31a AbgEO oder § 72b IO. Im Fall des § 47 EO nimmt der Rechtspfleger oder der Gerichtsvollzieher nach den Angaben des Verpflichteten über die im § 47 EO genannten Umstände ein elektronisches Protokoll auf, und der Verpflichtete bestätigt auf einem Beiblatt durch seine Unterschrift ua, dass er das Protokoll eingesehen hat und dass seine Angaben darin richtig und vollständig sind. In der Unterfertigung besteht die Ausführungshandlung (EBRV 928 BlgNR 22. GP, 5, 14).

Ein unrichtiges Vermögensbekenntnis zur Erlangung der Verfahrenshilfe ist nicht tatbildlich, weil es nicht in einem Exekutions- oder Insolvenzverfahren abgelegt wird (12 Os 24/08h).

3 c) Die Tat muss **die Befriedigung eines Gläubigers (konkret) gefährden**. Die Abgabe eines falschen oder unvollständigen Vermögensverzeichnisses führt idR eine solche Gefahr herbei, ausgenommen der Täter verschweigt ein Vermögensstück, das ohnehin der Exekution entzogen, wertlos oder nicht mehr vorhanden ist (*H/R* BT II §§ 292a, 292b Rz 8; 11 Os 5/20z).

4 d) Der Täter muss **vorsätzlich** handeln. Ihm fehlt der Vorsatz, wenn er die Angaben im Vermögensverzeichnis für richtig hält oder wenn er das verschwiegene Vermögensstück für wertlos oder für der Exekution entzogen hält (*Tipold* SbgK § 292a Rz 48f).

5 **e) Tätige Reue.** Der Täter wird straffrei, wenn er freiwillig und rechtzeitig (s BT I § 167 Rz 13, 15) für die Berichtigung oder Ergänzung des Vermögensverzeichnisses sorgt. Die Tat bleibt aber strafbar, wenn sie bereits die Befriedigung eines Gläubigers vereitelt oder geschmälert hat: Ob das zutrifft, lässt sich erst sagen, wenn das Exekutionsverfahren eingestellt bzw das Insolvenzverfahren aufgehoben ist (*Tipold* SbgK § 292b Rz 13, *Plöchl/Seidl* WK² § 292b Rz 6). Andere dagegen (*L/St/Zöchbauer/Bauer* § 292b Rz 4) schließen tätige Reue bereits aus, wenn der betreibende Gläubiger vom unrichtigen oder unvollständigen Vermögensverzeichnis in Kenntnis gesetzt wird.

6 **f) Abgrenzung und Konkurrenz.** Der Täter, der die Befriedigung eines Gläubigers ausschließlich dadurch beeinträchtigt, dass er ein falsches oder unvollständiges Vermögensverzeichnis unterfertigt, ist nur nach § 292a strafbar (JAB 261 BlgNR 18. GP, 8). Wenn der Täter Vermögensstücke auch auf andere Weise verheimlicht oder sie beiseiteschafft, ist er nach § 156 oder § 162 strafbar. Die Verurteilung nach diesen Gesetzesstellen konsumiert den an denselben Vermögensstücken begangenen § 292a (*Plöchl/Seidl* WK² § 292a Rz 17 ua; 11 Os 5/20z).

## Unzulässige Bieterabsprachen in exekutiven Versteigerungsverfahren

**§ 292c. (1) Wer für sich oder einen Dritten für die Zusage, im Zuge einer Versteigerung in einem Exekutionsverfahren als Mitbieter nicht zu erscheinen oder nur bis zu einem bestimmten Preis oder sonst nur nach einem gegebenen Maßstab oder gar nicht mitzubieten, einen Vorteil fordert, annimmt oder sich versprechen lässt, ist mit Freiheitsstrafe bis zu zwei Jahren zu bestrafen.**

**(2) Ebenso ist zu bestrafen, wer einem Mitbieter ohne dessen Andringen für eine Zusage im Sinne des Abs. 1 für ihn oder einen Dritten einen Vorteil anbietet, verspricht oder gewährt.**

*(idF BGBl I 2015/112)*

§ 292c pönalisiert **Bieterabsprachen** in einem Versteigerungsverfahren, weil die für derartige Handlungen in § 177a EO vorgesehenen Ordnungsstrafen nach Ansicht des Gesetzgebers keine ausreichende abschreckende Wirkung erzielen (EBRV 689 BlgNR 25. GP, 43). 1

Nach **Abs 1** strafbar ist das **Fordern, Annehmen oder Sich-versprechen-Lassen** eines **Vorteils** für die Zusage, als Mitbieter nicht zu erscheinen oder nur bis zu einem bestimmten Preis oder sonst nur nach einem gegebenen Maßstab oder gar nicht mitzubieten, also eine Art **passive Bestechung**. 2

**Abs 2** erfasst die **aktive Seite** und bestraft denjenigen, der einem Mitbieter für eine Zusage iSd Abs 1 einen **Vorteil anbietet, verspricht oder gewährt**. Die Strafbarkeit ist aber auf jene Fälle beschränkt, in denen der Vorteilsgeber von sich aus aktiv wird (ohne Andringen eines anderen Mitbieters). Für andere Fälle von Bieterabsprachen sollen die in § 177a Abs 2 EO vorgesehenen Ordnungsstrafen ausreichen. Eine Beitragstäterschaft des Vorteilsgebers zur Tat nach Abs 1 kommt nicht in Betracht (EBRV 689 BlgNR 25. GP, 43). 3

# Fälschung eines Beweismittels; Tätige Reue (§§ 293, 294)

## Fälschung eines Beweismittels

**§ 293. (1) Wer ein falsches Beweismittel herstellt oder ein echtes Beweismittel verfälscht, ist, wenn er mit dem Vorsatz handelt, daß das Beweismittel in einem gerichtlichen oder verwaltungsbehördlichen Verfahren, in einem Ermittlungsverfahren nach der Strafprozessordnung, nach der Verordnung (EU) 2017/1939 oder im Verfahren vor einem Untersuchungsausschuss des Nationalrates gebraucht werde, mit Freiheitsstrafe bis zu einem Jahr oder mit Geldstrafe bis zu 720 Tagessätzen zu bestrafen, wenn die Tat nicht nach den §§ 223, 224, 225 oder 230 mit Strafe bedroht ist.**

**(2) Ebenso ist zu bestrafen, wer ein falsches oder verfälschtes Beweismittel in einem gerichtlichen oder verwaltungsbehördlichen Verfahren, in einem Ermittlungsverfahren nach der Strafprozessordnung, nach der Verordnung (EU) 2017/1939 oder im Verfahren vor einem Untersuchungsausschuss des Nationalrates gebraucht.**

*(idF BGBl I 2021/94)*

## Tätige Reue

**§ 294. (1) Wegen Fälschung eines Beweismittels (§ 293) ist nicht zu bestrafen, wer freiwillig den Gebrauch des falschen oder verfälschten Beweismittels im Verfahren unterläßt oder verhindert oder die zur Irreführung geeignete Veränderung am Beweismittel vor dessen Verwendung im Verfahren beseitigt.**

**(2) Besteht die Gefahr eines solchen Gebrauches nicht oder ist sie ohne Zutun des Täters beseitigt worden, so ist er nicht zu bestrafen, wenn er sich in Unkenntnis dessen freiwillig und ernstlich bemüht, sie zu beseitigen.**

*(idF BGBl 1974/60)*

## 1. Die Beweismittelfälschung (§ 293 Abs 1)

1 **A.** Beweismittel iSd § 293 Abs 1 ist nach hA alles, was ein Gericht, eine Behörde oder ein Ermittlungsorgan von der (Un)Wahrheit einer Tatsache überzeugen kann: insb Schriftstücke und Augenscheingegenstände, zB Fotos oder Einbruchsspuren (vgl 15 Os 127/10f). Der Täter **stellt falsche Beweismittel her,** wenn er Schriftstücke oder Augenscheingegenstände erzeugt, aus denen **falsche Schlüsse** gezogen werden können (15 Os 76/13k; einschränkend *Schmoller* JBl 1993, 224f, der auf Täuschungen hinsichtlich des Zustandekommens des Beweismittels abstellt). Und der Täter **fälscht ein Beweismittel,** wenn er einem Schriftstück oder Augenscheingegenstand ein Aussehen gibt, das etwas Falsches zu beweisen scheint.

Der Täter scannt eine öffentliche Urkunde ein, verändert die Datei und druckt sie aus, um sie als Beweismittel in einem behördlichen Verfahren zu verwenden. Wenn erkennbar ist, dass es sich beim Ausdruck nicht um das Original handelt (s § 223 Rz 8), liegt keine Urkunde vor; der Täter hat aber ein falsches Beweismittel hergestellt (vgl 15 Os 104/19m).

Die Täter (ein Tankwart und ein Komplize) fingieren einen Raubüberfall auf die Tankstelle im Wissen, dass ihr vorgespieltes Tun von einer Überwachungskamera aufgezeichnet und von der Polizei im Zuge der Ermittlungen ausgewertet werden wird: nach OLG Innsbruck 6 Bs 171/13t die Herstellung eines falschen Beweismittels (Video), obwohl die Aufzeichnung ohne Zutun der Täter geschieht.

2 Auch eine **Lugurkunde** oder sonst ein **Schriftstück,** zB eine Kopie oder ein E-Mail (17 Os 2/14v) **mit unwahrem Inhalt** kann ein falsches Beweismittel iSd § 293 sein, sofern es einen **Beweiswert** hat (s Rz 4f) und sich der Vorsatz des Täters auf Verwendung in einem Verfahren richtet (JBl 1995, 386).

Der Täter bestätigt zB der StA in einem Attest wahrheitswidrig, Drogentests mit einem negativen Ergebnis durchgeführt zu haben (17 Os 3/17w).

Beweismittelfälschung ist auch die Fälschung oder Verfälschung von Urkunden; aber § 293 ist gegenüber §§ 223f subsidiär (§ 223 Rz 26).

3 Veränderungen eines Beweismittels, die nur in der Beseitigung von Spuren bestehen, fallen nicht unter § 293, können aber als Beschädigung oder Unterdrückung des Beweismittels nach § 295 strafbar sein.

**B. Unwahre schriftliche Erklärungen einer Partei oder des Beschuldigten** an Gericht, Verwaltungsbehörde, StA, EUStA, Kriminalpolizei oder einen Untersuchungsausschuss sind, auch wenn sie als eidesstattliche Erklärungen bezeichnet werden, **keine Beweismittel** iSd § 293, weil ihr Beweiswert über eine schriftliche Lüge nicht hinausgeht (RS0117739; *H/R* BT II §§ 293, 294 Rz 5 ua). Das Gesetz lässt ja auch die unwahre Aussage des Beschuldigten und die unwahre unbeeidete Aussage der Partei straffrei. 4

Unrichtige Angaben in einer Gewerbeanmeldung (15 Os 45/19k uam) oder in einem Vermögensbekenntnis zur Erlangung der Verfahrenshilfe sind keine Beweismittel nach § 293; auch ein Betrug scheidet aus (12 Os 24/08h; BT I § 146 Rz 12; s auch §§ 292a, 292b Rz 2).

Der Täter erschleicht Arbeitslosengeld oder Notstandshilfe, indem er in einem Antragsformular unrichtige Angaben macht. Der Täter begeht einen Betrug (§ 146), aber nicht nach § 147 Abs 1 Z 1 unter Verwendung eines falschen Beweismittels (12 Os 2/05v; s BT I § 147 Rz 3f).

Bestätigungen dagegen, die ein Dritter für den Täter ausstellt; Unterlagen und Aufzeichnungen, die der Täter selbst zur Dokumentation seiner Geschäfte anlegt, sind Beweismittel iSd § 293. 5

Nach § 293 strafbar machen kann sich etwa der Täter, der eine Scheinrechnung zur Vorlage an das Finanzamt ausstellt (13 Os 67/20g, 15 Os 37/18g; s aber Rz 11); der einem Bekannten eine unwahre Bestätigung über Fachkenntnisse auf dem Gebiet der Pyrotechnik zwecks Vorlage bei der Bezirkshauptmannschaft ausstellt (14 Os 32/17p).

Jemand will in einem Verwaltungsstrafverfahren seine Unschuld beweisen; so überredet er einen Zeugen, ihm in einer „eidesstattlichen Erklärung" zu bestätigen, seine belastende Aussage vor der Polizei sei falsch gewesen. Beide sind nach § 293 strafbar (JBl 1987, 800). Weitere Beispiele s § 223 Rz 12, 13.

**C.** Das Delikt ist mit der Fälschung oder Verfälschung des Beweismittels **vollendet**. 6

**D.** Der **Vorsatz** des Täters muss sich auf die Herstellung eines **Beweismittels** beziehen, das geeignet ist, Schlussfolgerungen in eine falsche Richtung zu lenken (s Rz 1; 17 Os 53/14v). Und der Täter muss den **erweiterten Vorsatz** haben, dass das Beweismittel **in einem hoheitlichen Verfahren** (insb vor Gericht, einer Verwaltungsbehörde, im Ermittlungsverfahren nach der StPO oder der EUStA) **verwendet** wird (17 Os 30/13k; *Plöchl/Seidl* WK² § 293 Rz 30). Ob der Täter nur sein Recht durchsetzen oder ob er eine unrichtige Entscheidung herbeiführen will, ist unerheblich. Die Vorlage von unrichtigen Urkunden in einem nicht-hoheitlichen Verfahren (zB für eine Förderung im Rahmen der Privatwirtschaftsverwaltung) ist nicht nach § 293 strafbar (RZ 1997/35), kann aber ein Betrug sein (vgl BT I § 146 Rz 4). 7

Kontrollen durch Sicherheitsorgane im Straßenverkehr sind noch kein verwaltungsbehördliches Verfahren (*Tipold* SbgK § 293 Rz 38 uam; s auch 17 Os 5/15m: Anbringen eines rechtswidrig erlangten „Parkpickerls" am Fahrzeug).

Ein LKW-Fahrer verändert die Aufzeichnungen des Tachographen, um bei Kontrollen kürzere Fahrzeiten vorzutäuschen (RZ 1987/12). Der Täter ohne Führerschein lässt sich von der Polizei unter fremdem Namen die Anzeige über den Verlust „seines" Führerscheins und „seines" Personalausweises bestätigen, um die Bestätigung bei Lenkerkontrollen vorzuweisen (SSt 58/40). Beide Täter wurden zu Unrecht nach § 293 verurteilt.

## 2. Der Gebrauch gefälschter oder verfälschter Beweismittel (§ 293 Abs 2)

8 **Gegenstand** dieses Delikts ist ein Beweismittel, an dem jemand eine Beweismittelfälschung nach § 293 Abs 1 begangen hat (*F/M-K/O* § 293 Rz 9 ua). Der Täter **führt es aus**, indem er das Beweismittel in einem der in § 293 Abs 1 genannten Verfahren vorlegt oder beantragt, das Beweismittel aufzunehmen. Auch hier muss der Täter den **Vorsatz** haben (vgl Rz 7), dass es zu dieser Beweisaufnahme wirklich kommt.

## 3. Tätige Reue (§ 294)

9 Die Beweismittelfälschung wird **straffrei, wenn der Täter freiwillig dafür sorgt, dass das gefälschte Beweismittel nicht verwendet wird** (vgl Rz 7): Der Täter, der das Beweismittel gefälscht hat, legt das gefälschte Beweismittel zB gar nicht vor oder nimmt ihm vorher die Täuschungseignung (§ 294 Abs 1).

## 4. Abgrenzung und Konkurrenz

10 **a)** Wer schon an der Fälschung des Beweismittels mitgewirkt hat (§ 293 Abs 1) und es dann in einem Verfahren gebraucht, ist **nur nach § 293 Abs 2** strafbar (11 Os 18/05i; vgl § 223 Rz 22).

**b)** Die Ausstellung niedrigerer Rechnungen und anderer unwahrer Urkunden, um **Finanzvergehen** zu begehen oder zu verdecken, ist nach § 293 nicht strafbar (§ 22 Abs 3 FinStrG; s § 223 Rz 23).

**c)** Mit einer Verurteilung nach **§ 156 oder § 162** wird auch das Verfassen unrichtiger Verträge und anderer Urkunden abgegolten, die dazu dienen, Vermögensstücke in einem Insolvenz- oder Exekutionsverfahren zu verheimlichen. Denn ohne unrichtige Urkunden zu verfassen, ist dies kaum möglich. Die jüngere Rsp nimmt echte Konkurrenz an (11 Os 18/05i; anders SSt 48/47).

**d)** Der qualifizierte Betrug unter Verwendung eines falschen Beweismittels (**§ 147 Abs 1 Z 1**) verdrängt § 293 (12 Os 51/06a; s BT I § 147 Rz 10).

# Unterdrückung eines Beweismittels; Tätige Reue (§§ 295, 296)

## Unterdrückung eines Beweismittels

**§ 295. Wer ein Beweismittel, das zur Verwendung in einem gerichtlichen oder verwaltungsbehördlichen Verfahren oder in einem Ermittlungsverfahren nach der Strafprozessordnung oder nach der Verordnung (EU) 2017/1939 bestimmt ist und über das er nicht oder nicht allein verfügen darf, vernichtet, beschädigt oder unterdrückt, ist, wenn er mit dem Vorsatz handelt, zu verhindern, daß das Beweismittel im Verfahren gebraucht werde, mit Freiheitsstrafe bis zu einem Jahr oder mit Geldstrafe bis zu 720 Tagessätzen zu bestrafen, wenn die Tat nicht nach den §§ 229 oder 230 mit Strafe bedroht ist.**

*(idF BGBl I 2021/94)*

## Tätige Reue

**§ 296. Wegen Unterdrückung eines Beweismittels (§ 295) ist nicht zu bestrafen, wer freiwillig das Beweismittel dem Gericht, der Staatsanwaltschaft, der Europäischen Staatsanwaltschaft, der Verwaltungsbehörde oder der Kriminalpolizei (§ 18 StPO) zu einer Zeit vorlegt, da es bei der zu treffenden Entscheidung oder Verfügung noch berücksichtigt werden kann.**

*(idF BGBl I 2021/94)*

**A. Gegenstand der Beweismittelunterdrückung** sind Beweismittel (§§ 293, 294 Rz 1), die zur Verwendung in einem gerichtlichen, in einem verwaltungsbehördlichen Verfahren oder in einem Ermittlungsverfahren nach der StPO oder der EUStA bestimmt sind und über die der Täter nicht allein verfügen darf (§ 295). 1

**a) Zur Verwendung bestimmt.** Das Beweismittel ist zur Verwendung in einem Verfahren bestimmt, wenn eine Partei die Aufnahme des Beweismittels beantragt oder sich vor der Behörde darauf beruft oder wenn die Behörde oder die Polizei nach dem Beweismittel sucht. Die Beseitigung von Beweismitteln, bevor die Polizei Anhaltspunkte für diese Tat oder für das Vorhandensein dieser Beweismittel hat, ist nicht strafbar (EBRV 30 BlgNR 13. GP, 445): Dass das Beweismittel für ein Verfahren bedeutsam ist, ist noch keine Bestimmung (14 Os 150/02; s auch 11 Os 60/16g, 11 Os 118/16m). 2

Die Polizei ermittelt gegen einen Werkstättenbesitzer, der im Verdacht steht, Gutachten nach § 57a Abs 4 KFG ohne Überprüfung der Fahrzeuge blanko unterfertigt zu haben; der Täter verbrennt jetzt die Originalgutachten: Er ist nach § 295 strafbar (12 Os 108/07h).

Eine Polizistin lässt sichergestellte Suchtgiftutensilien verschwinden: Sie macht sich nach § 295 (iVm § 313) strafbar (15 Os 7/11k); nicht aber der Mann, der während einer Hausdurchsuchung nach Kokain seine – der Polizei nicht bekannten – Cannabispflanzen versteckt (vgl 11 Os 70/10v).

Der Busfahrer, der den Tod eines Kindes verschuldet hat, lässt dessen Kindergartentasche verschwinden (SSt 60/39). Er wurde zu Unrecht nach § 295 verurteilt:

Die Polizei hat zur Tatzeit von der Existenz und vom Beweiswert der Kindergartentasche noch nichts gewusst.

Der LKW-Fahrer, der die vorgeschriebenen Ruhezeiten nicht eingehalten hat, wirft die Schaublätter der vergangenen Woche weg, damit seine Verwaltungsübertretungen bei einer Kontrolle nicht entdeckt werden. Er müsste die Schaublätter mit sich führen, der Arbeitgeber sie ein Jahr lang aufbewahren (vgl § 102 Abs 1a KFG); aber der Täter macht sich nicht nach § 295 strafbar (EvBl 2004/125), weil die Polizei nach diesen Schaublättern erst bei einer Kontrolle fragt; erst von da an sind die Blätter für ein Verwaltungsstrafverfahren bestimmt.

Die Täter verbrennen Unterlagen über ein Wertpapierdepot, das ein Vortäter aus den Erträgnissen einer Untreue angelegt hat. Die Täter begehen nicht das Vergehen nach § 295, aber eine Geldwäscherei nach § 165 Abs 1 (14 Os 150/02; s BT I § 165 Rz 9).

3 **b) Das fehlende Verfügungsrecht.** Der Täter darf über das Beweismittel nicht allein verfügen, wenn es (auch) einem anderen gehört, wenn der Täter zu dessen Aufbewahrung verpflichtet ist – vgl die Gutachten und Schaublätter in Rz 2 –, wenn das Beweismittel sichergestellt oder der Täter zur Herausgabe aufgefordert wurde (vgl § 111 Abs 1 StPO).

Der Täter verschuldet einen Verkehrsunfall, lässt den Verletzten im Stich (§ 94) und gibt seinen unfallbeschädigten PKW – die Polizei sucht bereits danach – zur Reparatur. Er wurde nach § 295 verurteilt (OLG Wien ZVR 1992/159; ähnlich EvBl 1990/107). Zu Unrecht: Nach der StPO können Beweismittel beim Verdächtigen sichergestellt werden; aber es gibt in der StPO keine Bestimmung, die den Verdächtigen verpflichtet, Beweismittel bis zur Sicherstellung aufzubewahren (*Schwaighofer* ÖJZ 1995, 380; vgl auch *L/St/Zöchbauer/Bauer* § 295 Rz 10a). Dass der Täter seiner Verpflichtung, an der Aufklärung des Sachverhalts mitzuwirken (§ 4 Abs 1 lit c StVO), nicht nachkommt, begründet nur eine Verwaltungsübertretung (§ 99 Abs 2 StVO).

4 **B. Ausführungshandlung.** Der Täter führt die Beweismittelunterdrückung aus, indem er das Beweismittel **zerstört, beschädigt** oder **unterdrückt**. Der Täter unterdrückt das Beweismittel, indem er es so verändert, dass es seinen Beweiswert verliert, oder indem er es für kürzere oder längere Zeit verschwinden lässt (zB Entfernung der Begutachtungsplakette: 12 Os 116/10s; s auch § 229 Rz 2). Wer bloß verhindert, dass ein Beweismittel hergestellt wird, unterdrückt es nicht (14 Os 53/13w: Stülpen eines Pappkartons über eine Radarkabine).

5 **C. Vorsatz.** Der Täter handelt **vorsätzlich**: Er nimmt insb in seinen Vorsatz auf, das Beweismittel sei bereits zum Gebrauch in einem Verfahren bestimmt, und hat darüber hinaus den **erweiterten Vorsatz** zu verhindern, dass das Beweismittel im Verfahren gebraucht wird.

Eine Frau verbrennt den Führerschein, den ihr Mann bei einem Einbruchsdiebstahl erbeutet, dann durch Austausch des Fotos verfälscht (§ 223 Rz 13) und für allfällige Verkehrskontrollen mit sich geführt hat: Sie will verhindern, dass er mit dem Führerschein ertappt wird. § 295 kommt dann in Betracht, wenn die Frau den Vorsatz hat, dass der Führerschein bereits als gestohlen gemeldet wurde und die Polizei zur Aufklärung des Einbruchsdiebstahls nach ihm sucht (EvBl 1999/132).

**D. Tätige Reue.** Der Täter wird straffrei, wenn er das Beweismittel dem Gericht, der Behörde, der StA, der EUStA bzw der Polizei freiwillig und so rechtzeitig zukommen lässt, dass es noch berücksichtigt werden kann **(§ 296)**. Tätige Reue ist also nur möglich, wenn das Beweismittel trotz der Beschädigung oder Unterdrückung noch existiert und seinen Beweiswert behalten hat. 6

**E. Konkurrenz.** Wenn der Täter wegen Diebstahls, dauernder Sachentziehung oder Sachbeschädigung verurteilt wird, kann man ihm die Wegnahme oder Beschädigung derselben Sache nicht auch als Beweismittelunterdrückung anlasten (s § 229 Rz 5; aM SSt 60/39 und *Plöchl/Seidl* WK² § 295 Rz 24f). Und dem Täter eines **Vermögensdelikts** kann man es nicht als Beweismittelunterdrückung anlasten, wenn er die Beute versteckt. Das gilt auch für die Hehlerei (*Schwaighofer* ÖJZ 1995, 378, 383; aM EvBl 1993/113; *F/M-K/O* § 164 Rz 16). 7

§ 295 ist gegenüber § 229 **(Urkundenunterdrückung)** und § 230 subsidiär.

## Verleumdung

**§ 297. (1) Wer einen anderen dadurch der Gefahr einer behördlichen Verfolgung aussetzt, daß er ihn einer von Amts wegen zu verfolgenden mit Strafe bedrohten Handlung oder der Verletzung einer Amts- oder Standespflicht falsch verdächtigt, ist, wenn er weiß (§ 5 Abs. 3), daß die Verdächtigung falsch ist, mit Freiheitsstrafe bis zu einem Jahr oder mit Geldstrafe bis zu 720 Tagessätzen, wenn die fälschlich angelastete Handlung aber mit einer ein Jahr übersteigenden Freiheitsstrafe bedroht ist, mit Freiheitsstrafe von sechs Monaten bis zu fünf Jahren zu bestrafen.**

**(2) Nach Abs. 1 ist nicht zu bestrafen, wer freiwillig die Gefahr einer behördlichen Verfolgung beseitigt, bevor eine Behörde etwas zur Verfolgung des Verdächtigen unternommen hat.**

*(idF BGBl I 2015/112)*

Der Täter verdächtigt das Opfer fälschlich, es habe ein Offizialdelikt begangen oder als Beamter, Arzt, Rechtsanwalt usw ein Disziplinarvergehen begangen; durch die falsche Verdächtigung führt der Täter die Gefahr herbei, die StA, die Polizei oder die Disziplinarbehörde werde gegen das Opfer ermitteln. 1

**A. Die Verdächtigung.** 2

**a)** Sie muss sich **gegen ein bestimmtes Opfer** richten und ein Offizialdelikt oder ein Disziplinarvergehen zum Gegenstand haben. Die Angabe, man traue jemandem ein bestimmtes Verbrechen zu, ist noch keine Verdächtigung (*Mayerhofer* § 297 Anm 3).

Es genügt, dass den Umständen nach klar ist, welche Person verdächtigt wird; sie braucht nicht namentlich genannt zu werden (*H/R* BT II § 297 Rz 3 mwN). Unrichtige Anzeigen gegen unbekannte Täter wegen eines Offizialdelikts können nach § 298 strafbar sein. Wer andere Leute einer Verwaltungsübertretung oder eines Privatanklagedelikts fälschlich verdächtigt, ist nach § 297 nicht strafbar.

3 **b) Schlüssigkeit.** Der Täter behauptet Tatsachen, die – allein oder in Verbindung mit anderen nicht behaupteten, aber nach allgemeiner Lebenserfahrung wahrscheinlichen Tatsachen – alle Merkmale eines Offizialdelikts oder eines Disziplinarvergehens verwirklichen (*Pilnacek/Świderski* WK[2] § 297 Rz 22).

Der Täter behauptet, ein Polizist habe seine Aussage falsch protokolliert: Er verdächtigt ihn des § 311 oder § 302 (13 Os 69/20a uam). Der Täter behauptet, ein Sachverständiger habe gegen Schmiergeld ein falsches Gutachten erstattet: Er kann sich nach § 297 strafbar machen, wenn der Sachverständige dem Disziplinarrecht unterliegt (14 Os 23/21w).

Der Täter behauptet vor der Polizei, der Angezeigte sei nachts auf einsamer Straße auf ihn zugegangen, habe ihm ein Küchenmesser an die Brust gesetzt und ihm mit Abstechen gedroht. Damit verdächtigt der Täter das Opfer einer gefährlichen Drohung (§ 107): Dass er von einer angeblichen Absicht des Opfers, ihn in Furcht und Unruhe zu versetzen, nichts sagt, ist unerheblich, weil die mitgeteilten Umstände diese Absicht wahrscheinlich machen (JBl 1988, 124).

4 **c) Die Verdächtigung ist falsch**, wenn die Straftat in Wahrheit gar nicht begangen wurde oder wenn die unwahren Angaben einen strengeren Strafsatz auslösen (*H/R* BT II § 297 Rz 9 ua). Die falsche Verdächtigung kann auch dadurch geschehen, dass der Täter Umstände verschweigt, die die Strafbarkeit des Opfers ausschließen. Unwahre Angaben über unerhebliche Details (SSt 60/52) und Straferschwerungsgründe genügen nicht (*F/M-K/O* § 297 Rz 4).

§ 297 wird verwirklicht, wenn das Opfer eines Diebstahls behauptet, der Täter habe ihm eine Sache gewaltsam abgenommen, also geraubt (*Tipold* ÖJZ 2000, 458).

5 **B. Die Gefahr einer behördlichen Verfolgung.** Die Verdächtigung setzt das Opfer der Gefahr einer behördlichen Verfolgung aus. Das ist nur unter den folgenden Voraussetzungen möglich:

**a) Die unwahre Verdächtigung erreicht eine zur Verfolgung berufene Stelle** (BT I § 167 Rz 13), zB Polizei, StA oder (bei Verdächtigungen wegen Disziplinarvergehen) eine Disziplinarbehörde (s etwa 13 Os 19/19x). Ob der Täter die unwahre Verdächtigung unmittelbar oder auf Umwegen an eine dieser Stellen heranträgt, ist unerheblich. Aber die Gefahr besteht nicht, wenn die Verdächtigung gegenüber einer Person geäußert wird, von der nicht anzunehmen ist, dass sie sich an die Polizei wendet, zB gegenüber dem Ehepartner (*K/Schm* StudB III zu §§ 297–298, *H/R* BT II § 297 Rz 12).

Der Täter kann eine Verleumdung durch eine unwahre Aussage anlässlich einer Vernehmung oder Erkundigung durch Kriminalbeamte, durch eine mündliche oder schriftliche Anzeige bei der Polizei oder zB dadurch begehen, dass er das Opfer, einen Lehrer, in einem Schreiben an das Unterrichtsministerium des Suchtgifthandels beschuldigt (JBl 1985, 118). Unwahre Angaben gegenüber einem behandelnden Arzt können nur dann zu einer behördlichen Verfolgung führen, wenn der Arzt anzeigepflichtig ist (vgl 17 Os 27/13v).

**b) Der triftige Anlass für Ermittlungen.** Die Verdächtigung macht die Bege- 6
hung eines Offizialdelikts oder eines Disziplinarvergehens durch das Opfer so wahrscheinlich, dass die Behörde einen triftigen Anlass für Ermittlungen hat, die nicht bloß in der Vernehmung des Anzeigers oder internen Nachforschungen bestehen. Nach Ansicht des OGH führt jede Äußerung eines Verdachts gegenüber Polizei oder StA in aller Regel zu einem Anfangsverdacht und damit zur Gefahr einer behördlichen Verfolgung (14 Os 15/17p).

Viele Anzeigen sind geradezu „absurd", sodass nicht einmal ein Anfangsverdacht 7
besteht (§ 1 Abs 3 StPO; § 35c StAG); andere sind so wenig glaubwürdig oder (auch) so unbestimmt, dass es zu gar keinen Ermittlungen nach § 91 Abs 2 StPO kommt; manche werden sofort als haltlos erkannt (der Angezeigte ist zB unmündig; vgl aber *Pilnacek/Świderski* WK[2] § 297 Rz 15, 43): Solche Anzeigen setzen das Opfer noch nicht der Gefahr einer behördlichen Verfolgung aus (*F/M-K/O* § 297 Rz 5 ua; vgl auch 14 Os 61/18d). Eine Verleumdung begeht der Anzeiger in solchen Fällen erst, wenn Anlass besteht, nicht bloß den Anzeiger, sondern den Verdächtigten oder andere Zeugen zu vernehmen.

c) § 297 schützt, obwohl im 21. Abschnitt enthalten, in erster Linie persönliche 8
Rechtsgüter (Ehre, Vermögen, Freiheit). Im Übrigen wird nur die **österreichische Strafrechtspflege** geschützt. Unwahre Anzeigen, die Strafverfahren ausländischer Behörden auslösen, sind nach § 297 nicht strafbar.

**C. Verleumdung durch Unterlassen.** Wer eine gutgläubig erstattete Anzeige 9
nicht richtig stellt, obwohl er erkennt, dass sie unrichtig war, begeht keine Verleumdung durch Unterlassen: Es fehlt an der nach § 2 erforderlichen Gleichwertigkeit (im Ergebnis ebenso *Pilnacek/Świderski* WK[2] § 297 Rz 32); außerdem ist die Gefahr der Strafverfolgung schon vorher durch die Anzeige eingetreten (*H/R* BT II § 297 Rz 10).

**D. Innere Tatseite.** Der Täter muss **wissen**, dass die Behauptungen, welche die 10
Verdächtigung ausmachen (Rz 2), unwahr sind (Rz 4), und er muss den **Vorsatz** haben, das Opfer der Gefahr einer behördlichen Verfolgung auszusetzen (Rz 5ff).

Wer in einer Anzeige wahrheitswidrig behauptet, er habe das Opfer bei der Bege- 11
hung einer Straftat beobachtet, begeht keine Verleumdung, wenn er es immerhin für möglich hält, das Opfer habe die angezeigte Tat begangen. Wer einem Richter „Voreingenommenheit" (evt § 302) vorwirft, ist nicht nach § 297 strafbar, wenn er Umstände kennt, die auf eine Befangenheit hindeuten, mögen sie tatsächlich auch keinen Ausschließungsgrund gem § 43 Abs 1 StPO darstellen. Wer einem Polizisten unrichtige Protokollierung vorwirft, macht sich nicht nach § 297 strafbar, wenn er der Meinung ist, das so nicht gesagt zu haben (vgl aber 15 Os 94/21v).

Ein ertappter Ladendieb unterschreibt das Geständnis, das ihm der Geschäftsführer abverlangt, mit dem nächstbesten Namen, der ihm einfällt: dem Namen eines Bekannten. Der Täter begeht eine Verleumdung, wenn er in seinen Vorsatz aufnimmt, der Geschäftsführer werde das Geständnis an die Polizei weiterleiten und diese den Bekannten vernehmen. Wenn der Täter darauf vertraut, der Geschäftsführer werde – nach Rückgabe der Beute und Bezahlung einer „Bearbeitungsgebühr" – keine Anzeige erstatten oder die Polizei nichts weiter unternehmen, scheidet Verleumdung aus. Zur Urkundenfälschung s § 223 Rz 8, 10.

12 **E. Rechtfertigung.**

a) **Einwilligung** bzw Einverständnis des Verleumdeten beseitigt das für § 297 typische Unrecht. Im Vordergrund steht die Gefährdung persönlicher Rechtsgüter, die Beeinträchtigung der Rechtspflege fällt weniger ins Gewicht (s Rz 8).

Nach einem Verkehrsunfall mit Verletzten gibt die Frau vor der Polizei der Wahrheit zuwider an, sie und nicht ihr alkoholisierter Mann habe das Auto gelenkt: Die Frau begeht keine Verleumdung, weil sie nur sich selbst verdächtigt; sie begeht auch keine Begünstigung (SSt 53/29; § 299 Rz 3, 10). Der Mann bestätigt die Angaben der Frau vor der Polizei: Er begeht nach überwiegender Meinung der Lehre keine Verleumdung, weil die Frau damit einverstanden ist (*F/Z* AT I 16. Kap Rz 27, *H/R* BT II § 297 Rz 18, *Pilnacek/Świderski* WK² § 297 Rz 12; aM 12 Os 132/20h, SSt 53/29, SSt 60/30, *F/M-K/O* § 297 Rz 10, *K/Schm* StudB III Vorbem §§ 288ff Rz 14), und er täuscht auch keine Straftat vor (s § 298 Rz 2; aM SSt 47/19). Aber er macht sich nach § 288 strafbar, wenn er die Angaben der Frau als Zeuge bei einer förmlichen Vernehmung bestätigt (s §§ 288–291 Rz 20).

13 b) Verleumdungen können zur **Wahrung berechtigter Interessen gerechtfertigt** sein.

Beschuldigte im Strafverfahren und Parteien in Zivil- oder Verwaltungsverfahren dürfen die Richtigkeit einer Zeugenaussage bestreiten, auch wenn das auf den Vorwurf einer falschen Beweisaussage hinausläuft (*H/R* BT II § 297 Rz 19 mwN).

Der Beschuldigte, der ein Geständnis widerruft, weil er von den vernehmenden Polizeibeamten dazu „gezwungen" worden sei, handelt noch rechtmäßig (vgl Rz 6 und *Pallin* WK¹ § 297 Rz 17); strafbar macht er sich erst, wenn er den „Zwang" konkretisiert, zB behauptet, die Polizisten hätten ihn durch Schläge zu dem Geständnis gezwungen (*Pilnacek/Świderski* WK² § 297 Rz 43).

14 **F. Vollendung, Versuch.** Die Verleumdung ist vollendet, wenn der Verdächtigte in Gefahr gerät, behördlich verfolgt zu werden. Das ist der Fall, wenn der Polizei oder einer Strafverfolgungsbehörde eine Anzeige zukommt, die einen triftigen Anlass für Ermittlungen bietet, die nicht bloß in der Vernehmung des Anzeigers und internen Nachfragen bestehen (Rz 6).

Wenn es zu gar keinen Ermittlungshandlungen kommt, kann Versuch vorliegen (15 Os 104/11z); idR wird es sich dabei aber um ganz unglaubwürdige Anzeigen handeln (Rz 6).

**G. Qualifikationen.** Der Täter fällt unter einen strengeren Strafsatz, wenn die unwahren Umstände, über die er die Behörde informiert, ein Delikt ergeben, das mit Freiheitsstrafe von mehr als einem Jahr bedroht ist: Er behauptet zB, er sei mit dem Abstechen bedroht worden (12 Os 109/12i; vgl auch 11 Os 157/12s). Den Strafsatz braucht der Täter nicht zu kennen (SSt 47/3; vgl *Pilnacek/Świderski* WK² § 297 Rz 39). 15

**H. Tätige Reue.** Der Täter wird durch tätige Reue straffrei, wenn er die Gefahr behördlicher Verfolgung freiwillig beseitigt, bevor die Polizei, die StA oder Disziplinarbehörde Beweise aufnimmt oder der Verdächtigte verhaftet wird (**§ 297 Abs 2**). 16

Wenn der Täter die unwahre Beschuldigung erst widerruft, nachdem sich ihre Haltlosigkeit schon herausgestellt hat, oder wenn die Behörde den Verdächtigten trotz des Widerrufs vernimmt, wird der Täter nicht straffrei: Im einen Fall fehlt es an der Freiwilligkeit, im anderen ist es dem Täter nicht gelungen, die Gefahr behördlicher Verfolgung abzuwenden.

**I. Konkurrenz.** Wer andere durch eine falsche Beweisaussage verleumdet, ist nach § 288 oder § 289 und nach § 297 Abs 1 zu verurteilen (RS0096083; *F/M-K/O* § 297 Rz 13 uam). 17

Der Täter, der einem anderen bei einer Befragung mehrere strafbare Handlungen vorwirft, verwirklicht nur einmal das Delikt der Verleumdung. Die Wiederholung des Vorwurfs bei einer späteren Vernehmung stellt keine weitere Verleumdung dar (RS0096496).

## Vortäuschung einer mit Strafe bedrohten Handlung

**§ 298. (1) Wer einer Behörde (§ 151 Abs. 3) oder einem zur Entgegennahme von Anzeigen zuständigen Beamten die Begehung einer mit Strafe bedrohten Handlung wissentlich vortäuscht, ist, wenn er nicht nach dem § 297 Abs. 1 mit Strafe bedroht ist, mit Freiheitsstrafe bis zu sechs Monaten oder mit Geldstrafe bis zu 360 Tagessätzen zu bestrafen.**

**(2) Nach Abs. 1 ist nicht zu bestrafen, wer freiwillig bewirkt, daß die Tat keine behördliche Ermittlung zur Folge hat.**

*(idF BGBl 1974/60)*

**A. Äußere Tatseite.** 1

**a) Die Täuschung.** Der Täter lässt der Kriminalpolizei oder der StA direkt oder auf Umwegen „Informationen“ über eine gerichtlich strafbare Handlung zukommen, die in Wahrheit nicht begangen wurde.

Der Täter zeigt, um eine Versicherungsleistung zu erlangen, einen Einbruch an, den er selbst fingiert hat (15 Os 104/10y, 15 Os 127/10f; s auch 11 Os 12/15x). Der Täter behauptet in einer Anzeige der Wahrheit zuwider, seine (versicherten) Schi seien gestohlen worden: Er ist nach § 298 Abs 1 und uU nach § 151 strafbar (SSt 53/24; s BT I § 151 Rz 2).

2 Die vorgetäuschte Straftat ist **zur Gänze erfunden.**

> Die Täter stehlen oder veruntreuen Zigaretten im Wert von Millionen; dann behaupten sie gegenüber der Polizei, sie seien von unbekannten Tätern überfallen worden. Der Raub ist eine erfundene andere Tat, die Täter erfüllen daher nach hM das Tatbild des § 298 (*H/R* BT II § 298 Rz 4 mwN; vgl 13 Os 93/13w; aM *Tipold* SbgK § 298 Rz 35). S aber Rz 7 und 9.
>
> Der Täter begeht eine Sachbeschädigung, indem er im Lagerraum seines Geschäfts fremde Ware anzündet, und erstattet Anzeige gegen unbekannte Täter. Damit der Verdacht nicht auf ihn fällt, bricht er noch eine Tür auf. Hier wird nur über die Täter getäuscht; also kein Fall des § 298 (*K/Schm* StudB III zu §§ 297–298, *Pilnacek/Świderski* WK² § 298 Rz 9; s auch Rz 7), aber vielleicht ein Fall für § 293 Abs 1 (vgl EvBl 1998/129).

Wer einen Unschuldigen als Täter einer wirklich begangenen Straftat verdächtigt, kann wegen Verleumdung nach § 297 strafbar sein. Wer sich selbst als Täter einer wirklich begangenen Straftat ausgibt, bleibt straffrei (*K/Schm* StudB III zu §§ 297–298). Wer sich aber wahrheitswidrig selbst einer erfundenen Straftat bezichtigt, verwirklicht § 298 (12 Os 158/19f).

3 **b) Der triftige Anlass für Ermittlungen.** Die „Informationen" sind geeignet, Ermittlungen auszulösen, die nicht bloß in der Befragung des Anzeigers oder in Erkundigungen zur Klärung, ob überhaupt ein Anfangsverdacht vorliegt (vgl § 91 Abs 2 StPO), bestehen (*Pilnacek/Świderski* WK² § 298 Rz 2). Täuschungen, die keine Ermittlungen auslösen können, sind keine Gefahr für die Rechtspflege und darum nach § 298 nicht strafbar (*H/R* BT II § 298 Rz 11; vgl § 297 Rz 2, 6f).

> Wer vor der Polizei ein Privatanklagedelikt (aM *F/M-K/O* § 298 Rz 4, *H/R* BT II § 298 Rz 7) erfindet oder ihr eine ganz und gar unglaubwürdige Schwindelei unterbreitet, ist nach § 298 nicht strafbar.

4 Auch **falsche Bombenwarnungen** können nach § 298 strafbar sein, wenn sie sich zu der Zeit, da sie der Polizei bekannt werden, nicht schon als falsch erwiesen haben (SSt 48/53).

> Der Täter wählt den Polizeinotruf und sagt: „In 27 Minuten geht im Hotel E eine Bombe hoch". Der anonyme Anrufer ist nach § 298 strafbar, wenn der Anruf geeignet ist, die Polizei nach der angeblichen Bombe suchen zu lassen. Dass die Polizei den Anrufer ausforscht, um ihn nach § 298 anzeigen zu können, genügt nicht (vgl dagegen SSt 56/97). In der E 13 Os 104/99 nimmt der OGH in einem ähnlichen Fall – zu Unrecht – einen Versuch nach § 275 an (s § 275 Rz 1).

5 **c)** § 298 schützt nur die **österreichische Rechtspflege.** Das Vortäuschen von Straftaten, für die die österreichische Gerichtsbarkeit nicht gegeben ist, ist nach § 298 nicht strafbar (EvBl 1995/62).

6 **B. Innere Tatseite.** Der Täter muss **wissen**, dass die Straftat, über die er Polizei oder StA informiert, gar nicht begangen wurde; und er muss den Vorsatz haben, dass die Täuschung geeignet ist, Ermittlungen auszulösen.

**C. Rechtfertigung.** Verdächtige, die eine Straftat erfinden, um sich selbst zu entlasten, handeln im Rahmen ihrer Verteidigungsrechte (*H/R* BT II § 298 Rz 14; aM *Pilnacek/Świderski* WK[2] § 298 Rz 21). 7

Der Täter hat sich mit einer unerlaubt besessenen Pistole verletzt. Um nicht das Vergehen nach dem WaffenG eingestehen zu müssen, behauptet er vor der Polizei, er sei von einem Unbekannten angeschossen worden. Der Täter ist nach § 298 nicht strafbar (aM RZ 1979/82). S auch Rz 2 und 9.

**D. Vollendung; Tätige Reue.** Das Delikt ist vollendet, wenn die „Informationen" des Täters der Polizei oder StA zukommen. 8

Der Täter wird straffrei, wenn er den Irrtum freiwillig aufklärt, bevor mit den Ermittlungen (Befragung von Auskunftspersonen, Durchführung eines Augenscheins, Bestellung eines Sachverständigen) begonnen wurde **(§ 298 Abs 2).**

**E. Konkurrenz.** § 298 ist nicht nur gegenüber § 297, sondern auch den **§§ 288, 289** (aM *H/R* BT II § 298 Rz 18) und § **293** gegenüber subsidiär. Wenn der Täter bei seiner Vernehmung als Zeuge eine Straftat erfindet oder eine Straftat (auch) durch Fälschung eines Beweismittels vortäuscht, ist er nur nach §§ 288, 289 oder 293 strafbar: Wenn die falsche Beweisaussage nach § 290 entschuldigt ist, bleibt er straffrei. Wenn der Täter bei einer Vernehmung als Beschuldigter eine Straftat zu seiner Entlastung erfindet, bleibt er gleichfalls straffrei (s Rz 7). 9

§ 298 konkurriert häufig mit einem (versuchten) Betrug oder § 151 (s etwa 14 Os 37/13t).

## Begünstigung

**§ 299. (1) Wer einen anderen, der eine mit Strafe bedrohte Handlung begangen hat, der Verfolgung oder der Vollstreckung der Strafe oder vorbeugenden Maßnahme absichtlich ganz oder zum Teil entzieht, ist mit Freiheitsstrafe bis zu zwei Jahren zu bestrafen.**

**(2) Wer einen anderen dazu verleitet, ihn zu begünstigen, ist nach Abs. 1 nicht zu bestrafen.**

**(3) Nach Abs. 1 ist ferner nicht zu bestrafen, wer die Tat in der Absicht begeht, einen Angehörigen zu begünstigen oder zu verhindern, daß er selbst wegen Beteiligung an der strafbaren Handlung, derentwegen der Begünstigte verfolgt wird oder eine Strafe oder vorbeugende Maßnahme an ihm vollstreckt werden soll, bestraft oder einer vorbeugenden Maßnahme unterworfen werde.**

**(4) Wer eine der im Abs. 1 mit Strafe bedrohten Handlungen begeht, um von sich oder einem Angehörigen Schande oder die Gefahr strafrechtlicher Verfolgung oder eines unmittelbaren und bedeutenden vermögensrechtlichen Nachteils abzuwenden, ist nicht zu bestrafen, wenn die Folgen, die durch die Tat abgewendet werden sollten, auch unter Berücksichtigung der Gefährlichkeit des Begünstigten und der Schwere der Tat, die der Begünstigte begangen hat oder derentwegen er verurteilt worden ist, schwerer gewogen hätten als die nachteiligen Folgen, die aus der Tat entstanden sind oder hätten entstehen können.**

*(idF BGBl I 2015/112)*

1 **A. Äußere Tatseite.**

a) **Der Begünstigte hat eine gerichtlich strafbare Handlung**, die der österreichischen Gerichtsbarkeit unterliegt, **wirklich begangen**, er ist also nicht bloß verdächtig. Wenn die Handlung des Begünstigten nicht tatbestandsmäßig ist oder wenn ihm ein Rechtfertigungs-, ein Entschuldigungs-, ein Strafaufhebungsgrund oder ein Verfolgungshindernis (*H/R* BT II § 299 Rz 6; aM *F/M-K/O* § 299 Rz 1, *Pilnacek/Świderski* WK² § 299 Rz 7) zugutekommt, scheidet § 299 aus: Soweit die Justiz Täter nicht verfolgen kann, braucht sie keinen strafrechtlichen Schutz.

Der Begünstigte verursacht – nicht grob fahrlässig, wie sich später zeigt – einen Verkehrsunfall, durch den jemand eine Gesundheitsschädigung von einer Woche erleidet. Der Täter behauptet vor der Polizei, er habe das Auto gelenkt. Der Täter begeht ua (s Rz 3) auch deshalb keine Begünstigung, weil keine gerichtlich strafbare Handlung vorliegt (§ 88 Abs 2 Z 2; vgl EvBl 1978/208).

Die Begünstigte hat jemanden bedroht – ob auch mit der Absicht des § 107 Abs 1, kann später nicht geklärt werden – und soll festgenommen werden. Die Täterin nimmt die Begünstigte bei sich auf. Sie begeht auch (s Rz 2) deshalb keine Begünstigung, weil ungewiss bleibt, ob sich die Begünstigte wirklich nach § 107 strafbar gemacht hat (13 Os 38/03).

2 **b) Die Ausführungshandlung.** Der Täter entzieht den Begünstigten der Strafverfolgung, der Vollstreckung einer Strafe oder vorbeugenden Maßnahme, indem er ihn **verbirgt oder ihm hilft, unterzutauchen oder zu fliehen**.

Der Täter verschafft dem Begünstigten eine Perücke, um ihn unkenntlich zu machen; versteckt ihn in einem Keller oder einer Garage, gibt ihm Geld zur Flucht: Das sind Begünstigungshandlungen.

Dass der Täter jemandem bloß zu essen gibt oder ihn in seiner Wohnung aufnimmt, ist kein „Entziehen" (aM *L/St/Zöchbauer/Bauer* § 299 Rz 8 ua); auch handelt der Täter in solchen Fällen oft „bloß" aus Mitleid (s Rz 6).

3 Angriffe auf das Beweismaterial, falsche Aussagen, Fälschung und Unterdrückung von Beweismitteln, Verleumdungen und Vortäuschungen strafbarer Handlungen sind keine Begünstigungen iSd § 299, sondern können ausschließlich nach §§ 288–298 strafbar sein (*Tipold* SbgK § 298 Rz 56). Dem gegenüber nimmt die hM eine Begünstigung zB auch dann an, wenn der Täter die Überführung des Begünstigten dadurch erschwert, dass er bei einer Vernehmung oder Befragung durch Polizei oder StA **unwahre Angaben** macht oder diesen Stellen sonst unwahre Informationen zukommen lässt (*F/M-K/O* § 299 Rz 8, *Pilnacek/Świderski* WK² § 299 Rz 13ff; RS0096083, 11 Os 121/19g). Nach Ansicht des OGH (14 Os 47/20y) kann eine Begünstigung sogar dadurch begangen werden, dass ein Belastungszeuge dazu aufgefordert wird, die Aussage im Verfahren gegen einen Beschuldigten zu verweigern.

Der Täter gibt sich nach einem Verkehrsunfall, bei dem jemand schwer verletzt wurde, vor der Polizei als Lenker des Unglücksautos aus, um den Verdacht vom wirklichen Fahrer abzulenken (vgl SSt 53/29): nur unwahre Angaben, kein Fall des § 299. S auch § 297 Rz 12.

Der Begünstigte verletzt den Täter fahrlässig. Im Krankenhaus erzählt der Täter den Ärzten, er hätte sich durch einen Sturz mit seinem Moped verletzt; so unterlässt das Krankenhaus die Anzeige. Der Täter wurde zu Unrecht nach § 299 verurteilt (EvBl 1977/248): Falsche Auskünfte an Polizisten bei bloßen Erkundigungen wollte der Gesetzgeber straffrei lassen (§§ 288–291 Rz 3), und Ärzten gegenüber gibt es keine Wahrheitspflicht.

Eine Begünstigung setzt ein positives Tun voraus; nur ein Garant (§ 2) kann § 299 durch eine **Unterlassung** verwirklichen (13 Os 33/14y). Wer sich bei einer Vernehmung durch Polizei oder StA oder bei einer Befragung durch Ärzte eines Krankenhauses weigert, den Namen des Verdächtigen zu nennen, ist nach § 299 nicht strafbar: Es gibt keine generelle Verpflichtung, an der Aufklärung von Straftaten mitzuwirken (13 Os 33/14y; *Pilnacek/Świderski* WK² § 299 Rz 13, *H/R* BT II § 299 Rz 9). 4

**c) Versuch, Vollendung.** Die Begünstigung ist vollendet, wenn die Begünstigungshandlung die Strafverfolgung oder Strafvollstreckung zumindest hinausgeschoben hat. 5

Der Begünstigte verletzt den Täter. Im Krankenhaus erzählt der Täter, er hätte sich bei Heimarbeiten selbst verletzt. Tags darauf zeigt er den Begünstigten bei der Polizei an. Das Krankenhaus hätte, wenn der Täter dort die Wahrheit gesagt hätte, die Anzeige auch nicht früher erstattet: Selbst wenn man hier eine Begünstigung annähme (s Rz 3), ist der Täter vom Versuch der Begünstigung zurückgetreten (OLG Innsbruck AnwBl 2004/7924).

**B. Innere Tatseite.** Der Täter muss in seinen **Vorsatz** aufnehmen, dass der Begünstigte eine Straftat begangen hat – ein Irrtum darüber schließt den Vorsatz aus (*K/Schm* StudB III zu §§ 299–300) –, und er muss die **Absicht** (§ 5 Abs 2) haben, dem Begünstigten das Strafverfahren oder die Strafvollstreckung zu ersparen oder sie wenigstens hinauszuschieben. Hilfe bloß aus Mitleid fällt nicht unter das Tatbild (*H/R* BT II § 299 Rz 12). 6

**C. Rechtfertigung.** Der **Verteidiger**, der es dem Beschuldigten ermöglicht, durch eine geschickte Verantwortung, durch Anträge oder Rechtsmittel die Verurteilung zu vereiteln oder hinauszuschieben, handelt nicht rechtswidrig und ist – auch nach hM – nach § 299 nicht strafbar (*Pilnacek/Świderski* WK² § 299 Rz 16 ua). Der Verteidiger begeht aber eine Begünstigung, wenn er dem Beschuldigten zur Flucht verhilft. 7

**D. Strafausschließungsgründe.** 8

**a)** Strafbar ist nur die Begünstigung eines anderen (§ 299 Abs 1); die **Selbstbegünstigung** ist straffrei, und zwar auch dann, wenn der Täter einen Dritten bestimmt, ihn zu begünstigen **(§ 299 Abs 2).**

Der Täter bittet einen Freund, ihm dessen Auto zur Flucht ins Ausland zu überlassen. Der Freund ist nach § 299 strafbar, der Täter nach § 299 Abs 2 straffrei.

9 b) Wer einen anderen begünstigt, weil er fürchtet, selbst wegen **Beteiligung an der Tat des Begünstigten** verfolgt, bestraft oder einer vorbeugenden Maßnahme unterworfen zu werden, bleibt straffrei **(§ 299 Abs 3)**.

Der Täter verhilft einem Komplizen zur Flucht, weil er fürchtet, im Verfahren gegen denselben werde auch die eigene Beteiligung an der Tat entdeckt werden.

10 c) Wer **einen Angehörigen begünstigt**, ist nicht strafbar **(§ 299 Abs 3)**, auch wenn die Begünstigungshandlung zugleich anderen Mit- oder Vortätern zugutekommt (13 Os 7/99).

d) Wer jemanden begünstigt, **um von sich oder einem Angehörigen Schande, die Gefahr strafrechtlicher Verfolgung oder eines unmittelbaren und bedeutenden Vermögensnachteils abzuwenden** (s §§ 288–291 Rz 18), ist nicht strafbar, wenn ihm ein rechtmäßiges Verhalten nicht zumutbar ist **(§ 299 Abs 4)**: Für die Zumutbarkeit kommt es auf die Gefährlichkeit des Begünstigten, auf die Schwere der Tat und auf die Schwere der Folgen an, die dem Täter oder dem Angehörigen drohen.

Der Täter verhilft dem Begünstigten zur Flucht, weil er fürchtet, im Verfahren gegen den Begünstigten werden andere, vom Täter verübte Straftaten aufgedeckt werden. S auch 14 Os 32/17p.

11 **Zu a)–d)**: All diese Strafausschließungsgründe schließen die Strafbarkeit nach § 299, **nicht aber nach anderen Gesetzesstellen** aus.

Die Mutter, die ihrem Sohn erlaubt, die Beute aus einem Einbruchsdiebstahl in ihre Wohnung zu bringen, weil der Sohn eine Hausdurchsuchung in der eigenen Wohnung befürchtet, ist wegen Hehlerei strafbar, auch wenn es der Frau einzig und allein darum geht, den Sohn vor einem Strafverfahren zu bewahren (vgl BT I § 164 Rz 9). Vgl auch §§ 295, 296 Rz 7.

Der Täter, der Gegenstände, die ihn verraten könnten, verschwinden lässt, kann nach § 295 strafbar sein (§§ 295, 296 Rz 2f). Wer Unschuldige verdächtigt, um die eigene Täterschaft zu verbergen, begeht eine Verleumdung (§ 297 Rz 11). Wer vor der Polizei eine Straftat erfindet, um eigene Straftaten zu verbergen, bleibt straffrei (§ 298 Rz 7).

12 **E. Abgrenzung und Konkurrenz.** Handlungen, die nach §§ 288–298 strafbar sind, sind nach der hier vertretenen Auffassung keine Begünstigungen, und umgekehrt (Rz 3). Anders die hM: Sie lässt die Begünstigung mit allen anderen Rechtspflegedelikten oder doch mit der falschen Beweisaussage nach § 288 oder § 289 ideal konkurrieren (RS0096083, 11 Os 25/20s, 11 Os 121/19g; *Pilnacek/Świderski* WK² § 298 Rz 15, *H/R* BT II § 299 Rz 19 mwN).

## Befreiung von Gefangenen

**§ 300. (1) Wer einen Gefangenen, der auf Grund einer Entscheidung oder Verfügung eines Gerichtes oder einer Verwaltungsbehörde festgehalten wird, befreit, zum Entweichen verleitet oder ihm dazu Hilfe leistet, ist, sofern der Täter nicht nach den §§ 196 oder 299 mit Strafe bedroht ist, mit Freiheitsstrafe bis zu zwei Jahren zu bestrafen.**

**(2) Ein Gefangener, der einen anderen dazu verleitet, ihn zu befreien oder beim Entweichen zu unterstützen, ist nach Abs. 1 nicht zu bestrafen.**

*(idF BGBl I 2015/112)*

a) **Begünstigter** ist eine Person, die aufgrund einer richterlichen oder verwaltungsbehördlichen Entscheidung in Haft gehalten wird. 1

Dazu gehören Untersuchungshäftlinge; Verdächtige, die mit gerichtlicher Bewilligung festgenommen wurden; Täter in Schub- oder Verwaltungsstrafhaft; nicht aber Personen, die von Sicherheitsorganen aus eigener Macht festgenommen wurden (vgl § 171 Abs 2 StPO; *H/R* BT II § 300 Rz 5).

b) Die **Ausführungshandlung** besteht darin, dass der Täter den Gefangenen befreit, ihn zur Flucht überredet oder ihm dabei hilft. Ob der Gefangene die Tat, deren er verdächtigt wird oder deren er verurteilt ist, wirklich begangen hat, ist unerheblich (*K/Schm* StudB III zu §§ 299–300). 2

c) **Gefangene, die sich selbst befreien**, die andere bestimmen, sie zu befreien oder ihnen bei der Flucht zu helfen (§ 300 Abs 2), und Gefangene, die gemeinsam fliehen, machen sich nach hA nicht nach § 300 strafbar (*H/R* BT II § 300 Rz 4 mwN). 3

d) **Konkurrenzen.** § 300 ist gegenüber § 196 und § 299 subsidiär. 4

Wer gegen einen Beamten Gewalt anwendet oder ihn bedroht, um die Flucht zu erzwingen, ist nach § 269 Abs 1 strafbar (s § 269 Rz 2); das Unrecht des § 300 ist damit abgegolten. Die hM nimmt echte Konkurrenz an (*Pilnacek/Świderski* WK² § 300 Rz 17 ua).

## Verbotene Veröffentlichung

**§ 301. (1) Wer einem gesetzlichen Verbot zuwider eine Mitteilung über den Inhalt einer Verhandlung vor einem Gericht oder einer Verwaltungsbehörde, in der die Öffentlichkeit ausgeschlossen war, in einem Druckwerk, im Rundfunk oder sonst auf eine Weise veröffentlicht, daß die Mitteilung einer breiten Öffentlichkeit zugänglich wird, ist mit Freiheitsstrafe bis zu sechs Monaten oder mit Geldstrafe bis zu 360 Tagessätzen zu bestrafen.**

**(2) Ebenso ist zu bestrafen, wer auf eine im Abs. 1 bezeichnete Weise eine Mitteilung über die Beratung in einem Verfahren vor einem Gericht oder einer Verwaltungsbehörde, über eine solche Abstimmung oder deren Ergebnis veröffentlicht und wer die ihm in einem solchen Verfahren auf Grund einer gesetzlichen Bestimmung vom Gericht oder von der Verwaltungsbehörde auferlegte Pflicht zur Geheimhaltung verletzt.**

**(3) Wer auf eine im Abs. 1 bezeichnete Weise eine Mitteilung über den Inhalt von Ergebnissen aus einer Auskunft über Vorratsdaten oder Daten einer Nachrichtenübermittlung oder einer Überwachung von Nachrichten oder aus einer optischen oder akustischen**

**Überwachung von Personen unter Verwendung technischer Mittel (§ 134 Z 5 StPO) veröffentlicht, ist, wenn diese Ergebnisse nicht zuvor zum Akt genommen wurden (§ 145 Abs. 2 StPO), mit Freiheitsstrafe bis zu einem Jahr oder mit Geldstrafe bis zu 720 Tagessätzen zu bestrafen.**

*(idF BGBl I 2015/112)*

§ 301 erklärt einen Geheimnisverrat und drei Fälle qualifizierter Veröffentlichungen für strafbar.

1 **A. Der Geheimnisverrat. Täter** ist jemand, dem die Geheimhaltung bestimmter Umstände aufgetragen wurde. Geheimhaltung kann das Gericht den Verfahrensbeteiligten nach §§ 52, 230a StPO und § 13 AHG auftragen. Die Verletzung des § 54 StPO fällt nicht unter § 301 (*Richter* JSt 2015, 313f). Der Täter **verrät** die geheim zu haltenden Umstände **vorsätzlich** jemand anderem **(§ 301 Abs 2 2. Fall).**

2 **B. Die qualifizierte Veröffentlichung. Täter** kann jeder sein. Der Täter veröffentlicht die geheim zu haltenden Umstände im Rundfunk, in der Presse oder sonst auf eine Art, dass sie einer breiten Öffentlichkeit zugänglich werden (s BT I § 111 Rz 15). Die geheim zu haltenden Umstände sind:

- **der Inhalt einer unter Ausschluss der Öffentlichkeit geführten Verhandlung**, wenn die Prozessordnung die Veröffentlichung verbietet **(§ 301 Abs 1)**. Verbote, den Inhalt einer Verhandlung zu veröffentlichen, enthalten § 230a StPO, § 172 ZPO und § 133 RStDG;
- **Vorgänge bei der Beratung oder Abstimmung** eines gerichtlichen oder verwaltungsbehördlichen Senats (**§ 301 Abs 2 1. Fall**);
- **Ergebnisse einer** Auskunft über **Daten einer Nachrichtenübermittlung, einer Überwachung von Nachrichten** oder eines **„Lausch- und Spähangriffs“** (§ 134 Z 2–4 StPO), sofern sich die Bilder oder Aufzeichnungen **nicht** beim Gerichtsakt befinden **(§ 301 Abs 3)**. Auskunft über Vorratsdaten gibt es nicht mehr (BGBl I 2014/44).

3 Der Täter handelt in allen drei Fällen **vorsätzlich.**

Die Veröffentlichung von Überwachungsergebnissen, die zum Gerichtsakt genommen wurden, ist nicht strafbar, es sei denn, der Täter hätte einen Beamten zum Verrat des amtsgeheimen Gerichtsakts bestimmt (§ 310). Der Beschuldigte und der Verteidiger, die Informationen aus dem Gerichtsakt – zB über Ermittlungsfehler der Polizei – an die Presse weitergeben, machen sich nicht strafbar (vgl § 54 StPO; EBRV 231 BlgNR 23. GP, 26).

# Strafbare Verletzungen der Amtspflicht, Korruption und verwandte strafbare Handlungen

**Schrifttum:** *Aicher-Hadler*, Verantwortlichkeit bei Amtsmissbrauch und Korruption[3] RFG 01/2013, 33; *Bauer*, Korruption und Untreue – zwangsläufig ein Doppelpack? ÖJZ 2020/32, 250; *Bauer/Baritsch*, Neues Korruptionsstrafrecht durchleuchtet, VWT 2013, 39; *Bauer-Raschhofer*, Die Verletzung des Amtsgeheimnisses als Missbrauch der Amtsgewalt. Zum Verhältnis von § 302 und § 310 StGB, ecolex 2022, 342; *Beck/Dohr*, Korruptionsstrafrechtsänderungsgesetz oder „Nichts geht mehr!“, ecolex 2013, 328; *Bergauer*, Entscheidungsanmerkung, jusIT 2015, 76; *Bergauer*, Private Ermittlung von personenbezogenen Daten durch Beamte – eine Anmerkung zu OGH 14.9.2015, 17 Os 10/15x und ein Streifzug durch das Datenschutzrecht, jusIT 2016/33, 65; *Bertel*, Amtsmissbrauch und Ausnützung der Amtsstellung, StPG 14 (1986), 151; *Birklbauer*, Behördenkommunikation und Behördenhandeln zwischen Amtsmissbrauch und Korruption – Ausgewählte Aspekte, RdU 2017/107, 137; *Birklbauer*, Nicht alles ist Korruption, JMG 2016, 6; *Birklbauer*, Wettbewerb und Strafrecht, in: WiR (Hrsg), Wettbewerb und Recht (2015) 255; *Birklbauer*, Die Anwendbarkeit der Korruptionsbestimmungen auf Ärzte, RdM 2013/139, 223; *Birklbauer*, UniversitätslehrerInnen im Kriminal – Strafrechtliche Risken universitärer Tätigkeit, zfhr 2014, 39; *Birklbauer*, (Keine) strafbare Untreue (§ 153 StGB) durch korruptives Handeln, JSt 2019, 402; *Birklbauer/Neuhofer*, Strafrechtliche Aspekte von Online-Prüfungen an Universitäten infolge der Covid-19-Pandemie, JSt 2020, 453; *Birklbauer/Stiebellehner*, Amtsmissbrauch bei unterlassener Meldung von Straftaten im Rahmen der Privatwirtschaftsverwaltung, JSt 2017, 280; *Brandstetter M.*, Korruptionsstrafrecht – Neu. Struktur und Eckpunkte des KorrStrÄG 2009, JSt 2009, 151; *Brandstetter M./Mitgutsch/Rauch*, Strafrechtliche Korruptionsbekämpfung neu, Zak 2009/417, 263; *Brandstetter M./Rauch*, Korruptionsbekämpfung im privaten Bereich, in: *Mitgutsch/Wessely* (Hrsg), Jahrbuch Strafrecht Besonderer Teil 2009 (2009), 11; *Brandstetter M./Rauch/Wegscheider*, Korruptionsstrafrecht NEU – Struktur und Grundzüge der relevanten Tatbestände, JSt 2008, 155; *Brandstetter/Singer*, Gedanken zum KorrStrÄG 2012 – aller guten Dinge sind drei, JSt 2012, 209; *Dannecker/Leitner* (Hrsg), Handbuch Korruption (2012); *Dungl*, Industrie – Gesundheitswesen – Antikorruptionsrecht, JMG 2017, 165; *Eder-Rieder*, Strafrechtliche und strafprozessuale Aspekte der neuen Korruptionsbestimmungen im österreichischen Strafrecht, ZIS 2014, 71; *Fink/Manhart/Soyer*, Zum Entwurf eines Terror-Bekämpfungs-Gesetzes – TeBG, AnwBl 2021, 90; *Flörl*, Zur Strafbarkeit Beliehener für die vorgezogene Vornahme von Amtshandlungen, ZWF 2022, 94; *Fuchs*, Strafrecht im Wandel, StPG 33 (2005), 5; *Geyer*, Korruption und ihre Bekämpfung, JSt 2009, 7; *Geyer*, Korruption und ihre Bekämpfung, Ottenstein 2009, 31; *Glaser*, Der neue Amtsträgerbegriff im österreichischen Strafrecht, JBl 2009, 225; *Glaser*, Ist ein Vertragsabschluss (k)ein Vorteil im Sinne des österreichischen Korruptionsstrafrechts? ZWF 2016, 208; *Glaser*, Können Europäische Staatsanwälte Amtsmissbrauch begehen? ZWF 2022, 29; *Harbich*, Akteneinsicht, Amtshilfe und Auskunftspflicht, AnwBl 1988, 3; *Hauer* (Hrsg), Korruption, Korruptionsprävention und Korruptionsbekämpfung[2] (2021); *Heigenhauser*, Urgenz des Rechtsanwalts bei Behörden: strafbar gemäß § 308 StGB (verbotene Intervention)? AnwBl 2010, 63; *Hinterhofer*, Zur Strafbarkeit des „Anfütterns“ von Amtsträgern – Versuch einer einschränkenden Auslegung, ÖJZ 2009/28, 250; *Hinterhofer*, Eingeschränktes Korruptionsstrafrecht für Abgeordnete österreichischer Vertretungskörper, ecolex 2009, 736; *Hinterhofer*, Vorteilsbegriff und äquivalente Gegenleistung im Korruptionsstrafrecht – eine Präzisierung, ecolex 2015, 770; *Höcher*, Die Verbotene Intervention – eine Bestimmung im Wandel der Zeit, ecolex 2013, 7; *Höcher*, Korruption im öffentlichen und privaten Sektor – eine strafrechtliche Gegenüberstellung, ecolex 2013, 785; *Höcher*, Erlaubte Einflussnahme und Verbotene Intervention, Ottenstein 2014, 21; *Höcher*, Erlaubte Einflussnahme und Verbotene Intervention, ÖJZ 2015/141, 1083; *Höcher*, Korruption und Amtsträger, Ottenstein 2017, 33; *Höcher/Komenda*, Nach der Novelle ist vor der Novelle? Aktuelle Fragen des österreichischen Korruptionsstrafrechts, ecolex 2012, 396; *Höcher/Komenda*, Spezialfragen des KorrStrÄG 2012, ecolex 2012, 688; *Höcher/Krauskopf*, Zur strafrechtlichen Relevanz von Provisionszahlungen an Vertragsärzte, RdM 2012/107, 164; *Höcher/Singer*, Kaffee, Kuchen, Korruptionsstrafrecht, ecolex 2014, 234; *Huber*, Missbrauch der Amtsgewalt und Bestechlichkeit stehen im Verhältnis echter Konkurrenz, JAP 2013/2014, 135; *Huber*, Neueste Änderungen im Korruptionsstrafrecht, JSt 2020, 111; *Ifsits*, Zur Strafbarkeit niedergelassener Vertragsärzte nach § 309 StGB, RdM 2018/2, 4 und 2018/48, 55; *Ifsits*, Der „Vorteil“ im Korruptionsstrafrecht, JAP 2018/2019/21, 206; *Ifsits*, Dolmetscher im gerichtlichen Strafverfahren als Tatsubjekte der §§ 304 ff StGB, ÖJZ 2019/80, 662; *Jerabek*, Neuerungen im Korruptionsstrafrecht – KorrStrÄG 2012, SIAK-Journal 2013 H 3, 36; *Kahl/Stücklberger*, Zur Zulässigkeit von Parteispenden aus korruptionsstrafrechtlicher Sicht, ZWF 2020, 58; *Kind*, Ärzte zwischen Sponsoring und Korruption, RdM 2003, 10; *Klatil*, Neue Antikorruptionsbestimmungen für den öffentlichen Dienst, ÖGZ 2009, 10; *Koukol*, Das neue Korruptionsstrafrecht, JAP 2012/2013, 145; *Koukol/Machan*, Niedergelassene Vertragsärzte als Täter von Korruptionsdelikten? Die Rechtslage nach dem Korruptionsstrafrechtsänderungsgesetz 2012, RdM 2013/77, 124; *Krakow/Flatz*, Die Verbotene Intervention – Wann ist Einflussnahme ungebührlich? ecolex 2013, 11; *Kucsko-Stadlmayer*, Korruptionsstrafrecht und Dienstrecht, JBl 2009, 742; *Lewisch*, Aktuelles Wirtschaftsstrafrecht: Privatisierungs- und Vergabeverfahren zwischen Untreue, Geheimnisverrat und Bestechung, in: *Lewisch*, Wirtschaftsstrafrecht und Organverantwortlichkeit, Jahrbuch 2012, 69; *Lewisch*, Altes und Neues zum Korruptionsstrafrecht, in: *Lewisch* (Hrsg), Wirtschaftsstrafrecht und Organverantwortlichkeit. Jahrbuch 2015 (2015) 383; *Lewisch*, Untreue und Korruption, in: *Lewisch* (Hrsg), Wirtschaftsstrafrecht und Organverantwortlichkeit, Jahrbuch 2017, 169; *Lintschinger*, Die Beauftragung von Schulfotografinnen durch die/den Schulleiter/in gegen Vorteile für die Schule – Ein Fall für das Strafgericht, ÖGZ 2016 H 11, 72; *Machac/Mende*, Geschenkannahme durch Machthaber – Nicht nur Amtsträger können „angefüttert“ werden, JSt 2019, 212; *Marek*, Neues (und Altes) vom Amtsmissbrauch, Ottenstein 2013, 75; *Marek/Jerabek*, Korruption und Amtsmissbrauch[14] (2021); *Mayer*, Zum Beamtenbegriff des Strafgesetzbuches, in: Ogris-FS (2010), 255; *Mayer*, Organe und Bedienstete öffentlicher Unternehmen als Amtsträger, in: Fuchs-FS (2014), 329; *Mayerhofer*, Die Amtsanmaßung nach § 314 StGB, NZ 1975, 49; *Medigovic*, Unterlassung der Anzeige nach § 84 StPO – Amtsmissbrauch? JBl 1992, 421; *Medigovic*, Geht das neue Korruptionsstrafrecht für Amtsträger zu weit? ÖJZ 2009/16, 149; *Medigovic*, Was vom Korruptionsstrafrecht übrig bleibt, ÖJZ 2010/31, 251; *Medigovic*, Das neue Korruptionsstrafrecht (KorrStrÄG 2009), RdW 2010, 263; *Messner*, Gebührliche und geringfügige Vorteile nach dem KorrStrÄG 2012, Ottenstein 2013, 85; *Messner*, Zuwendungen an Schulen und Lehrer – eine korruptionsrechtliche Gratwanderung, JSt 2015, 7; *Messner*, Wer besticht wen bei der Inseratenkorruption? ecolex 2022, 337; *Mitgutsch*, Die neuen Korruptionsdelikte für den öffentlichen Sektor und ihre internationalen Vorgaben, in: *Mitgutsch/Wessely* (Hrsg), Strafrecht Besonderer Teil Jahrbuch 2009, 39; *Mitgutsch/ Brandstetter M.*, Neues aus dem Besonderen Teil des StGB, Jahrbuch Strafrecht BT 2013, 13; *Neger*, Tatort Gemeindeamt. Bürgermeister und Kommunalpolitiker als Verbrecher?, RFG 2015/2, 4; *Neger*, Amtsmissbrauch, Untreue und Gemeinden, RFG 2017/16, 87; *Nordmeyer*, Aktuelle OGH-Rechtsprechung zum Amtsmissbrauch und zu den Korruptionstatbeständen, in: *Lewisch*, Wirtschaftsstrafrecht und Organverantwortlichkeit, Jahrbuch 2014, 81; *Nordmeyer*, Schädigungsvorsatz als strafbarkeitsbegrenzendes Tatbestandselement bei Missbrauch der Amtsgewalt, in: Liber Amicorum Eckart Ratz (2018), 71; *Nordmeyer*, Missbrauch der Amtsgewalt – alte und neue Fragen, Ottenstein 2019, 25; *Nowak/Zenz*, Der Straftatbestand der Folter in Österreich aus völkerrechtlicher Sicht, in: Höpfel-FS (2018), 485; *Öner*, Wissenswertes zum Missbrauch der Amtsgewalt – Am Beispiel missbräuchlich ausgegebener „Parkpickerl", JAP 2017/2018/8, 78; *Pfeil/Prantner*, Sozialbetrug und Korruption im Gesundheitswesen (2013); *Platzgummer*, Missbrauch des Aufsichtsrechtes im Rahmen der Wohnbauförderung, in: Moos-FS (1997), 161; *Plöckinger*, Bestechungs-, Provisions- und Schmiergeldzahlungen im geschäftlichen Bereich, ÖJZ 2009, 207; *Premissl*, § 303 StGB – Ein Schattendasein im System des österreichischen Grundrechtsschutzes, JSt 2005, 181; *Rauch*, Korruptionsstrafrecht: Vorteilsannahme und Bestechung im geschäftlichen Verkehr (2012); *Rebisant*, Korruptionsstrafrecht und Gemeinden, in: *Lewisch*, Wirtschaftsstrafrecht und Organverantwortlichkeit, Jahrbuch 2012, 61; *Reindl-Krauskopf*, Korruptionsstrafrecht in Österreich – überzogen oder zahnlos? JSt 2009, 49; *Reindl-Krauskopf*, Korruptionsstrafrecht neu – ein Überblick, ecolex 2009, 732; *Reindl-Krauskopf*, Neues Antikorruptionsstrafrecht: Alles neu – alles gut? in: Mayer-FS (2011), 613; *Reindl-Krauskopf*, Drittmittel für universitäre Forschung als korruptionsrelevante Vorteile? in: Fuchs-FS (2014), 415; *Reindl-Krauskopf/Huber*, Korruptionsstrafrecht in Fällen (2014); *Schallmoser*, Zum Schädigungsvorsatz des § 302 StGB nach der Rechtsprechung des OGH, Ottenstein 2016, 5 und RZ 2016, 210; *Schallmoser/Stoll*, Zur unterschiedlichen Behandlung von Amtsträgern idF des KorrStrÄG 2009 (Besprechung zu 17 Os 30/14m), JRP 2015, 115; *Schmitt*, Schul- und Kindergartenfotografen: Keine Korruption bei Zuwendung von Geld- und Sachleistungen an Schulen und Kindergärten, ZWF 2016, 204; *Schmoller*, Sind auch vorsätzliche Verhaltensweisen dem § 303 StGB zu unterstellen? ÖJZ 1983, 655; *Schniederjahn*, Das Verschwindenlassen von Personen in der Rechtsprechung internationaler Menschenrechtsgerichtshöfe (2017); *Schönborn*, Der rechtliche begründete Anspruch im Korruptionsstrafrecht, JSt 2019, 9; *Schönborn*, Aktive Korruption als Untreue? ZWF 2019, 174; *Schönborn*, Offene Fragen zur Korruption im privaten Sektor, JSt 2019, 419; *Schröder*, Geplante Novellierung des Korruptionsstrafrechts, ecolex 2022, 339; *Schuschnigg*, Anmerkungen zu: Korruptionsstrafrechtsänderungsgesetz oder „Nichts geht mehr!", ecolex 2013, 523; *Schuschnigg*, Korruptionsstrafrecht (2015); *Schuschnigg*, Korruptionsstrafrecht - Amtsträger, Bedienstete und Beauftragte, ecolex 2016, 481; *Schwaighofer*, Abgeordnete in Österreich privilegiert, Presse Rechtspanorama 28.3.2011, 16; *Schwaighofer*, Amtsmissbrauch durch Erlassung von (Pauschalierungs-)Verordnungen? ÖJZ 2014, 160; *Schwaighofer*, Zur Anwendbarkeit der Korruptionsdelikte auf Abgeordnete, in: van Staa-FS (2014), 295; *Seiler St.*, § 303 StGB eine Bestimmung ohne praktische Bedeutung? ÖJZ 1995, 87; *Seyfried/Zierl*, Der Verkauf von Patientendaten – Datenverkauf im Blickwinkel der Antikorruptionsbestimmungen (§§ 304 ff StGB), RdM 2014/103, 119; *Seyfried/Zierl*, § 10 UWG – Ein entbehrlicher Tatbestand des Nebenstrafrechts? JSt 2015, 15; *Soyer*, Über Korruption, ihre Freunde und Feinde, juridikum 2009, 62; *Soyer*, Private Korruption im Wirtschaftsleben, JBl 2012, 332; *Stadler*, Anwendbarkeit des § 304 StGB auf „Schiedsrichter" der „Schiedsstellen" bzw „Schlichtungsstellen" der Ärztekammern?, RdM 2009/68, 116; *Staffler*, Zur Transposition des Verschwindenlassens einer Person. Präzisierungsbedarf beim Tatbild des § 312b StGB, ÖJZ 2016/73, 499; *Steiner*, Drittmitteleinwerbung im Krankenhaus, RdM 2005, 132; *Stricker*, Missbrauch der Amtsgewalt (§ 302 StGB) – Aktuelle Judikatur des OGH (Senat 17), in: *Lewisch*, Wirtschaftsstrafrecht und Organverantwortlichkeit, Jahrbuch 2014, 97; *Stuefer*, Sponsoring – Eine Analyse aus strafrechtlicher Sicht, JSt 2012, 35; *Stuefer*, Wirtschaftsstrafrecht aktuell. Ein Überblick über das neue Korruptionsstrafrecht, JSt 2012, 148; *Tipold*, Aktuelle Gesetzesvorhaben: Verbrechen gegen die Menschlichkeit, Kriegsverbrechen, Anerkennung Europäischer Schutzanordnungen, StGB 2015, JSt 2014, 193; *Tipold*, Wettbetrug und Sportkorruption, in: Fußball und Strafrecht (2017), 51; *Venier*, Amtsmissbrauch durch Mitarbeiter beliehener Unternehmen? LJZ 2001, 31; *Wagner*, Missbrauch der Amtsgewalt beim Erlassen einer Verordnung, ÖJZ 1987, 645; *Wenk*, Korruption im öffentlichen Bereich² (2013); *Weber*, Die Amtspflichten des Bürgermeisters zur Überprüfung der Einhaltung von Baubescheiden und Auflagen im Baurecht, bbl 2018, 95; *Wenk/Weratschnig*, Amtsmissbrauch und Korruptionsdelikte (2020); *Wilhelm*, Bestechung: Was ist ein „Amtsgeschäft"? ecolex 2013, 1045; *Zagler*, Die Beamtendefinition des StGB, ÖJZ 1994, 713; *Zierl*, Korruptionsstrafrechtsänderungsgesetz 2012: Änderungen bei der strafrechtlichen Sanktionierung von Korruption in der Privatwirtschaft, JSt 2012, 144; *Zierl*, Konkurrenzfragen bei den Straftatbeständen zur Sanktionierung von Korruption in der Privatwirtschaft – zugleich ein Denkanstoß zur Beseitigung des § 153a StGB, JSt 2013, 241; *Zerbes*, Sportkorruption: Vernünftiger Anwendungsbereich der strafbaren Privatbestechung? in: *Lewisch*, Wirtschaftsstrafrecht und Organverantwortlichkeit, Jahrbuch 2018, 49; *Zerbes*, Das Regierungsprogramm zum Wirtschaftsstrafrecht – Potential für gute Lösungen, ecolex 2020, 260.

## Mißbrauch der Amtsgewalt

**§ 302. (1) Ein Beamter, der mit dem Vorsatz, dadurch einen anderen an seinen Rechten zu schädigen, seine Befugnis, im Namen des Bundes, eines Landes, eines Gemeindeverbandes, einer Gemeinde oder einer anderen Person des öffentlichen Rechtes als deren Organ in Vollziehung der Gesetze Amtsgeschäfte vorzunehmen, wissentlich mißbraucht, ist mit Freiheitsstrafe von sechs Monaten bis zu fünf Jahren zu bestrafen.**

**(2) Wer die Tat bei der Führung eines Amtsgeschäfts mit einer fremden Macht oder einer über- oder zwischenstaatlichen Einrichtung begeht, ist mit Freiheitsstrafe von einem bis zu zehn Jahren zu bestrafen. Ebenso ist zu bestrafen, wer durch die Tat einen 50 000 Euro übersteigenden Schaden herbeiführt.**

*(idF BGBl I 2012/61)*

### 1. Der Täter

1 § 302 ist ein Sonderdelikt: Der **Ausführende** muss ein **österreichischer Beamter** sein (§ 74 Abs 1 Z 4).

**A. Beamte** sind Personen, die in der **Rechtsprechung** oder im Namen des Bundes, eines Landes, eines Gemeindeverbandes, einer Gemeinde oder einer anderen Person des öffentlichen Rechts in der **Verwaltung tätig** sind. Ob sie Beamte iSd Dienstrechts, Vertragsbedienstete oder Angestellte sind, macht keinen Unterschied: Es gilt ein **„funktionaler Beamtenbegriff"** (RS0092043). Beamte sind nicht nur die Organe, die Rechtshandlungen vornehmen können, sondern auch sonst mit Verwaltungsaufgaben betraute Personen, sofern es sich nicht bloß um rein faktische Tätigkeiten handelt (s Rz 4).

Der Beamtenbegriff umfasst sowohl die Hoheits- als auch die Privatwirtschaftsverwaltung; ein Amtsmissbrauch kann freilich nur im hoheitlichen Bereich begangen werden (Rz 6ff).

Beamte sind Richter (zB 17 Os 7/13b), Staatsanwälte, Rechtspfleger (17 Os 9/13x), Grundbuchsführer, Gerichtsvollzieher (17 Os 28/14t) und andere Bedienstete der Justiz, zB Strafvollzugsbeamte (17 Os 3/15t, 14 Os 23/11f uam).

Beamte sind die Politiker, die den obersten Verwaltungsbehörden vorstehen: Minister (JBl 1993, 60), Landeshauptleute, Landesräte, Bürgermeister (17 Os 2/17h,

17 Os 28/16w). Keine Beamten sind die Mitglieder des Nationalrats, des Bundesrats, der Landtage, der Gemeindevertretungen; sie gehören jedoch zur Gruppe der Amtsträger (§ 74 Abs 1 Z 4a lit b; s § 304 Rz 3). Wenn der Gemeinderat allerdings als Verwaltungsbehörde tätig wird, sind seine Mitglieder (funktional) Beamte (17 Os 21/15i).

Beamte sind die Bediensteten der Ministerien, Ämter der Landesregierungen, Bezirkshauptmannschaften (17 Os 14/12f), Stadtmagistrate (17 Os 10/12t) und Gemeindeämter (13 Os 12/11f), Finanzämter (11 Os 105/11t), der Schulbehörden (17 Os 8/16d), der Sicherheitsbehörden und -dienststellen (EvBl 2003/190), also alle Polizisten (17 Os 36/14v uam), Offiziere und Unteroffiziere des Bundesheeres (17 Os 29/13p, 14 Os 125/18s), die Bediensteten der öffentlichen Schulen (14 Os 113/18a, 12 Os 10/12f), der Universitäten (OLG Graz 9 Bs 370/18g) und anderer juristischer Personen des öffentlichen Rechts, zB der Kammern und der Sozialversicherungsträger (*Jerabek/Ropper* WK² § 74 Rz 7; s auch *Nordmeyer* WK² § 302 Rz 19).

**B. Beamte** sind auch Personen, die zwar in keinem Dienstverhältnis zu einer Gebietskörperschaft stehen, aber – wenn auch nur vorübergehend – **mit hoheitlichen Aufgaben betraut sind.** 2

Beamte sind Schöffen und Geschworene, beigezogene Dolmetscher, Mitglieder von Prüfungskommissionen (zB nach § 35 SchUG: EvBl 1995/160; s auch 14 Os 113/18a); Prüfer bei Lenkerprüfungen (§ 34a FSG; EvBl 1995/16); Personen, die als Aufsichtsorgane Organstrafverfügungen ausstellen (§ 50 VStG; zB nach § 13 Abs 2 Tiroler ParkabgabeG 2006); Postbedienstete, die einen behördlichen RSa- oder RSb-Brief zustellen (15 Os 124/10i; s Rz 5); Notare, soweit sie als Gerichtskommissäre tätig sind. S auch 17 Os 11/17x (nach § 9 Abs 1 UbG beigezogener Stadtarzt).

Auch sog **„beliehene Unternehmer"** sind daher Beamte und damit mögliche Täter eines Amtsmissbrauchs, obwohl es erhebliche Unterschiede zu den anderen Beamten gibt, die für eine unterschiedliche Behandlung sprächen (beliehene Unternehmer können für ihre Tätigkeit Angestellte heranziehen und werden von ihren Kunden bezahlt: *Fuchs* StPG 33, 14f, *H/R* BT II § 302 Rz 14, *Venier* LJZ 2001, 31ff). 3

Beamte sind somit die Inhaber und Angestellten autorisierter Werkstätten, die Gutachten nach § 57a KFG ausstellen (14 Os 140/21a uam); die Mitarbeiter der Zulassungsstellen bei Versicherungen (§ 40a Abs 4 Z 1, § 40b Abs 6 Z 3 KFG; 13 Os 99/11z, 14 Os 105/10p), die Sachverständigen nach § 52 ForstG.

**C. Keine Beamten** sind die **Abgeordneten** allgemeiner Vertretungskörper (Rz 1), Gemeinschaftsbedienstete gem § 74 Abs 1 Z 4b sowie ausländische Beamte, außer sie sind den österreichischen gleichgestellt (*H/R* BT II § 302 Rz 5). 4

Keine Beamten sind auch Bedienstete, die bloß **untergeordnete Tätigkeiten** verrichten, die nicht zum eigentlichen Amtsbetrieb gehören, sondern bloß die äußeren Voraussetzungen dafür schaffen: zB Reinigungskräfte, Portiers,

Fahrer, Bedienstete der Müllabfuhr (*H/R* BT II § 302 Rz 13; weiter *Nordmeyer* WK[2] § 302 Rz 112). Schreibarbeiten gehören bereits zum Amtsbetrieb.

5 **D. Keine Beamten sind Bedienstete privatrechtlich strukturierter Unternehmen** und sog **selbständiger Wirtschaftskörper** – das sind Unternehmen, die Bund, Länder und Gemeinden zB zur Versorgung der Bevölkerung, zur Deckung des Eigenbedarfs oder auch des Gewinnes wegen unter einer eigenen Rechtspersönlichkeit (zB in Form einer AG oder GmbH) betreiben (*Nordmeyer* WK[2] § 302 Rz 16). Solche Bedienstete sind nur dann Beamte, wenn sie mit hoheitlichen Aufgaben betraut sind (Rz 2f); sie sind jedoch idR Amtsträger (§ 74 Abs 1 Z 4a lit d; § 304 Rz 6).

Keine Beamten iSd Strafrechts sind daher die Bediensteten der Post AG, Telekom Austria AG, des ORF, der Bundesimmobiliengesellschaft, der ausgegliederten Krankenanstalten usw (12 Os 23/12t; *Nordmeyer* WK[2] § 302 Rz 101), selbst wenn sie dienstrechtlich Beamte sind (EvBl 1997/52, 1998/172). Beamte sind lediglich die Angehörigen der Post- und der Fernmeldebehörden (§ 37 PMG, § 112 TKG) und Postbedienstete, wenn und soweit sie Urteile, Beschlüsse und Bescheide mit Zustellnachweis zustellen (§§ 3, 22 ZustellG; *F/M-K/O* § 74 Rz 4, § 302 Rz 6 uam; EvBl 1997/52, 195).

## 2. Die Ausführungshandlung – der Befugnismissbrauch

6 Der Beamte führt den Amtsmissbrauch aus, indem er seine **Befugnis, am Zustandekommen von Hoheitsakten mitzuwirken („Amtsgeschäfte"), missbraucht**. In der Privatwirtschaftsverwaltung (zB Betrieb einer Therme durch eine Gemeinde) gibt es keinen Amtsmissbrauch (17 Os 17/17d, 14 Os 115/18w uam; s aber Rz 17). Hoheits- und Privatwirtschaftsverwaltung kann man nach der Rechtsform der Handlungen abgrenzen: Typisch für hoheitliches Handeln sind Urteile, Bescheide und Zwangsgewalt, gegen die Rechtsmittel erhoben werden können (RS0130809).

„Amtsgeschäfte", die Beamte „im Namen einer Person des öffentlichen Rechts als deren Organ in Vollziehung der Gesetze" vornehmen (§ 302 Abs 1), sind Hoheitsakte: Urteile, Beschlüsse, Bescheide, die Ausstellung öffentlicher Urkunden (zB Führerscheine, Zulassungsscheine, Personalausweise, Zeugnisse öffentlicher Schulen), die Ausstellung eines Wiener Parkpickerls (17 Os 15/16h uam), die Erstellung eines Gutachtens (§ 57a KFG) über die Verkehrssicherheit eines Fahrzeugs (14 Os 140/21a, 17 Os 25/16d), die Zulassung eines Kfz, Anträge und Anordnungen des Staatsanwalts, Verhaftungen (14 Os 141/19w), Vorführungen (14 Os 149/21z), Sicherstellungen, Haus- und Personsdurchsuchungen, eine Observation (14 Os 138/11t), die vorläufige Abnahme des Führerscheins nach § 39 FSG (ZVR 1993/146), Identitätsfeststellungen nach dem SPG (12 Os 110/00), Prüfungsentscheidungen, Zustellungen nach dem ZustellG (EvBl 1997/195). Ein Vertrag, den die Gemeinde mit einer Firma abschließt, oder die Vergabe einer Subvention an einen Sportverein ist privatwirtschaftliches Handeln, die Buchführung der Gemeinde ist nach der Rsp jedoch (schlichte) Hoheitsverwaltung (17 Os 45/14t).

Der Befugnismissbrauch kann in der Vornahme eines rechtswidrigen Hoheitsaktes selbst oder darin bestehen, dass der Täter pflichtwidrig Hoheitsakte anderer Beamter herbeiführt oder verhindert (*Bertel* WK[2] [2010] § 302 Rz 22ff; JAB 959 BlgNR 13. GP, 35). Eine Weisung, die inhaltlich nicht auf ein hoheitliches, sondern ein privatwirtschaftliches Handeln gerichtet ist, kann keinen Amtsmissbrauch verwirklichen (17 Os 24/17h).

**A.** Der Täter missbraucht seine Befugnis, wenn er **einen Hoheitsakt vornimmt, der dem materiellen Recht widerspricht**. 7

Ein Bürgermeister bewilligt ein Bauvorhaben mit einer der Bauordnung widersprechenden Bebauungsdichte (JBl 1994, 838); er bewilligt den Abbruch eines denkmalgeschützten Objekts ohne Genehmigung des Denkmalamtes (17 Os 19/13t); er widmet ein Grundstück entgegen dem RaumordnungsG als Bauland und bewilligt dort die Errichtung eines Hauses (JBl 1997, 402); ein Polizist nimmt jemanden ohne Vorliegen der gesetzlichen Voraussetzungen fest (14 Os 141/19w) oder stellt ein Organstrafmandat aus, obwohl gar keine Verwaltungsübertretung vorliegt (vgl SSt 59/60); ein Staatsanwalt stellt ein Strafverfahren trotz Vorliegen der Anklagevoraussetzungen ein (vgl 17 Os 16/17g); ein Rechtspfleger antwortet Erben den Nachlass ein im Wissen, dass das Testament gefälscht ist (17 Os 15/15g), oder veranlasst ohne Rechtsgrundlage eine Auszahlung aus Amtsgeldern (s 14 Os 49/20t); ein Werkstättenleiter stellt ein Gutachten nach § 57a KFG für ein verkehrsuntaugliches Kfz aus (17 Os 6/15h); ein Gemeindebediensteter stellt ein Parkpickerl ohne Vorliegen der Voraussetzungen aus (17 Os 2/15w), macht eine unrichtige Eintragung im Melderegister (s etwa 17 Os 35/14x); ein Justizwachebeamter überlässt einem Strafgefangenen ein Handy (vgl 14 Os 69/21k).

**B.** Der Beamte missbraucht seine Befugnis, wenn er **bei Erlassung von Hoheitsakten Dienst- oder Verfahrensvorschriften missachtet**. 8

Ein Bürgermeister erlässt eine Baubewilligung ohne Bauverhandlung (EvBl 1975/82; s Rz 27); ein Polizist vernimmt seinen eigenen Sohn, statt sich befangen zu erklären (13 Os 101/10t; s auch 17 Os 16/15d); ein Werkstättenleiter stellt ein Gutachten nach § 57a KFG aus, ohne das Kfz gesehen zu haben (vgl 14 Os 134/19s, 14 Os 67/11a uam); ein Prüfer nimmt eine Prüfung ab, nachdem er dem Kandidaten den „richtigen" Prüfungsbogen zugespielt oder die Prüfungsfragen mitgeteilt hat (EvBl 1995/16, EvBl 1995/160; s auch 17 Os 16/15d, 14 Os 113/18a); ein Polizist ermittelt ohne irgendeinen Anhaltspunkt für eine strafbare Handlung (vgl 14 Os 21/19y) oder macht ohne dienstliche Veranlassung eine Datenabfrage (14 Os 140/20z); ein Zollbeamter stoppt einen PKW ohne Anlass und durchsucht ihn (17 Os 16/18h). Der Befugnismissbrauch allein genügt jedoch nicht; es muss noch der Schädigungsvorsatz hinzutreten (Rz 24ff).

Verhaltensweisen, die von rechtmäßiger Amtsausübung so weit entfernt sind, dass sie **verwaltungsrechtlich unbeachtlich** sind, sind keine – nicht einmal missbräuchliche – Hoheitsakte und darum kein Amtsmissbrauch. Hier kann aber ein Amtsmissbrauch durch Unterlassen in Frage kommen oder ein allgemeines Delikt vorliegen. S auch § 313 Rz 6: Fußtritt eines Polizisten gegen eine bereits fixierte Person. 9

Ein Bürgermeister „erlaubt" einem Bauwerber mündlich, unter vier Augen, ohne einen Akt anzulegen, einen bewilligungspflichtigen Bau. Das ist keine missbräuchliche Baubewilligung, sondern ein – rechtlich unwirksames – Versprechen, die rechtswidrige Bauführung zu dulden. Wenn der Bürgermeister das Versprechen hält, begeht er einen Amtsmissbrauch durch Unterlassen (vgl JBl 1989, 263, JBl 1990, 807 mit Anm von *Bertel*). S Rz 12ff.

10 **C.** Der Beamte missbraucht seine Befugnis, wenn er durch pflichtwidrige Bearbeitung eines Falles **Hoheitsakte anderer Beamter herbeiführt oder verhindert.**

Ein Amtssachverständiger bestätigt zu Unrecht die Verkehrs- und Betriebssicherheit eines Kfz, sodass es vom gutgläubigen Vorgesetzten die Zulassung erhält (ZVR 1990/27); ein Gemeindebeamter nimmt als Amtssachverständiger an der Bauverhandlung teil und verfasst einen Entscheidungsentwurf, obwohl er auch die Pläne für den Antragsteller verfasst hat und sich für befangen erklären müsste (EvBl 2000/152); ein Polizist verfasst eine unrichtige Verkehrsunfallanzeige, um dem Täter ein Verwaltungsstrafverfahren wegen Fahrerflucht (§ 4 Abs 5 StVO) zu ersparen (ZVR 2006/61); ein Aufsichtsjäger meldet der Bezirkshauptmannschaft, eine verbotene Lockfütterung sei beseitigt worden, obwohl er gar nicht nachgesehen hat (14 Os 73/07b). Die Täter beteiligen sich nicht etwa an einem Amtsmissbrauch des Vorgesetzten – Handeln in gutem Glauben kann nie Amtsmissbrauch sein –, sie sind selbst Täter nach § 302 (vgl dagegen BT I § 153 Rz 17).

11 **D. Nur rechtlich unvertretbares Verhalten** ist ein Missbrauch (ebenso *H/R* BT II § 302 Rz 39). Die rechtliche Vertretbarkeit ist objektiv zu beurteilen.

Ein Exekutor zieht immer wieder denselben Schlosser heran, der ihm dafür ein Honorar zahlt; wenn die Heranziehung gerade dieses Schlossers vertretbar ist, begeht der Täter keinen Amtsmissbrauch, sondern ein Bestechungsdelikt (aM wohl *Nordmeyer* WK² § 302 Rz 118, wenn nach unsachlichen Kriterien entschieden wurde).

## 3. Amtsmissbrauch durch Unterlassen

12 Der Beamte kann den Amtsmissbrauch auch durch Unterlassen, also dadurch begehen, dass er einen Hoheitsakt nicht vornimmt oder nicht vorbereitet, obwohl er das tun sollte. Strafbar ist der Täter aber nur unter den Voraussetzungen des § 2 (*Medigovic* JBl 1992, 422f; aM 17 Os 12/17v, 17 Os 47/14m; *Marek/Jerabek* Korruption § 302 Rz 32, *Hilf* WK² § 2 Rz 16, *H/R* BT II § 302 Rz 32, 38).

13 **A. Die Garantenstellung.** Der Täter muss als Garant für das Zustandekommen des Hoheitsaktes verantwortlich sein: Daher kann sich der Bürgermeister, der gegen einen ohne Baubewilligung oder abweichend von der Baubewilligung errichteten Bau nicht einschreitet oder das Melderegister, das unrichtige Eintragungen enthält, nicht berichtigen lässt, nach § 302 strafbar machen (17 Os 8/12y, 14 Os 137/18f).

Beamte, deren Hauptaufgabe in der Entdeckung, Verfolgung und Aburteilung von Straftätern besteht, können nach § 302 strafbar werden, wenn sie einen Täter pflichtwidrig nicht anzeigen oder eine Anzeige pflichtwidrig nicht weiterleiten (11 Os 87/10v; s auch 14 Os 150/21x).

Der Polizist, der einen Autolenker trotz festgestellter Alkoholisierung (§ 99 Abs 1a VStG) nicht anzeigt, begeht einen Amtsmissbrauch (17 Os 20/17w); nicht aber der Gewerbereferent, der den Betrieb einer nicht bewilligten Anlage der Strafabteilung nicht anzeigt (aM JBl 1994, 487): Eine Anzeigepflicht macht Beamte noch nicht zu Garanten für die Bestrafung des Täters (*Medigovic* JBl 1992, 425). Der OGH (17 Os 12/17v) stellt nur darauf ab, ob sich die unterlassene Anzeige auf eine Tätigkeit im Rahmen der (schlichten) Hoheitsverwaltung bezogen hat (krit dazu *Birklbauer/Stiebellehner* JSt 2017, 282f).

**Privates Wissen** begründet keine Garantenstellung (SSt 58/72). 14

Ein Polizist erfährt von einem Kollegen, dieser habe einen Verkehrsunfall mit Fahrerflucht begangen. Der Polizist unternimmt nichts. Das ist kein Amtsmissbrauch. Wenn der Polizist dann aber dienstlich mit der Aufklärung dieses Falles betraut wird, muss er sich entweder für befangen erklären oder sein Wissen aktenkundig machen. Ermittlungen, als ob er nichts wüsste, mit dem Ziel, ein Strafverfahren gegen den Kollegen zu verhindern, sind Amtsmissbrauch (EvBl 1990/107).

**B. Nur rechtlich unvertretbares Unterlassen** ist ein Missbrauch (s Rz 11). 15

Ein Polizist, der bei einer Verkehrskontrolle eine Geschwindigkeitsüberschreitung, auf einem Dienstweg eine Missachtung der Sperrstunde feststellt und darüber hinwegsieht, begeht keinen Amtsmissbrauch, wenn er von einer Anzeige und nach § 50 Abs 5a VStG von einer Organstrafverfügung absehen dürfte (*H/R* BT II § 302 Rz 39).

**C. Die Gleichwertigkeit.** Das Unterlassen muss der pflichtwidrigen Vornahme eines Hoheitsaktes gleichwertig sein. Diese Gleichwertigkeit liegt vor, wenn der Beamte „gezielt“ (EvBl 2000/101), also in der **Absicht** untätig bleibt, **einen bestimmten Hoheitsakt zu vermeiden**. Sie fehlt, wenn der Beamte nur wegen der Schwierigkeit des Falles, aus Überlastung, Umständlichkeit oder Bequemlichkeit nicht dazu kommt, den Hoheitsakt vorzunehmen oder zu veranlassen (*F/M-K/O* § 302 Rz 16; aM *H/R* BT II § 302 Rz 38 ua). § 302 richtet sich nicht gegen Schlamperei. 16

Ein Rechtspfleger unterlässt es, 1065 Ausfertigungen von Grundbuchsbeschlüssen dem Finanzamt zuzustellen (für Amtsmissbrauch: 13 Os 81/00); ein Gerichtsbeamter lässt im Lauf von 10 Jahren ua 574 Einlaufstücke, 637 Fristvormerke unbearbeitet und unterlässt Meldungen über den Verlust von Aktenstücken (für Amtsmissbrauch: 13 Os 17/07k); ein Beamter der Bezirkshauptmannschaft lässt in 160 Fällen Verwaltungsstrafanzeigen liegen (13 Os 74/98). In all diesen Fällen liegt kein gezieltes Unterlassen vor. Manchmal führt in solchen Fällen auch die vom OGH geteilte Meinung, das Streben nach Arbeitsersparnis und Arbeitserleichterung „indiziere“

typischerweise nur Fahrlässigkeit und keinen Schädigungsvorsatz (Rz 27), zum Ausschluss des § 302.

## 4. Missbräuche, die kein Amtsmissbrauch sind

17 Die Rsp wendet § 302 mitunter auf alle möglichen Missbräuche an, die mit einem Handeln „im Namen und als Organ" des Staates (Rechtshandlungen) und „in Vollziehung der Gesetze" (Hoheitsakte) nichts zu tun haben. § 302 könne auch durch jede faktische Verrichtung begangen werden, sofern sie zu einem hoheitlichen Bereich gehört und einer Rechtshandlung annähernd gleichwertig ist („schlichte Hoheitsverwaltung"; RS0130809, 17 Os 5/17i, 17 Os 45/14t uam; s auch *Nordmeyer* WK² § 302 Rz 62ff uam). Aber Handlungen, die mit Hoheitsakten nichts zu tun haben, geschehen gerade nicht im Rahmen der Hoheitsverwaltung, und was zB das Zechen mit Straf- und Verwaltungsgefangenen (JBl 1980, 385) oder den Schmuggel von Videokassetten in eine Justizanstalt (12 Os 137/00; vgl auch 17 Os 3/15t) einem missbräuchlichen Hoheitsakt „gleichwertig" macht, das weiß niemand so recht zu sagen (s auch *Messner* PK-StGB § 302 Rz 11).

18 **A. Rechtshandlungen ohne hoheitlichen Charakter** sind kein Amtsmissbrauch.

Ein Gemeindesekretär gibt einer Firma den Auftrag, das Feuerwehrhaus zu verputzen; in die Kosten dafür sollen Kosten für Arbeiten im Eigenheim des Täters miteinkalkuliert werden; der Täter begeht eine Untreue (JBl 1980, 49; s auch 17 Os 17/17d). Angehörige des Bundesheeres bestellen auf Rechnung des Bundesheeres Lebensmittel, die sie privat konsumieren: kein Amtsmissbrauch, weil keine hoheitlichen Befugnisse ausgeübt werden, auch wenn die Handlung im Bereich der Heeresverwaltung gesetzt wird (*Messner* PK-StGB § 302 Rz 11; aM 17 Os 27/15x).

Auch unbefugte **Datenabfragen** (ohne dienstlichen Anlass), zB aus dem EKIS, dem Strafregister oder PAD, sind keine hoheitlichen Handlungen mit Außenwirkung und deshalb kein Amtsmissbrauch (*Messner* PK-StGB § 302 Rz 12). Nach Ansicht des OGH verwirklicht hingegen die Abfrage von Daten aus einer amtlichen Datei ohne dienstlichen Grund idR einen Amtsmissbrauch, es sei denn die Daten waren dem Täter schon vor der Abfrage bekannt oder sie sind (wie zB Daten aus dem Melderegister oder Grundbuch) allgemein verfügbar (14 Os 6/22x, 14 Os 140/20z uam; s auch § 310 Rz 8).

19 **B. Die Zueignung von Sachen und Geldern**, die dem Beamten dienstlich zugekommen sind, ist kein Hoheitsakt und daher kein Amtsmissbrauch, aber ein Vermögensdelikt (iVm § 313). Das gilt auch dann, wenn der Beamte die Sachen nicht nur verwahren, sondern auch ihren Erhalt in einem Vermerk festhalten muss. Der OGH hingegen nimmt beim Nichtabführen (Zueignung) eingehobener Gelder regelmäßig Amtsmissbrauch an (RS0129855; ebenso *Nordmeyer* WK² § 302 Rz 120).

Ein Beamter der Landessanitätsdirektion übernimmt Gelder für Gesundenuntersuchungen und behält sie, anstatt sie einzuzahlen (EvBl 2001/123); eine Beamtin eignet sich Bargeld aus der Amtskasse zu (17 Os 9/18d; s § 313 Rz 2). Ein Polizist eignet sich abgegebene Fundsachen zu, statt sie weiterzuleiten (für § 302: 17 Os 10/12t, 12 Os 69/08a), führt einkassierte Strafgelder nicht oder nicht vollständig ab (für § 302: 17 Os 36/14v, 17 Os 24/15f). Sie begehen eine Veruntreuung iVm § 313 (s BT I § 133 Rz 6).

**C. Die Täuschung von Parteien und anderen Personen, um sie zur Zahlung nicht geschuldeter Strafen, Gebühren oder Kosten zu veranlassen,** ist kein Hoheitsakt und darum kein Amtsmissbrauch. Der Täter begeht einen Betrug. 20

Ein Zollbeamter erklärt dem Opfer, es habe eine Strafe von 500 € zu erwarten. Das Opfer bezahlt sie sofort. Dann legt der Beamte dem gutgläubigen Vorgesetzten den Entwurf einer Strafverfügung über 400 € vor; der Vorgesetzte unterschreibt. 100 € behält der Täter für sich. Die geschuldete Strafe beträgt 400 €. Der Täter betrügt das Opfer, indem er ihm eine höhere Strafe vortäuscht (aM SSt 60/45). Um den Betrug zu vertuschen, muss der Täter das Protokoll über den Erlag der Strafe ändern; darüber s § 311 Rz 9.

Ein Polizist täuscht einem Autofahrer die Ausstellung eines Organmandates in Höhe von 50 € vor und behält das Geld für sich: kein Amtsmissbrauch, sondern ein Betrug iVm § 313 (aM 17 Os 36/14v).

Ein Finanzbeamter bestätigt Hilfskräften, mit denen er die Arbeitszeit im Wirtshaus verbringt, 48 geleistete Arbeitsstunden. Der Täter begeht keinen Amtsmissbrauch (aM JBl 1990, 195), aber er trägt zum Betrug bei, den die Hilfskräfte durch Vorlage der Urkunde zum Nachteil des Staates begehen.

**D. Die Verwendung von Mitarbeitern zu privaten Arbeitsleistungen** ist kein Hoheitsakt und darum kein Amtsmissbrauch. Weisungen und Befehle, die in keiner Beziehung zum Dienst stehen, sind unbeachtlich (Art 20 Abs 1 B-VG, § 17 MilStG). 21

Keinen Amtsmissbrauch begeht ein Vizeleutnant und Werkstättenleiter des Bundesheeres, der Grundwehrdiener für ihn persönlich Regale bauen und an Privatfahrzeugen die Reifen wechseln lässt (aM EvBl 1998/91); der Offizier, der sich von einem Rekruten in der Nacht in ein Lokal bringen lässt (aM 17 Os 29/13p). S aber auch 14 Os 76/18k, 17 Os 24/17h (kein Amtsmissbrauch bei Weisungen zu nichthoheitlichem Handeln).

**E. Der Verrat von Amtsgeheimnissen** (§ 310 Rz 8) und die Amtsanmaßung (§ 314 Rz 3) sind keine Hoheitsakte und darum kein Amtsmissbrauch. 22

## 5. Die innere Tatseite

**A. Der Befugnismissbrauch muss wissentlich geschehen.** Dh der Beamte muss wissen (§ 5 Abs 3), dass sein Handeln oder Unterlassen gegen Bestimmungen verstößt bzw rechtlich nicht vertretbar ist (Rz 7ff). Wenn der Beamte sein Verhalten – in Verkennung der Sach- oder Rechtslage – für rechtlich noch 23 vertretbar hält, scheidet Amtsmissbrauch aus. Beamte müssen mitunter schwierige Fälle auch auf die Gefahr hin entscheiden, dass die Entscheidung heftig kritisiert, vielleicht auch mit einer Strafanzeige beantwortet wird (vgl §§ 180, 181 Rz 13, § 303 Rz 2).

Polizisten, die Verwaltungsübertretungen ungeahndet lassen, begehen keinen Amtsmissbrauch, wenn sie glauben, sie dürften vielleicht doch von einer Anzeige und nach § 50 Abs 5a VStG von einer Organstrafverfügung absehen; das gilt selbst dann, wenn sie sich über § 50 Abs 5a VStG besser hätten informieren sollen (vgl Rz 25).

Hingegen begeht der Polizist, der einen anderen als „Retorsionsmaßnahme" ohne Vorliegen der gesetzlichen Voraussetzungen festnimmt, Amtsmissbrauch (14 Os 129/09s). Dass ein Bürgermeister Warnungen des Amtssachverständigen unbeachtet lässt, ohne sich irgendwo zu erkundigen, ist immerhin ein Hinweis für ein Handeln wider besseres Wissen (JBl 1994, 838).

24 **B. Der Schädigungsvorsatz.** Der Täter muss überdies den Vorsatz haben, einen anderen zu schädigen. IdR geht es um die **Schädigung des Staates an einem Hoheitsrecht**: Der Beamte hat den zumindest bedingten Vorsatz, einen Hoheitsakt vorzunehmen oder zu veranlassen, der dem materiellen Recht widerspricht (*Bertel* WK² [2010] § 302 Rz 89ff). Mit der Schädigung des Staates an Hoheitsrechten kann auch eine Schädigung Privater verbunden sein.

Der Bürgermeister, der ein Bauvorhaben mit unzulässiger Bebauungsdichte (JBl 1994, 838) oder im Freiland (JBl 1997, 402) bewilligt; der Amtssachverständige, der die Verkehrs- und Betriebssicherheit eines Kfz bestätigt, obwohl er weiß, dass der Antragsteller trotz seiner Versprechen die festgestellten Mängel bis zur Zulassung nicht beheben kann (ZVR 1990/27); der Finanzbeamte, der für Bekannte Anträge an das Finanzamt stellt, sie selbst bearbeitet und steuerschonende Bescheide erlässt (vgl 17 Os 15/14f), wollen den Staat an Hoheitsrechten schädigen. Der Schaden besteht in der unrichtigen Baubewilligung, der unrichtigen Zulassung, in der Einhebung zu niedriger Steuern. S auch 14 Os 40/19t: Ein Bürgermeister unterlässt es, Gebühren vorzuschreiben.

25 **C.** Zum **wissentlichen Befugnismissbrauch** genügt, dass der Beamte weiß, er verstoße gegen irgendwelche Vorschriften, wenn auch nur gegen Dienst- und Verfahrensvorschriften. Für den **Schädigungsvorsatz** ist notwendig, dass der Beamte es ernsthaft für möglich hält und sich damit abfindet, einen dem materiellen Recht widersprechenden Hoheitsakt vorzunehmen oder zu veranlassen (*Bertel* WK² [2010] § 302 Rz 94ff; vgl auch *H/R* BT II § 302 Rz 50 ff).

Der **OGH** unterscheidet zwar auch zwischen Befugnismissbrauch einerseits und der vom Vorsatz des Täters umfassten Schädigung eines anderen andererseits (s etwa 17 Os 26/17b, 17 Os 10/15x zum Recht auf Datenschutz) und betont, dass die Nichteinhaltung von Vorschriften und die Nichtausübung von Aufsichts- und Kontrollrechten noch keine Schädigung in einem konkreten Recht des Staates darstellen (14 Os 49/21v, 14 Os 78/19f, 14 Os 73/18v uam; *Nordmeyer* WK² § 302 Rz 159ff). Allerdings lässt er es verschiedentlich genügen, dass der Beamte den Vorsatz hat, den Schutzzweck von Dienst- und Verfahrensvorschriften oder ein von Parteien durchsetzbares subjektives Verfahrensrecht zu vereiteln (RS0130021, 14 Os 97/18y, 17 Os 2/16x uam) oder Verfahrensvorschriften in unvertretbarer Weise (rundweg) zu missachten (12 Os 170/08d, 14 Os 67/11a; s auch 17 Os 16/12z: konkretes Recht des Staates auf Verfolgung von Verwaltungsübertretungen). Dadurch ist mit vielen wissentlichen Befugnismissbräuchen doch wieder notwendig ein Schädigungsvorsatz verbunden, was der Gesetzgeber gerade nicht wollte (*H/R* BT II § 302 Rz 50; s dazu auch *Schallmoser*, Ottenstein 2016, 19ff, die auf das öffentliche Interesse abstellt).

Der Leiter eines Strafamts fertigt einen ihm vorgelegten mangelhaften Bescheidentwurf ab, ohne ihn vorher zu überprüfen; er setzt eine Strafe ohne ausreichende Begründung herab: Er missbraucht seine Befugnis wissentlich, aber ohne Schädigungsvorsatz, wenn er den Bescheid für richtig und die Herabsetzung der Strafe für sachlich berechtigt hält (14 Os 74/03). In diesem Fall hat der OGH die Verurteilung wegen Amtsmissbrauchs aufgehoben, weil ein Handeln bloß zur Arbeitsersparnis, aus Schlamperei oder Desinteresse typischerweise bloß Fahrlässigkeit, aber keinen Schädigungsvorsatz indiziere (s auch 14 Os 73/07b).

Der Bürgermeister erteilt eine Baubewilligung ohne Bauverhandlung: Er missbraucht seine Befugnis wissentlich; aber mit Schädigungsvorsatz nur, wenn er es ernsthaft für möglich hält und sich damit abfindet, dass der Bau so nicht bewilligt werden dürfte (idS JBl 1990, 807, JBl 1989, 263; aM SSt 58/92). Wenn der Bürgermeister darauf vertraut, die Anrainer könnten auf der Bauverhandlung keine begründeten Einwendungen vorbringen, fehlt ihm der Schädigungsvorsatz. Vgl auch 17 Os 21/17t.

Ein Finanzbeamter verfasst für Steuerpflichtige Erklärungen zur Arbeitnehmerveranlagung und bearbeitet sie in der Folge selbst: Er missbraucht seine Befugnis, weil er sich für befangen erklären müsste, aber er handelt ohne Schädigungsvorsatz, wenn er korrekte Erledigungen herbeiführen will (s Rz 24). Nach Ansicht des OGH können Parteien auch in ihrem konkreten Recht auch Erlassung von Entscheidungen durch objektive, unbefangene Beamte geschädigt werden; im konkreten Fall verneinte der OGH jedoch eine Schädigung, weil die Erledigungen nicht zum Nachteil einer Partei sein konnten (17 Os 15/14f).

Da beliehene Unternehmer Beamte sind (s Rz 3), muss man auch und gerade hier den Schädigungsvorsatz ernst nehmen. 26

Der Inhaber einer Kfz-Werkstätte stellt ein Gutachten nach § 57a KFG aus, ohne die vorgeschriebenen Prüfungen zur Feststellung der Verkehrs- und Betriebssicherheit vorgenommen zu haben (12 Os 122/07v; vgl auch 14 Os 134/19s) oder obwohl er nur die Abgas- und Bremswerte kontrolliert hat (14 Os 120/06p, ZVR 2005/108). Der OGH lässt das zum Amtsmissbrauch genügen. Dadurch werde der Staat im Recht auf Ausschluss nicht betriebssicherer Fahrzeuge und andere Fahrzeuglenker und Verkehrsteilnehmer in ihrem Recht auf Sicherheit im Straßenverkehr geschädigt (17 Os 3/14s). Das ist nicht richtig: Wenn der Täter „bloß zur Arbeitsersparnis handelt" und darauf vertraut, es werde schon alles in Ordnung sein, fehlt ihm der Schädigungsvorsatz (Beweiswürdigungsfrage).

27 **D. Beschuldigte, die sich der eigenen Bestrafung zu entziehen suchen, handeln ohne Schädigungsvorsatz:** Beschuldigte müssen sich nicht demütig der Bestrafung unterwerfen; sie dürfen versuchen, Beamte, die über die Bestrafung entscheiden, durch Bitten und Täuschungen davon abzubringen. Beschuldigte können dabei freilich ein Bestechungsdelikt (§§ 307, 307a), ein Urkundendelikt (§§ 223ff) oder ein Delikt gegen die Rechtspflege (§§ 288ff) begehen (*Bertel* WK² [2010] § 302 Rz 116ff, 135).

Ein Vizeleutnant des Bundesheeres leitet eine Anzeige wegen Diebstahls nicht weiter, da er selbst der Täter ist; er begeht keinen Amtsmissbrauch (JBl 1993, 464).

Der Täter ist ohne Führerschein in seinem Auto unterwegs, er bittet einen Polizisten von einer Anzeige abzusehen (12 Os 67/03; s auch 14 Os 110/19m); ein alkoholisierter Autolenker bittet den Polizisten weinerlich, von einem Alkotest abzusehen, denn er sei selbst Polizist und der Alkotest werde seine Existenz zerstören (14 Os 23/04 = JSt 2005/1, 27 mit abl Anm *Mitgutsch*). Der OGH hat beide Täter wegen (versuchter) Bestimmung zum Amtsmissbrauch verurteilt, weil sie wussten, dass Polizisten in solchen Fällen von einer Anzeige nicht absehen dürfen. Diese Rsp dürfte in Europa einmalig sein.

## 6. Amtsmissbrauch und Weisung

28 Weisungen sind nach Art 20 Abs 1 B-VG unverbindlich, wenn der Angewiesene durch deren Befolgung eine gerichtlich strafbare Handlung beginge (vgl Rz 21). **Weisungen können gerichtlich strafbare Handlungen nicht rechtfertigen.** Das gilt auch für den Amtsmissbrauch (*Bertel* WK² [2010] § 302 Rz 126f; s auch *Kucsko-Stadlmayer* Disziplinarrecht⁴ 235f).

Der Minister „bittet" einen Referenten, einen Bescheid vorzubereiten, von dem beide wissen, dass er rechtlich nicht vertretbar ist. Die Weisung und ihre Ausführung sind missbräuchliches Mitwirken an einem Hoheitsakt (s Rz 7, 11), Minister und Referent sind nach § 302 strafbar. Wenn der Referent dem Minister seine Bedenken mitteilt, dann aber im Vertrauen darauf, die Vorstellungen des Ministers seien rechtlich vielleicht eben doch noch vertretbar, dessen Wünsche erfüllt, missbraucht er seine Befugnis nicht wissentlich.

Der Bürgermeister weist den Gemeindekassier an, eine über den früheren Bürgermeister verhängte Geldstrafe aus Gemeindemitteln zu bezahlen (für Untreue 15 Os 123/93); oder er weist den Gemeindesekretär an, eine fingierte Rechnung zu bezahlen (für Amtsmissbrauch JBl 1994, 266 mit Anm von *Bertel*); beide Bürgermeister missbrauchen nicht ihr Weisungsrecht – wirksame Weisungen liegen nicht vor –, sondern bestimmen ihre Mitarbeiter zu einer Untreue oder Veruntreuung.

## 7. Beteiligung am Amtsmissbrauch

29 Nichtbeamte oder Beamte, die der fragliche Hoheitsakt dienstlich nichts angeht, können sich am Amtsmissbrauch beteiligen. Der Bestimmungs- oder Beitragstäter muss **wissen**, dass das Handeln des unmittelbaren Täters einen

Befugnismissbrauch darstellt, und er muss einen **Schädigungsvorsatz** haben (Rz 24, 30). Darüber hinaus muss der Bestimmungs- oder Beitragstäter den zumindest bedingten Vorsatz haben, dass der Beamte seine Befugnis wissentlich missbraucht (*F/Z* AT I 35. Kap Rz 20ff; vgl *Lewisch* BT I 247): Gerade der wissentliche Befugnismissbrauch kennzeichnet den Amtsmissbrauch als unrechtsbezogenes Sonderdelikt.

Der **OGH** lässt es für die Strafbarkeit des Bestimmenden genügen, dass der Beamte seine Befugnis vorsätzlich missbraucht, verlangt aber doch, dass der Bestimmende von diesem Vorsatz weiß (RS0103984; *Nordmeyer* WK² § 302 Rz 180). Andere lassen es genügen, dass das Verhalten des bestimmten Beamten „objektiv pflichtwidrig" ist und der Bestimmende davon weiß (*K/Schm* StudB III § 302 Rz 76f, *H/R* BT II § 302 Rz 60). Im Ergebnis dürften alle diese Theorien auf etwa dasselbe hinauslaufen: Wer den Hoheitsakt, zu dem er den Beamten überreden will, für rechtlich noch vertretbar hält, und wer einen Beamten durch Täuschung verleiten will, einen Hoheitsakt gutgläubig vorzunehmen, ist nach § 302 nicht strafbar (im Ergebnis ebenso *K/H/K* AT Rz 37.39). 30

## 8. Qualifikationen

Der Amtsmissbrauch ist qualifiziert, wenn der Hoheitsakt, den der Täter missbräuchlich vornimmt oder veranlasst, 31
- in einem **völkerrechtlichen Vertrag** zwischen der Republik Österreich und anderen Mächten besteht („Diplomatenverrat"; *H/R* BT II § 302 Rz 55); oder
- einen Schaden von **mehr als 50.000 €** herbeiführt. Schäden aus mehreren Amtsmissbräuchen werden nach § 29 zusammengerechnet (13 Os 17/07k, 17 Os 13/12h).

## 9. Konkurrenz

Der Amtsmissbrauch kann mit **allgemeinen Delikten** idR nicht in derselben Handlung zusammentreffen. Ein Diebstahl oder eine Veruntreuung ist kein Hoheitsakt (Rz 19), und Urteile, Bescheide usw mögen rechtswidrig sein, Diebstahl oder Betrug sind sie darum nicht. So sind Beamte für Schäden, die sie durch fehlerhafte Hoheitsakte anrichten, zB für Freiheitsentziehungen, strafrechtlich nur nach § 302, also nur verantwortlich, wenn sie wider besseres Wissen handeln (s BT I § 99 Rz 18); einige Autoren sind anderer Meinung (*Schmoller* SbgK § 99 Rz 22f, *H/R* BT II § 302 Rz 66). 32

Im Zusammenhang mit Amtsmissbräuchen kommt es nicht selten zu **Schmiergeldzahlungen**. Mit der Verurteilung des Beamten nach § 302 Abs 1 wird auch die Bestechlichkeit nach **§ 304** abgegolten, sofern der Vorteil 50.000 € nicht übersteigt. Entsprechendes gilt für die Bestimmung zum Amtsmissbrauch: Die 33

Verurteilung nach §§ 12, 302 Abs 1 verdrängt die Bestechung nach § 307 Abs 1 und Abs 2 1. Fall (ebenso *H/R* BT II § 302 Rz 68; aM – für echte Konkurrenz des § 302 mit den Bestechungsdelikten – 17 Os 50/14b, 17 Os 13/12h = JBl 2013, 604 mit Anm *Medigovic*; *Marek/Jerabek* Korruption § 302 Rz 63, *Nordmeyer* WK² § 302 Rz 200).

## Fahrlässige Verletzung der Freiheit der Person oder des Hausrechts

**§ 303. Ein Beamter, der grob fahrlässig (§ 6 Abs. 3) durch eine gesetzwidrige Beeinträchtigung oder Entziehung der persönlichen Freiheit oder durch eine gesetzwidrige Hausdurchsuchung einen anderen an seinen Rechten schädigt, ist mit Freiheitsstrafe bis zu drei Monaten oder mit Geldstrafe bis zu 180 Tagessätzen zu bestrafen.**

*(idF BGBl I 2015/112)*

1 **Täter** ist ein **Beamter** (s § 302 Rz 1ff).

**Ausführungshandlung** ist die gesetzwidrige Vornahme, Anordnung oder Bewilligung einer Hausdurchsuchung, Festnahme, Untersuchungs- oder einer anderen Haft im Rahmen der hoheitlichen Amtsausübung.

§ 303 erfordert darüber hinaus die **Schädigung eines anderen an seinen Rechten**. Natürlich hat der Betroffene ein Recht auf die Einhaltung der StPO und der ihr zugrunde liegenden Verfassungsbestimmungen. Aber die Beeinträchtigung dieses Rechts ist mit jeder rechtswidrigen Hausdurchsuchung usw verbunden und kein weiteres Tatbildmerkmal. Ein von der rechtswidrigen Hausdurchsuchung usw unterscheidbarer Schaden kann nur darin bestehen, dass die **materiellen Voraussetzungen** für die Hausdurchsuchung oder Verhaftung nicht vorliegen (17 Os 17/16b, 18/16z = JBl 2017, 408 mit Anm *Huber*; *Bertel* WK² [2010] § 303 Rz 1f, *L/St/Aichinger* § 303 Rz 4; weiter *Stricker* WK² § 303 Rz 96).

Andere Autoren wollen jede rechtswidrige Hausdurchsuchung oder Festnahme für die Strafbarkeit nach § 303 genügen lassen (*H/R* BT II § 303 Rz 7, *Premissl* JSt 2005, 186 uam). Das ist abzulehnen: Beamte sollten Fehlentscheidungen, zB verfehlte Haftbeschlüsse von Strafrichtern, möglichst bald zurücknehmen. Das kann man schwerlich erwarten, wenn der Richter durch die Aufhebung seines Beschlusses gleich auch eine strafbare Handlung eingestehen bzw sich zumindest der Gefahr eines Strafverfahrens nach § 303 oder gar § 99 aussetzen müsste.

> Der Haftrichter überschreitet die Frist zur Entscheidung über die Untersuchungshaft oder bewilligt die Festnahme ohne ausreichende Begründung. Das macht ihn noch nicht strafbar, wenn die materiellen Haftvoraussetzungen vorliegen (17 Os 17/16b).

2 Auf der **inneren Tatseite** verlangt § 303 **grob fahrlässiges** Handeln, um die (Gefahr der) Strafbarkeit zu begrenzen. Es genügt also nicht mehr, dass der

Beamte das Fehlen der materiellen Voraussetzungen für die Hausdurchsuchung oder Festnahme bei gehöriger Aufmerksamkeit hätte erkennen können: Der Täter muss **auffallend sorglos** gehandelt haben (näher BT I § 81 Rz 2ff).

**Konkurrenz.** Auch wenn der Beamte bei der Freiheitsverletzung mit bedingtem Vorsatz handelt, kann er nur nach § 303 und nicht auch nach § **99** (iVm § 313) bestraft werden: Freiheitsentziehungen im Rahmen einer Amtsausübung sind durch § 303 und § 302 abschließend geregelt (*Bertel* WK² [2010] § 303 Rz 4, *Schwaighofer* WK² § 99 Rz 31; aM *H/R* BT II § 303 Rz 12, *Stricker* WK² § 303 Rz 118f, *K/Schm* StudB BT III zu § 303). 3

## Bestechlichkeit

**§ 304. (1) Ein Amtsträger oder Schiedsrichter, der für die pflichtwidrige Vornahme oder Unterlassung eines Amtsgeschäfts einen Vorteil für sich oder einen Dritten fordert, annimmt oder sich versprechen lässt, ist mit Freiheitsstrafe bis zu drei Jahren zu bestrafen. Ebenso ist zu bestrafen, wer als von einem Gericht oder einer anderen Behörde für ein bestimmtes Verfahren bestellter Sachverständiger für die Erstattung eines unrichtigen Befundes oder Gutachtens einen Vorteil für sich oder einen Dritten fordert, annimmt oder sich versprechen lässt.**

**(2) Wer die Tat in Bezug auf einen 3.000 Euro übersteigenden Wert des Vorteils begeht, ist mit Freiheitsstrafe von sechs Monaten bis zu fünf Jahren zu bestrafen, wer jedoch die Tat in Bezug auf einen 50.000 Euro übersteigenden Wert des Vorteils begeht, ist mit Freiheitsstrafe von einem bis zu zehn Jahren zu bestrafen.**

**(3) Wer ausschließlich nach § 74 Abs. 1 Z 4a lit. b letzte Alternative Amtsträger ist, ist nach dieser Bestimmung strafbar, wenn er mit dem Vorsatz handelt, dass durch die Vornahme oder Unterlassung des Amtsgeschäftes die finanziellen Interessen der Union geschädigt oder wahrscheinlich geschädigt werden.**

*(idF BGBl I 2019/111)*

## I. Überblick über die Korruptionsdelikte

Die §§ 304 bis 308 enthalten die Bestechungsdelikte für den öffentlichen Sektor und knüpfen an „**Amtsträger**" (§ 74 Abs 1 Z 4a) an; § 309 pönalisiert die Korruption im privaten Sektor. 1

Das Gesetz unterscheidet zwischen Bestechung für **pflichtwidriges** Verhalten (§ 304, § 307) und für **pflichtgemäßes** Verhalten (§ 305, § 307a). 2

Die **§§ 304, 305 und 306** erfassen die **passive** Bestechung, also das Annehmen von Vorteilen, die **§§ 307, 307a und 307b** die **aktive** Bestechung, das Geben von Vorteilen. § 308 stellt bestimmte Formen der Intervention unter Strafe. 3

## II. Die Bestechlichkeit gem § 304 (Vorteilsannahme für pflichtwidrige Amtsgeschäfte)

### 1. Tatsubjekte „Amtsträger" und „Schiedsrichter"

4 **A.** Als **Täter** der Bestechlichkeit nach § 304 kommen neben **Schiedsrichtern** iSd §§ 577ff ZPO (§ 74 Abs 1 Z 4c) **alle Amtsträger** gem § 74 Abs 1 Z 4a in Betracht. Wer allerdings (aufgrund der Ausdehnung des Amtsträgerbegriffs durch BGBl I 2019/111) ausschließlich deshalb Amtsträger ist, weil er öffentliche Aufgaben zur Wahrung der finanziellen Interessen der EU wahrnimmt (§ 74 Abs 1 Z 4a lit b letzter Fall: **„EU-Amtsträger"**; er ist zB in einer privatrechtlich organisierten Förderstelle tätig), macht sich nach § 304 nur strafbar, wenn er mit dem Vorsatz auf Schädigung der finanziellen Interessen der EU handelt (§ 304 Abs 3).

5 Bei den Amtsträgern unterscheidet man **mehrere Gruppen**:

**a) Amtsträger** ist nach § 74 Abs 1 Z 4a **lit b** jeder, der für eine Gebietskörperschaft (Bund, Land, Gemeindeverband, Gemeinde), für eine andere Person des öffentlichen Rechts (ausgenommen Religionsgesellschaften), für einen anderen Staat oder eine internationale Organisation **Aufgaben der Gesetzgebung, Verwaltung oder Justiz** als deren Organ oder Dienstnehmer wahrnimmt, sowie Unionsbeamte gem § 74 Abs 1 Z 4b und Personen, die öffentliche Aufgaben zur Wahrung der finanziellen Interessen der EU wahrnehmen.

Die Zugehörigkeit zu dieser Gruppe von Amtsträgern beruht auf einer **organisatorischen Einbindung**. Amtsträger nach dieser Bestimmung sind insb die Minister, Staatssekretäre, Mitglieder der Landesregierungen (17 Os 15/17k), Bürgermeister und die Abgeordneten (auch der EU und anderer Staaten). Für Dienstnehmer ist neben der Einbindung in die Organisationsstruktur die wirtschaftliche Abhängigkeit von den genannten Körperschaften kennzeichnend. Im Wesentlichen handelt es sich um die „klassischen Beamten" (§ 302 Rz 1). Auch Dienstnehmer öffentlich-rechtlicher Körperschaften (zB Universitäten, Krankenhäuser, Kammern, Sozialversicherungsanstalten) sind Amtsträger nach lit b. Niedergelassene Kassenärzte sind keine Organe der Krankenkassen, weil sie organisatorisch nicht in sie eingebunden sind.

Ob es sich um hoheitliche oder privatwirtschaftliche Verwaltungstätigkeit handelt, spielt keine Rolle. Wie bei den Beamten (§ 302 Rz 4) sind aber Personen, die ganz untergeordnete Tätigkeiten ausführen, die mit dem eigentlichen Amtsbetrieb nichts zu tun haben, keine Amtsträger (*H/R* BT II § 304 Rz 8).

6 **b) Amtsträger** sind weiters Personen, die – ohne organisatorische Einbindung in eine Gebietskörperschaft oder eine öffentlich-rechtliche Körperschaft – **sonst** im Namen dieser Körperschaften **befugt** sind, **in Vollziehung der Gesetze Amtsgeschäfte vorzunehmen** (§ 74 Abs 1 Z 4a **lit c**). In diese Gruppe fallen die Beamten im „funktionalen Sinn" (§ 302 Rz 3, 4), also zB Laienrichter, Gerichtsdolmetscher, Prüfer an Universitäten, Zusteller von RSa-Briefen und

beliehene Unternehmer wie Betreiber von Kfz-Werkstätten nach § 57a Abs 2 KFG (*Jerabek* WK² § 74 Rz 19/3).

c) **Amtsträger** sind nach § 74 Abs 1 Z 4a **lit d** schließlich Organe und Bediens- 7
tete von **Unternehmen**, an denen **Gebietskörperschaften mit mindestens 50 % beteiligt** sind, die Gebietskörperschaften **allein betreiben oder beherrschen**, jedenfalls aber alle Unternehmen, die der **Kontrolle des Rechnungshofs** oder einer vergleichbaren Einrichtung unterliegen (sog „öffentliche" und „staatsnahe" Unternehmen).

Damit zählen zB die Bediensteten der Post AG, der ÖBB, des ORF, der ASFINAG, der diversen Kommunal- und Verkehrsbetriebe, der Elektrizitätsunternehmen der Länder, der Krankenanstaltengesellschaften, der Bundesbeschaffung GmbH, der Buchhaltungsagentur des Bundes, der Bundesimmobiliengesellschaft und der Flughafen Wien AG zu den Amtsträgern, es sei denn sie verrichten reine Hilfstätigkeiten (JAB 1833 BlgNR 24. GP, 4).

**B.** Täter der Bestechlichkeit kann nach § 304 Abs 1 zweiter Satz auch ein **Sach-** 8
**verständiger** sein, der vom Gericht, von der StA oder einer anderen Behörde für ein bestimmtes Verfahren bestellt wurde. Privatgutachter gehören nicht dazu.

## 2. Die Tathandlungen nach § 304 Abs 1

**A. Vorteil.** Der Amtsträger oder Schiedsrichter oder auch ein Dritter erhält 9
(genauer Rz 10) für die pflichtwidrige Vornahme oder Unterlassung eines Amtsgeschäfts, der Sachverständige für die Erstattung eines unrichtigen Gutachtens einen Vorteil.

Der **Vorteil** kann ein Vermögensvorteil (Geld, Ferienreise, Konzertkarte) oder auch ein Vorteil immaterieller Natur (zB Verschaffung einer Auszeichnung, Unterstützung einer Bewerbung, sexuelle Dienste) sein. Eine günstige Berichterstattung über einen Politiker in einer Zeitung ist aber noch kein Vorteil. Auf die **Höhe** des Vorteils soll es nicht ankommen; es gibt keine Geringfügigkeitsgrenze (*Höcher/Singer* ecolex 2014, 234 ua). Der Vorteil kann auch **Dritten** zufließen, zB auch der juristischen Person, der der Amtsträger angehört (*Messner* JSt 2015, 10f, *Reindl-Krauskopf/Huber* Korruptionsstrafrecht 12).

**Kein Vorteil** iSd §§ 304ff liegt nach hA vor, wenn im privatwirtschaftlichen Bereich eine Leistung aufgrund eines **vertraglichen Austauschverhältnisses** erbracht wird (17 Os 8/16d: Schulfotograf). Die Bezahlung eines einigermaßen angemessenen Honorars für einen Vortrag oder eine Beratung, eine Zahlung für die Einräumung einer Werbemöglichkeit oder für die Ermöglichung von Verkaufschancen sind nicht tatbildlich (*Messner* PK-StGB § 304 Rz 13f mN). Bei einem krassen Missverhältnis zwischen dem Wert der Leistungen liegt jedoch uU ein dahinterstehender vertragsfremder Zweck oder gar ein Scheingeschäft und somit ein Vorteil iSd § 304 vor (*L/St/Aichinger* § 304 Rz 12; im Ergebnis ebenso 17 Os 8/16d).

10 **B. Fordern, annehmen, sich versprechen lassen.** Der Täter **fordert** den Vorteil, wenn er jemandem zu verstehen gibt, er solle ihm oder Dritten den Vorteil gewähren. Der Täter **nimmt** den Vorteil **an**, wenn er sich in den Genuss des Vorteils setzt, zB das ihm überwiesene Geld behält oder weiter überweist oder die Veranstaltung besucht (*Hauss/Komenda* SbgK § 304 Rz 87). Der Täter **lässt sich** den Vorteil **versprechen**, wenn er mit jemandem eine Vereinbarung darüber trifft. Schweigen auf ein Angebot reicht nicht (*H/R* BT II § 304 Rz 22).

11 **C. Konnex zum Amtsgeschäft.** Der Täter fordert usw den Vorteil **gerade für die pflichtwidrige Vornahme oder Unterlassung eines Amtsgeschäfts** bzw die unrichtige Erstattung eines Befundes oder Gutachtens.

Amtsgeschäft ist eine Tätigkeit, die spezifisch zum jeweiligen Amtsbetrieb oder zum Aufgabenbereich des Unternehmens (§ 74 Abs 1 Z 4a lit d) gehört. Der **konkrete Zusammenhang** zwischen Vorteil und einem **bestimmten oder wenigstens bestimmbaren** (pflichtwidrigen) **Amtsgeschäft** muss festgestellt werden. Vorteilsannahme für die Amts*tätigkeit* fällt unter § 306 bzw § 307b (vgl 17 Os 20/13i). Geschenke bloß aus Freundschaft sind keine Gegenleistungen für ein Amtsgeschäft (*Nordmeyer/Stricker* WK² § 304 Rz 62); allerdings liegt bei Vornahme eines pflichtwidrigen Amtsgeschäfts der Zusammenhang nahe.

Die Forderung usw des Vorteils kann grundsätzlich vor oder nach der Vornahme des Amtsgeschäfts erfolgen. Bei pflichtwidrigem Handeln wird idR vorher eine Vereinbarung über den Vorteil getroffen.

> Ein Abgeordneter vereinbart mit einem Lobbyisten ein Honorar für die Einbringung eines Initiativantrags zur Abänderung eines bestimmten Gesetzes: Er macht sich nach § 304 oder § 305 (s Rz 12) strafbar. Wenn er vom Lobbyisten Geld nimmt, um in Hinkunft im Interesse eines Konzerns zu agieren, kann nur § 306 erfüllt sein (vgl 17 Os 20/13i). Für Abgeordnete gehören auch Fachgespräche mit anderen Abgeordneten zu den Amtsgeschäften.

12 **D. Pflichtwidrigkeit.** § 304 verlangt, dass das **Amtsgeschäft**, für das der Vorteil gefordert usw wird, **pflichtwidrig** ist; bei pflichtgemäßem Handeln kommt § 305 zur Anwendung. Dass die Forderung oder Annahme des Vorteils pflichtwidrig ist, genügt nicht (14 Os 10/20g).

Pflichtwidrigkeit liegt vor, wenn bei der Durchführung **Verhaltensregeln** (Gesetze, Verordnungen, Erlässe, Weisungen, interne Richtlinien) **verletzt** werden. Dass sich der Amtsträger bei der Ausübung von Ermessen vom Vermögensvorteil motivieren lässt, stellt keine Pflichtwidrigkeit dar (*Lewisch* Jahrbuch 2017, 183). Solange das Amtsgeschäft im Ergebnis vertretbar ist, keine Vorschrift verletzt und keine andere Partei benachteiligt wird, macht sich der Täter nicht nach § 304 strafbar (*Hauss/Komenda* SbgK § 304 Rz 111ff). Nach anderer Meinung (RS0096099; 14 Os 10/20g; *Reindl-Krauskopf/Huber*, Korruptionsstrafrecht 21, *H/R* BT II § 304 Rz 28, *L/St/Aichinger* § 304 Rz 8,

*Nordmeyer/Stricker* WK[2] § 304 Rz 30ff) ist jede von unsachlichen Beweggründen (auf Grund der Zuwendung) geleitete **Ermessensausübung** pflichtwidrig, ja sogar die raschere Bearbeitung (Vorreihung) eines Akts.

Nach § 304 Abs 1 **strafbar** macht sich der Polizist, der für die Unterlassung der Anzeige einer festgestellten Alkoholisierung einen Preisnachlass beim Kauf eines Autos fordert (17 Os 20/17w; s § 302 Rz 13); ein leitender Angestellter der Bundesimmobiliengesellschaft oder eines landeseigenen Elektrizitätsunternehmens, der für die Erteilung eines Auftrags an einen Schlechterbieter Geld annimmt (vgl 13 Os 140/88); ein Justizwachebeamter, der Geld dafür nimmt, dass er einem Gefangenen einen Brief in die Zelle schmuggelt (vgl 12 Os 137/00); ein Beamter des BFA, der für die rechtswidrige Ausstellung von Aufenthaltstiteln nach dem AsylG Geld verlangt (14 Os 117/20t); ein Abgeordneter des Gemeinderats, der für eine Belohnung von einer Sitzung fernbleibt, um so eine Stimmenmehrheit für ein Projekt herbeizuführen.

Ein Mechaniker zieht den PKW eines Bekannten, der sein Auto unbedingt rasch wieder benötigt, für die Pickerlüberprüfung nach § 57a KFG vor, weil er von diesem 10 € Trinkgeld bekommt. Die Begutachtung erfolgt korrekt, andere müssen deshalb nicht unüblich länger warten: Weder der Mechaniker (§ 304 Abs 1) noch der Bekannte (§ 307 Abs 1) machen sich strafbar (*Flörl* ZWF 2022, 95f).

Der Bürgermeister, der einer Firma mitteilt, sie werde laufend weiter Aufträge bekommen, wenn sie einen Preisnachlass gewährt, handelt auch nach Ansicht des OGH nicht pflichtwidrig (17 Os 11/14t).

## 3. Innere Tatseite

Der Vorsatz des Täters muss insb auf die Pflichtwidrigkeit des Amtsgeschäfts 13
bzw Unrichtigkeit des Befunds oder Gutachtens gerichtet sein. Wer glaubt, im Rahmen seiner Befugnisse korrekt zu handeln, kann nur nach § 305 bestraft werden.

Die besonderen „EU-Amtsträger" (Rz 4) müssen überdies mit dem Vorsatz auf (zumindest „wahrscheinliche") Schädigung der finanziellen Interessen der EU handeln (§ 304 Abs 3). Das ist nichts anderes als ein bedingter Vorsatz (aM *Nordmeyer/Stricker* WK[2] § 304 Rz 82/2: Gefährdungsvorsatz).

## 4. Qualifikationen

Die Bestechlichkeit fällt unter die (deutlich überzogenen: *Medigovic* ÖJZ 14
2010, 257) höheren Strafsätze des **Abs 2**, wenn der Vorteil 3.000 € bzw 50.000 € übersteigt. Der Vorsatz des Täters muss sich auch darauf beziehen.

Mehrere Vorteile, die der Täter vom selben Vorteilsgeber für das gleiche Amtsgeschäft erhalten hat, werden **zusammengerechnet**. Im Übrigen gibt es keine Zusammenrechnung: § 29 ist nicht anwendbar, weil Vorteile keine ziffernmäßig bestimmten Werte von Sachen sind, gegen die sich die Handlung des Täters richtet, und auch keine Schäden, welche die Handlung anrichtet (*Ratz* WK[2] § 29 Rz 1, 13, *H/R* BT II § 304 Rz 32).

### 5. Abgrenzung und Konkurrenz

15 Das pflichtwidrige Amtsgeschäft, für das der Täter einen Vorteil fordert usw, kann einen **Amtsmissbrauch** nach § 302 verwirklichen. Die Verurteilung nach § 302 gilt auch die Bestechlichkeit nach § 304 Abs 1 und Abs 2 erster Fall ab, weil die hohe Strafdrohung des § 302 das Unrecht der Vorteilsannahme mit abdeckt (s § 302 Rz 33).

Begeht der Täter hingegen durch das pflichtwidrige Amtsgeschäft eine **Untreue**, so treten § 153 – eigentlich das gravierendere Delikt – und § 304 in echte Konkurrenz. § 153a tritt zurück (*Hauss/Komenda* SbgK § 304 Rz 159f; 14 Os 132/18w; vgl BT I § 153a Rz 6).

§ 304 und § **305** schließen einander aus. § **306** tritt zurück, wenn ein Vorteil sowohl für ein konkretes Amtsgeschäft als auch für die weitere Amtstätigkeit gefordert usw wird. S auch Rz 11.

16 Bedienstete nicht-öffentlicher Unternehmen, die keine Amtsträger sind, können sich nach § **309** strafbar machen.

## Vorteilsannahme

**§ 305. (1) Ein Amtsträger oder Schiedsrichter, der für die pflichtgemäße Vornahme oder Unterlassung eines Amtsgeschäfts für sich oder einen Dritten einen Vorteil fordert oder einen ungebührlichen Vorteil (Abs. 4) annimmt oder sich versprechen lässt, ist mit Freiheitsstrafe bis zu zwei Jahren zu bestrafen.**

*(2) aufgehoben.*

**(3) Wer die Tat in Bezug auf einen 3.000 Euro übersteigenden Wert des Vorteils begeht, ist mit Freiheitsstrafe bis zu drei Jahren zu bestrafen, wer jedoch die Tat in Bezug auf einen 50.000 Euro übersteigenden Wert des Vorteils begeht, ist mit Freiheitsstrafe von sechs Monaten bis zu fünf Jahren zu bestrafen.**

**(4) Keine ungebührlichen Vorteile sind**

1. **Vorteile, deren Annahme gesetzlich erlaubt ist, oder die im Rahmen von Veranstaltungen gewährt werden, an deren Teilnahme ein amtlich oder sachlich gerechtfertigtes Interesse besteht,**
2. **Vorteile für gemeinnützige Zwecke (§ 35 BAO), auf deren Verwendung der Amtsträger oder Schiedsrichter keinen bestimmenden Einfluss ausübt, sowie**
3. **in Ermangelung von Erlaubnisnormen im Sinne der Z 1 orts- oder landesübliche Aufmerksamkeiten geringen Werts, es sei denn, dass die Tat gewerbsmäßig begangen wird.**

**(5) § 304 Abs. 3 gilt sinngemäß.**

*(idF BGBl I 2019/111)*

### 1. Täter

1 Als Täter einer Vorteilsannahme kommen (wie für § 304) **Amtsträger und Schiedsrichter** in Betracht (s § 304 Rz 4ff). Sachverständige sind von § 305 nicht erfasst: Wenn sie Geschenke für ein korrektes Gutachten annehmen, bleiben sie straffrei. Amtssachverständige sind hingegen Amtsträger (s Rz 2) und fallen unter § 305.

## 2. Tathandlungen

2 **A.** Der Täter **fordert einen Vorteil, nimmt ihn an oder lässt ihn sich versprechen** (s § 304 Rz 10), im Fall des § 305 – im Unterschied zu § 304 – jedoch für die **pflichtgemäße** Vornahme oder Unterlassung eines Amtsgeschäfts; ob vor oder nach dem Amtsgeschäft, spielt keine Rolle. Auch dass der Vorteil einem Dritten (zB einer juristischen Person) zugutekommt, schließt die Strafbarkeit nicht aus (*Messner* JSt 2015, 10f). Wie bei § 304 ist ein **konkreter Zusammenhang zu einem bestimmten Amtsgeschäft** erforderlich. Zur Abgrenzung pflichtwidrig/pflichtgemäß s § 304 Rz 12. Zuwendungen, denen eine einigermaßen adäquate Gegenleistung gegenübersteht, sind keine Vorteile (s § 304 Rz 9; *Messner* JSt 2015, 8).

Beispiele für § 305: Der Täter, ein Mitglied der Landesregierung, fordert von Unternehmen, an die Aufträge vergeben wurden, einen „Sponsorbeitrag" (17 Os 15/17k); der Täter nimmt Geld von einer Fahrschule, deren Absolventen er die Führerscheinprüfung abnimmt (vgl EvBl 1995/16); ein Amtssachverständiger lässt sich für die prompte Begutachtung von Kfz zur Erlangung von Einzelgenehmigungen nach dem KFG extra bezahlen (vgl JBl 2005, 397); ein Abgeordneter nimmt Geld für die Einbringung eines Initiativantrags.

Wenn Geldbeträge dem Täter hin und wieder gegeben werden, weil der Vorteilsgeber glaubt, es sei „wieder einmal Zeit", seine allgemeine Zufriedenheit mit der Amtsführung auszudrücken, fehlt es am notwendigen Konnex zu einem bestimmten Amtsgeschäft. Auch bei Einladungen zu Fortbildungsveranstaltungen, Eröffnungen und dgl liegt in aller Regel kein Zusammenhang zu einem bestimmten Amtsgeschäft vor (*Bertel* WK² [2010] § 305 Rz 5).

3 **B.** Das **Fordern** eines Vorteils ist nach Abs 1 grundsätzlich strafbar, mag es sich auch bloß um kleine Vorteile handeln. Das **Annehmen** oder **Sich-versprechen-Lassen** des Vorteils ist nach Abs 1 hingegen nur strafbar, wenn es sich um einen **ungebührlichen Vorteil** (Abs 4) handelt.

4 **C.** Was **„keine ungebührlichen"** (also erlaubte) **Vorteile** sind, wird in Abs 4 Z 1–3 definiert:

Nach **Z 1 erster Fall** dürfen Vorteile angenommen werden, wenn dies **gesetzlich erlaubt** ist. So lässt zB § 59 Abs 2 BDG die Annahme „orts- oder landesüblicher Aufmerksamkeiten von geringem Wert" (Kugelschreiber, eine Flasche Wein, eine Bonbonniere oder ein Glas Honig für den Lehrer am Ende des Schuljahrs) zu; § 26 UG erlaubt Zuwendungen zu Forschungszwecken; s auch § 17 ORF-Gesetz.

Für Richter und Staatsanwälte gilt diese Bestimmung nicht, die Geschenkannahme ist nach § 59 RStDG sogar verboten, aber **übliche Aufmerksamkeiten von geringem Wert** können nach der **Z 3** straflos angenommen werden. Dazu zählen nicht nur kleine Warengeschenke, sondern auch Trinkgelder, wo sie absolut üblich sind: zB für Zusteller, für Pflegekräfte in Krankenhäusern und hilfreiche Bedienstete des Recyclinghofs (*Messner* Ottenstein 2013, 97f,

*L/St/Aichinger* § 305 Rz 12, *Nordmeyer/Stricker* WK² § 305 Rz 61, *H/R* BT II § 305 Rz 10). Von geringem Wert ist ein Vorteil bis zu 100 € (Erl IA 1950/A 24. GP), doch darf die Ortsüblichkeit nicht überschritten werden: Das bedeutet bei Trinkgeldern wohl eine Obergrenze von etwa 20 €.

Die Erfüllung von **Repräsentationspflichten** (Einladungen zu Veranstaltungen samt Nächtigung und Verpflegung: zB des Landeshauptmanns zum Hahnenkammrennen: vgl *H/R* BT II § 305 Rz 12) ist aus der Strafbarkeit ebenfalls ausgeklammert, sofern ein amtliches oder (für öffentliche Unternehmen) ein sachliches Interesse daran besteht (**Z 1 zweiter Fall**). Nach dieser Gesetzesstelle sind auch Freikarten für Lehrer, die Schüler auf Schulschikursen begleiten, keine ungebührlichen Vorteile (*Messner* JSt 2015, 12); ebenso wenig die (teilweise) Finanzierung von Fortbildungsveranstaltungen für Ärzte durch Pharmafirmen.

Nach der **Z 2** dürfen Vorteile für **gemeinnützige Zwecke** (§ 35 BAO), also Spenden zB für Wissenschaft, Kunst, Kultur, Bildung, Sport, Gesundheit, Naturschutz, angenommen werden, sofern der Amtsträger keinen bestimmenden Einfluss auf die Verwendung ausübt, also keine Leitungsfunktion in der betreffenden Einrichtung ausübt (*H/R* BT II § 305 Rz 14; aM *Marek/Jerabek* Korruption §§ 304–306 Rz 43c, die faktischen Einfluss genügen lassen wollen).

### 3. Innere Tatseite

5 Der Täter hat den Vorsatz, als Amtsträger einen Vorteil für ein **pflichtgemäßes** Amtsgeschäft anzunehmen (vgl § 304 Rz 12).

Wenn der Täter einen Vorteil im irrigen Glauben annimmt, es handle sich um eine (erlaubte) übliche Aufmerksamkeit oder die Teilnahme liege im amtlichen Interesse, bleibt er straflos: Ihm fehlt der Vorsatz, einen *ungebührlichen* Vorteil anzunehmen (vgl *Medigovic* ÖJZ 2010, 260, *H/R* BT II § 305 Rz 19; 17 Os 10/17z).

Bei den besonderen „EU-Amtsträgern“ (s § 304 Rz 4, 13) ist wiederum zusätzlich Schädigungsvorsatz gefordert (§ 305 Abs 5).

### 4. Qualifikationen

6 § 305 **Abs 3** sieht höhere Strafdrohungen vor, wenn der Wert des Vorteils 3.000 € bzw 50.000 € übersteigt. Zur Zusammenrechnung mehrerer Vorteile s § 304 Rz 14.

## Vorteilsannahme zur Beeinflussung

**§ 306. (1) Ein Amtsträger oder Schiedsrichter, der außer in den Fällen der §§ 304 und 305 mit dem Vorsatz, sich dadurch in seiner Tätigkeit als Amtsträger beeinflussen zu lassen, für sich oder einen Dritten einen Vorteil fordert oder einen ungebührlichen Vorteil (§ 305 Abs. 4) annimmt oder sich versprechen lässt, ist mit Freiheitsstrafe bis zu zwei Jahren zu bestrafen.**

**(2) Wer die Tat in Bezug auf einen 3 000 Euro übersteigenden Wert des Vorteils begeht, ist mit Freiheitsstrafe bis zu drei Jahren, wer die Tat in Bezug auf einen 50 000 Euro übersteigenden Wert des Vorteils begeht, ist mit Freiheitsstrafe von sechs Monaten bis zu fünf Jahren zu bestrafen.**

**(3) Wer lediglich einen geringfügigen Vorteil annimmt oder sich versprechen lässt, ist nach Abs. 1 nicht zu bestrafen, es sei denn, dass die Tat gewerbsmäßig begangen wird.**

*(idF BGBl I 2012/61)*

**A. Allgemeines.** § 306 ist eine Art Vorbereitungsdelikt: Der Amtsträger nimmt den Vorteil **nicht für ein konkretes Amtsgeschäft**, sondern mit dem Vorsatz, sich dadurch in seiner **künftigen Tätigkeit** als Amtsträger **beeinflussen** zu lassen (14 Os 47/20y). Damit sollen das sog **„Anfüttern"** und die **„Klimapflege"** unter gerichtliche Strafe gestellt werden. Zur Abgrenzung zu § 304 s insb § 304 Rz 11. 1

**B. Täter** dieses Deliktstypus können wiederum alle Amtsträger und Schiedsrichter (s § 304 Rz 4ff) sein. Da sich der Beeinflussungsvorsatz aber nur auf Tätigkeiten von Amtsträgern bezieht, ist § 306 auf Schiedsrichter unanwendbar (*Hauss/Komenda* SbgK § 306 Rz 37ff). § 306 soll demnächst auf Bewerber für Amtsträger-Funktionen ausgedehnt werden. 2

**C. Tathandlungen; innere Tatseite.** Wie bei § 305 **fordert** der Täter einen **Vorteil** oder **nimmt** einen **ungebührlichen Vorteil** (s dazu § 305 Rz 4) **an** bzw lässt ihn sich versprechen (§ 304 Rz 9). 3

Darauf muss sich auch der tatbildmäßige Vorsatz beziehen. Darüber hinaus muss der **Vorsatz** des Amtsträgers darauf gerichtet sein, dass er (auf Grund seines Zuständigkeitsbereichs) in Zukunft einmal für den Vorteilsgeber amtlich tätig werden könnte, und er muss den Vorsatz haben, den Vorteilsgeber dabei **wohlwollend zu behandeln**. Eine wohlwollende Behandlung ist auch pflichtgemäßes Handeln, zB rasches Erledigen eines Antrags (*Nordmeyer/Stricker* WK[2] § 306 Rz 26). Rein private Zuwendungen, zB aus langer Freundschaft oder wegen naher verwandtschaftlicher Beziehungen, bei denen Geschenke schon bisher üblich waren, werden von § 306 nicht erfasst (*H/R* BT II § 306 Rz 9).

Ein Unternehmer lässt einem leitenden Beamten ein großzügiges Geschenk zukommen, weil er demnächst einen Antrag auf Genehmigung einer neuen Betriebsanlage bei dieser Behörde einbringen oder ein Angebot für einen Großauftrag legen wird, der in nächster Zeit ausgeschrieben wird. Der Beamte macht sich nach § 306 strafbar, wenn ihm der Grund für die Zuwendung klar ist und ihm auch der (bedingte) Vorsatz, sich beeinflussen zu lassen, nachgewiesen werden kann.

Die Feststellung des Beeinflussungsvorsatzes des Vorteils*gebers* dürfte im Allgemeinen keine großen Probleme bereiten. Schwieriger dürfte das beim *Nehmer*, dem Amtsträger sein, wenn er behauptet, er lasse sich durch nichts und niemanden beeinflussen. Jedenfalls müssen das Verhältnis zwischen Vorteilsgeber und Amtsträger und die Art der Hingabe näher durchleuchtet werden (*Hauss/Komenda* SbgK § 306 Rz 33f). Die Erl zum IA (1950/A 24. GP) scheinen davon auszugehen, dass dieser Vorsatz vermutet werden kann, wenn kein anderer Grund für die Hingabe bzw Annahme des Vorteils plausibel gemacht werden kann.

4 **D. Qualifikationen.** Bei Vorteilen über 3.000 € bzw 50.000 € sind höhere Strafrahmen vorgesehen.

5 **E. Strafausschließungsgrund.** Das Annehmen und Sich-versprechen-Lassen eines **geringfügigen Vorteils** (bis zu einem Wert von maximal 100 €: s § 305 Rz 4) ist straflos, außer bei Gewerbsmäßigkeit (§ 306 **Abs 3**; s aber § 307b Rz 2). Für das Fordern gilt dieser Straflosigkeitsgrund nicht. Es dürfte allerdings kaum Fälle eines ungebührlichen (s § 305 Rz 4), aber zugleich geringfügigen Vorteils geben (*Hauss/Komenda* SbgK § 306 Rz 48; s auch *H/R* BT II § 307b Rz 2).

6 **F. Abgrenzung, Konkurrenz.** Wenn der Amtsträger den Vorteil für ein ganz konkretes Amtsgeschäft fordert usw, macht er sich nach § 304 oder § 305 strafbar; § 306 tritt dann zurück.

## Bestechung

**§ 307. (1) Wer einem Amtsträger oder Schiedsrichter für die pflichtwidrige Vornahme oder Unterlassung eines Amtsgeschäfts einen Vorteil für ihn oder einen Dritten anbietet, verspricht oder gewährt, ist mit Freiheitsstrafe bis zu drei Jahren zu bestrafen. Ebenso ist zu bestrafen, wer einem Sachverständigen (§ 304 Abs. 1) für die Erstattung eines unrichtigen Befundes oder Gutachtens einen Vorteil für ihn oder einen Dritten anbietet, verspricht oder gewährt.**

**(2) Wer die Tat in Bezug auf einen 3.000 Euro übersteigenden Wert des Vorteils begeht, ist mit Freiheitsstrafe von sechs Monaten bis zu fünf Jahren zu bestrafen, wer jedoch die Tat in Bezug auf einen 50.000 Euro übersteigenden Wert des Vorteils begeht, ist mit Freiheitsstrafe von einem bis zu zehn Jahren zu bestrafen.**

**(3) Wer die Tat in Bezug auf eine Person begeht, die ausschließlich nach § 74 Abs. 1 Z 4a lit. b letzte Alternative Amtsträger ist, ist nach dieser Bestimmung strafbar, wenn er mit dem Vorsatz handelt, dass durch die Vornahme oder Unterlassung des Amtsgeschäftes die finanziellen Interessen der Union geschädigt oder wahrscheinlich geschädigt werden.**

*(idF BGBl I 2019/111)*

1 **A. Allgemeines; Täter.** § 307 ist die spiegelbildliche Bestimmung zu § 304 und stellt die **aktive Bestechung** eines Amtsträgers, Schiedsrichters oder Sachverständigen für ein **pflichtwidriges** Verhalten unter Strafe. **Täter** kann jedermann sein.

2 **B. Tathandlungen** sind das **Anbieten, Versprechen** oder **Gewähren** eines Vorteils. Zum Vorteil s § 304 Rz 9.

Beim **Anbieten** erklärt der Täter seine Bereitschaft, einen Vorteil sofort oder doch in allernächster Zeit zu gewähren. Beim **Versprechen** wird ein Vorteil erst für die Zukunft in Aussicht gestellt. **Gewähren** ist die tatsächliche Zuwendung (näher zB *Hauss/Komenda* SbgK § 307 Rz 32ff).

In den Genuss des Vorteils kommt ein Amtsträger oder Schiedsrichter (s § 304 Rz 4–7) **für die pflichtwidrige Vornahme oder Unterlassung eines be-**

**stimmten oder bestimmbaren Amtsgeschäfts** bzw ein Sachverständiger (§ 304 Rz 8) für die Erstattung eines unrichtigen Befunds oder Gutachtens. Wie für § 304 ist ein **konkreter Zusammenhang** zu einem pflichtwidrigen Amtsgeschäft erforderlich (§ 304 Rz 11). Zur Pflichtwidrigkeit s § 304 Rz 12.

Nach § 307 strafbar macht sich der Täter, der einem ausländischen Regierungsbeamten eine „Provision" für die Vergabe eines Auftrags zu einem überhöhten Preis (14 Os 132/18w) bezahlt. Der Täter, der einem Mechaniker 100 € zahlt, damit dieser für den Pkw des Täters ein Pickerl nach § 57a KFG blanko ausstellt, ohne das Auto gesehen zu haben, macht sich nach § 307 Abs 1 oder wegen Bestimmung zum Amtsmissbrauch strafbar (s Rz 5, § 302 Rz 29, 33). S auch die Beispiele bei § 304 Rz 12.

C. Der **Vorsatz** des Täters muss sich insb darauf beziehen, dass der Bestochene **pflichtwidrig** handelt, andernfalls kommt § 307a zur Anwendung. 3

Wenn ein besonderer „EU-Amtsträger" bestochen wird, muss der Täter auch mit dem Vorsatz auf Schädigung der finanziellen Interessen der EU handeln (§ 307 Abs 3; s dazu § 304 Rz 4, 13).

**D. Qualifikationen.** § 307 **Abs 2** sieht höhere Strafsätze vor, wenn der Wert des Vorteils 3.000 € bzw 50.000 € übersteigt. Zur Zusammenrechnung gilt das zu § 304 Rz 14 Gesagte entsprechend. 4

**E. Abgrenzung und Konkurrenz.** 5

Die Bestimmungs- oder Beitragstäterschaft zum **Amtsmissbrauch** verdrängt § 307 (s dazu, insb zur gegenteiligen Rsp, § 302 Rz 33, § 304 Rz 15). Zum Verhältnis von § 307 zu § 307a und § 307b und zur Konkurrenz zwischen Bestimmung oder Beitrag zur **Untreue** und § 307 gelten die Ausführungen zu § 304 Rz 15 entsprechend.

Ist der Empfänger des Vorteils kein Amtsträger, kommt § **309** Abs 2 in Betracht.

In der E 17 Os 8/18g hat der OGH klargestellt, dass die Zahlung von Schmiergeld an einen Amtsträger, um für das eigene Unternehmen einen Auftrag an Land zu ziehen („nützliche Korruption"), keineswegs notwendig auch eine Strafbarkeit nach § 153 (neben §§ 307ff) nach sich zieht.

## Vorteilszuwendung

**§ 307a. (1) Wer einem Amtsträger oder Schiedsrichter für die pflichtgemäße Vornahme oder Unterlassung eines Amtsgeschäfts einen ungebührlichen Vorteil (§ 305 Abs. 4) für ihn oder einen Dritten anbietet, verspricht oder gewährt, ist mit Freiheitsstrafe bis zu zwei Jahren zu bestrafen.**

**(2) Wer die Tat in Bezug auf einen 3.000 Euro übersteigenden Wert des Vorteils begeht, ist mit Freiheitsstrafe bis zu drei Jahren zu bestrafen, wer jedoch die Tat in Bezug auf einen 50.000 Euro übersteigenden Wert des Vorteils begeht, ist mit Freiheitsstrafe von sechs Monaten bis zu fünf Jahren zu bestrafen.**

**(3) § 307 Abs. 3 gilt sinngemäß.**

*(idF BGBl I 2019/111)*

1 **A.** § 307a ist das **Pendant zu § 305** und bestraft das Gewähren von Vorteilen für pflichtgemäßes Verhalten eines Amtsträgers oder Schiedsrichters.

2 **B.** Die **Tathandlungen** sind dieselben wie in § 307: Der Täter bietet einen **Vorteil** an, verspricht oder gewährt ihn (§ 307 Rz 2); es muss sich dabei aber um einen **ungebührlichen** Vorteil (§ 305 Rz 4) handeln. Entscheidendes Abgrenzungskriterium zu § 307 ist die Zuwendung des Vorteils für die **pflichtgemäße** Vornahme oder Unterlassung eines konkreten Amtsgeschäfts.

3 **C.** Der Täter hat den **Vorsatz**, dass das Amtsgeschäft des Vorteilsempfängers pflichtgemäß ist, aber der Vorteil dem Empfänger nicht gebührt. Ein Irrtum über das Gebühren des Vorteils ist ein Tatbildirrtum, der den Vorsatz ausschließt (*Nordmeyer/Stricker* WK² § 307a Rz 18; s § 305 Rz 5). Wenn der Vorteil einem besonderen „EU-Amtsträger" zugewendet wird, muss der Täter auch mit dem Vorsatz auf Schädigung der finanziellen Interessen der EU handeln (§ 307a Abs 3; s dazu § 304 Rz 4, 13, § 307 Rz 3).

Wer sich bei einem Beamten des Passamts für die rasche Ausstellung eines Reisepasses oder bei einem Werkstättenleiter für die rasche Begutachtung seines Kfz mit drei Flaschen Wein bedankt, ist nicht strafbar, wenn er glaubt, das sei so üblich (s § 305 Abs 4 Z 1–3; § 305 Rz 4).

## Vorteilszuwendung zur Beeinflussung

**§ 307b. (1) Wer außer in den Fällen der §§ 307 und 307a einem Amtsträger oder Schiedsrichter einen ungebührlichen Vorteil (§ 305 Abs. 4) für ihn oder einen Dritten mit dem Vorsatz anbietet, verspricht oder gewährt, ihn dadurch in seiner Tätigkeit als Amtsträger zu beeinflussen, ist mit Freiheitsstrafe bis zu zwei Jahren zu bestrafen.**

**(2) Wer die Tat in Bezug auf einen 3 000 Euro übersteigenden Wert des Vorteils begeht, ist mit Freiheitsstrafe bis zu drei Jahren zu bestrafen, wer jedoch die Tat in Bezug auf einen 50 000 Euro übersteigenden Wert des Vorteils begeht, ist mit Freiheitsstrafe von sechs Monaten bis zu fünf Jahren zu bestrafen.**

*(idF BGBl I 2012/61)*

1 **A.** § 307b ist das **Gegenstück zu § 306**, also das „Vorbereitungsdelikt" zur Bestechung eines Amtsträgers oder Schiedsrichters: Es geht um das **„Anfüttern"** bzw die **Klimapflege**.

2 **B.** Der Täter bietet an, verspricht oder gewährt (§ 307 Rz 2) einen **ungebührlichen** Vorteil für den Amtsträger selbst oder einen Dritten mit dem **Vorsatz**, ihn dadurch in seiner **künftigen Tätigkeit** als Amtsträger **zu beeinflussen**; ob er pflichtgemäß oder pflichtwidrig handeln soll, spielt keine Rolle (*H/R* BT II § 307b Rz 1, *Nordmeyer/Stricker* WK² § 307b Rz 16).

Schon ein geringfügiger Vorteil führt hier zur Strafbarkeit: Ein Strafausschließungsgrund wie in § 306 Abs 3 (s § 306 Rz 5) fehlt in § 307b merkwürdigerweise (*Hauss/Komenda* SbgK § 307b Rz 15).

Ein Unternehmer übermittelt dem Direktor eines landeseigenen Energieunternehmens ein großzügiges Geschenk, weil er annimmt, dass in absehbarer Zeit mehrere Großaufträge ausgeschrieben werden. Wenn die Zuwendung den Direktor bei der späteren Vergabe der Aufträge gewogen stimmen soll, ist der Unternehmer nach § 307b strafbar.

C. Zu Konkurrenzfragen s § 307 Rz 5. 3

## Verbotene Intervention

**§ 308. (1) Wer für sich oder einen Dritten dafür einen Vorteil fordert, annimmt oder sich versprechen lässt, dass er einen ungebührlichen Einfluss auf die Entscheidungsfindung eines Amtsträgers oder eines Schiedsrichters nehme, ist mit Freiheitsstrafe bis zu zwei Jahren zu bestrafen.**

**(2) Ebenso ist zu bestrafen, wer einem anderen dafür einen Vorteil anbietet, verspricht oder gewährt, dass dieser einen ungebührlichen Einfluss auf die Entscheidungsfindung eines Amtsträgers oder eines Schiedsrichters nehme.**

**(3) Wer die Tat in Bezug auf einen 3 000 Euro übersteigenden Wert des Vorteils begeht, ist mit Freiheitsstrafe bis zu drei Jahren zu bestrafen. Wer die Tat in Bezug auf einen 50 000 Euro übersteigenden Wert des Vorteils begeht, ist mit Freiheitsstrafe von sechs Monaten bis zu fünf Jahren zu bestrafen.**

**(4) Eine Einflussnahme auf die Entscheidungsfindung eines Amtsträgers oder Schiedsrichters ist dann ungebührlich, wenn sie auf die pflichtwidrige Vornahme oder Unterlassung eines Amtsgeschäfts abzielt oder mit dem Anbieten, Versprechen oder Gewähren eines ungebührlichen Vorteils (§ 305 Abs. 4) für den Amtsträger oder für ihn an einen Dritten verbunden ist.**

**(5) Der Täter ist nicht nach den vorstehenden Absätzen zu bestrafen, wenn die Tat nach einer anderen Bestimmung mit strengerer Strafe bedroht ist.**

*(idF BGBl I 2012/61)*

**A. Allgemeines.** § 308 pönalisiert entgeltliche Interventionen („**ungebührliche Einflussnahme auf die Entscheidungsfindung**“). 1

Ungebührlich ist eine Einflussnahme nach **Abs 4** immer dann, wenn sie auf die pflichtwidrige Vornahme oder Unterlassung eines Amtsgeschäfts abzielt oder wenn auch dem Amtsträger ein ungebührlicher Vorteil (§ 305 Rz 4) zufließen soll.

Rechtmäßiges Lobbying und rechtmäßige Vertretung von Mandanten sind jedenfalls straffrei (JAB 1833 BlgNR 24. GP, 11; s auch *Krakow/Flatz* ecolex 2013, 12).

**B. Tathandlungen; innere Tatseite.** Der Täter **fordert** einen **Vorteil**, nimmt ihn an oder lässt ihn sich versprechen **(Abs 1)** bzw er **gewährt**, bietet an oder verspricht einem anderen einen **Vorteil (Abs 2)** für eine ungebührliche Einflussnahme auf die Entscheidungsfindung eines Amtsträgers oder Schiedsrichters. Der **Vorsatz** des Täters muss sich insb auf die Ungebührlichkeit der Einflussnahme beziehen. 2

A übergibt einem Parteisekretär (B) eine schöne Geldsumme, damit dieser den Minister überredet, bei der Vergabe eines wichtigen Postens eine bestimmte Person zu bevorzugen: A macht sich nach § 308 Abs 2, B nach § 308 Abs 1 strafbar (*H/R* BT II § 308 Rz 6).

3 **C. Qualifikation.** Wenn der Wert des Vorteils 3.000 bzw 50.000 € übersteigt, kommen höhere Strafdrohungen zur Anwendung (§ 308 **Abs 3**).

4 **D. Subsidiarität des § 308.** Deliktstypen, die mit strengerer Strafe bedroht sind, gehen § 308 vor (**Abs 5**).

## Geschenkannahme und Bestechung von Bediensteten oder Beauftragten

**§ 309. (1) Ein Bediensteter oder Beauftragter eines Unternehmens, der im geschäftlichen Verkehr für die pflichtwidrige Vornahme oder Unterlassung einer Rechtshandlung von einem anderen für sich oder einen Dritten einen Vorteil fordert, annimmt oder sich versprechen lässt, ist mit Freiheitsstrafe bis zu zwei Jahren zu bestrafen.**

**(2) Ebenso ist zu bestrafen, wer einem Bediensteten oder Beauftragten eines Unternehmens im geschäftlichen Verkehr für die pflichtwidrige Vornahme oder Unterlassung einer Rechtshandlung für ihn oder einen Dritten einen Vorteil anbietet, verspricht oder gewährt.**

**(3) Wer die Tat in Bezug auf einen 3 000 Euro übersteigenden Vorteil begeht, ist mit Freiheitsstrafe bis zu drei Jahren, übersteigt der Vorteil jedoch 50 000 Euro mit Freiheitsstrafe von sechs Monaten bis zu fünf Jahren zu bestrafen.**

*(idF BGBl I 2012/61)*

1 **A. Allgemeines.** § 309 stellt die aktive und passive **Korruption im privaten geschäftlichen Bereich** unter Strafe. Strafbarkeit besteht – im Gegensatz zum öffentlichen Sektor – nur bei **pflichtwidrigem** Verhalten (17 Os 8/18g).

2 **B. Bedienstete und Beauftragte.** § 309 **Abs 1** ist ein Sonderdelikt: Der Täter (der Geschenknehmer) ist **Bediensteter oder Beauftragter eines Unternehmens.** Im Fall des **Abs 2** kann der Täter jedermann sein, aber der Empfänger des Vorteils muss wiederum ein Bediensteter oder Beauftragter eines Unternehmens sein.

Ein **Unternehmen** verlangt eine auf Dauer angelegte Organisation zwecks selbständiger wirtschaftlicher Tätigkeit, auch wenn sie nicht auf Gewinn ausgerichtet ist (zB ein Verein, der laufend Waren verkauft: *Soyer* JBl 2012, 333; der Fußballverband FIFA fällt auch darunter: *Zerbes* Jahrbuch 2018, 57).

**Bedienstete** des Unternehmens sind weisungsgebundene Arbeitnehmer und Geschäftsführer, nicht aber der Unternehmer selbst (*Brandstetter M./Rauch* Korruptionsbekämpfung 23, *Nordmeyer/Stricker* WK² § 309 Rz 18). **Beauftragte** sind Personen, die, ohne Bedienstete zu sein, für das Unternehmen Rechtshandlungen vornehmen und dadurch Einfluss auf betriebliche Entscheidungen nehmen können: zB Vorstände, Aufsichtsräte, Insolvenzverwalter. Die bloße Möglichkeit der Beeinflussung betrieblicher Entscheidungen genügt nicht (aM die hA: *Thiele* SbgK § 309 Rz 29, *H/R* BT II § 309 Rz 7 uam).

Niedergelassene Vertragsärzte der Krankenkassen sind keine Beauftragten: Selbst wenn man Krankenkassen als „Unternehmen" ansieht, haben die Kassenärzte keinen Einfluss auf betriebliche Entscheidungen (*Ifsits* RdM 2018/48, 57; vgl EBRV 285 BlgNR 23. GP, 9). Sie erfüllen in erster Linie ihre Behandlungspflicht und werden nur bei der Verschreibung von Medikamenten rechtsgeschäftlich für die Krankenkassen tätig. Andere Autoren bejahen die Anwendbarkeit des § 309 (*Birklbauer* RdM 2013/77, 129f, *Nordmeyer/Stricker* WK[2] § 309 Rz 22 uam).

**C. Die Ausführungshandlungen.** 3

Im Fall des **Abs 1 fordert** der Täter für die pflichtwidrige Vornahme oder Unterlassung einer bestimmten Rechtshandlung (Rz 4) einen Vorteil, **nimmt ihn an** oder **lässt ihn sich versprechen** (s § 304 Rz 10).

Nach **Abs 2** macht sich **der Geber** strafbar, der einen Vorteil für die pflichtwidrige Vornahme oder Unterlassung einer bestimmten Rechtshandlung **anbietet, verspricht oder gewährt**. Zum Vorteil s § 304 Rz 9.

Wenn der Täter das Geschenk nicht für eine bestimmte (pflichtwidrige) Rechtshandlung erhält, sondern weil der Geschenkgeber mit der Geschäftsbeziehung allgemein zufrieden ist, ist § 309 nicht anwendbar. Die Annahme von Geschenken, die darauf abzielen, künftige, vielleicht noch gar nicht absehbare Geschäfte anzubahnen, fallen gleichfalls nicht unter § 309: Ein dem § 306 vergleichbares Delikt gibt es im privaten Bereich nicht.

Die Annahme oder Hingabe des Vorteils muss **für Rechtshandlungen „im geschäftlichen Verkehr"** erfolgen. Das sind **Vertretungshandlungen** für das Unternehmen mit Außenwirkung (s BT I § 153 Rz 4), zB die Stellung oder Annahme von Angeboten, die Geltendmachung von Gewährleistungsansprüchen (vgl *H/R* BT II § 309 Rz 9), die Vergabe einer Sportveranstaltung. Auf andere Weise können Bedienstete und Beauftrage für das Unternehmen „rechtlich relevant" (EBRV 285 BlgNR 23. GP, 9) nicht handeln. Handlungen, die Rechtshandlungen nur vorbereiten oder die Grundlage für sie schaffen, zB Preiskalkulationen oder ein Gutachten, sind bloß „faktische Tätigkeiten" (14 Os 23/21w, 14 Os 17/19k [14 Os 18/19g]; s auch 14 Os 1/21k; vgl EBRV 285 BlgNR 23. GP, 9) und geschehen gerade nicht im geschäftlichen Verkehr. Fußballspieler und Schiedsrichter, die Geld dafür nehmen, dass sie für den Gegner spielen oder bei der Spielleitung eine Mannschaft begünstigen, setzen keine Rechtshandlungen und können sich daher nicht nach § 309 strafbar machen (*Tipold* in: Fußball 64). 4

Der Täter nimmt oder gibt den Vorteil für die **pflichtwidrige** Vornahme oder Unterlassung einer Rechtshandlung, also entgegen einer Weisung, Richtlinie, vertraglichen Verpflichtung oder Rechtsvorschrift (vgl *Thiele* SbgK § 309 Rz 51). Dass die Annahme des Vorteils pflichtwidrig ist, genügt nicht (17 Os 8/18g). Bei Ermessensentscheidungen lässt sich eine Pflichtwidrigkeit oft kaum festmachen (*Zerbes* Jahrbuch 2018, 58).

5 **D. Innere Tatseite.** Der **Vorsatz** des Täters muss sich insb auf die Pflichtwidrigkeit der Rechtshandlung beziehen. Wenn die Rechtshandlung nach den Vorstellungen des Täters rechtlich noch vertretbar ist, scheidet § 309 aus, doch kommt § 153a in Frage (s BT I § 153a Rz 2).

6 **E. Abgrenzung und Konkurrenz.**

a) Wenn der Geschenknehmer ein Amtsträger (§ 74 Abs 1 Z 4a) ist, gehen die spezielleren Delikte nach §§ **304 und 307** dem § 309 vor.

b) § 309 kann mit der Untreue (§ **153**) konkurrieren (vgl auch § 304 Rz 15), nicht aber mit § **153a**: Bei § 309 und bei § 153a geht es inhaltlich um dasselbe Unrecht (*Zierl* JSt 2013, 242f, *Schmoller* in *Pfeil/Prantner* 71; aM *Plöckinger* ÖJZ 2009, 212, *Thiele* SbgK § 309 Rz 91, *H/R* BT II § 309 Rz 18).

Der Prokurist einer Firma lässt sich von Geschäftspartnern „Provisionen" auf sein Privatkonto überweisen. Wenn er das Geld für Geschäfte nimmt, die er pflichtwidrig abgeschlossen hat, haftet er nach § 309 Abs 1; wenn die „Provisionen" die Geschäfte zum Schaden der Firma verteuern, auch nach § 153 (BT I § 153 Rz 9f). Die Geschäftspartner haften im ersten Fall nach § 309 Abs 2, im zweiten auch nach §§ 12, 153 (s BT I § 153 Rz 18). Wenn die Geschäfte pflichtgemäß abgeschlossen werden, kommt für den Prokuristen § 153a in Frage, die Geschäftspartner sind straflos (s BT I § 153a Rz 5).

## Verletzung des Amtsgeheimnisses

**§ 310. (1) Ein Beamter oder ehemaliger Beamter, der ein ihm ausschließlich kraft seines Amtes anvertrautes oder zugänglich gewordenes Geheimnis offenbart oder verwertet, dessen Offenbarung oder Verwertung geeignet ist, ein öffentliches oder ein berechtigtes privates Interesse zu verletzen, ist, wenn die Tat nicht nach einer anderen Bestimmung mit strengerer Strafe bedroht ist, mit Freiheitsstrafe bis zu drei Jahren zu bestrafen.**

*(2) aufgehoben.*

**(2a) Ebenso ist zu bestrafen, wer – sei es auch nach seinem Ausscheiden aus dem Amt oder Dienstverhältnis – als Organwalter oder Bediensteter des Europäischen Polizeiamtes (Europol), als Verbindungsbeamter oder als zur Geheimhaltung besonders Verpflichteter (Art. 32 Abs. 2 des Europol-Übereinkommens, BGBl. III Nr. 123/1998) eine Tatsache oder Angelegenheit offenbart oder verwertet, die ihm ausschließlich kraft seines Amtes oder seiner Tätigkeit zugänglich geworden ist und deren Offenbarung oder Verwertung geeignet ist, ein öffentliches oder ein berechtigtes privates Interesse zu verletzen.**

**(3) Offenbart der Täter ein Amtsgeheimnis, das verfassungsgefährdende Tatsachen (§ 252 Abs. 3) betrifft, so ist er nur zu bestrafen, wenn er in der Absicht handelt, private Interessen zu verletzen oder der Republik Österreich einen Nachteil zuzufügen. Die irrtümliche Annahme verfassungsgefährdender Tatsachen befreit den Täter nicht von Strafe.**

*(idF BGBl I 2014/101)*

1 **A. Der Täter.** § 310 ist ein Sonderdelikt. Der Ausführende muss ein **Beamter oder ehemaliger Beamter** (s § 302 Rz 1ff) sein (Abs 1) oder ein (ehemaliger) **Europol-Bediensteter** (Abs 2a). Amtsträger, die nicht zugleich Beamte sind,

und Bedienstete selbständiger Wirtschaftskörper können sich nicht nach § 310 strafbar machen.

**B. Die Ausführungshandlung.** Der Täter offenbart oder verwertet ein Geheimnis, das ihm ausschließlich kraft seines Amtes anvertraut oder zugänglich geworden ist. 2

**a) Geheimnis.** Geheimnisse sind Umstände, die nicht allgemein bekannt und nicht allgemein zugänglich sind („materieller" Geheimnisbegriff). Dass ein Vorgesetzter eine Information für geheim erklärt, macht sie noch nicht zum Geheimnis (*Marek/Jerabek* Korruption § 310 Rz 10, *H/R* BT II § 310 Rz 8).

Der Täter hat die Tatsachen bei Erfüllung seiner amtlichen Aufgaben erfahren **(anvertraute Geheimnisse)** oder in seiner amtlichen Stellung – rechtmäßig oder rechtswidrig – in Erfahrung gebracht **(zugänglich gewordene Geheimnisse).**

Die Information des Polizisten, dass die Festnahme einer Person angeordnet wurde (vgl 13 Os 88/11g) oder dass für den nächsten Tag bei X eine Hausdurchsuchung geplant ist (vgl 15 Os 52/07x), ist ein Geheimnis. Umstände, die man in Telefon- und Adressbüchern nachschlagen kann (EvBl 1996/138) oder beim Meldeamt in Erfahrung bringen kann (vgl 17 Os 1/12v), sind keine Geheimnisse.

**b) Offenbarung, Verwertung.** Der Täter offenbart das Geheimnis, indem er es jemandem, der es bisher nicht oder nicht sicher gekannt hat, mitteilt, es ihn durch Gewährung der Akteneinsicht (JBl 1981, 160) oder durch Übergabe von Fotokopien (vgl SSt 48/21) erfahren lässt. Der Täter verwertet das Geheimnis, indem er es wirtschaftlich ausnützt (weiter *Marek/Jerabek* Korruption § 310 Rz 13 und *H/R* BT II § 310 Rz 11, die auch auf sonstigen Nutzen abstellen).

**C. Die Eignung zur Verletzung öffentlicher oder berechtigter privater Interessen.** Die Offenbarung oder Verwertung muss „geeignet" sein, eines jener Interessen zu beeinträchtigen, deren Schutz das Amtsgeheimnis dient. 3

**a) Geschützte Interessen.** Das Amtsgeheimnis schützt das Interesse an der Aufrechterhaltung der öffentlichen Ruhe, Ordnung und Sicherheit, der umfassenden Landesverteidigung, der auswärtigen Beziehungen, wirtschaftliche Interessen einer Körperschaft des öffentlichen Rechts, das Interesse, dass Behörden Maßnahmen in Ruhe vorbereiten können, und überwiegende (private) Interessen der durch die amtliche Tätigkeit Betroffenen (Art 20 Abs 3 B-VG; s dazu auch *H/R* BT II § 310 Rz 12f).

**b) Die Verletzungseignung.** Dass die Offenbarung oder Verwertung diese Interessen wirklich gefährdet, also bestimmte Nachteile wirklich besorgen lässt, ist nicht notwendig. Aber der Verrat muss immerhin geeignet sein, diese Interessen zu verletzen; diese Eignung fehlt, wenn im Einzelfall nicht abzusehen ist, wie der Verrat zu einer Interessenbeeinträchtigung führen könnte: Es kommt immer darauf an, welches Geheimnis an wen verraten wird. 4

Ein Beamter nennt einem Unternehmer die Namen der anderen Unternehmer, die im Zuge einer Ausschreibung zu Angeboten eingeladen wurden; das kann finanzielle Interessen einer Gebietskörperschaft beeinträchtigen (EvBl 1999/151); ein StA teilt einem Unbefugten mit, dass und warum er gegen jemanden ein Strafverfahren führt (11 Os 67/98); ein Polizist informiert jemanden über die Verhaftung einer Person (13 Os 88/11g), gibt ein dienstlich angefertigtes Video einer Amtshandlung an andere weiter: Das kann dem Betroffenen Nachteile bringen; die Täter sind nach § 310 strafbar.

Der Verrat von Umständen, die der Empfänger auch legal, zB durch Akteneinsicht, erfahren könnte (14 Os 140/20z); der Verrat belangloser Umstände oder der Verrat nicht ehrenrühriger Umstände an Personen, die dem Betroffenen nicht schaden werden (EvBl 1996/138), ist nicht geeignet, Interessen zu verletzen.

5 **D. Innere Tatseite.** Der Täter muss in seinen Vorsatz aufnehmen, dass er Tatsachen offenbart, die ein Geheimnis sind, und dass die Offenbarung nach den gegebenen Umständen die in Art 20 Abs 3 B-VG genannten Interessen beeinträchtigen könnte (14 Os 74/21w). Ein Irrtum des Täters über die Eignung, ein Interesse zu verletzen, schließt den Vorsatz aus (RS0133514).

6 **E. Straflosigkeit des Verrats verfassungsgefährdender Tatsachen.** Für die Offenbarung verfassungsgefährdender Tatsachen (s § 252 Abs 3) enthält **§ 310 Abs 3** eine Sondervorschrift. Der Täter ist nur strafbar, wenn er in der Absicht handelt, private Interessen zu verletzen oder der Republik Österreich einen Nachteil zuzufügen. Die irrtümliche Annahme verfassungsgefährdender Tatsachen befreit den Täter nicht von Strafe.

7 **F. Abgrenzung.**

**a) § 304.** Beamte sind Amtsträger (§ 304 Rz 5f). Die pflichtwidrige Weitergabe von Amtsgeheimnissen verletzt zwar eine spezifische Dienstpflicht und steht mit der Amtsführung des Täters im Zusammenhang, ist aber kein Amtsgeschäft (s § 304 Rz 11). Daher ist § 304 **unanwendbar**, auch wenn der Beamte dafür einen Vorteil annimmt; ein Konkurrenzproblem mit § 310 stellt sich gar nicht.

8 **b)** § 310 ist gegenüber anderen mit strengerer Strafe bedrohten Delikten, insb dem **Amtsmissbrauch**, subsidiär. Nach Ansicht des OGH verwirklicht die Abfrage von Daten aus einer amtlichen Datei ohne dienstlichen Grund idR einen Amtsmissbrauch (s § 302 Rz 18): Der Befugnismissbrauch bestehe in der unbefugten Abfrage, der Schädigungsvorsatz in dem Bewusstsein, das Recht auf Datenschutz zu verletzen. § 310 kommt nach Ansicht des OGH nur dann zur Anwendung, wenn ein Beamter ein Amtsgeheimnis offenbart, das ihm rechtmäßig bei seiner Tätigkeit bekannt wurde (14 Os 23/11f; ebenso *Marek/Jerabek* Korruption § 310 Rz 28).

Aber die missbräuchliche Abfrage von Daten ist kein hoheitliches Handeln (§ 302 Rz 18) und das Bewusstsein, rechtswidrig zu handeln, kein Schädigungsvorsatz (§ 302 Rz 25). Das Datengeheimnis erstreckt sich auf alle personenbezogenen und nicht allgemein zugänglichen Daten (§ 1 Abs 1 DSG), unabhängig davon, ob ihr Bekanntwerden im Einzelfall jemandem schaden kann. Das Amtsgeheimnis erstreckt sich nur auf Umstände, deren Geheimhaltung im Interesse einer Partei geboten ist, seine Verletzung ist nur strafbar, wenn sie im Einzelfall geeignet ist, jemandem zu schaden (Rz 4). Die Verletzung des Amtsgeheimnisses ist strafwürdiger als die Verletzung nur des Datengeheimnisses. Der StA, der Unbefugten von seinen Verfolgungsanträgen gegen einen Verdächtigen erzählt, ist „nur" nach § 310 strafbar. So kann sich der Polizist, der aus einer amtlichen Datei aus Neugier das Kfz-Kennzeichen seiner Angebeteten abruft, – entgegen dem OGH – nicht nach § 302 strafbar machen.

Beamte, die Daten oder andere Geheimnisse verraten, deren Bekanntwerden geeignet ist, jemandem zu schaden, sind nach § 310 strafbar (s Rz 2, § 302 Rz 22). Sonst kann die unbefugte Abfrage und der Verrat von Daten nur nach §§ 62, 63 DSG strafbar sein (*Bertel* WK² § 310 Rz 18ff, 44f).

## Falsche Beurkundung und Beglaubigung im Amt

**§ 311. Ein Beamter, der in einer öffentlichen Urkunde, deren Ausstellung in den Bereich seines Amtes fällt, ein Recht, ein Rechtsverhältnis oder eine Tatsache fälschlich beurkundet oder der an einer Sache ein öffentliches Beglaubigungszeichen, dessen Anbringung in den Bereich seines Amtes fällt, fälschlich anbringt, ist, wenn er mit dem Vorsatz handelt, daß die Urkunde im Rechtsverkehr zum Beweis des Rechtes, des Rechtsverhältnisses oder der Tatsache gebraucht oder die Sache im Rechtsverkehr gebraucht werde, wenn die Tat nicht nach § 302 mit Strafe bedroht ist, mit Freiheitsstrafe bis zu drei Jahren zu bestrafen.**

*(idF BGBl 1974/60)*

**A. Der Täter.** § 311 ist ein Sonderdelikt: **Der Ausführende muss ein Beamter sein** (s § 302 Rz 1ff). 1

Auch beliehene Unternehmer, zB die Inhaber autorisierter Kfz-Werkstätten, sind Beamte (§ 302 Rz 3) und können das Delikt als unmittelbare Täter begehen. Notare und Ziviltechniker sind keine Beamten, außer ein Notar wird als Gerichtskommissär tätig (§ 302 Rz 2; *Zagler* SbgK § 311 Rz 5).

**B. Die Ausstellung unwahrer öffentlicher Urkunden.** Der Täter führt das Delikt aus (erste Alternative), indem er in einer öffentlichen Urkunde (s § 224 Rz 1ff) **die Unwahrheit über ein Recht, ein Rechtsverhältnis oder über eine Tatsache festhält.** 2

Der Urkundsbeamte der Geschäftsstelle des Bezirksgerichts setzt den Beglaubigungsvermerk auf eine Kopie, die mit dem Original nicht übereinstimmt; der Gerichtsvollzieher gibt in seinen Berichten wahrheitswidrig an, er habe eine Pfändung (nicht) vorgenommen (RZ 1995/87); der Postzusteller (§ 302 Rz 2, 5) hinterlegt eine behördliche Sendung gleich nach dem ersten Zustellversuch bei der Post und bestätigt auf dem Rückschein wahrheitswidrig, er habe einen zweiten Zustellversuch angekündigt und vorgenommen; ein Bürgermeister verfasst eine Niederschrift über eine Bauverhandlung, die gar nicht stattgefunden hat; der Leiter einer Wahlbehörde bestätigt in einer Niederschrift wahrheitswidrig die Abhaltung einer Sitzung der Wahlbehörde (14 Os 23/20v, 14 Os 48/20w, 14 Os 68/20m); ein Kommissionsvorsitzender verfasst allein, ohne Sitzung und ohne die Mitglieder zu befassen, einen Bescheid, demzufolge die Kommission in einer mündlichen Verhandlung den Bescheid erlassen habe (14 Os 97/18y).

3 Die Ausstellung einer öffentlichen Urkunde mit unwahrem Inhalt ist ein missbräuchlicher Hoheitsakt (§ 302 Rz 6), und wenn der Beamte mit Schädigungsvorsatz handelt (§ 302 Rz 24ff), ein Amtsmissbrauch (s Rz 8). Da der OGH an den Schädigungsvorsatz bei § 302 geringe Anforderungen stellt (s § 302 Rz 25f), bleiben für § 311 nur wenige Fälle übrig.

Ein Beamter in der Gewerbeabteilung verfasst einen unrichtigen Amtsvermerk, der Antragsteller habe seinen Antrag eingeschränkt. Der OGH verurteilte ihn wegen Amtsmissbrauchs (SSt 57/75), aber zu Unrecht: Wenn er der Meinung war, die Behörde dürfe dem Antrag ohnehin nur in diesem Umfang stattgeben, fehlt ihm der Schädigungsvorsatz (§ 302 Rz 25), dann begeht er keinen Amtsmissbrauch, aber durch den unrichtigen Amtsvermerk das Vergehen nach § 311.

4 **C. Amtliche Urkunden.** Unrichtige Eintragungen in Urkunden, die keine öffentlichen, sondern nur amtliche Urkunden sind, sind nach § 311 nicht strafbar. S § 224 Rz 3ff.

a) Amtliche Urkunden sind Urkunden von Behörden und Ämtern, die **mit ähnlichem Inhalt auch von Privaten ausgestellt** werden.

Der Bürgermeister teilt der Bezirkshauptmannschaft in einem naturschutzrechtlichen Bewilligungsverfahren wahrheitswidrig schriftlich mit, der Gemeinderat habe der Verlegung der Landesstraße zugestimmt: kein Fall des § 311 (aM 13 Os 31, 32/03): Auch Private werden von Behörden angehört, Stellungnahmen im Zuge einer Anhörung sind keine öffentlichen Urkunden.

5 b) Amtliche Urkunden sind ferner **Aufzeichnungen**, die Behörden und Ämter nur **für interne Zwecke** anfertigen: etwa um Informationen festzuhalten, um Vorgesetzten die Kontrolle ihrer Mitarbeiter zu ermöglichen (zB Urlaubsanträge, der Leistungskatalog für die Beurteilung von Schülern: 11 Os 53/10v; weitere Beispiele s § 224 Rz 3ff).

Eine Polizistin bringt selbst einen Verständigungszettel an ihrem vorschriftswidrig geparkten Auto an, der eine Anzeige wegen Übertretung des Halteverbots ankündigt, um nicht von einem Parkraumüberwachungsorgan angezeigt zu werden: laut OGH nur eine amtliche Urkunde mit bloßer Verständigungsfunktion (17 Os 8/13z). Auch die Bestätigung von Zeiten, die ein Finanzbeamter mit Hilfskräften im Gasthaus verbracht hatte, als Arbeitszeit, ist lediglich eine amtliche Urkunde (für Amtsmissbrauch JBl 1990, 195; s § 302 Rz 20).

6 **D. Das missbräuchliche Anbringen öffentlicher Beglaubigungszeichen.** Der Täter führt das Delikt aus (zweite Alternative), indem er an einer Sache ein öffentliches Beglaubigungszeichen (§ 225 Abs 3) anbringt, obwohl die Voraus-

setzungen dafür nicht vorliegen (s *H/R* BT II § 311 Rz 9). Diese Alternative ist praktisch fast ohne Bedeutung. Kfz-Begutachtungsplaketten sind keine öffentlichen Beglaubigungszeichen, sondern öffentliche Urkunden (OLG Wien 23 Bs 81/87; s § 225 Rz 2).

**E. Innere Tatseite.** Der Beamte nimmt die Ausführungshandlung vorsätzlich vor und hat darüber hinaus den **Vorsatz**, dass die unwahre öffentliche Urkunde oder das zu Unrecht angebrachte Beglaubigungszeichen zum Beweis der Unwahrheit im Rechtsverkehr gebraucht werde. 7

Wer durch eine Täuschung bewirkt, dass ein Beamter im guten Glauben etwas Unrichtiges beurkundet, kann sich nach § **228** strafbar machen (§ 228 Rz 1ff); der Beamte bleibt natürlich straflos.

**F. Abgrenzung, Konkurrenz.** Wenn die Ausstellung der unwahren öffentlichen Urkunde ein **Amtsmissbrauch** ist oder einen Amtsmissbrauch verdecken soll, wird das Vergehen nach § 311 durch die Verurteilung nach § 302 verdrängt (aM RS0133109; *F/M-K/O* § 311 Rz 1). 8

Ein Gerichtsvollzieher gibt in seinem Bericht wahrheitswidrig an, er habe mangels pfändbarer Gegenstände keine Pfändung vorgenommen. Er ist nach § 311 strafbar (RZ 1995/87). Wenn er die Pfändung, um den Verpflichteten zu schonen, pflichtwidrig nicht vorgenommen hat, liegt Amtsmissbrauch vor und § 311 tritt zurück.

Wenn der Beamte eine Amtshandlung unrichtig protokolliert und auf dem Protokoll die Unterschriften der (angeblich) betroffenen Personen nachmacht, konkurriert das Vergehen nach § 311 mit einer **Urkundenfälschung** nach § 223. 9

Ein Zollbeamter betrügt das Opfer, indem er es eine höhere Strafe bezahlen lässt (s § 302 Rz 20), und vertuscht das, indem er das auch vom Opfer unterschriebene Protokoll über den Erlag der Strafe ändert. Er ist nach § 311, § 146 und § 223 zu bestrafen (für Amtsmissbrauch SSt 60/45). S § 224 Rz 1.

## Quälen oder Vernachlässigen eines Gefangenen

**§ 312. (1) Ein Beamter, der einem Gefangenen oder einem sonst auf behördliche Anordnung Verwahrten, der seiner Gewalt unterworfen ist oder zu dem er dienstlich Zugang hat, körperliche oder seelische Qualen zufügt, ist mit Freiheitsstrafe bis zu zwei Jahren zu bestrafen.**

**(2) Ebenso ist ein Beamter zu bestrafen, der seine Verpflichtung zur Fürsorge oder Obhut einem solchen Menschen gegenüber gröblich vernachlässigt und dadurch, wenn auch nur fahrlässig, dessen Gesundheit oder dessen körperliche oder geistige Entwicklung beträchtlich schädigt.**

**(3) Hat die Tat eine schwere Körperverletzung (§ 84 Abs. 1) zur Folge, so ist der Täter mit Freiheitsstrafe bis zu drei Jahren, hat sie eine Körperverletzung mit schweren Dauerfolgen (§ 85) zur Folge, mit Freiheitsstrafe bis zu fünf Jahren, hat sie den Tod des Geschädigten zur Folge, mit Freiheitsstrafe von einem bis zu zehn Jahren zu bestrafen.**

*(idF BGBl 1974/60)*

1 § 312 enthält in Abs 1 ein Begehungs- und in Abs 2 ein Unterlassungsdelikt. Beide Delikte werden von denselben Tätern an denselben Opfern verübt.

2 **A. Täter.** § 312 Abs 1 und 2 sind Sonderdelikte: Einer der an der Tat Beteiligten muss ein **Beamter** (§ 302 Rz 1ff) sein, der das Opfer zu bewachen oder zu beaufsichtigen oder der dienstlich zum Opfer Zugang hat. Ärzte und Krankenpfleger in einem Krankenhaus sind keine Beamten (§ 302 Rz 5).

3 **B. Das Opfer** ist **Gefangener** oder wird **auf behördliche Anordnung angehalten.** Es ist der Gewalt des Täters unterworfen bzw hat der Täter dienstlich Zugang zu ihm.

Das sind insb Strafgefangene, Festgenommene, Untersuchungs-, Schub-, Auslieferungshäftlinge, nach §§ 21–23 Untergebrachte, Verwaltungsstrafgefangene (*H/R* BT II § 312 Rz 6); – nicht aber Soldaten, die als Feinddarsteller während einer Truppenübung „gefangen genommen" werden (SSt 50/54).

4 **C. Das Begehungsdelikt (Abs 1).** Der Täter fügt dem Opfer vorsätzlich körperliche oder seelische Qualen zu (s dazu BT I § 92 Rz 2).

Justizwachebeamte treten und schlagen einen Gefangenen nach einem Selbstmordversuch und sperren ihn in einem kalten Raum nackt und ohne Decke für ein bis zwei Stunden in das Gitterbett (EvBl 1984/59). Polizisten misshandeln einen Schubhäftling durch Tritte und Schläge mit dem Schlagstock (vgl VwGH 2007/09/0320 migraLex 2009, 16).

5 **D. Das Unterlassungsdelikt (Abs 2).** Der Täter unterlässt etwas, was er aufgrund seiner Dienstpflichten für das Opfer tun sollte. Die Pflichtverletzung muss schwer wiegen und zur Folge haben, dass die Gesundheit oder die körperliche oder geistige Entwicklung des Opfers beträchtlich geschädigt wird. Eine Gesundheitsschädigung von mehr als 14 Tagen ist beträchtlich (vgl BT I § 92 Rz 3).

Der **Vorsatz** des Täters muss sich auch auf die Gröblichkeit der Pflichtverletzung beziehen (s BT I § 92 Rz 3); hinsichtlich der Schädigung genügt Fahrlässigkeit.

6 **E. Qualifikationen.** Der Täter fällt unter einen strengeren Strafsatz (**Abs 3**), wenn er durch die Quälerei (Abs 1) oder durch die Unterlassung (Abs 2) vorsätzlich oder fahrlässig eine schwere Körperverletzung oder eine Körperverletzung mit schweren Dauerfolgen oder fahrlässig den Tod des Opfers herbeiführt (vgl BT I § 92 Rz 4).

Mit der Verurteilung nach § 312 Abs 1 ist eine allfällige leichte Verletzung des Opfers mitabgegolten.

## Folter (§ 312a)

*(idF BGBl I 2012/120)*

§ 312a wurde im Jahr 2012 eingefügt, um die Verpflichtungen gem Art 4 des Folterübereinkommens (BGBl 1987/492) voll umzusetzen. 1

Zur Erfüllung des Tatbestands muss ein **Amtsträger** nach § 74 Abs 1 Z 4a lit b oder lit c an der Tat **beteiligt** sein: entweder als unmittelbarer Täter oder indem er die Folter veranlasst oder billigt. Abs 3 erweitert den Kreis der Täter in bürgerkriegsähnlichen Situationen.

**Tathandlung** ist die Zufügung großer körperlicher oder seelischer Schmerzen 2 oder Leiden (vgl BT I § 92 Rz 2, § 312 Rz 4) als Amtsträger, dh im Rahmen des Dienstes (*Mitgutsch/Brandstetter* Jahrbuch 2013, 29). Eben darauf muss sich auch der **Vorsatz** des Täters beziehen.

Damit es sich um Folter iSd § 312a handelt, muss der Täter bei der Schmerzzufügung bestimmte **Motive** verfolgen (Absichtlichkeit): die Erzwingung einer Aussage bzw eines Geständnisses, die Bestrafung für eine wenn auch nur mutmaßlich begangene Tat, Einschüchterung, Nötigung oder Diskriminierung. Trotz der Verwendung des Wortes „insbesondere" ist von einer taxativen Aufzählung der Motive auszugehen (*Mitgutsch/Brandstetter* Jahrbuch 2013, 30).

**Abs 2** sieht höhere Strafsätze vor, wenn die Tat eine Körperverletzung mit 3 schweren Dauerfolgen (iSd § 85) oder den Tod des Geschädigten zur Folge hat (§ 7 Abs 2).

## Verschwindenlassen einer Person (§ 312b)

*(idF BGBl I 2014/106)*

§ 312b wurde durch das BG BGBl I 2014/106 eingefügt, um das **Übereinkom-** 1 **men zum Schutz aller Menschen vor dem Verschwindenlassen** (BGBl III 2012/104) umzusetzen.

Der Tatbestand ist zweiaktig aufgebaut: Er verlangt abgesehen vom Entführen oder der Freiheitsentziehung mit staatlichem Auftrag oder Billigung auch noch die Verschleierung des Schicksals oder des Verbleibs der verschwundenen Person.

## Strafbare Handlungen unter Ausnützung einer Amtsstellung

**§ 313. Wird eine auch sonst mit Strafe bedrohte vorsätzliche Handlung von einem Beamten unter Ausnützung der ihm durch seine Amtstätigkeit gebotenen Gelegenheit begangen, so kann bei ihm das Höchstmaß der angedrohten Freiheitsstrafe oder Geldstrafe um die Hälfte überschritten werden. Doch darf die zeitliche Freiheitsstrafe die Dauer von zwanzig Jahren nicht überschreiten.**

*(idF BGBl 1974/60)*

1 **A. Anwendungsbereich.** Nach § 313 können **Beamte** strenger bestraft werden, wenn sie eine Gelegenheit, die ihnen ihre amtliche Tätigkeit bietet, zur Begehung eines allgemeinen Vorsatzdeliktes ausnützen. Wenn ein Nichtbeamter die Tat gleichermaßen hätte ausführen können, liegt idR keine Ausnützung der Amtsstellung vor (*H/R* BT II § 313 Rz 5).

Wenn ein Beamter ein Amtsdelikt (§§ 302, 303, 304, 305, 306, 310, 311, 312), das Delikt nach § 212 Abs 2 Z 3 oder ein Fahrlässigkeitsdelikt begeht, ist § 313 nicht anwendbar. Gleiches gilt natürlich, wenn der Täter gar kein Beamter ist.

> Ein Postzusteller wirft Werbeprospekte weg, anstatt sie zuzustellen. Er kann für die Sachbeschädigung, die er an den Prospekten begeht (vgl BT I § 135 Rz 3f), nur nach § 125 bestraft werden. S § 302 Rz 5.

2 **B. Einzelne Fallgruppen.**

a) **Diebstahl und Veruntreuung** begehen Beamte unter Ausnützung ihrer Amtsstellung, wenn sie sich Sachen zueignen, die sie zur Ausübung oder **in Ausübung ihres Dienstes** von Vorgesetzten oder Parteien **übernommen** haben (s § 302 Rz 19); oder wenn sie sich Sachen zueignen, zu denen ihnen ein pflichtgemäßes oder pflichtwidriges **Amtsgeschäft Zugang verschafft** hat.

> Eine Beamtin eignet sich Bargeld aus der Amtskasse zu (17 Os 9/18d); ein Polizist stiehlt anlässlich einer Hausdurchsuchung Sachen, die dem Wohnungsinhaber gehören.

3 b) Einen **Betrug** oder eine **Untreue** begehen Beamte unter Ausnützung ihrer Amtsstellung, wenn ihnen gerade die amtliche Tätigkeit die Täuschung bzw den Befugnismissbrauch ermöglicht (s etwa 13 Os 145/18z, 17 Os 2/18z, 14 Os 74/21w).

> Ein Polizeiarzt schickt Personen, die er amtlich auf ihre Fahrtauglichkeit untersucht hat, Honorarnoten, als ob sie ihm etwas schuldeten (EvBl 1982/121). Ein Oberbaurat der Landesregierung macht Parteien weis, er bearbeite ihre Anträge in der Freizeit, sie müssten ihn dafür bezahlen (SSt 53/34; vgl § 305 Rz 2). Die Täter begehen diese Betrügereien unter Ausnützung ihrer Amtsstellung. Die zitierten Entscheidungen gehen auf § 313 nicht ein. S auch § 302 Rz 20.
>
> Beamte dagegen, die Reisegebühren erschwindeln, nützen ihre Amtsstellung nicht aus (*Bertel* WK² § 313 Rz 10).

4 c) **Urkundenfälschungen** begehen Beamte unter Ausnützung ihrer Amtsstellung, wenn sie zur Fälschung amtliche Stempel und Formulare verwenden oder die Fälschung an Urkunden begehen, zu denen sie dienstlich Zugang haben (vgl 12 Os 145/81).

5 d) **Nötigungen und Erpressungen** begehen Beamte unter Ausnützung ihrer Amtsstellung, wenn sie mit der Vornahme oder Unterlassung eines pflichtgemäßen oder pflichtwidrigen Amtsgeschäftes, mit einer Anzeige oder mit dem Verrat von Amtsgeheimnissen drohen (vgl 13 Os 88/11g).

e) **Körperverletzungen und Beleidigungen** begehen Beamte unter Ausnützung ihrer Amtsstellung, wenn sie diese Taten an Personen begehen, mit denen sie dienstlich zu tun oder zu denen sie dienstlich Zugang haben (11 Os 79/20g; vgl auch 11 Os 44/19h). 6

Ein Polizist versetzt einem bereits fixierten Mann, der in die Psychiatrie gebracht werden soll, einen Fußtritt gegen den Kopf (ohne ihn dadurch zu verletzen): eine versuchte Körperverletzung nach §§ 15, 83 Abs 1 iVm § 313. Der OGH hat einen Amtsmissbrauch verneint, weil der Tritt nicht die Durchführung der Amtshandlung bezweckte (14 Os 149/21z; s auch RS0133142); von § 313 ist nicht die Rede.

**C. § 313 als Strafbemessungsregel.** § 313 ist eine Strafbemessungsvorschrift (17 Os 4/13m, 5/13h): Wenn die Voraussetzungen des § 313 vorliegen und das Gericht den normalen Strafrahmen für nicht ausreichend hält, kann es ihn um die Hälfte überschreiten (RS0112621). Auf die an derselben Tat beteiligten Nichtbeamten ist § 313 nicht anwendbar. 7

# Amtsanmaßung und Erschleichung eines Amtes

## Amtsanmaßung

**§ 314. Wer sich die Ausübung eines öffentlichen Amtes anmaßt oder, ohne dazu befugt zu sein, eine Handlung vornimmt, die nur kraft eines öffentlichen Amtes vorgenommen werden darf, ist mit Freiheitsstrafe bis zu sechs Monaten oder mit Geldstrafe bis zu 360 Tagessätzen zu bestrafen.**

*(idF BGBl 1974/60)*

**a)** Der Täter **täuscht einen Hoheitsakt vor** (für Einbeziehung auch der Privatwirtschaftsverwaltung *H/R* BT II § 314 Rz 2, *L/St/Tipold* § 314 Rz 4; differenzierend *Huber* SbgK § 314 Rz 69f): Wenigstens ein Teil der Anwesenden hält die Handlung für einen wirklichen Hoheitsakt, in Wahrheit kann ihn der Täter wirksam nicht vornehmen. 1

Im ersten Deliktsfall behauptet der Täter ausdrücklich, Inhaber eines öffentlichen Amtes zu sein, im zweiten ergibt sich dies einfach aus der Vornahme des scheinbaren Hoheitsaktes.

Der Täter gibt sich als Polizist aus und will eine Identitätskontrolle durchführen (15 Os 142/15v); ein „falscher" Polizist führt eine Verkehrskontrolle oder eine Personendurchsuchung durch (15 Os 132/20f), nimmt eine Festnahme oder eine Sicherstellung vor. Der Täter, der behauptet, er sei Finanzbeamter und müsse das Sparbuch des Opfers „zur Kontrolle" mitnehmen, begeht eine Amtsanmaßung, weil er eine Beschlagnahme vortäuscht (vgl JBl 1992, 726 mit Anm von *Kienapfel*; s Rz 3).

Der Täter, der in einem Hotel behauptet, er sei Landesbediensteter und das Land werde für seine Übernachtungskosten aufkommen, begeht keine Amtsanmaßung, weil der Täter keinen Hoheitsakt vortäuscht (EvBl 1994/89). Auch bei der rechtswidrigen Verwendung eines Blaulichts auf dem Privatfahrzeug wird keine Ausübung eines öffentlichen Amts vorgetäuscht.

**b)** Auch ein **Beamter**, der einen Hoheitsakt vortäuscht, den er wirksam nicht vornehmen kann, ist nach § 314 strafbar (*Bertel* WK[2] § 314 Rz 6 uam). 2

**c)** Wenn der Täter einen Hoheitsakt vortäuscht, um jemanden zu betrügen, gilt die Verurteilung wegen schweren Betruges (§§ 146, 147 Abs 1 Z 3) die Amtsanmaßung ab. 3

Ein Polizist stellt „Organstrafverfügungen" aus, obwohl er dazu nicht ermächtigt ist, und behält die Strafgelder für sich. Er begeht einen nach § 147 Abs 1 Z 3 qualifizierten Betrug (*H/R* BT II § 314 Rz 5; für Amtsmissbrauch ZVR 1985/148).

## Erschleichung eines Amtes

**§ 315. Wer wissentlich eine zur Übertragung eines öffentlichen Amtes berufene Stelle über eine Tatsache täuscht, die nach einem Gesetz oder einer Rechtsverordnung die Übertragung eines bestimmten öffentlichen Amtes ausschließen würde, und dadurch bewirkt, daß ihm dieses Amt übertragen wird, ist mit Freiheitsstrafe bis zu einem Jahr oder mit Geldstrafe bis zu 720 Tagessätzen zu bestrafen.**

*(idF BGBl I 2015/112)*

1 a) Der Täter **erschleicht ein öffentliches Amt**, indem er der Stelle, die darüber entscheidet, **vortäuscht**, er erfülle die durch Gesetz oder Rechtsverordnung festgelegten unabdingbaren Voraussetzungen für die Ernennung zum Beamten oder die Anstellung als Vertragsbediensteter (*H/R* BT II § 315 Rz 2). Schwindeleien über Umstände, die den Täter besser geeignet erscheinen lassen, oder Schwindeleien bei Prüfungen, die für die Anstellung notwendig sind, genügen nicht (*Bertel* WK² [2010] § 315 Rz 4).

Dass der Täter die ihm übertragene Arbeit einwandfrei erledigen kann, schließt die Anwendung des § 315 nicht aus (SSt 52/60).

2 b) Der Täter **weiß**, dass er die Anstellungsvoraussetzungen nicht erfüllt.

3 c) Die Erschleichung einer Anstellung im öffentlichen Dienst ist **nur nach dieser Gesetzesstelle strafbar** (*K/Schm* StudB II § 146 Rz 207). Über die Erschleichung einer privaten Anstellung s BT I § 146 Rz 26.

# Störung der Beziehungen zum Ausland

**Schrifttum:** *Bittmann*, Kriegsmaterialgesetz und Neutralitätsgefährdung, RZ 1990, 242; *Brandstetter/Loibl*, Neutralität und Waffenexporte (1990); *Brandstetter/Loibl/Raschauer/Schmied*, Neutralität und Waffenexporte – Ergänzungsband (1991); *Czeppan/Petrik*, Das österreichische Kriegsmaterialrecht (1986); *Doralt P./Csoklich*, Nicht genehmigter Waffenexport – „geradezu Mord"? ÖJZ 1991, 301; *Haslinger*, Das Kriegsmaterialrecht der neutralen Staaten Schweiz, Schweden und Österreich (1990); *Hauser*, Neutralität und Neutralitätsstrafrecht, in: Tröndle-FS (1989), 773; *Karollus*, Strafrechtliche Aspekte der „Waffenexportaffaire", wbl 1988, 113; *Karollus*, § 320 StGB wirklich verfassungswidrig? ecolex 1991, 137; *Liebscher*, Aktuelles Neutralitätsstrafrecht, JBl 1990, 627; *Zehetner*, Know-how-Transfer betreffend die Erzeugung von Kriegsmaterial, JBl 1988, 11.

## Hochverräterische Angriffe gegen einen fremden Staat (§ 316), Voraussetzungen der Bestrafung (§ 318)

*(§ 316 idF BGBl 1974/60, § 318 idF BGBl I 2007/93)*

§ 316 **entspricht** weitgehend dem Hochverrat nach **§ 242.** Der Täter ist nach § 316 strafbar, wenn er hochverräterische Handlungen (s §§ 242–245 Rz 2ff) **in Österreich gegen einen fremden Staat** setzt. Derartiges Verhalten wird pönalisiert, weil dadurch die Beziehungen zum betreffenden Staat beeinträchtigt werden. 1

§ 316 ist wie § 242 ein sogenanntes **Unternehmensdelikt**. Gemäß **Abs 2** kann der Täter unter den Voraussetzungen des § 243 durch **tätige Reue** straffrei werden (s §§ 242–245 Rz 7). 2

Das Delikt wird nur mit **Ermächtigung** der Bundesregierung verfolgt (**§ 318 Abs 1**). Objektive Bedingungen der Strafbarkeit sind das **Bestehen diplomatischer Beziehungen** mit dem betreffenden Staat und die Gewährleistung der **Gegenseitigkeit** (**§ 318 Abs 2**). 3

## Herabwürdigung fremder Symbole (§ 317)

*(idF BGBl 1974/60)*

1 § 317 ist dem Tatbestand des **§ 248 Abs 2 nachgebildet** und schützt ausländische Symbole, aber nicht im selben Umfang wie § 248.

2 **Tatobjekte** sind die **Fahnen und Hoheitszeichen** (§ 248 Rz 1) **fremder Staaten und zwischenstaatlicher Einrichtungen** (s §§ 252–255 Rz 3) sowie die **Hymnen** fremder Staaten.

Fremde Fahnen und Hoheitszeichen sind nur geschützt, wenn sie von einer inländischen Behörde oder einer Vertretung des Staates oder der Einrichtung nach völkerrechtlichen Regeln angebracht worden sind. Ausländische Hymnen genießen strafrechtlichen Schutz nur, wenn sie bei einem öffentlichen Anlass (zB Staatsbesuch) vorgetragen werden. Die bei der Siegerehrung nach einem Sportwettkampf gehisste ausländische Fahne und die dazu gespielte und gesungene Hymne sind somit nicht geschützt (*Tipold* WK² § 317 Rz 2 uam; vgl hingegen § 248 Rz 1).

3 Zu den **Ausführungshandlungen** „beschimpfen“, „verächtlich machen“ und „sonst herabwürdigen“ in gehässiger Weise s § 248 Rz 2f.

Aus der Umschreibung der geschützten Tatobjekte geht hervor, dass **nur Tathandlungen im Inland** von § 317 strafrechtlich erfasst werden (*Tipold* WK² § 317 Rz 3).

4 Wie § 316 ist auch § 317 ein **Ermächtigungsdelikt** (**§ 318 Abs 1**), und es müssen dieselben **objektiven Strafbarkeitsbedingungen** erfüllt sein (**§ 318 Abs 2**; s §§ 316, 318 Rz 3).

Wenn die Fahne oder ein Hoheitszeichen einer zwischenstaatlichen Einrichtung herabgewürdigt wird, ist der Täter gem **§ 318 Abs 3** nur zu bestrafen, wenn Österreich dieser Einrichtung angehört.

## Militärischer Nachrichtendienst für einen fremden Staat (§ 319)

*(idF BGBl 1974/60)*

1 Als neutraler Staat kann Österreich internationale Agenten- und Spionagetätigkeit in seinem Land nicht dulden. § 319 stellt daher das **Einrichten, Betreiben und Unterstützen eines militärischen Nachrichtendienstes** unter Strafe.

Zum Nachrichtendienst s § 256 Rz 1. Er braucht nicht geheim zu sein, doch müssen die Informationen von militärischer Bedeutung sein. Das trifft insb auf Waffensysteme und die Lage von Stellungen zu, aber auch auf die Tragfähigkeit von Brücken (*F/M-K/O* § 319 Rz 2 uam).

2 Zu den **Ausführungshandlungen** s § 256 Rz 1. Sie müssen im **Inland** gesetzt werden. Der **Nutznießer** des Nachrichtendienstes muss eine **fremde Macht**

oder eine **über- oder zwischenstaatliche Einrichtung** sein (s dazu §§ 252–255 Rz 3).

Der Nachrichtendienst muss **zum Nachteil eines Drittstaates** tätig sein. Dient er der Weitergabe militärischer Informationen zum Nachteil Österreichs, ist der Täter nur nach § **256** zu bestrafen (*Tipold* WK[2] 319 Rz 8; vgl auch § 256 Rz 1f). 3

## Verbotene Unterstützung von Parteien bewaffneter Konflikte (§ 320)

*(idF BGBl I 2002/134)*

**A. Allgemeines.** Als neutraler Staat ist Österreich völkerrechtlich verpflichtet, sich aus einem Kriegsgeschehen, an dem es selbst nicht beteiligt ist, herauszuhalten. Und wenn Österreich sich nicht der Gefahr aussetzen will, seine internationalen Beziehungen zu verschlechtern, kann es auch **nicht zulassen**, dass **Privatpersonen** eine **Kriegspartei unterstützen** (vgl EBRV 30 BlgNR 13. GP, 470). 1

**B. Die Ausführungshandlungen gem § 320 Abs 1.** 2

**a) Nach § 320 Abs 1 macht sich strafbar:**
- wer eine militärische Formation oder ein Fahrzeug für die Teilnahme an den Kampfhandlungen ausrüstet oder bewaffnet **(Z 1)**;
- wer ein Freiwilligenkorps bildet oder unterhält oder eine Werbestelle dafür errichtet oder betreibt **(Z 2)**;
- wer für militärische Zwecke einen Kredit gewährt oder eine öffentliche Sammlung veranstaltet **(Z 4)**;
- wer unbefugt eine militärische Nachricht übermittelt oder hierfür eine Fernmeldeanlage errichtet oder gebraucht **(Z 5)**;
- wer **Kampfmittel** (s auch § 280 Rz 2) **entgegen den bestehenden Vorschriften aus dem Inland ausführt** oder **durch das Inland durchführt (Z 3)**. Dieser Fall steht im Mittelpunkt des Interesses.

Nach dem **KrMatG** ist ua die Ein-, Aus- und Durchfuhr von Kriegsmaterial **bewilligungspflichtig**. Gegenstände, die nach der KrMatV als Kriegsmaterial anzusehen sind, sind auch Kampfmittel iSd § 320. 3

Wer eine rechtskräftige Bewilligung für einen Waffenexport besitzt, kann nach hA nicht nach § 320 bestraft werden (Verwaltungsakzessorietät), sofern der Export tatsächlich in das in der Bewilligung genannte Land erfolgt und sich die Bewilligung auf die tatsächlich gelieferten Waffen erstreckt (s etwa *Hufnagl* SbgK § 320 Rz 57, 60f, *H/R* BT II § 320 Rz 6). Andernfalls liegt eben keine rechtskräftige Bewilligung für diesen Waffenexport vor.

4 In allen Fällen des § 320 ist ein Handeln **„für eine der Parteien"** gefordert, dh dass die Handlung einer Kriegspartei einen Vorteil bringt. Die Wendung darf aber nicht so verstanden werden, dass der Tatbestand bei einer paritätischen Unterstützung beider Parteien (Lieferung der gleichen Zahl von Kanonen) entfiele (s dazu eingehend *Brandstetter* WK² § 320 Rz 2, 19).

5 **b) Die Ausnahmen nach Abs 2.** Die Unterstützung militärischer Maßnahmen, die vom **Sicherheitsrat der Vereinten Nationen** beschlossen werden, ist nicht nach Abs 1 strafbar. Abs 1 gilt auch nicht bei Beschlüssen der **Europäischen Union** im Rahmen der **Gemeinsamen Außen- und Sicherheitspolitik** und Beschlüssen im Rahmen **der OSZE** sowie – ohne dass es einer förmlichen Beschlussfassung bedarf – bei sonstigen **Friedensoperationen nach den Grundsätzen der UNO-Satzung im Rahmen einer internationalen Organisation**.

6 **C. Einschränkung des Tatbestands in örtlicher und zeitlicher Hinsicht.**

**a)** Weil Österreich nur für Handlungen auf eigenem Staatsgebiet verantwortlich gemacht werden kann, ist die Strafbestimmung auf **Handlungen im Inland** beschränkt (EBRV 30 BlgNR 13. GP, 470).

7 **b)** Die in § 320 umschriebenen neutralitätswidrigen Verhaltensweisen sind nur strafbar, wenn sie **während eines Kriegs** oder eines **bewaffneten Konflikts**, an dem Österreich nicht beteiligt ist, oder bei **unmittelbar drohender Gefahr** eines solchen Zustands gesetzt werden.

Krieg ist ein Gewaltzustand zwischen zwei oder mehreren Staaten unter Abbruch der friedlichen Beziehungen, beim bewaffneten Konflikt bestehen sie formell weiter. Bewaffnete Konflikte sind auch solche innerhalb eines Staates. Die völkerrechtliche Anerkennung der Konfliktparteien als Kriegführende ist nicht notwendig (EvBl 1993/21).

Unmittelbar drohende Gefahr ist anzunehmen, wenn typische Vorfälle wie Truppenkonzentrationen, Mobilmachung, Anrufung des Sicherheitsrats usw auf einen nahenden Konflikt hindeuten (EBRV 30 BlgNR 13. GP, 470).

8 **D. Innere Tatseite.** § 320 verlangt **Wissentlichkeit** hinsichtlich aller Tatbildmerkmale, im Fall des § 320 Abs 1 Z 3 insb auch hinsichtlich der Verletzung der bestehenden Vorschriften.

Der Täter, der die entgegenstehenden Rechtsvorschriften (KrMatG) – wenn auch schuldhaft – nicht kennt, handelt nicht wissentlich (*Brandstetter* WK² § 320 Rz 27 ua; vgl hingegen § 183a).

9 **E. Irrtum.** Wer annimmt, eine ausgewogene Lieferung an beide Kriegsparteien sei erlaubt (s aber Rz 4), befindet sich in einem **Rechtsirrtum** nach § 9: Er wird dem Täter in der Regel vorzuwerfen sein. Einem Rechtsirrtum unterliegt auch der Täter, der glaubt, die drohende Gefahr des Verlustes zahlreicher Arbeitsplätze bei Unterbleiben der Lieferung von Kriegsmaterial wiege unverhältnis-

mäßig schwerer als der mit der Verletzung des KrMatG verbundene Nachteil für Österreich (irrtümliche Annahme eines übergesetzlichen Notstands).

**F. Abgrenzung und Konkurrenz.** Die verbotene Ein-, Aus- und Durchfuhr von Kriegsmaterial ist auch nach **§ 7 KrMatG** gerichtlich strafbar, doch ist dieser Tatbestand gegenüber § 320 ausdrücklich **subsidiär**. 10

Beamte, die wissentlich missbräuchlich einen Waffenexport bewilligen, haften nach **§ 302**, der die gleichzeitige Bestrafung auch nach §§ 12, 320 Abs 1 Z 3 ausschließt (*Bittmann* RZ 1990, 246, *Karollus* wbl 1988, 114; für echte Konkurrenz JBl 1993, 60 mit zust Anm von *Burgstaller*, *H/R* BT II § 320 Rz 12 uam).

Exporteure, die Beamte zur missbräuchlichen Erteilung einer solchen Bewilligung anstiften, sind wegen Bestimmung zum Amtsmissbrauch nach §§ 12, 302 zu bestrafen.

# Völkermord, Verbrechen gegen die Menschlichkeit, Kriegsverbrechen, Verbrechen der Aggression (§§ 321–321k)

*(§ 321 idF BGBl 1974/60, §§ 321a–321j idF BGBl I 2014/106, § 321k idF BGBl I 2015/112)*

**Schrifttum:** *Bühler/Reisinger Coracini*, Die Umsetzung des Römischen Statuts in Österreich, ZIS 2015, 505; *Fabrizy*, Die österreichischen Strafbestimmungen gegen Kriegsverbrechen im Lichte des Römischen Statuts, in: Höpfel-FS (2018), 471; *Hochmayr*, Die Struktur der Vorgesetztenverantwortlichkeit. Zur Auslegung der §§ 321g–i StGB, JBl 2016, 345; *Hübner*, Das Verbrechen des Völkermordes im internationalen und nationalen Recht (2004); *Jescheck*, Die internationale Genocidium-Konvention vom 9.12.1948 und die Lehre vom Völkerstrafrecht, ZStW 66 (1954), 193; *Mitgutsch*, Neues aus dem Besonderen Teil des StGB, in: *Mitgutsch/Wessely* (Hrsg), Strafrecht Besonderer Teil. Jahrbuch 2015 (2015) 13; *Mitgutsch*, Aspekte der „religiösen Gruppe" im internationalen Völkermordtatbestand, öarr 2017, 308; *Müller*, *Safe haven* Österreich? Ein Plädoyer für völkerstrafrechtliche Strukturermittlungsverfahren und die Ausweitung der Weltstrafrechtspflege, JSt 2022, 213; *Schwaighofer*, Neue Entwicklungen im Auslieferungs- und Rechtshilferecht, ÖJZ 1997, 17; *Staffler*, Zur Strafbarkeit von Unternehmen für Völkerstraftaten, JSt 2018, 217; *Triffterer*, Grundlagen, Möglichkeiten und Grenzen des internationalen Tribunals zur Verfolgung der Humanitätsverbrechen im ehemaligen Jugoslawien, ÖJZ 1994, 825; *Triffterer*, Österreichs Verpflichtungen zur Durchsetzung des Völkerstrafrechts, ÖJZ 1996, 321.

**A. Völkermord (§ 321).** Österreich hat bereits im Jahr 1958 (BGBl 1958/91) **1**
die **Völkermordkonvention** der Vereinten Nationen aus dem Jahr 1948 ratifiziert und sich damit verpflichtet, Völkermord in all seinen Erscheinungsformen zu verfolgen. Daher wurde der Tatbestand des Völkermords bereits in die Stammfassung des StGB aufgenommen.

§ 321 zählt verschiedene, gegen die physische Existenz und die gesellschaftliche Struktur geschützter Bevölkerungsgruppen (s § 283 Rz 2) gerichtete Tathandlungen auf. Sie müssen in der Absicht gesetzt werden, eine Bevölkerungsgruppe ganz oder teilweise zu vernichten (s dazu eingehend *Triffterer* SbgK § 321 Rz 82ff).

**B. Verbrechen gegen die Menschlichkeit (§ 321a) und Kriegsverbrechen** **2**
**(§§ 321b–321j).** Durch das BG BGBl I 2014/106 wurden die §§ 321a–321j neu eingefügt, um den materiellrechtlichen Teil des **Römischen Statuts des Internationalen Strafgerichtshofs** (BGBl III 2002/180) umzusetzen.

Diese neuen Tatbestände enthalten **Verbrechen gegen die Menschlichkeit** nach Art 7 und **Kriegsverbrechen** nach Art 8 des Römischen Statuts. Zudem wurde das **Zweite Protokoll zur Haager Konvention von 1954 zum Schutz von Kulturgut bei bewaffneten Konflikten** (BGBl III 2004/113) umgesetzt.

**§ 321a** enthält verschiedene Tathandlungen. Allen ist gemeinsam, dass sie im Rahmen eines „ausgedehnten oder systematischen Angriffs gegen eine Zivilbevölkerung“ erfolgen.

Die **§§ 321b bis 321e** erfassen verschiedenste Formen von Kriegsverbrechen im Rahmen bewaffneter Konflikte.

3 **C. Aggression (§ 321k).** Mit dem StRÄG 2015 wurde der neue Tatbestand „Verbrechen der Aggression“ eingefügt, um einer im Jahr 2014 beschlossenen Änderung des Römischen Statuts des Internationalen Strafgerichtshofs (Rz 2) zu entsprechen.

4 **D. Gerichtsbarkeit.** Die **österreichische Gerichtsbarkeit** erstreckt sich gem § 64 Abs 1 Z 4c unter bestimmten Voraussetzungen auch auf Auslandstaten (*Triffterer* SbgK § 321 Rz 7, 104), unabhängig von der Strafbarkeit nach den Tatortgesetzen.

Die **Gerichtsbarkeit der Internationalen Gerichtshöfe** für Jugoslawien und Ruanda (ICTY, ICTR) hat Vorrang vor der nationalen Strafgerichtsbarkeit, die Gerichtsbarkeit des **Internationalen Strafgerichtshofs** (ICC oder IStGH) ist hingegen nur komplementär (subsidiär). Österreich ist zur umfassenden Zusammenarbeit mit diesen internationalen Gerichtshöfen verpflichtet und muss zu diesem Zweck gegebenenfalls auch eigene Staatsbürger überstellen (§ 5 ZIGG, § 7 ZIStrGHG; *Hafner* WK$^2$ § 321 Rz 21).

5 **E.** Die im 25. Abschnitt genannten strafbaren Handlungen **verjähren nicht** (§ 57 Abs 1).

# Sachverzeichnis

Die fetten Zahlen beziehen sich auf die Paragraphen, die mageren auf die Randziffern.